Jetzt entscheidest du! Wähle aus:

A ...

B ...

C ...

Diese Aufforderung findet ihr immer wieder im Buch. Sie weist euch den Weg zu immer drei verschiedenen abwechslungsreichen und kreativen Aufgaben. Diese knüpfen an das, was ihr im Unterricht zusammen gelernt habt, an. Weil aber jede und jeder von euch andere Vorlieben hat, könnt ihr hier nun selbst entscheiden, wie ihr weiterlernen wollt.

3 Schreibt nun einen persönlichen Brief über die neue Schule.

Dieses Symbol signalisiert euch sofort, dass es sich um einen längeren **Schreibauftrag** handelt. Ihr begegnet ihm beispielsweise, wenn ihr ein Gedicht schreiben, einen Text überarbeiten oder eine eigene spannende Erzählung verfassen sollt.

Über die verschiedenen Satzarten könnt ihr euch auf S. 59 informieren.

Dieses Zeichen zeigt euch, wo ihr innerhalb des Buches etwas, das ihr gerade für das Lernen benötigt, **nachschlagen** könnt.

Audio, Hilfestellung, Arbeitsblatt, interaktive Aufgabe, Feedbackbogen, Link, Video, Zusatzmaterial, Lösungen

WES-133200-000

Es ist selbstverständlich, dass nicht alle von euch auf die gleiche Weise und im gleichen Tempo gut lernen können. Manchmal benötigt ihr vielleicht Hilfen, um ein Thema noch besser zu verstehen oder eine Aufgabe gut lösen zu können. Oder ihr möchtet einen Text nicht lesen, sondern ihn hören. Ein anderes Mal ist es für euch vielleicht wichtig, zusätzliche Informationen zu einem Thema zu erhalten. Vielleicht arbeitet ihr auch besonders schnell und möchtet noch mehr zu einem Thema wissen. Dann können euch die digitalen Materialien weiterhelfen. Achtet dazu im Buch auf dieses Symbol:

Um die Materialien aufzurufen, scannt ihr den QR-Code, den ihr unten auf einer Seite findet. Alternativ geht ihr auf die Internetseite www.westermann.de/webcode und gebt dort den entsprechenden Webcode in das Suchfeld ein. Dort findet ihr Hilfestellungen, Audios, Arbeitsblätter, interaktive Aufgaben, Erklärvideos, Zusatzmaterialien, Links, Feedbackbögen und Lösungen zur Selbstkontrolle.

Tipp: Weitere Übungen findet ihr im Arbeitsheft und auch im Klassenarbeitstrainer.

Nutzt die verschiedenen Materialien, um eure Sprachkenntnisse zu erweitern und eure Kreativität auszuleben.

Viel Spaß beim Lernen, Lesen, Arbeiten und Üben!

© 2025 Westermann Bildungsmedien Verlag GmbH, Georg-Westermann-Allee 66, 38104 Braunschweig
service@westermann.de, www.westermann.de

Das Werk und seine Teile sind urheberrechtlich geschützt. Jede Nutzung in anderen als den gesetzlich zugelassenen bzw. vertraglich zugestandenen Fällen bedarf der vorherigen schriftlichen Einwilligung des Verlages. Wir behalten uns die Nutzung unserer Inhalte für Text und Data Mining im Sinne des UrhG ausdrücklich vor. Nähere Informationen zur vertraglich gestatteten Anzahl von Kopien finden Sie auf www.schulbuchkopie.de.

Für Verweise (Links) auf Internet-Adressen gilt folgender Haftungshinweis: Trotz sorgfältiger inhaltlicher Kontrolle wird die Haftung für die Inhalte der externen Seiten ausgeschlossen. Für den Inhalt dieser externen Seiten sind ausschließlich deren Betreiber verantwortlich. Sollten Sie daher auf kostenpflichtige, illegale oder anstößige Inhalte treffen, so bedauern wir dies ausdrücklich und bitten Sie, uns umgehend per E-Mail davon in Kenntnis zu setzen, damit beim Nachdruck der Verweis gelöscht wird.

Druck A[1] / Jahr 2025
Alle Drucke der Serie A sind im Unterricht parallel verwendbar.

Illustrationen: Matthias Berghahn, Bielefeld; Heinrich Drescher, Münster; Reinhild Kassing, Kassel
Umschlaggestaltung: LIO Design GmbH, Braunschweig; Fotos: iStockphoto.com/danang setyo nugroho (Glühbirne); iStockphoto.com/danang setyo nugroho (Federkiel und Tintenfass); iStockphoto.com/igoriss (Bücher); iStockphoto.com/PeopleImages (Junge); iStockphoto.com/Garkusha, Tetiana (Apfel)
Druck und Bindung: Westermann Druck GmbH, Georg-Westermann-Allee 66, 38104 Braunschweig

ISBN 978-3-14-**133200**-1

Inhaltsverzeichnis

Dieses Symbol zeigt an, welche Kapitel im Schülerband einen systematischen und umfassenden Aufbau von Medienkompetenz fördern.

Miteinander sprechen – so oder so? 48

Sprechen, zuhören und argumentieren

Allerlei Ferienerlebnisse – Anschaulich erzählen 64

Erzählungen gestalten

Vorhang auf! Ohren gespitzt! – Theater für alle Sinne 142

Texte szenisch gestalten und ein Hörspiel untersuchen

Rechtschreibung kann man lernen 164

Rechtschreibstrategien anwenden

Unterwegs im Zoo 184

Tiere beschreiben und über ein Ereignis berichten

Von Bussarden, Wildkatzen, Bienen und Moorhühnern 208

Wörter mit kurz und lang gesprochenen Vokalen richtig schreiben

Medien – unsere „Fenster zur Welt“ 224

Mediennutzung reflektieren und eine Nachrichtensendung untersuchen

Freundschaft hat viele Gesichter 246

Literarische Texte lesen und Figuren in Jugendbüchern kennenlernen

Im „Haus der Sprache“ – Satzglieder entdecken 276

Satzglieder und ihre Aufgaben im Satz kennenlernen

Eine Reise durch die Jahreszeiten 300

Gedichte untersuchen, vortragen und gestalten

Komm mit in eine zauberhafte Welt 332

Die Textsorte „Märchen“ untersuchen

ZEITUNGEN & ZEITSCHRIFTEN
ANMELDUNG

Anhang

Wir und unsere neue Schule

Sich und andere informieren, Briefe schreiben

Vieles ist für euch ganz neu an eurer neuen Schule. Der erste Teil dieses Kapitels handelt davon. Ihr lernt Möglichkeiten kennen, andere zu befragen, euch über eure Schule zu informieren und eure Informationen weiterzugeben. Außerdem lernt ihr, wie ihr interessante Briefe verfasst und dass es verschiedene Arten des Briefeschreibens gibt.

Wie andere Menschen ihre Schule und ihre Lehrkräfte erleben und welche Geschichten sich Autorinnen und Autoren rund um das Thema „Schule" ausgedacht haben, erfahrt ihr im zweiten Teil des Kapitels. Ebenso schreibt ihr selbst Texte und lernt vieles zum Thema „Schule" kennen.

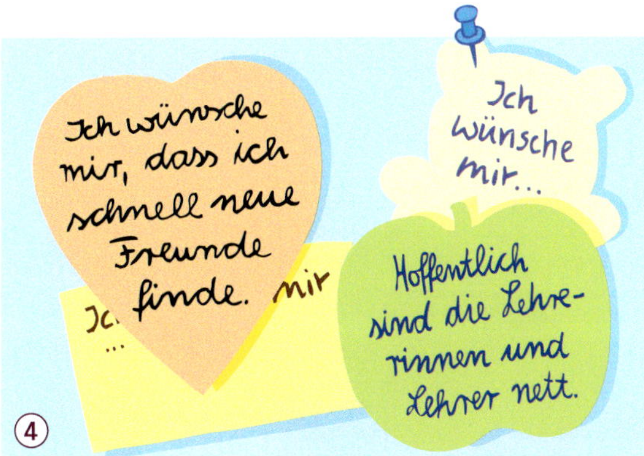

A

Die Mathematikaufgabe

Die Hausaufgabe lautet:
Ein Wanderer geht in einer Stunde fünf Kilometer. Wie lange braucht er für dreizehn Kilometer?
„Tim", fragt der Lehrer, „warum hast du denn die Aufgabe nicht gelöst?"
„Mein Vater ist noch unterwegs."

B

Die erste Englischstunde

Theo hat die erste Englischstunde hinter sich. Stolz kommt er nach Hause und sagt: „Jetzt kann ich schon ‚Bitte', ‚Danke' und ‚Guten Tag' in einer fremden Sprache sagen."
„Wie schön", erwidert seine Mutter, „auf Deutsch konntest du das bisher nicht."

1 Seit einigen Tagen seid ihr Schülerinnen und Schüler eurer neuen Schule. Erzählt von euren ersten Eindrücken. Wie erging es euch am ersten Tag?

2 Vielleicht haben euch eure Eltern oder andere Personen am ersten Tag begleitet. Wie erging es ihnen?

3 Seht euch die Bilder auf dieser Doppelseite an. Tauscht euch darüber aus, welche Themen darauf abgebildet sind und inwiefern diese mit dem Thema „Schule" zu tun haben.

4 Wunschzettel sind euch sicherlich aus der Weihnachtszeit bekannt. Heute sollt ihr jedoch einmal auf einem Schul-Wunschzettel eure Wünsche für eure Schulzeit festhalten.
Hängt die Wunschzettel in der Klasse auf, sodass sie von allen gelesen werden können. Ihr könnt sie zum Beispiel an der Pinnwand befestigen oder einen großen Zweig mitbringen und sie daran aufhängen.

5 Bestimmt haben auch eure Eltern, eure Lehrerin oder euer Lehrer Wünsche für euch. Bittet auch sie, Wunschzettel zu schreiben, und hängt diese anschließend zu euren Zetteln.

1 Wir lernen uns kennen

1 Einige von euch kennen sich schon aus der Grundschule, aber bestimmt habt ihr noch nicht die Namen aller Mitschülerinnen und Mitschüler gelernt. Schafft ihr es, euch so in einer Schlange aufzustellen, dass eure Vornamen alphabetisch geordnet sind?

2 Versucht das Gleiche mit euren Nachnamen. An welcher Stelle müsste eure Deutschlehrerin oder euer Deutschlehrer stehen?

3 Wenn euch die Schlangen gelungen sind, könnt ihr bestimmt auch den Namen eurer Klasse (zum Beispiel 5 A) mit euren Vornamen schreiben. Versucht es auf einer DIN-A4-Seite im Heft.

4 Einige von euch können daraus auch ein Klassenschild auf einem Plakat gestalten, das ihr von außen an eure Klassenzimmertür hängt. Dann weiß jeder, wer hinter der Tür „wohnt".

5 Kennt ihr Spiele, durch die man sich besser kennenlernen kann? Stellt sie den anderen vor und spielt eines oder mehrere solcher Spiele. Zwei Beispiele findet ihr auf dem Arbeitsblatt. **Arbeitsblatt**

6 Sammelt eure Spielideen und klebt sie z. B. auf ein großes Plakat, das ihr in der Klasse aufhängt. Dann könntet ihr mit euren Klassenlehrerinnen bzw. -lehrern oder in einer Vetretungsstunde eines der Spiele spielen.

2 Das bin ich – Wer bist du?

1 Ihr kennt nun schon die Namen eurer Mitschülerinnen und Mitschüler, wisst aber bestimmt noch nicht besonders viel voneinander. Sprecht darüber, welche Möglichkeiten es gibt, dass die anderen mehr über euch erfahren.

2 Sammelt Fragen, die ihr einem Lernpartner oder einer Lernpartnerin stellen möchtet, und schreibt sie auf Kärtchen. Sortiert anschließend die Fragen in einer sinnvollen Reihenfolge und führt dann das Interview zu zweit durch.

3 Überlegt anschließend zu zweit, wen ihr aus der Schule gern interviewen möchtet, vielleicht die Sekretärin oder den Sekretär eurer Schule? Vielleicht wollt ihr gerne mit eurer Schulleiterin oder eurem Schulleiter, euren Klassenpaten bzw. -patinnen sprechen? Bereitet in Kleingruppen oder in Partnerarbeit einen Interviewbogen vor.

- Dazu sollte jede oder jeder zunächst allein fünf bis zehn Fragen notieren, die sie oder er interessant findet. Ihr könnt privatere oder allgemeine Fragen notieren.
- Besprecht anschließend eure Fragen in der Gruppe und einigt euch auf insgesamt fünf bis zehn Fragen.
- Schreibt zum Schluss eure Fragen sauber auf einen Fragebogen und verteilt, wer welche Frage stellt und wer die Antworten der befragten Person aufschreibt.

Im Folgenden findet ihr einige Fragen, die Lasse, Sven und Ruben gesammelt haben, um sie der Schulleiterin ihrer Schule zu stellen:

- Wie alt sind Sie?
- Stimmt es, dass Sie immer mit dem Fahrrad zur Schule kommen?
- Ist es nicht sehr anstrengend, wenn immer ein Schüler kommt oder Eltern andauernd anrufen?
- Hast du schon einmal darüber nachgedacht, den Posten als Schulleiterin aufzugeben?
- Mein Opa hat mir erzählt, dass du gar keine gute Schülerin warst, als du zur Schule gegangen bist. Stimmt das?
- Welche Altersgruppe unterrichten Sie am liebsten?
- Seit wann sind Sie hier schon Schulleiterin?
- Sind deine Kinder auch an dieser Schule? Warum oder warum nicht?

4 Überprüft die von den Jungen gesammelten Fragen und begründet:

- Welche der Fragen kann man gut einer Schulleiterin stellen?
- Welche Fragen sind eurer Meinung nach nicht geeignet?
- Welche Anrede haltet ihr für richtig? Wo passt die Anrede nicht? Welche Anredewörter sollten geändert werden?

5 Kontrolliert nun eure gesammelten Fragen:

- Habt ihr angemessene Anredewörter gewählt?
- Sind eure Fragen geeignet für ein Interview mit der Schulleiterin bzw. dem Schulleiter der Schule?
- Überarbeitet eure Interviewfragen gegebenenfalls.

6 Lest das folgende Gespräch und benennt, welche Eigenschaften des Lehrers genannt werden.

LUKAS: Hallo, was gibt es zu essen?
LUKAS' VATER: Dein Leibgericht, Gemüseauflauf.
LUKAS: Mmh, lecker.
VATER: Was hast du heute in der Schule erlebt?
LUKAS: Immer dieselbe Frage.
VATER: Es ist doch auch für mich vieles neu.
LUKAS: Heute hatten wir zum ersten Mal Erdkunde, bei Herrn Freitag. Der ist wirklich lustig.
VATER: Warum?
LUKAS: Der läuft sogar bei Frost mit kurzen Ärmeln über den Schulhof. Außerdem hat er einen Dackel.
VATER: Woher weißt du das denn? Hatte er ihn dabei?
LUKAS: Unsinn! Wir haben ihn gefragt.

7 Welche weiteren Fragen könnte die Klasse Herrn Freitag gestellt haben? Listet mögliche Fragen auf und bringt sie in eine sinnvolle Reihenfolge. Einige von euren Lehrerinnen und Lehrern sind bestimmt zu einem kleinen Interview bereit und beantworten eure Fragen.
Falls nötig, könnt ihr ein Arbeitsblatt mit möglichen Fragen nutzen.
Hilfestellung

8 In der gleichen Weise könnt ihr vorgehen, um euch selbst oder jemanden aus der Klasse in einem Text vorzustellen: Überlegt euch zunächst geeignete Fragen und schreibt dann mithilfe der Informationen einen solchen Text.

Methode

Eine Person vorstellen

Du kannst dich selbst oder jemand anderen, z. B. deinen Sitznachbarn bzw. deine Sitznachbarin, vorstellen, indem du dich oder die Person in einem Text beschreibst. Dabei informierst du über **Äußerlichkeiten**, aber auch über typische **Verhaltensweisen** und **Einstellungen** dieses Menschen.
Im Einzelnen kannst du z. B. über Folgendes informieren: Aussehen, Alter, Lieblingskleidung, Lieblingslied, Hobbys, Haustiere, Leibgericht, besondere Fähigkeiten usw.

9 Jetzt entscheidest du! Wähle aus:

A Sicherlich haben deine Großeltern oder andere ältere Menschen, die du kennst, eine ganz andere Schulzeit erlebt als du. Befrage sie, indem du dir zunächst geeignete Interviewfragen überlegst, die gegebenen Antworten notierst und die Personen deinen Klassenkameraden und -kameradinnen vorstellst.

B Wenn du eine Person aus der Schule interviewst, stellst du ihr Fragen zu vielen verschiedenen Bereichen. Dabei ist es sinnvoll, dich nicht nur auf eine Frage pro Bereich zu beschränken, sondern die Frage durch weitere zu ergänzen. Dadurch erhältst du ausführlichere Informationen, z. B.:

Frage: „Welche Fächer unterrichten Sie?"
Mögliche ergänzende Fragen: „Warum haben Sie sich für diese Fächer entschieden?" „Welches der beiden Fächer unterrichten Sie lieber und warum?"

Notiere zu den folgenden Fragen jeweils zwei ergänzende Fragen:
- Seit wann sind Sie an dieser Schule?
- Wenn Sie einen Wunsch für die Schule frei hätten, was würden Sie sich wünschen?
- Welche Hobbys haben Sie?

C Wenn ihr in den ersten Tagen an der Schule einen Steckbrief von euch angefertigt habt, kannst du aus den Angaben ein kleines Klassenquiz erstellen:
- Lies die Steckbriefe und wähle solche Angaben aus, die nicht jedes Kind notiert hat (z. B. ein besonderes Lieblingsessen oder ein außergewöhnliches Hobby).
- Erstelle einen kleinen Quizbogen, indem du Fragen notierst, die von den anderen beantwortet werden sollen. Du kannst z. B. fragen: „Wer aus der Klasse isst am liebsten Hühnchen mit Eierspätzle?" Oder: „Wie heißt Lauras Hund?"
  Sicherlich fallen dir viele Fragen ein, die du sammeln und beantworten lassen kannst.

3 So viele neue Eindrücke – Briefe schreiben

1 Ihr kennt alle bereits den Schulalltag, aber diese Schule ist für alle von euch neu. Erzählt, was alles anders ist als an eurer Grundschule.

2 Bestimmt seid ihr schon durch eure neue Schule geführt worden oder habt versucht, euch selbst zu orientieren. Könnt ihr jemandem beschreiben, wie man zum Beispiel

- vom Haupteingang zu eurem Klassenzimmer findet,
- von eurem Klassenzimmer zur Sporthalle oder zum Musikraum kommt,
- vom Klassenzimmer zur Schülerbibliothek gelangt?

Hilfreich ist es, wenn ihr vorher überlegt, an welchen auffälligen Punkten der jeweilige Weg vorbeiführt.

3 Findet noch weitere Aufträge dieser Art.

4 Ihr könnt auch die einzelnen Wege mit der ganzen Klasse nachgehen. Eine kleine Gruppe von euch kann dabei die anderen führen. Erkundet, welche Zimmernummer z. B. das Sekretariat oder der Musikraum haben, aus wie vielen Teilen die Sporthalle besteht ...

5 Bestimmt wollt ihr noch viel mehr über eure neue Schule erfahren. Sammelt zunächst mögliche Fragen und notiert sie, z. B.:

- Wie viele Schülerinnen und Schüler gibt es an der Schule?
- Seit wann besteht die Schule?
- Wie viele Lehrerinnen und Lehrer unterrichten dort?
- Woher kommt der Name der Schule?
- ...

6 Recherchiert zu euren Fragen auf der Internetseite eurer Schule und schreibt die Antworten auf.

7 Tauscht euch über eure Ergebnisse aus und gestaltet in Gruppen ein Plakat, auf dem ihr über Wichtiges an eurer Schule informiert. Für die Gestaltung des Plakats könnt ihr auch farbige Bilder oder Überschriften einfügen.
Vielleicht könnt ihr das Plakat beim nächsten „Tag der offenen Tür" aufhängen, damit sich die zukünftigen Fünftklässler schon ein Bild von eurer Schule machen können.

Einen persönlichen Brief schreiben

Ⓐ **Trier, den 1.9.20..**

Ⓑ Liebe Jule,

schön, dass du aus dem Urlaub geschrieben hast. Wie hat es dir denn gefallen? Jetzt bin ich schon seit zwei Wochen in der 5. Klasse. Es ist wirklich prima hier an der neuen Schule und ich weiß schon total viel über sie.

Ⓒ Darüber bin ich froh, denn als ich am ersten Tag in der neuen Klasse saß, hatte ich schon ein bisschen Bauchschmerzen.

Ⓓ Weißt du noch, welche Gedanken wir uns vor den Ferien über die neue Schule gemacht haben?
Damit wir uns in der riesigen Schule zurechtfinden und die anderen Kinder aus der Klasse kennenlernen, haben wir in der ersten Woche viele Spiele und Aktionen gemacht. Wir sollten auch Kennenlernspiele erklären und dann spielen, aber mir ist keins eingefallen. Kennst du noch ein gutes Spiel, das ich in der Klasse vorschlagen könnte?
Wir hatten auch schon Biologieunterricht, den finde ich spannend. Es gibt einen Fachraum für Biologie, da sind Glasschaukästen und Experimentiersachen wie Mikroskope und Pinzetten. Ich glaube, das wird ein tolles Fach für mich. Und ich überlege, ob ich in die AG „Uhus“ gehe. Hast du schon einmal von „Uhus“ gehört? Also, das ist eine Umwelt-AG, da könnte ich mit anderen Schülerinnen und Schülern im Schulgarten arbeiten oder Seife herstellen.
Klar, ich muss auch gucken, ob wir bald mehr Hausaufgaben haben und ob ich dann nachmittags so viel Zeit habe, dass ich noch zur AG gehen kann. Aber vielleicht klappt es ja. Wie ist das denn jetzt bei dir? Musst du sehr viele Hausaufgaben machen? Hoffentlich nicht!
Kurz vor den Herbstferien gibt es auf jeden Fall noch eine schöne Aktion für unsere Klasse: Wir machen eine Klassenfahrt zu einem Bauernhof, der hier in der Nähe ist. Unsere Lehrerinnen und Lehrer haben bestimmt gute Spiele vorbereitet. Wenn du Lust hast, erzähle ich dir nach der Klassenfahrt, was wir erlebt haben. Macht ihr in diesem Jahr auch eine Abschlussfahrt?

Ⓔ Ich freue mich, wenn du mir zurückschreibst. Vielleicht sehen wir uns aber ja auch bald einmal wieder? Frag doch mal deine Eltern, ob ihr nicht am Wochenende kommen könnt, ja? Das fänd ich toll.

Ⓕ Mach's gut
dein Max

1 Lest den Brief sorgfältig: Worüber schreibt Max in seinem Brief? Welche Themen sind für ihn besonders wichtig?

2 Wie ist der Brief aufgebaut? Einzelne Teile des Briefes sind mit einem Buchstaben versehen. Nutzt den Wortspeicher und ordnet die Begriffe den einzelnen Teilen des Briefes zu. Ihr könnt den Brief auch auf dem Arbeitsblatt bearbeiten. **Arbeitsblatt**

persönliche Anrede mit Komma ▪ persönliche Grußformel mit Unterschrift ▪ Wiedergabe persönlicher Erlebnisse ▪ Einbezug des Adressaten bzw. der Adressatin durch Fragen oder Anreden ▪ Abschied mit Bitte um Antwort ▪ Briefkopf mit Ort und Datum

3 Gibt es Elemente aus dem Wortspeicher, die mehrfach im Brief auftauchen? Welche Elemente sind das? Besprecht in der Klasse, warum das sinnvoll ist.

4 Untersucht den Text genauer: An welchen Wörtern (außer der Anrede) merkt ihr, dass es sich um einen Brief an eine Freundin und nicht um einen förmlichen Brief, z. B. an die Schulleitung oder an eine Lehrerin oder einen Lehrer, handelt?

Methode

Einen persönlichen Brief schreiben

Erklärvideo

Wenn du jemandem einen Brief schreibst, den du persönlich kennst, solltest du einige Dinge beachten:

- Gehe auf den **Adressaten** bzw. die **Adressatin** ein und überlege vorab: Was interessiert ihn bzw. sie? Worüber möchte er/sie etwas wissen? Was weiß er/sie bereits aus vorherigen Briefen oder Gesprächen, über das du weitererzählen kannst?
- Versieh deinen Brief mit einem **Datum**; du kannst auch den Ort dazuschreiben. Zwischen Ort und Datum steht ein Komma.
- Schreibe eine **Anrede**, setze danach ein **Komma** und schreibe **klein** weiter. Oder: Setze nach der Anrede ein **Ausrufezeichen** und schreibe **groß** weiter.
- **Sprich** deine Adressatin bzw. deinen Adressaten im Verlauf des Briefes immer wieder an, damit der Brief wie ein „geschriebenes Gespräch" wirkt (z. B.: „Weißt du noch?", „Wie war das denn bei dir?", „Du kennst doch ...").
- **Erzähle** von deinen Erlebnissen.
- **Rege** den Adressaten bzw. die Adressatin z. B. durch Fragen **zu einem Antwortbrief an**.
- Schreibe am Ende eine **Grußformel** (z. B. „Mach's gut", „Viele Grüße", „Bis bald"). Dahinter steht kein Satzzeichen.
- Schreibe zum Schluss unter die Grußformel deine **Unterschrift**.

5 Schreibt nun einen persönlichen Brief über die neue Schule z. B. an einen Freund oder eine Freundin, an euren Großvater oder eure Großmutter oder an euren Cousin bzw. eure Cousine.
Überlegt vor dem Schreiben,

- wovon ihr erzählen möchtet,
- was den Adressaten bzw. die Adressatin interessieren könnte.

Berücksichtigt beim Schreiben die Angaben in der **Methodenbox** auf S. 24.

6 Tauscht eure Briefe mit einem Lernpartner bzw. einer Lernpartnerin aus. Kommentiert den Brief des bzw. der anderen mithilfe eines Feedbackbogens. Ihr könnt einen Musterbogen zu Hilfe nehmen. **Feedbackbogen**

7 Überarbeitet mithilfe des Feedbacks eure Briefe.

8 Schaut euch die beiden folgenden Briefauszüge an und vergleicht sie.

- Welche Teile kommen in beiden Briefen vor?
- Worin unterscheiden sich die Briefe? Achtet vor allem auf die sprachliche Gestaltung.
- An welchen Formulierungen kann man erkennen, dass der erste Brief an eine Freundin und der zweite an eine Lehrerin gerichtet ist?

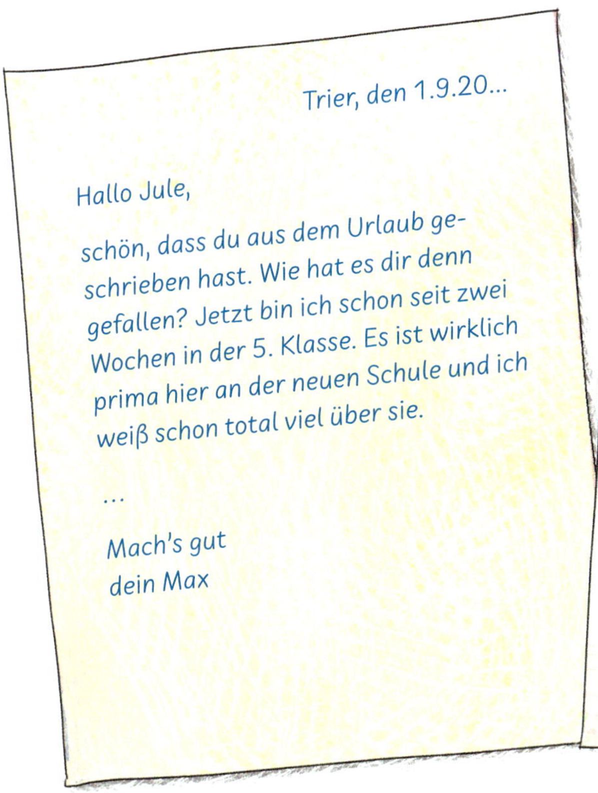
Trier, den 1.9.20...

Hallo Jule,

schön, dass du aus dem Urlaub geschrieben hast. Wie hat es dir denn gefallen? Jetzt bin ich schon seit zwei Wochen in der 5. Klasse. Es ist wirklich prima hier an der neuen Schule und ich weiß schon total viel über sie.

...

Mach's gut
dein Max

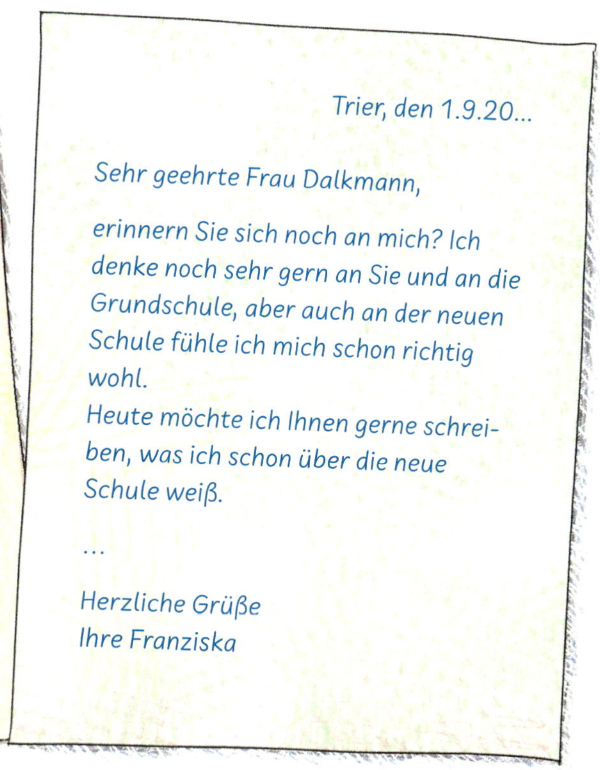
Trier, den 1.9.20...

Sehr geehrte Frau Dalkmann,

erinnern Sie sich noch an mich? Ich denke noch sehr gern an Sie und an die Grundschule, aber auch an der neuen Schule fühle ich mich schon richtig wohl.
Heute möchte ich Ihnen gerne schreiben, was ich schon über die neue Schule weiß.

...

Herzliche Grüße
Ihre Franziska

9 Legt in eurem Heft eine Tabelle an, in die ihr Unterschiede zwischen Briefen an jemanden, den ihr siezt, und an jemanden, den ihr duzt, eintragt.

Kriterien	**Brief an jemanden, den du duzt**	**Brief an jemanden, den du siezt**
Beispiele für Anreden	Hallo Claas, ...	? ? ? ? ? ? ? ? ? ? ? ? ? ? ? ? ?
Groß- oder Kleinschreibung der Anredewörter	? ? ? ? ? ? ? ? ? ? ? ? ? ? ? ? ?	? ? ? ? ? ? ? ? ? ? ? ? ? ? ? ? ?
Beispiele für Abschieds-formeln	Liebe Grüße	? ? ? ? ? ? ? ? ? ? ? ? ? ? ? ? ?
Beispiele für die Wortwahl	„total“	? ? ? ? ? ? ? ? ? ? ? ? ? ? ? ? ?

Manchmal ist es gar nicht so einfach, die richtige Formulierung zu finden, wenn man an jemanden schreibt, den man siezt. Das liegt daran, dass sich unsere Sprache im Alltag in der Regel von höflichen Formulierungen in einem Brief unterscheidet. Auf dem Arbeitsblatt könnt ihr üben, Umgangssprache in eine höfliche Ausdrucksweise umzuformulieren. **Arbeitsblatt**

10 Im Folgenden findet ihr zwei Auszüge aus Briefen. Schreibt sie in der richtigen Form in euer Heft. Überlegt, wie die Anredewörter jeweils geschrieben werden müssen: Wenn ihr jemanden gut kennt, schreibt ihr die Anredewörter in der Regel klein, wenn ihr jemanden siezt, müsst ihr die Anredewörter großschreiben.

A) Aus einem Brief an eine Freundin:

Schreib mir doch bitte, wie es DIR an DEINER neuen Schule ergeht. Hast DU DICH schon gut eingelebt? Wir können auch mailen. Schickst DU mir DEINE neue E-Mail-Adresse?

B) Aus einem Brief an den Grundschullehrer:

Haben SIE wieder eine Klasse an IHRER Schule übernommen? Werden SIE mit IHREN Schülerinnen und Schülern am Wandertag wieder wie mit uns den Vogelpark besuchen? Das war eine tolle Idee von IHNEN.

11 Den folgenden Brief hat Lukas an seinen früheren Grundschullehrer geschrieben. Er hat sich dabei sehr viel Mühe gegeben. Es haben sich aber einige Fehler eingeschlichen. Überprüft den Text: Sind die Anredewörter jeweils richtig geschrieben? Wie viele Fehler findet ihr?
Schreibt die Anredewörter mit der Zeilenangabe in der richtigen Form in euer Heft.

Achtung! Fehlertext

Oldenburg, den 7.9.20..

Sehr geehrter Herr Thomann,

erinnern Sie sich noch an mich? Ganz bestimmt, oder? Schließlich waren sie ja vier Jahre lang unser Klassenlehrer, und ich habe den Unterricht bei Ihnen ganz toll gefunden. Aber wie sie ja wissen, bin ich seit ein paar Wochen an der neuen Schule. Heute möchte ich ihnen gerne schreiben, was ich in den letzten Wochen erlebt habe. Wir haben auch einen Klassenlehrer an der neuen Schule und manchmal macht er im Unterricht Witze, wie ich es aus ihren Stunden mit uns kenne. Er erinnert mich an sie: Einmal haben sie uns erklärt, wie Smog aussieht. Dazu haben sie ihren Schal vor das Fenster gehalten und uns so gezeigt, wie sich die Sicht verändert. Das fand ich immer toll an ihrem Unterricht, Sie haben uns die Dinge so praktisch erklärt. Aber ich kann ihnen versichern, dass die Lehrer und Lehrerinnen hier auch gut erklären können. Schade finde ich, dass mein Schulweg jetzt viel länger ist als früher, weil ich jeden Morgen mit dem Bus in die Stadt fahren muss. Mittags bin ich meistens erst um 14:15 Uhr zu Hause und dann bin ich oft müde. Aber Sie haben uns ja einmal erzählt, dass sie mittags immer erst eine Pause machen, bevor Sie sich wieder an den Schreibtisch setzen. Das mache ich jetzt genauso. Ich fange erst um 15:30 Uhr mit den Hausaufgaben an, und weil die meistens schnell erledigt sind, kann ich mich noch gut mit Freunden treffen oder zum Sport gehen.

So, jetzt habe ich ihnen ein bisschen geschrieben und ich würde mich freuen, wenn sie mir zurückschreiben. Haben sie wieder eine neue Klasse übernommen? Sind die Kinder genauso nett wie wir? Ist das Schulpferd noch da?

Herzliche Grüße
ihr früherer Schüler Lukas

12 Wenn ihr einen Brief nicht als E-Mail verschickt, sondern mit der Post, müsst ihr natürlich noch den Umschlag beschriften. Zeichnet die Vorderseite eines Umschlags in euer Heft und beschriftet diese mit eurer Absenderadresse und der Adresse eines Freundes oder einer Freundin, der oder die den Brief erhalten soll.

Tobias Steiner
Blumenweg 19
34117 Kassel

Julia Weißgerber
An den Wiesen 13
35037 Marburg

Auf einen Brief antworten

Viele Briefe werden heute per E-Mail verschickt. Dies ist ein schneller Weg, um mit jemandem in den Austausch zu treten. Weil es damit möglich ist, in kürzester Zeit Briefe zu versenden, kann der Absender oder die Absenderin meistens auch mit einer schnellen Antwort rechnen.

Von:	mia.mustermann@xyz.de
An:	aina.hartmann@xyz.de
Cc:	
Bcc:	
Betreff:	Lebenszeichen

Liebe Aina,

jetzt bin ich schon eine ganze Weile an der neuen Schule, aber ich habe dir noch immer nicht geschrieben, sorry!

Also, am Anfang habe ich tatsächlich gedacht, dass ich mich hier nicht zurechtfinde, alles war so riesig groß und fremd und neu. Aber jetzt finde ich es super und ich kenne mich auch schon ganz gut aus. Geht es dir auch so? Wie ist es denn überhaupt bei dir an der neuen Schule?

Hast du schon einen neuen Freund oder eine neue Freundin gefunden? Für mich ist es schwierig, mich mit anderen zu verabreden, weil wir zu weit von der Schule entfernt wohnen und die anderen Kinder aus der Innenstadt kommen.
Das Busfahren jeden Tag nervt mich schon ein wenig, es dauert immer lange, bis ich dann endlich zu Hause bin. Wie lange bist du jetzt eigentlich unterwegs? Bei uns ist immer nach der sechsten Stunde Schluss, aber mit dem Bus bin ich erst um 14:00 Uhr zu Hause. Dann bin ich echt ausgehungert, wenn ich ankomme.
Du isst bestimmt in der Schulmensa, oder? Was gibt es denn so? Magst du das Essen?
Ich hoffe, dass du dich an deiner neuen Schule gut eingefunden hast. Sollen wir uns bald mal wieder verabreden?
Schreib mir doch bitte bald zurück, ich bin gespannt, was du zu erzählen hast!

Liebe Grüße
deine Mia

1 Lest den Text, den Mia geschickt hat. Worin unterscheidet sich eine E-Mail von einem handschriftlich verfassten Brief?

2 Erklärt euch die einzelnen Teile der E-Mail:

a) Was bedeutet der Ausdruck „Betreff“?
b) Welche Informationen sollten im „Betreff“ stehen?
c) Was bedeuten die Buchstaben „Cc“ und „Bcc“?

3 Stellt euch vor, ihr hättet die E-Mail von Mia erhalten. Verfasst eine Antwort-E-Mail. Macht euch einen Schreibplan und geht dabei folgendermaßen vor:

- Notiert zunächst, welche Fragen Mia euch gestellt hat.
- Überlegt, was Mia interessieren könnte.
- Erzählt in der E-Mail auch von euch.
- Achtet darauf, dass ihr die Fragen, die Mia gestellt hat, beantwortet.

Zwischenfrage: Brief oder Handynachricht?

1 Überlegt gemeinsam mögliche Anlässe, zu denen die Kinder auf den Bildern schreiben.

2 Einen handschriftlichen Brief schreiben oder eine Handynachricht verschicken? Stellt zusammen, welche Vorteile und welche Nachteile eurer Meinung nach die beiden Formen der Mitteilung haben. Legt dazu eine Tabelle in eurem Heft an:

Brief		**Handynachricht**	
Vorteil	Nachteil	Vorteil	Nachteil
? ? ? ? ? ? ? ? ? ?	? ? ? ? ? ? ? ? ? ?	? ? ? ? ? ? ? ? ? ?	? ? ? ? ? ? ? ? ? ?

3 Stellt Anlässe zusammen, zu denen eurer Meinung nach der persönliche Brief angemessener als die Handynachricht ist.

4 Brief oder Handynachricht? Führt dazu eine Diskussion in der Klasse durch.

Einen offiziellen Brief schreiben

Bisher habt ihr gelernt, einen persönlichen Brief zu schreiben. Manchmal ist es aber notwendig, einen sogenannten **offiziellen** oder **förmlichen** Brief zu verfassen. Das ist z. B. der Fall, wenn ihr euch mit einem Anliegen an eine Behörde, an einen Verein oder an eine Amtsperson wendet. Die Klassensprecherinnen und Klassensprecher der Klassen 5 haben die Idee, eine Party für alle neuen Schülerinnen und Schüler durchzuführen, damit sich alle noch etwas besser kennenlernen. Mit diesem Anliegen wendet sich Ella Bartok, Klassensprecherin der 5a, an die Schulleiterin. Ihre Eltern haben ihr dabei geholfen, das Schreiben zu verfassen.

Ella Bartok
Heisestraße 22
28201 Bremen

Frau Oberstudiendirektorin
Carla Meister
Pauline-Gymnasium
Erlenallee 15
28203 Bremen

Bremen, den 20. September 20..

Party aller Schülerinnen und Schüler der 5. Klassen

Sehr geehrte Frau Oberstudiendirektorin Meister,

als Klassensprecherin der Klasse 5a wende ich mich an Sie. Vor einigen Tagen haben sich alle Klassensprecherinnen und Klassensprecher der 5. Klassen getroffen und bei diesem Treffen den Wunsch geäußert, eine Party für alle neuen Schülerinnen und Schüler durchzuführen.

Auf dieser Party könnten wir uns alle noch viel besser kennenlernen, Spiele machen, Musik hören, tanzen und noch vieles mehr. Unsere Eltern würden für Getränke und Kuchen sorgen und uns bei der Organisation helfen. Unsere Klassenleiterinnen und Klassenleiter haben wir ebenfalls bereits gefragt. Sie würden die Aufsicht übernehmen und dafür sorgen, dass am Schluss wieder alles aufgeräumt und gesäubert wird.

Als Termin für diese Party wäre ein Freitagnachmittag (15:00 – 18:00 Uhr) im November oder Dezember für uns besonders geeignet, weil freitags in der Regel keine Hausaufgaben zu erledigen sind. Als Ort für die Party wünschen wir uns die Pausenhalle.

Es wäre schön, wenn Sie unserem Wunsch zustimmen könnten.

Mit freundlichen Grüßen

Ella Bartok

1 Vergleicht Ellas förmlichen Brief mit den persönlichen Briefen, die ihr zuvor kennengelernt habt. Welche Unterschiede stellt ihr fest? Was ist gleich?

2 Worin unterscheidet sich die sprachliche Gestaltung dieses Briefes von den persönlichen Briefen?

3 Förmliche Briefe wie der von Ella Bartok werden auch häufig am Computer geschrieben. Sprecht miteinander über folgende Punkte:

- Warum verfasst man sie wohl nur selten handschriftlich?
- Welche Vorteile hat in diesem Fall das digitale Schreiben?

4 Manchmal ist der Adressat eines förmlichen Briefes nicht bekannt, weil es sich z. B. um eine Behörde, einen Verein oder Ähnliches handelt. Erkundigt euch, welche Anrede man in diesem Fall verwendet.
Tipps für das Schreiben persönlicher und förmlicher Briefe findet ihr in einem Erklärvideo. **Erklärvideo**
Ihr könnt auch im Internet recherchieren, indem ihr dort den Suchbegriff „Einen Brief schreiben" eingebt. Man findet viele Formatvorlagen, die ihr nutzen könnt.

Weitere Hilfen zur Recherche im Internet findet ihr auf S. 382.

5 Verfasst nun zu einem der folgenden Anliegen einen offiziellen Brief:

A) Ihr möchtet euch bei eurem örtlichen Busunternehmen darüber beschweren, dass für den Schulbusverkehr zu wenige Busse eingesetzt werden und deswegen die Schulbusse immer überfüllt sind.

B) Ihr möchtet euren Klassenraum neu gestalten und z. B. die Wände farbig streichen oder ein Sofa aufstellen. Schreibt einen entsprechenden Brief an die Schulleitung.

C) Ihr möchtet euch für eine Ferienfreizeit, die von eurer Gemeinde organisiert wird, anmelden.

6 Jetzt entscheidest du! Wähle aus:

A Schreibe einer Freundin oder einem Freund einen Brief, in dem du eine Mitschülerin oder einen Mitschüler vorstellst, die oder den du besonders magst.

B Verfasse einen Brief an eine Grundschülerin oder einen Grundschüler der Klasse 4. Sie oder er weiß noch nicht, welche Schule geeignet ist. Begeistere sie oder ihn in dem Brief dafür, an deine Schule zu gehen.

C Schreibe einen Brief an deine Großeltern oder andere ältere Menschen, die du kennst, und erzähle von deiner ersten Zeit an der neuen Schule. Frage sie im Brief auch nach ihrer früheren Schulzeit. Dazu solltest du zunächst Fragen sammeln, zu denen du gerne eine Auskunft erhalten möchtest. Eventuell haben die Personen ja Lust, dir einige Dinge aus ihrem Schulleben in einem Antwortbrief zu erzählen.

4 Geschichten aus der Schule

1 Habt ihr schon einmal etwas ganz Lustiges in der Schule erlebt? Erzählt davon.

2 Wer von euch kennt einen Witz, in dem es um die Schule geht? Erzählt reihum.

3 Witze muss man besonders interessant erzählen, damit sie ihre Wirkung erzielen. Versucht dies mit dem folgenden Schulwitz. Probiert unterschiedliche Möglichkeiten aus.

Das leere Blatt

Leonie sagt leise und etwas besorgt zu ihrem Tischnachbarn Caius: „Mir ist heute absolut nichts zu dem Aufsatzthema eingefallen, ich habe ein leeres Blatt abgegeben." „Tja", stimmt ihr Caius traurig zu, „mir geht es genauso. Hoffentlich denkt unser Lehrer jetzt nicht, ich hätte von dir abgeschrieben."

4 Wodurch erhaltet ihr Informationen, wie die einzelnen Aussagen gesprochen werden müssen?

5 Versucht, auch den nebenstehenden Schulwitz „Der Deutschaufsatz" anschaulich vorzutragen. Überlegt zunächst, wie die wörtliche Rede der beiden Personen gesprochen werden müsste. Wie sollte der Redebegleitsatz gesprochen werden? Als Hilfe für euren Vortrag könnt ihr den Witz vorher in euer Heft schreiben und die Wörter, die ihr besonders betonen wollt, unterstreichen.

> **Der Deutschaufsatz**
>
> *„Fritz, du hast schon wieder den schlechtesten Aufsatz geschrieben!", tadelt die Lehrerin. „Warum lässt du dir nicht von deinem Vater helfen, der ist doch ein berühmter Schriftsteller?" „Stimmt, Frau Maier, aber er wollte mir nicht helfen, weil Sie ihm für seinen letzten Aufsatz eine glatte Fünf gegeben haben!"*

6 Viele Witze kann man auch spielen und auf diese Weise sein Publikum belustigen. Lest den folgenden Witz „Wenn die Erde sich dreht ...". Setzt euch zu zweit zusammen und versucht, ihn zu spielen. Überlegt vorher, wie ihr besonders wirkungsvoll eure Stimmen einsetzen könnt.

Wenn die Erde sich dreht ...

Fritzchen kommt aus der Schule und berichtet begeistert seiner Mutter, die gerade das Essen kocht: „Schule war heute toll! Wir haben gelernt, dass sich die Erde immer dreht."
„Das ist ja interessant, wir reden gleich darüber. Kannst du bitte schnell zum Supermarkt fahren und mir eine Packung Brühwürfel holen? Hier hast du Geld." „Na klar, mache ich, bis gleich", entgegnet Fritzchen und verlässt mit dem Geld die Küche.
Als der Junge nach einiger Zeit nicht zurückkommt, schaut die Mutter vor die Tür und sieht ihren Sohn dort auf einer Bank sitzen. „Was machst du denn hier? Du wolltest mir doch die Brühwürfel holen?", fragt die Mutter entrüstet. „Ich warte darauf, dass der Supermarkt vorbeikommt!", entgegnet Fritzchen gelassen.

7 Bestimmt findet ihr noch weitere Schulwitze, die ihr den anderen zu Beginn der nächsten Stunden anschaulich vortragen oder vorspielen könnt.

8 Vielleicht habt ihr Lust, ein Witzebuch für eure Klasse zu erstellen. Dann habt ihr immer ein Buch zur Hand, mit dem ihr gute Laune in euer Klassenzimmer holt.

- Sammelt dazu Witze, die euch besonders gut gefallen.
- Schreibt sie deutlich und gut leserlich auf ein DIN-A4-Blatt.
- Gestaltet das Blatt mit passenden Fotos oder eigenen Zeichnungen.
- Heftet anschließend die Witze in einer Mappe ab.
- Ergänzt jeden Monat in eurer Mappe den Witz des Monats.

Vielleicht könnt ihr mit euren Lehrerinnen und Lehrern absprechen, dass ihr am Schluss der Schulwoche einen Witz vortragen oder spielen dürft. Dann geht ihr fröhlich ins Wochenende.

Methode

Einen Text anschaulich vortragen

Wenn du einen Text vortragen möchtest, kommt es nicht nur darauf an, was du sagst, sondern auch, wie du es sagst. So kannst du zum Beispiel mit deiner Stimme spielen:

- Du kannst laut, leise, schnell, langsam, unsicher oder mit Nachdruck sprechen. Wichtig ist, dass deine Stimme zum Gesagten passt.
- Du kannst auch mit deinem Körper, mit deinem Gesichtsausdruck (Mimik) und mit den Händen (Gestik) „sprechen" und deinen Vortrag begleiten.

Probiere einfach unterschiedliche Möglichkeiten aus.

Audio

Margret Steenfatt (1935 – 2021)

Post für dich, Anschi

Die Schülerin Anschi und der Schüler Lasse sind befreundet. Der Mathematiklehrer Herr Hartwig wird von der ganzen Klasse nur Hartwig genannt.

Anschi hat sich schon dreimal gemeldet, und Hartwig ist gerade dabei, eine Übungsaufgabe an die Tafel zu schreiben, da segelt eine Papierschwalbe durch den Klassenraum und fällt nach einem Schwenk im Sturzflug ganz in Hartwigs Nähe zu Boden. Hartwig hat Ohren wie ein Luchs und kassiert die Schwalbe ein, dann schreibt er an der Tafel weiter, als sei nichts geschehen.
Die Schwalbe hat Lasse losgeschickt, die Klasse weiß Bescheid, aber Lasse ist furchtbar erschrocken, Anschi erkennt es, als sie zu ihm rüberschielt. Er braucht doch nichts zu befürchten, Hartwig nimmt niemandem eine Papierschwalbe übel. Wenn Lasse solche Angst hat, muss noch etwas anderes dahinterstecken. In der Pause wird Anschi es erfahren. Aber jetzt muss sie an die Tafel kommen und eine Aufgabe vorrechnen. Weil sie aufgepasst hat, macht sie nur zwei Fehler. Sie kriegt ein kleines Lob von Hartwig.
Heute hat Hartwig die Pausenaufsicht. Er dreht wie immer seine Runden um den Schulhof, als Anschi herauskommt. In den Pausen ist Hartwig gern beim Spiel dabei, er redet auch mal persönlich und nicht über Mathe mit den Schülern. Aber heute benimmt er sich wirklich komisch. Kaum hat er Anschi erblickt, da winkt er ihr. „Komm mal schnell her!", ruft er [...], zieht aus seiner Tasche die Papierschwalbe, zaubert aus dem Inneren einen ganz klein zusammengefalteten Zettel heraus, gibt ihn Anschi und sagt: „Post für dich!"
Sie liest ihren Namen auf dem Zettel. Mit roter Schrift ist er in krakeliger Schrift draufgeschrieben. Vielleicht macht sie ein erschrecktes Gesicht, denn Hartwig beruhigt sie: „Ich habe nichts gelesen, ich hab den Brief nicht aufgemacht. Schließlich ist er nicht an mich gerichtet." Ein Stein fällt Anschi vom Herzen. Hartwig ist der netteste Mathelehrer von allen. Er geht auch sofort, nachdem er die Post abgeliefert hat, und lässt Anschi mit dem Zettel allein.

(1994)

1 „Hartwig ist der netteste Mathelehrer von allen." (Z. 38 f.) Wie kommt Anschi zu dieser Bewertung?

2 Welche Eigenschaften hat der Mathematiklehrer? Sucht geeignete Textstellen, die eure Aussagen belegen.

3 Wie wünscht ihr euch eure Lehrer oder Lehrerinnen? Schreibt eure Vorstellungen auf. Ihr könntet auch versuchen, euren „idealen Lehrer" oder eure „ideale Lehrerin" zu zeichnen.

Annika Thor (geb. 1950)

Einen Freund wie dich sollte jeder haben

Der folgende Auszug stammt aus dem Roman „Ich hätte Nein sagen können" von Annika Thor. Die schwedische Autorin erzählt darin von Konflikten unter Jugendlichen und ihrem Verhalten angesichts eigener Wünsche und des Drucks von außen.

Die Ich-Erzählerin des Romans ist Nora und ihre beste Freundin ist Sabina. Die Mitschülerin Karin ist in der Klasse eine Außenseiterin, die gebeugt geht, für ihr Alter weit entwickelt ist und aus Sicht der Erzählerin keine hübsche Kleidung trägt. Von den anderen in der Klasse wird Karin oft belächelt und erhält gemeine Kommentare.

Als die Schule nach den Sommerferien wieder anfing, war ich krank. Kalle hatte Anton und mich mit Windpocken angesteckt; wir hatten beide noch keine Windpocken gehabt und durften erst wieder in die Schule, als die Pocken eingetrocknet waren. Normalerweise macht mir die Schule keinen besonderen Spaß. Außer in Sport bin ich in nichts gut und in Mathe kapier ich gar nichts mehr.

Aber jetzt hatte ich richtige Sehnsucht nach der Schule. Anton und ich waren den ganzen Juli über bei Papa in Dalarna[1] gewesen, und als wir nach Stockholm zurückkamen, war Sabina im Ferienlager. Deshalb hatten wir uns zwei Monate nicht gesehen. Zwei Monate sind eine lange Zeit, wenn man sonst jeden Tag zusammen ist. […]

Ich hatte Sabina zwei Briefe aus Dalarna geschrieben, aber eine richtige Antwort hab ich nicht bekommen. Daran war aber nichts Besonderes, Sabina schreibt eben nicht gern. Sie hat mir immerhin eine Ansichtskarte aus dem Ferienlager geschickt. Darauf waren zwei junge Hunde, die ihre Köpfe dicht zusammensteckten. „Einen Freund wie dich sollte jeder haben" stand darunter. Geschrieben hatte sie nicht viel, nur dass das Wetter schön war und dass sie die ganze Zeit badeten und solche Sachen.

Jedenfalls musste ich noch eine Woche zu Hause bleiben, als die Schule schon angefangen hatte, es war furchtbar, die Windpocken juckten und Anton nervte wie gewöhnlich. Mama bekam Kopfschmerzen, und Kalle wollte nicht in den Kindergarten, solange Anton und ich zu Hause waren. Ich versuchte Sabina anzurufen, aber das Telefon war abgestellt. Es ist oft abgestellt, dann hat ihre Mama mal wieder die Rechnung nicht bezahlt.

[…] Am ersten Tag ging ich viel zu früh los. Ich war um Viertel vor acht in der Schule, der Unterricht fing erst zehn nach an. Der Schulhof war noch ganz leer, noch nicht mal die Erstklässler mit ihren giftgrünen und rosa Kappen und den zu großen Rucksäcken waren da.

Ich hangelte mich auf das Klettergerüst und setzte mich zurecht. Ich kletterte gern, und von da oben hatte ich beide Schulhofeingänge im Auge. Aber ich wusste ja, dass Sabina von der Gotlandstraße kommen würde, in der Richtung wohnt sie.

---

[1] **Dalarna:** Provinz in Schweden

Nach einer Weile kamen sie, zuerst die Kleinen und dann die Größeren. Ich wollte nicht, dass mich jemand sah, ich meine, jemand von meinen Klassenkameraden. Ich wollte allein sein, wenn Sabina kam. Es war schon so lange her und ich hatte jede Menge mit ihr zu besprechen. Hoffentlich kam sie nicht zu spät.

Ich saß ganz oben im Klettergerüst und aß Bonbons aus einer Tüte, die ich auf dem Weg zur Schule bei Ismet gekauft hatte. Dann hing ich eine Weile in den Kniekehlen. Es ist lustig, wenn alles auf dem Kopf steht, Häuser, Bäume, Menschen und die Autos draußen auf der Straße. Es war, als ob die ganze Welt auf dem Kopf stände, und nur man selber war noch richtig herum.

Jetzt ist die ganze Welt umgekippt, und das ist überhaupt nicht lustig.

Während ich dort hing, näherte sich jemand. Wenn man so über Kopf hängt, ist es schwer, jemanden zu erkennen, aber ich sah, dass es Karin war.

„Hallo“, sagte Karin. „Bist du krank gewesen?“

Ich richtete mich auf.

„Ja“, sagte ich und guckte in eine andere Richtung. Zur Gotlandstraße. Warum kam sie bloß nicht, Sabina!

Karin blieb stehen.

„Möchtest du ein Bonbon?“, fragte ich.

„Ja, bitte.“

Ich holte eins aus der Tüte und hielt es zwischen Daumen und Zeigefinger, reichte es ihr. Aber als sie das Bonbon nehmen wollte, zog ich die Hand zurück, so dass sie nicht heranreichte. Ich wiederholte es zweimal, und dann ließ ich das Bonbon in den Sand unter dem Klettergerüst fallen.

„Nimm's doch“, sagte ich.

Karin sah traurig aus. Aber sie blieb stehen.

Da kam Sabina.

Ich sah sie schon von weitem, erkannte sie an der Art, wie sie ging und wie das schwarze Haar um ihre Schultern wippte. Es war noch länger geworden. Sie sah eigentlich aus wie immer, und doch war etwas anders.

Sie trug enge Jeans und ein weißes Shirt. Das war so kurz, dass man ein Stück von ihrem braun gebrannten Bauch sah. Im Gürtel steckte ein Walkman und in den Ohren Kopfhörer.

Ich richtete mich schwankend auf und winkte.

„Sabina!“, rief ich. „Hallo, Sabina!“

Sie hörte mich nicht. Wahrscheinlich hatte sie die Musik zu laut eingestellt. Sie ging einfach vorbei am Klettergerüst. Ich drehte mich um.

Da standen sie und küssten sich auf die Wangen. Sabina und Fanny.

Dann hängte sich Sabina bei Fanny ein, nahm die Hörer heraus, und sie gingen zusammen über den Schulhof, die Köpfe dicht beieinander. Wie die jungen Hunde auf der Karte, die Sabina aus dem Ferienlager geschickt hatte. Einen Freund wie dich sollte jeder haben.

In meinem Kopf ging es im Kreis, in der Brust brannte es, und ich hatte das Gefühl, als würde ich fallen. Aber ich hielt mich mit beiden Händen fest, dass die Fingerknöchel weiß wurden.

Es klingelte. Ich blieb sitzen.

Karin blieb bei mir stehen.

„Es hat geklingelt“, sagte sie. „Kommst du?“

Da sprang ich hinunter in den Sand, landete in der Hocke und sprintete los.

„Hau ab!“, schrie ich, als ich an Karin vorbei auf den Eingang zulief.

(1997)

1 Die Ich-Erzählerin Nora geht morgens ganz früh zur Schule. Erklärt, warum sie das macht.

2 Nora hat in den Ferien eine Karte von ihrer besten Freundin Sabina erhalten. „Darauf waren zwei junge Hunde, die ihre Köpfe dicht zusammensteckten. ‚Einen Freund wie dich sollte jeder haben' stand darunter.“ (Z. 22 – 25) Welche Bedeutung hat diese Karte für Nora?

3 Als Sabina an der Schule ankommt, ist die Ich-Erzählerin anfangs froh, ihre Freundin endlich zu sehen. Wie verhält sich Sabina?

4 Ihr könnt euch über einen Text einen Überblick verschaffen, indem ihr ihn gliedert und den Abschnitten informative Aussagen (Überschriften oder einen kurzen Satz) zuordnet. Die Abschnitte für diesen Text sind in der Tabelle bereits vorgegeben bzw. die rechte Spalte ist für die ersten beiden Abschnitte schon ergänzt.

- Erklärt, worin der Unterschied bei den Formulierungen liegt. Welche Vorteile bieten die beiden unterschiedlichen Möglichkeiten jeweils?
- Übernehmt die Tabelle in euer Heft und ergänzt beide Angaben für die anderen Abschnitte.
- Versucht zu erklären, warum die Abschnitte jeweils so gesetzt sind, wie sie in der Tabelle angeführt sind. Nutzt dafür die Ergänzungen, die ihr in die rechte Spalte eingetragen habt. Schaut außerdem in der folgenden Methodenbox nach.

Abschnitt	Überschrift/Aussagen zum Inhalt
Zeilen 1 – 16	Verspäteter Schulbeginn und Vorfreude *Oder:* Für Nora beginnt die Schule nach den Sommerferien später als für andere Kinder und sie freut sich darauf, ihre Freundin wiederzusehen.
Zeilen 17 – 27	Kaum Kontakt zu Sabina *Oder:* Nora hat von Sabina, abgesehen von einer Karte, lange nichts gehört.
Zeilen 28 – 66	? ?
Zeilen 67 – 86	? ?
Zeilen 87 – 113	? ?
Zeilen 114 – 120	? ?

Methode

Einen Text gliedern

Wenn du dir einen **Überblick** über einen Text verschaffen willst, kannst du ihn gliedern. Das bedeutet: Du teilst den Text in **Abschnitte** ein.

Einen neuen Abschnitt kannst du zum Beispiel festlegen,

- wenn etwas Neues geschieht,
- wenn der Ort des Geschehens wechselt,
- wenn sich die Zeit ändert oder
- wenn neue Personen auftreten.

Fasse den Inhalt des jeweiligen Abschnitts mit einem Satz oder stichwortartig zusammen. Schreibe vor diese Informationen jeweils die Zeilen des Abschnitts.
Beispiel: Zeilen 1 – 16: Verspäteter Schulbeginn und Vorfreude

Achte darauf, dass du nicht zu viele Abschnitte setzt, da sonst die Übersichtlichkeit verloren geht.

5 Als Karin Nora am Klettergerüst trifft, bietet die Ich-Erzählerin ihr ein Bonbon an. Wie verhält sie sich gegenüber Karin? Schaut noch einmal genau in den Text (besonders in die Zeilen 77 – 85) und beschreibt und bewertet das Verhalten von Nora.

6 Vergleicht das Verhalten von Nora gegenüber Karin mit dem Verhalten von Sabina gegenüber Nora. Geht so vor:

- Legt eine Tabelle in eurem Heft an, in die ihr das Verhalten der Figuren eintragt. Notiert auch, in welcher Zeile des Textes ihr dies gefunden habt.
- Vergleicht anschließend die Verhaltensweisen.
- Könnte Karin auch eine Karte an Nora schicken, auf der steht „Einen Freund wie dich sollte jeder haben"?

Noras Verhalten gegenüber Karin	**Sabinas Verhalten gegenüber Nora**
? ? ? ? ? ? ? ? ? ? ? ?	? ? ? ? ? ? ? ? ? ? ? ?
Vergleich der beiden Verhaltensweisen:	
? ?	

7 Der Textausschnitt stammt aus dem Roman „Ich hätte Nein sagen können". Beschreibt das Buchcover (S. 35) und gebt an, welche Situation hier gezeichnet ist. Stellt Vermutungen an, was mit dem Titel des Romans gemeint sein könnte und wie die Ich-Erzählerin sich im Verlauf der Handlung verhält.

8 Schreibt eine mögliche Fortsetzung der Geschichte, indem ihr ...

- entweder erzählt, wie sich die Freundschaft zwischen Nora und Sabina weiterentwickelt,
- oder euch eine Situation innerhalb der Romanhandlung ausdenkt, zu der der Titel „Ich hätte Nein sagen können" gut passt.

9 Kennt ihr selbst Situationen, in denen ihr „Nein" sagen müsstet zu falschem Verhalten von anderen, es aber nicht tut? Sprecht darüber.
Falls euch keine Beispiele einfallen, nutzt die Hilfestellung. **Hilfestellung**

10 Stellt euch vor, Nora schreibt am Abend in ihr Tagebuch, wie sie die Situation mit Sabina erlebt und empfunden hat. Welche Gedanken gehen Nora durch den Kopf? Schreibt den Tagebucheintrag in euer Heft.

Stefanie Höfler (geb. 1978)

Feuerwanzen lügen nicht

Vor ungefähr drei Monaten [...] verkündete unser Klassenlehrer Herr Bassler, dass wir ab jetzt mittwochs Schwimmen statt Sport haben. Die meisten von uns Jungs jauchzten und jubelten, weil sie sich das natürlich fantastisch vorstellten, statt in die staubige Sporthalle ins Schwimmbad zu schlendern und dort ins lauwarme Wasser zu hüpfen. Ich jubelte nicht, und das lag an meiner famosen Vorstellungskraft: Sofort sah ich mich bibbernd am Beckenrand stehen, roch das chemisch stinkende Schwimmbadwasser und spürte die Badehose nasskalt an meinem Hintern kleben wie das Papierchen eines klebrigen Karamellbonbons. [...]
„Mist mit dem Schwimmen", murmelte Mischa auf dem Heimweg. Das war seltsam, denn Mischa beschwert sich normalerweise nie über die Schule, er liebt Mathe, Deutsch, Englisch, Musik und am allermeisten Bio, aber auch Sport. Mischa ist nicht nur an allem interessiert, sondern rundumschlagtalentiert.
„Wieso Mist?", fragte ich also. Wir standen auf der großen Holzbrücke über der Bundesstraße, die wir Spuckschussbrücke nennen, weil wir auf dem Nachhauseweg auf die Autos runterspucken, Mischa auf die schwarzen und ich auf die weißen.

(Alle anderen Autos verschonen wir. Aber das sind ehrlich gesagt nicht viele.) Gerade spuckte Mischa einem schwarzen Auto auf die Kühlerhaube. Sogar beim Spucken ist Mischa dreimal so treffsicher wie ich, wahrscheinlich rechnet sein Superhirn schon automatisch die Korrelation[1] zwischen Spucke- und Autogeschwindigkeit aus.
„Ich kann nicht mitschwimmen", nuschelte Mischa und ließ das nächste schwarze Auto durchfahren. „Badehose kaputt."
„Wie, kaputt?", fragte ich und stützte mich auf das Brückengeländer, das von der Aprilsonne angewärmt war und diesen trockenen Holzduft verströmte, der schon fast den Sommer voraussagt. Mischa fuhr sich mit der rechten Hand durch seine Haarwelle. „Sie hat Löcher."
Das fand ich jetzt doch spannender als Autos. „Löcher?!"
„Löcher", sagte Mischa mit seiner seltenen ironischen, aber überfreundlichen Erklärvideo-Stimme. „Das sind so Stücke, wo etwas fehlt und durch die man durchgucken kann, lieber Nits."
„Lieber Mischa", konterte ich mit gespieltem Entsetzen. „Was für Löcher denn nur?"
„Gezackte, große Löcher", sagte Mischa zum Brückengeländer statt zu mir. „Durch die man ungefähr alles durchsehen würde, was eine Badehose eigentlich verbergen soll. Ich würde tippen, es waren die Mäuse. Die wohnen neuerdings irgendwo hinter der Holzverkleidung im Flur und sind irre schlau."
„Schlauer als du?"
Mischa lachte nicht. Er kaute schon wieder auf seinem Daumennagel. „Jep. Jedenfalls kriegen wir sie nicht. Die kommen nur nachts aus ihrem Loch und fressen den Speck aus meinen Lebendfallen."

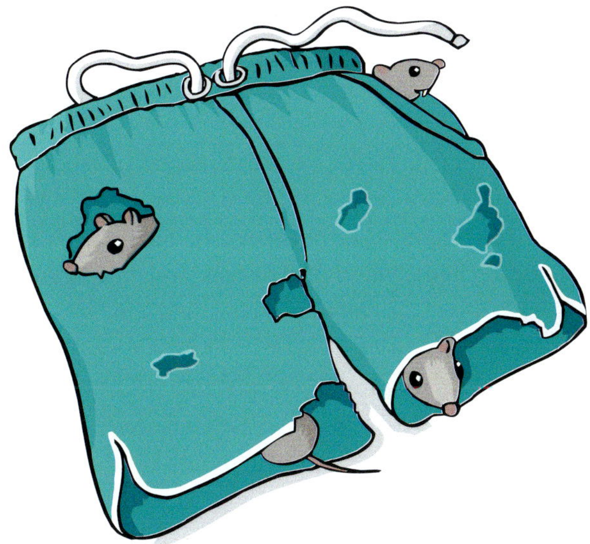

Ich versuchte mir vorzustellen, wie diese Mäuse versteckt hinter der Verkleidung herumliefen, bis Mischa und seine Familie schliefen, um sich dann den Speck aus den Fallen zu krallen. Aber das war gar nicht so einfach. Obwohl ich mir so ziemlich alles vorstellen konnte, sogar hyperintelligente Mäuse, fehlte Mischas Wohnung in dem Bild. Denn obwohl ich ihn schon ewig kannte, war ich noch kein einziges Mal bei Mischa zu Hause gewesen. Irgendwie war es einfach nie dazu gekommen. Zwar wusste ich, dass er in einem dieser griesgrämig grauen Mietshäuser mit Mülltonnen im Hinterhof wohnte. Ich hatte ihn manchmal bis zur Haustür begleitet, aber immer, wenn ich fast mit hineingekommen wäre, hatte Mischas Dad angerufen oder ihn einkaufen geschickt. Oder Mischa hatte seinen Schlüssel vergessen und kam dann doch mit zu mir zum Essen. Nur einmal haben wir im Hof hinter seinem Haus verstecken gespielt. Bis mir eine Ratte über den Fuß lief. Eine riesige Ratte mit zerbissenem Schwanz, die mich zu Tode erschreckte. Wahrscheinlich war die Ratte schuld daran, dass ich ihm die Mäusegeschichte sofort abnahm.

(2022)

[1] **Korrelation:** Zusammenhang, wechselseitige Beziehung

1 Besprecht nach dem Lesen des Textes, welchen Eindruck ihr von den beiden Jungen habt und was ihr über sie erfahrt.

2 Der Ich-Erzähler und Mischa freuen sich nicht auf den Sportunterricht. Warum nicht? Schaut noch einmal in den Text und arbeitet aus den Zeilen 1 – 62 heraus, welche (schulischen) Fähigkeiten Mischas und Nits' genannt werden.

3 Mischas Aussagen zur Badehose wirken merkwürdig. Erklärt, wie dieser Eindruck zustande kommt.

4 Welche Fragen stellt sich der Ich-Erzähler und mit ihm der Leser bzw. die Leserin nach dem Lesen der Erzählung?

- Notiert eure Fragen. So könnt ihr beginnen: „Ich frage mich, was Mischa ..." oder „Ich frage mich, warum ..."
- Besprecht anschließend eure Fragen mit einem Lernpartner bzw. einer Lernpartnerin und überprüft am Text, ob ihr Hinweise für eine Beantwortung findet.
- Notiert die Zeilen des Textes, die für eine Antwort hilfreich sind, hinter eurer Frage.

5 Der Ich-Erzähler Nits ist noch nie bei Mischa zu Hause gewesen. Findet eine mögliche Erklärung dafür.

- Arbeitet dafür heraus, wie die Umgebung beschrieben wird, in der Mischa wohnt.
- Notiert die Erklärungen, die Mischa dafür nennt, dass er Nits noch nie in die Wohnung hineingebeten hat. Hinweise findet ihr im Text ab Zeile 72.

6 Diskutiert in der Klasse: Könnte der Ich-Erzähler fragen, warum Mischa ihn nicht mit zu sich nach Hause nimmt? Begründet eure Meinungen.

7 Jetzt entscheidest du! Wähle aus:

A Stelle dir Folgendes vor: Am Abend denkt Nits noch einmal über die Situation mit Mischa nach und notiert in seinem Tagebuch, welche Gedanken und Gefühle er gegenüber Mischa hat.
Schreibe diesen Tagebucheintrag in dein Heft. So kannst du beginnen:

Das war heute eine merkwürdige Situation, ich weiß gar nicht, was ich davon halten soll: Mischa sagte, dass seine Badehose kaputt sei und dass die Mäuse sie zerlöchert hätten. Stimmt das? Kann ich ihm das glauben? Schließlich weiß ich gar nicht ...

B Versetze dich in Mischas Situation und schreibe aus seiner Sicht einen Tagebucheintrag, in dem er seine Sorgen wegen der Badehose aufschreibt und über seine eigene Lebenssituation nachdenkt. So kannst du beginnen:

Als ich heute gehört habe, dass wir Schwimmunterricht statt Sport haben, ist mir fast schlecht geworden. Ich kann doch nicht monatelang sagen, meine Schwimmhose sei kaputt. Dann wundern die anderen sich doch, dass ich nicht längst eine neue gekauft habe. Aber – wenn sie wüssten! ...

C Mischa erzählt seinem Vater, dass er eine Badehose für den Schwimmunterricht braucht. Schreibe und zeichne dieses Gespräch als Comic mit Sprechblasen.

Audio

Michael Gerard Bauer (geb. 1955)

Nennt mich nicht Ismael!

Der Roman „Nennt mich nicht Ismael!" handelt von den schulischen Erfahrungen der Hauptfigur Ismael, der in der 9. Klasse ist und wegen seines Namens von seinem Mitschüler Barry Bagsley und dessen Freunden gehänselt und schikaniert wird. Eines Tages bekommt die Klasse eine neue Lehrerin, Miss Tarango. Sie ist jung und tritt ihre erste Stelle als Lehrerin an. Barry verhält sich entsprechend respektlos und überheblich, Miss Tarango bleibt jedoch immer freundlich und bestimmt und zeigt, dass sie sich nicht einschüchtern lässt. An einem Tag spricht sie vor der Klasse über die Macht der Sprache und bittet die Schüler, sich mit kurzen Informationen selbst vorzustellen. Barry macht sich über die Aufgabe lustig; im Anschluss daran ereignet sich die folgende Szene.

„Gut. Für dieses Spiel brauche ich jemanden, der mutig und entschlossen ist, denn er muss die Herausforderung annehmen, sich der Macht der Sprache entgegenzustellen. Wer traut sich?"
Ich schaute mich im Klassenzimmer um. Ein paar Jungen streckten ihre Arme hoch. Barry Bagsley und seine Freunde waren nicht darunter. Ich auch nicht. Das war definitiv eine Situation, in der ich ein kleines Ziel bleiben musste.
„Ein paar mutige Seelen, aber was ist mit den anderen? Ich hoffe, ich habe euch nicht abgeschreckt." Miss Tarangos Augen wanderten durch den Raum, wie Suchscheinwerfer einem flüchtenden Häftling folgen. Ich betrachtete konzentriert die Oberfläche meines Pultes. „Wie wär's mit dir, Ismael? Du siehst aus, als könntest du mit der Belastung fertigwerden." Ich schüttelte den Kopf und lächelte schwach. „Der macht das nicht, der Feigling." „Ich kann mich nicht erinnern, gesehen zu haben, dass du dich gemeldet hast, Barry. Aber vielleicht sollte ich die Aufgabe ein bisschen genauer erklären." Damit zog Miss Tarango den Stuhl hinter dem Lehrerpult hervor und stellte ihn mitten auf die freie Fläche vor der Tafel.
„Wer auch immer sich als Freiwilliger meldet, muss sich auf diesen Stuhl setzen. Seine Aufgabe besteht darin, auf dem Stuhl sitzen zu bleiben, während ich versuche, ihn nur mit der Macht der Sprache zum Aufstehen zu bewegen." Allgemeines Gemurmel wallte auf. Miss Tarango fuhr fort: „Ich darf ihm keinen Befehl geben, ihm drohen, ihn schlagen, stoßen oder ihn sonst irgendwie berühren. Aber bevor ich den Stuhl dreimal umrundet habe, wird er aufgestanden sein, das garantiere ich euch." Jetzt explodierte die Klasse förmlich in einem Durcheinander aus ungläubigem Staunen, Fragen und Vorwürfen. „Nie im Leben, Miss!" „Wahrscheinlich hat sie irgendwo eine Nadel versteckt." „Darf man sich am Stuhl festbinden?"
Miss Tarango schloss die Augen und hob die Hände. „Jungs, ich habe die Regeln ausreichend erklärt. Jetzt ist genug geredet. Wer nimmt es mit mir auf?" Die Antwort kam prompt und laut: „Ich mach es." „Barry?" Miss Tarango wirkte besorgt. „Ich weiß nicht, ob das wirklich etwas für dich ist. Außerdem haben sich andere Jungen vor dir gemeldet." „Das macht denen nichts aus." Aus Barrys Mund klang das eher wie ein Befehl als wie eine Meinungsäußerung. „Mal sehen. Möchte sich sonst noch jemand freiwillig melden? Wir können das Los entscheiden lassen und den Namen aus einem Hut ziehen." Stille. [...] „Also gut, Barry. Meine anderen Freiwilligen sind mir offenbar verlorengegangen. Dann komm hierher."
[...]
Barry stellte sich vor den Stuhl. Er ließ seinen Blick über die Klasse schweifen, lächelte spöttisch und setzte sich trotzig hin. „Gut", sagte Miss Tarango, und ihre Stimme klang auf einmal kalt und ausdruckslos wie die eines Gefängniswärters.

„Ich sagte es bereits. Ich werde nicht mit dir sprechen oder in irgendeiner Weise mit dir in Kontakt treten, aber bevor ich den Stuhl dreimal umrundet habe, wirst du aufgestanden sein. Du musst die ganze Zeit nach vorn schauen. Wenn du dich umdrehst, hast du die Aufgabe nicht bestanden. Lässt du dich darauf ein?“ Barry Bagsley nickte, allerdings ein bisschen weniger arrogant als sonst. Miss Tarango fuhr fort, als würde sie Barry zur Hinrichtung vorbereiten. […] „Jetzt hör genau zu. Dies ist die Aufgabe: Ich fange hier an diesem Punkt an“, sagte sie und trat vor Barry Bagsleys Knie. „Wenn ich wieder an diesem Punkt bin, habe ich dich einmal umrundet, beim nächsten Mal dann zweimal und so weiter. Wenn ich dich zum dritten Mal umrundet habe und du immer noch auf dem Stuhl sitzt, hast du gewonnen. Wenn ich dich aber zum dritten Mal umrundet habe und du dich, wie es mit absoluter Sicherheit geschehen wird, von dem Stuhl erhoben hast, dann habe ich gewonnen. Bist du bereit?“

„Was krieg ich, wenn ich gewinne?“ „Wenn du gewinnst, Barry“, antwortete Miss Tarango fröhlich, „dann hast du den Rest des Tages frei.“ Der ganze Raum blubberte wie das Wasser im Schwimmbad, wenn die Massagedüsen angestellt werden. Was? Das konnte sie nicht machen. Sie durfte die Schüler nicht einfach heimschicken. Das durfte nur der Direktor, Bruder Jerome. Warum sagte sie so was? Sie war wahnsinnig geworden … oder aber … sie wusste ganz genau, dass sie nicht verlieren konnte. „Weißt du was, Barry?“ Miss Tarango lächelte süß. „Ich habe heute meine Spendierhosen an. Wenn du gewinnst, dann kannst du dir die ganze Woche freinehmen.“ […] „Kann es losgehen?“ „Ich bin bereit“, sagte Barry Bagsley mit einem gezwungenen Lächeln, während seine Finger sich um die Armlehnen krallten. […]

„Also, dann lasst uns anfangen.“ Damit begann Miss Tarango langsam im Uhrzeigersinn um den Stuhl herumzuschreiten, bis sie direkt hinter ihm stand. Dort blieb sie stehen und betrachtete ihre Hände. Wir sahen nicht genau, was sie betrachtete, weil Barry Bagsley im Weg war, aber Miss Tarango blieb ein paar Sekunden absolut still stehen, bevor sie die erste Runde um den Stuhl beendete. „Das war die erste“, sagte sie einfach. „Sieht nicht so gut aus für Sie, was, Miss? Jede Wette, dass Sie verlieren.“ Miss Tarango ging weiter, als hätte Barry Bagsley nichts gesagt und würde gar nicht existieren. Sie atmete erkennbar tiefer und langsamer. Zum zweiten Mal ging sie hinter dem Stuhl vorbei. Wieder blieb sie stehen und schaute zu ihren Händen hinunter. Dann vollendete sie die zweite Runde. „Das war die zweite.“ Ich betrachtete Barry Bagsleys Gesicht. Seine Miene war unbeweglich, und er umklammerte die Armlehnen, als würde er in der Achterbahn auf den Looping zusteuern. Niemals würde er von diesem Stuhl aufstehen. Miss Tarango war zum Scheitern verurteilt. Was dachte sie wohl? […]

Sie trat hinter Barry Bagsley und begann, etwas an die Tafel zu schreiben. Einen Augenblick lang erfüllte nur das weiche, wischende Quietschen eines Weißtafelmarkers den Raum, während die ganze Klasse an Barry Bagsleys Kopf vorbeispähte, um die Worte zu lesen, die sich in Miss Tarangos sauberer, gleichmäßiger Handschrift formten. Barry Bagsleys Augen tanzten und drehten sich in ihren Höhlen, als ob sie jeden Augenblick wie die Bildsymbole in einem Glücksspielautomaten herumwirbeln und auf der Rückseite seines Kopfes landen würden. „Augen nach vorn“, befahl

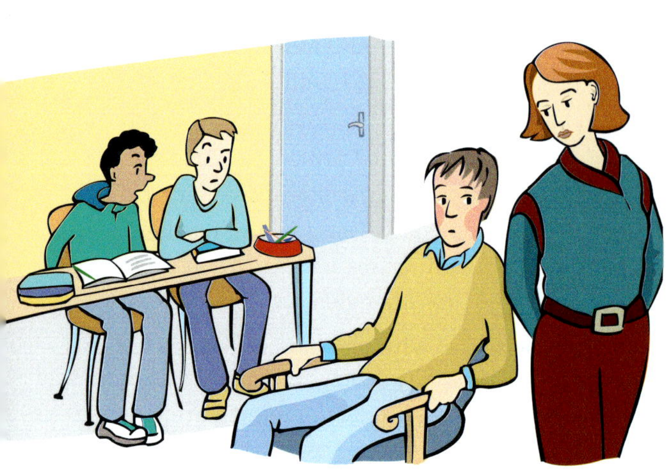

Miss Tarango kühl, als sich Barry Bagsleys Kopf hinter ihrem Rücken langsam drehte. Dann war Miss Tarango fertig mit Schreiben und trat ein bisschen zur Seite. Wir alle lasen, was sie geschrieben hatte. Und wir alle runzelten die Stirn. Dann stellte sich Miss Tarango direkt hinter Barry Bagsley. Sie hatte nur noch eine halbe Runde vor sich. Noch einmal schaute sie zu ihren verdeckten Händen hinunter und hob dann langsam den linken Arm hoch in die Luft. Barry Bagsley starrte wie hypnotisiert vor sich hin, während sich alle Augen im Klassenzimmer auf einen Punkt direkt hinter seinem Kopf richteten. [...] Miss Tarango ballte hinter Barry Bagsley mit dem kalten Blick des Terminators ihre Hand zur Faust. Natürlich wussten wir, dass sie bluffte. Aber andererseits ... vielleicht war ihr jetzt klar, dass Barry Bagsley sie geschlagen hatte. Vielleicht war sie völlig verzweifelt und wusste nicht, was sie tat. [...] Miss Tarangos Faust schwebte über Barry Bagsleys Kopf. Sie holte tief Luft. Sie schien größer zu werden, so dass ihre schlanke Gestalt über der starren Figur unter ihr aufragte. Ihre Augen drifteten von Barry Bagsleys Kopf hinauf zu ihrer Faust. Ich hielt den Atem an und war unsicher, ob ich wollte, dass sie es tat, oder nicht. Dann, als die Anspannung fast unerträglich wurde, drehte Miss Tarango das Handgelenk, schaute auf die Uhr und wandte dann ihr Gesicht mit strahlendem Doppelgrübchen-Lächeln der Klasse zu.

Als die Pausenklingel durch die Sprechanlage tönte, fuhren alle in der Klasse zusammen, als wären sie mit einem elektrischen Viehtreiber angestupst worden. [...] Sogar Barry Bagsley zuckte zusammen. Aber er rührte sich nicht von seinem Stuhl weg. Auf einmal war Miss Tarango wieder ganz die Alte. „Also Jungs, die Zeit ist um, wir müssen das morgen fortsetzen. [...] Jetzt packt schnell ein und ...“

Aber sie wurde von einem Geheul von Einwänden übertönt. Miss Tarango sah erstaunt aus. „Was ist los?“ Barry Bagsley unterbrach sie unhöflich. „Sie haben die letzte Runde nicht vollendet. Sie müssen die dritte Runde beenden, dann habe ich gewonnen. Sie können jetzt nicht einfach abhauen.“ „Aber jetzt ist Mittagspause, Barry. Ich möchte nicht die ganze Klasse aufhalten. Wir können morgen oder sonst irgendwann weitermachen. Ich wünsche euch allen einen guten Tag.“ Barry Bagsley sah bestürzt aus: „Und was wird aus mir?“, jammerte er. „Soll ich die ganze Nacht hier sitzen bleiben?“ Miss Tarango lächelte freundlich. „Tja, Barry, das wirst du wohl müssen, denn das war die Aufgabe, der du dich gestellt hast. Wenn du mir nicht glaubst, sie steht hier an der Tafel. Du kannst dich jetzt umdrehen und selbst schauen, wenn du magst.“ Barry Bagsley wirbelte herum, ließ dabei aber die Lehnen des Stuhls nicht los. An der Tafel stand, was Miss Tarango vor ein paar Minuten hingeschrieben hatte: Bevor ich den Stuhl dreimal umrundet habe, wirst du aufgestanden sein. „Siehst du, Barry, das hier ist das Schlüsselwort“, sagte sie und unterstrich fröhlich das Wort „bevor“ dreimal. „Mein Teil der Aufgabe bestand darin, dreimal den Stuhl zu umrunden. Ich sagte nicht, wie lange ich dazu brauchen oder wann ich die Runden abgeschlossen haben würde. Vielleicht morgen oder übermorgen oder überübermorgen, vielleicht nächstes Jahr, wer weiß? Und wenn du dann immer noch auf dem Stuhl sitzt, hast du natürlich gewonnen. Aber ich verspreche dir, spätestens einen Tag vor meinem Tod werde ich die letzte Runde vollenden, denn das ist, wie gesagt, mein Teil der Aufgabe.“ [...] Als schließlich sogar Bill Kingsleys Gesicht in einer seltenen Demonstration von Verständnis aufleuchtete, wusste Barry Bagsley, dass er geschlagen war. „Seht ihr, wie mächtig Sprache sein kann, Jungs? Sogar so ein kleines Wort wie ‚bis‘ kann euch schaden, wenn ihr es nicht mit Respekt behandelt und sehr genau zuhört. Also, bevor ihr jetzt alle in die Mittagspause geht, bitte ich um einen großen Applaus für Barry, weil er den Mut hatte, sich heute als Freiwilliger zur Verfügung zu stellen und bei der Vorführung zu helfen.“ Bravorufe und spöttische Sticheleien mischten sich mit Gelächter und Applaus, während alle laut durcheinanderredend aus dem Klassenzimmer strömten. Miss Tarango hatte mehr gewonnen als eine Wette.

(2006)

1 Die Lehrerin spielt mit den Schülern ihrer Klasse ein Spiel, bei dem sie auf jeden Fall gewinnen wird. Gebt mit eigenen Worten wieder, welche Situation in dem Romanauszug erzählt wird.

2 Der respektlose Schüler Barry Bagsley meldet sich für dieses Spiel und ist ebenso siegessicher wie seine Lehrerin. Erklärt einander, warum er davon ausgeht, das Spiel zu gewinnen.

3 Lest die Passage Z. 58 – 86 noch einmal sorgfältig: Barry wird am Anfang als „spöttisch“ (Z. 59) und „trotzig“ (Z. 60) beschrieben, später heißt es im Text: „‚Ich bin bereit‘, sagte Barry Bagsley mit einem gezwungenen Lächeln, während seine Finger sich um die Armlehnen krallten.“ (Z. 98 ff.)
Welches Verhalten der Lehrerin führt dazu, dass Barry ängstlich und unsicher wird?

4 Untersucht, wie die Lehrerin und Barry im Verlauf des Experiments (Z. 102 – 177) gekennzeichnet werden und wie sie auf euch wirken. Legt dazu in eurem Heft eine Tabelle an:

5 Alle Mitschüler beobachten aufmerksam das Experiment, das Miss Tarango in der Klasse macht. Die Anspannung im Raum wird als „fast unerträglich“ (Z. 164) beschrieben. Zeichnet eine Spannungskurve, die die wachsende Spannung verdeutlicht. Verwendet dafür die Einträge in der Tabelle aus Aufgabe 4. Ihr könnt, falls nötig, eine Hilfestellung nutzen. **Hilfestellung**

6 Der letzte Satz des Textes lautet: „Miss Tarango hatte mehr gewonnen als eine Wette.“ (Z. 227 f.) Erklärt, was damit gemeint ist.

7 Vergleicht das Verhalten von Miss Tarango mit dem Verhalten des Lehrers aus der Erzählung „Post für dich, Anschi“ (s. S. 34). Wen hättet ihr lieber als Lehrerin bzw. als Lehrer? Begründet eure Meinung.
Ihr könnt dazu auch ein Streitgespräch in der Klasse spielen: Eine Hälfte der Klasse argumentiert für Miss Tarango, die andere Hälfte für Herrn Hartwig. Achtet darauf, auf die Argumente der Gegenseite einzugehen und zu begründen, warum ihr die Meinung nicht teilt, sondern „eure Lehrkraft“ lieber wollt.

Verhalten und Kennzeichnungen der Lehrerin Miss Tarango	Verhalten und Kennzeichnungen des Schülers Barry Bagsley
schreitet langsam um den Stuhl herum (vgl. Z. 102 ff.) → wirkt selbstbewusst	verspottet die Lehrerin (vgl. Z. 111 f.) → wirkt überheblich und siegessicher
betrachtet ihre Hände (vgl. Z. 105 f.) → wirkt ruhig und überlegt	Er hält sich an den Armlehnen fest (vgl. Z. 120 f.). → ?
atmet tiefer und langsamer (vgl. Z. 114 f.) → wirkt vorsichtig und konzentriert	? ?
? ?	? ?

5 Das habe ich gelernt, das kann ich

Teile aus Briefen überarbeiten ▶ S. 22 ff.

1 Schreibe die folgenden Briefauszüge, die Fehler enthalten, in der richtigen Form in dein Heft.

① Achtung! Fehlertext

20.9.20..

Lieber Tom.
Vielen Dank für deinen Brief. Toll, dass du so nette Lehrer hast, aber bei mir läuft auch alles richtig gut. Am liebsten mag ich unsere Deutschlehrerin …

② Achtung! Fehlertext

Kiel

Hi Frau Horch!
Ich möchte mich bei ihnen bedanken, weil sie mit uns immer so interessanten Unterricht machen und wir bei dir auch mal lachen können. Am schönsten ist es für mich, wenn sie mit uns das Grammatikfußballspiel spielen, weil ich mich dann viel mehr anstrenge, als wenn ich nur im Heft arbeiten müsste …

③ Achtung! Fehlertext

… Schade, dass sie krank sind und erst in zwei Wochen wieder in die Schule kommen können. Wie geht es eigentlich ihrem Kater Paul? Ist er immer noch so wild? Wir haben einen guten Tipp für sie. Wenn sie ihm jeden Abend eine langweilige Geschichte erzählen, wird er bestimmt ruhiger …

④ Achtung! Fehlertext

… So, nun muss ich aber Schluss machen, meine Mutter hat mich schon dreimal zum Essen gerufen. Hoffentlich hören wir bald wieder voneinander. Vielleicht können wir uns ja auch in den nächsten Ferien treffen, was hältst du davon? Ich freue mich auf jeden Fall, wenn du dich meldest.

Hochachtungsvoll
Theo Herbst

Bestandteile eines persönlichen Briefes zuordnen ▶ S. 23 ff.

2 Überprüfe, ob alle Bestandteile eines Briefes in Vlads Brief an Carlo enthalten sind. Schreibe auf, welche Bestandteile im Brief fehlen.

persönliche Anrede mit Komma oder Ausrufezeichen ▪ persönliche Grußformel mit Unterschrift ▪ Wiedergabe persönlicher Erlebnisse ▪ Einbezug des Adressaten bzw. der Adressatin durch Fragen oder Anreden ▪ Abschied mit Bitte um Antwort ▪ Briefkopf mit Ort und Datum

Kassel, den 24.10.20..

Lieber Carlo!

Ich bin froh, dass ich jetzt endlich Zeit habe, diesen Brief zu schreiben. In den letzten Wochen war so viel los!
Wenn ich an die letzten Wochen denke, weiß ich kaum noch, was alles passiert ist. Unser Kaninchen ist gestorben, wir haben einen neuen Hund bekommen, Oma war zu Besuch da, Papa hat eine neue Arbeitsstelle und Mama war mit ihrer Freundin übers Wochenende unterwegs. Das sind nur einige Stichwörter, die zeigen, dass es wirklich ganz schön hektisch war.
In der Schule haben wir auch schon einige Arbeiten geschrieben, für die ich zu Hause üben musste. Aber es hat alles gut geklappt. Zum Glück!
Jetzt sind Ferien und ich kann wieder viele Dinge machen, die vorher zu kurz gekommen sind. Jeden Tag bin ich mit meinem neuen Mountainbike unterwegs und erkunde neue Strecken, das macht Spaß. Natürlich spiele ich auch am Computer, aber Mama achtet ziemlich streng darauf, dass ich nicht länger als eine Stunde zocke. Na ja, ich kann mich ja auch mit Freunden treffen. Das mache ich gleich auch.

Dein Freund Vlad

Einen Antwortbrief schreiben ▶ S. 28 ff.

Worms, den 15.10.20..

Lieber Markus,

wie geht es dir so in der neuen Schule? Mir geht es manchmal nicht so gut. Ich gehe jetzt seit drei Wochen zum Städtischen Schulzentrum und fühle mich immer noch nicht so richtig wohl. Die Schule ist so groß! Manchmal verlaufe ich mich. Ob ich es wohl noch lerne, mich zurechtzufinden?
Außerdem kenne ich die meisten Leute in meiner Klasse noch gar nicht richtig. Ich hoffe, dass sich das bald ändert, wenn wir erst einmal gemeinsam ein paar Spiele spielen oder ein Treffen organisieren. Unsere Klassenlehrerin hat uns das versprochen. Wie ist das so bei dir gewesen? Wie habt ihr euch in der Klasse kennengelernt?
An die vielen Fächer und unterschiedlichen Lehrer muss ich mich auch erst einmal gewöhnen. Wie viele gibt es eigentlich bei euch an der Schule? Macht dir Englisch Spaß? Und wie lernst du die Vokabeln am besten?
In den Pausen fühle ich mich manchmal sehr allein, obwohl so viele Kinder auf dem riesigen Schulhof herumwuseln. Ich kann mich manchmal auch einfach nicht entscheiden, was ich machen will. Was machst du so in den Pausen?
Jetzt habe ich aber ganz schön viel gejammert. Aber manches ist hier auch sehr schön: Manche der Lehrerinnen und Lehrer sind ganz nett und ich mag den Biologieunterricht. Was ist dein (neues) Lieblingsfach?
Ich freue mich schon auf einen Antwortbrief von dir.

Tschüss
Caroline

3 Lies den Brief aufmerksam durch und notiere alle Fragen, die Caroline an Markus stellt.

4 Verfasse anstelle von Markus einen Antwortbrief an Caroline. Achte darauf, alle ihre Fragen zu beantworten. Tröste sie dabei auch und mache ihr Mut, indem du von deinen eigenen Erfahrungen berichtest.

5 Kontrolliere nach dem Schreiben, ob du die wichtigsten Bestandteile eines persönlichen Briefes als Antwortbrief beachtet hast. Du kannst dazu eine Checkliste nutzen. **Arbeitsblatt**

Du kannst dich selbst überprüfen. **Lösungen**

Miteinander sprechen – so oder so?

Sprechen, zuhören und argumentieren

- Bestimmt kennt ihr diese Situation: Nicht alle Schülerinnen und Schüler sind einer Meinung und es kommt zu einem Streit, bei dem es ziemlich laut zugeht und alle durcheinanderreden. In diesem Kapitel lernt ihr, Regeln zu finden, mit denen ihr ein Gespräch ordnen könnt, damit alle in Ruhe ihre Meinung sagen können.

- Ihr lernt die „Giraffensprache" und die „Wolfssprache" kennen und übt, wie man freundlich miteinander spricht.

- Außerdem erfahrt ihr, wie man seine Meinung mit Argumenten begründet und so seinen Gesprächspartner bzw. seine Gesprächspartnerin überzeugen kann.

- Gespräche finden immer öfter auch im digitalen Raum statt. Deshalb untersucht ihr, wie ihr in Chats kommuniziert, und stellt auch hierfür Regeln auf.

- Ihr lernt dabei auch verschiedene Satzarten kennen und erfahrt etwas über ihre Funktion in Gesprächen.

1 Lest das folgende Gespräch zunächst leise und überlegt, wie ihr die Gesprächsbeiträge vorlesen würdet.

2 Tragt das Gespräch in verteilten Rollen vor.

3 Besprecht, wie es auf euch wirkt.

Nachhaltiges Handeln

Nachhaltig handeln heißt, dass wir mit den Schätzen unserer Erde verantwortungsbewusst umgehen und Rücksicht auf die nächste Generation nehmen. Wir verbrauchen also nicht mehr, als nachwachsen kann.

Die Klassenlehrerin, Frau Murad, betritt zur Klassenstunde die Klasse 5f und begrüßt die Schülerinnen und Schüler.

FRAU MURAD: Vor den Sommerferien veranstaltet unsere Schule einen Projekttag zum Thema „Nachhaltiges Handeln“.

MIDINA (unterbricht): Nachhalt... was?

TIM: Nachhaltig!

CASPER: Lasst doch unsere Lehrerin erstmal aussprechen!

FRAU MURAD: Wir wollen heute gemeinsam überlegen, was unsere Klasse am Projekttag machen könnte. Kennt ihr denn den Begriff „Nachhaltigkeit“?

LINUS: Das meint, dass man an die Zukunft denkt.

FRAU MURAD: Genau. „Nachhaltiges Handeln“ heißt, mit dem, was wir haben, schonend und sparsam umzugehen. Ihr könntet euch z. B. mit klimafreundlicher Ernährung oder Fairtrade-Kleidung beschäftigen.

LENA (unterbricht): Das ist doch langweilig.

TIM (ruft auch rein): Und wir müssen schon wieder einen Nachmittag in der Schule sein.

In der Klasse entsteht eine allgemeine Unruhe.

LEA: Ich finde Projekttage cool.

YAZAN: Ich find's auch gut, mal was anderes zu machen.

LINUS: Ist doch auch wichtig, dass man darauf achtet, was man so einkauft.

LEA: Wir kaufen zu Hause auch nicht immer alles neu ein. Es gibt tolle Secondhand-Läden in der Stadt.

TIMO: Haha. Wer zieht denn schon gebrauchte Klamotten an?

FRAU MURAD: In eurem Projekt kann es darum gehen, alte Gegenstände aufzuwerten, indem ihr z. B. aus ihnen etwas Neues bastelt. Ihr könnt aber auch Dinge, die ihr nicht mehr benötigt, tauschen oder ein Projekt für die Umwelt planen.

TIM: Ich möchte trotzdem lieber am Nachmittag zocken oder so. Ich habe gerade dieses neue Spiel, da muss man auf einem Drachen reiten und ...

4 Lest das Gespräch. Welche Erfahrungen habt ihr mit Klassendiskussionen gemacht? Welche Probleme können sich ergeben?

5 Überlegt, was ihr an einem Projekttag zum Thema „Nachhaltiges Handeln“ mit eurer Klasse machen würdet, und besprecht eure Ideen.

1 Wie meinst du das denn? – Gesprächsregeln

1 Lest den zweiten Teil des Klassengesprächs. Welche der Beiträge tragen zu einem gelingenden Gespräch bei? Welche sind problematisch? Besprecht einzelne Aussagen von Schülern oder Schülerinnen.

FRAU MURAD: Wir müssen zurück zur Frage kommen, was wir an dem Tag machen wollen.

LEA: Wir könnten eine Fahrradwerkstatt aufbauen und alte Fahrräder reparieren. Denn damit können wir zeigen, dass man alte und kaputte Dinge nicht immer wegwerfen muss ...

FLO (unterbricht und rollt mit den Augen): Neeee.

TILDA: Wir informieren über Sonnenenergie, weil es wichtig ist, zu wissen, woher unser Strom kommt. Außerdem könnten wir ...

MATTI (fällt Tilda ins Wort): Du Streberin!

JONAS: Wir können alte Dinge mitbringen, um sie zu verkaufen, weil wir dann auch Geld für die Klassenkasse einnehmen würden.

MARIA: Deine Idee finde ich toll, Jonas. Aber wieso verkaufen? Eine Tauschbörse wäre doch viel lustiger, weil man dann auch mitmachen kann, wenn man gerade kein Geld hat.

CARO: Ich finde die Idee von Jonas gut und auch Marias Vorschlag, zu tauschen. Aber was wollt ihr denn tauschen? Vielleicht Bücher? Und Kleidung?

TIM: Bücher und Klamotten sind doch langweilig. Ich verkaufe lieber meine alten Computerspiele. Die meisten habe ich eh schon tausendmal gespielt.

AALIYAH: Super Idee, das machen wir. Ich habe auch noch ein paar alte Spielsachen zu Hause. Damit können wir richtig Geld verdienen.

JONAS: Ich kann ja verstehen, dass ihr Geld sammeln möchtet, vielleicht ja auch für die Klassenkasse. Trotzdem finde ich, dass es hier nicht ums Geld gehen sollte.

LEA: Über meine Idee haben wir noch gar nicht gesprochen.

TILDA: Und meine Idee wurde auch einfach übergangen.

CASPER: Es stehen jetzt einige Vorschläge im Raum, das ist doch schon einmal gut. Leider konnten aber nicht alle ausreden und sind deshalb enttäuscht.

2 Schreibt einige Tipps auf, die man beachten sollte, damit ein gutes Gespräch zustande kommt. Legt dazu eine Tabelle an.

Das sollte man im Gespräch tun	Das sollte man im Gespräch unterlassen
? ? ? ? ? ? ? ? ? ? ? ?	? ? ? ? ? ? ? ? ? ? ? ?

3 Einigt euch gemeinsam auf wichtige Gesprächsregeln, fertigt dazu ein Plakat an und hängt es in der Klasse auf.

2 Giraffensprache und Wolfssprache

Die 5f hat gemeinsam die folgende Gesprächsregel aufgestellt: „Wir verletzen andere nicht." Aber was heißt das eigentlich? Wie können wir es vermeiden, andere durch Sprache zu verletzen? Die Klasse beschließt, der Sache näher auf den Grund zu gehen.

Gewaltfreie Kommunikation

Der Begriff „Gewaltfreie Kommunikation" stammt von dem US-amerikanischen Psychologen Marshall B. Rosenberg. Die gewaltfreie Kommunikation ist eine Methode, um Konflikte und Auseinandersetzungen friedlich und durch eine respektvolle Sprache zu lösen. Das kann in der Schule oder unter Freunden, in der Familie oder im Job und in vielen anderen Situationen hilfreich sein.

Ihr habt vielleicht selbst schon erlebt, wie Menschen sich gegenseitig mit Worten verletzen. Diese gewaltvolle Kommunikation nennen wir „Wolfssprache". Der Wolf ist im Vergleich zu einer Giraffe viel kleiner und kann die Situation nicht so gut überblicken. Er weiß oft nicht, wie er sich selbst helfen soll, und knurrt, fletscht die Zähne und zeigt seine Krallen.

Die gewaltfreie Kommunikation wird auch „Giraffensprache" genannt, denn die Giraffe ist das Landtier mit dem größten Herzen. Mit der gewaltfreien Kommunikation lernen wir, uns in die Lage unseres Gesprächspartners bzw. unserer Gesprächspartnerin hineinzuversetzen. Aufgrund ihrer Größe hat die Giraffe den besten Überblick über die Situation und kann diese erst einmal mit etwas Abstand betrachten. Um die Giraffensprache anzuwenden, sollten wir folgende Schritte beachten:

1. Zunächst beobachten wir und verschaffen uns einen Überblick, ohne zu urteilen. *(Was ist passiert?)*
2. Dann achten wir genau darauf, welche Gefühle bei uns entstehen. *(Wie geht es mir?)*
3. Als Nächstes erkennen wir unser Bedürfnis. *(Was brauche ich?)*
4. Zuletzt formulieren wir eine Bitte. *(Wie kann das, was ich mir wünsche, erfüllt werden?)*

Ziel der gewaltfreien Kommunikation ist es, von der Wolfssprache zu einer Giraffensprache zu kommen, um Konflikte respektvoll zu lösen.

1 Lest den Text über „Gewaltfreie Kommunikation" und klärt die beiden Begriffe „Giraffensprache" und „Wolfssprache". Fasst die wichtigsten Informationen kurz zusammen.

2 Überprüft in dem vorherigen Gespräch zwischen den Schülerinnen und Schülern, wer in der Wolfssprache und wer in der Giraffensprache spricht.

3 Habt ihr schon einmal Situationen erlebt, in denen Schülerinnen und Schüler in der Wolfssprache miteinander sprechen? Berichtet von euren Erfahrungen.

4 Lest, wie im folgenden Beispiel die Giraffe auf die Wolfssprache reagiert, und ordnet der Antwort die vier Schritte (1. Beobachtung, 2. Gefühl, 3. Bedürfnis und 4. Bitte) zu.

5 Wie könnte eine Schülerin wie Tilda in dem Klassengespräch über Projektvorschläge (s. S. 50) ihre Gedanken und Gefühle mithilfe der Giraffensprache ausdrücken? Versetzt euch in ihre Lage, als sie einen Vorschlag macht und die anderen sie als Streberin beschimpfen. Formuliert eine Reaktion in der Giraffensprache. Ihr könnt dazu folgende Formulierung nutzen:

Wenn ich höre/sehe, dass …, fühle ich mich …, weil ich …. brauche. Kannst du/Könnt ihr bitte …

Weitere Übungen zur gewaltfreien Kommunikation findet ihr auf einem Arbeitsblatt. **Arbeitsblatt**

Zitate über das Miteinander-Sprechen und Zuhören

A „Gut zuhören können ist das beste Mittel gegen Einsamkeit."

B „Nur wenn wir mit dem Herzen sprechen, können wir das Herz des anderen berühren."

C „Zuhören sollte ein Hinhören sein."

D „Solange du nur selbst sprichst, erfährst du nichts Neues."

E „Die meisten hören nicht zu, um zu verstehen, sondern um selbst etwas zu erzählen."

F „Zuhören ist die erste Stufe der Zuneigung."

1 Lest die Zitate und diskutiert gemeinsam, was sie darüber aussagen, wie wir miteinander sprechen sollten.

2 Wählt ein Zitat aus, das euch besonders gefällt, und begründet eure Auswahl.

3 In einigen Zitaten wird deutlich, dass Sprache Gefühle weckt. Sammelt zu zweit möglichst viele Adjektive, die ein Gefühl beschreiben. Ihr könnt dazu ein Arbeitsblatt mit einem „Abecedarium" nutzen. **Arbeitsblatt**

4 Wandelt die folgenden Aussagen von der Wolfssprache in die Giraffensprache um. Schreibt dafür die Sätze in euer Heft.

A) „Du gibst immer den Ton an!"
→ Ich beobachte, dass du deine Meinung sehr laut vertrittst. Das macht mich ..., denn ich wollte auch mal etwas sagen. Kannst du mich auch sprechen lassen?

B) „Wir sitzen seit zwei Stunden an den Vorbereitungen und du quatschst die ganze Zeit nur!"
→ Ich beobachte, dass du viel mit Lara redest, während wir das Projekt vorbereiten. Das macht mich ..., denn ich möchte, ...

C) „Ihr benehmt euch wieder total daneben! Bei dem Lärm kann ich nicht arbeiten."
→ Es ist gerade ziemlich laut im Klassenraum. Das macht mich ..., denn ...

D) „Du kommst zehn Minuten zu spät, während wir die ganze Arbeit machen!"
→ ...

E) „Du nervst mich! Erst hast du gesagt, dass du mit mir in einer Gruppe bist, jetzt setzt du dich einfach weg."
→ ...

3 Die eigene Meinung begründen

Wenn ihr in einem Gespräch andere von eurer Meinung überzeugen wollt, solltet ihr eure Meinung begründen. Man spricht dabei von „argumentieren". Die Begründungen nennt man „Argumente".

1 Schaut noch einmal in dem Gespräch auf S. 50 nach. Wer versucht, seine Meinung zu begründen? Tipp: Begründungen werden z. B. mit Wörtern wie „weil" oder „denn" eingeleitet.

2 Überlegt, bei welchen Äußerungen eine sinnvolle Begründung fehlt und wie man diese formulieren könnte.

3 Welche weiteren Argumente könnten Jonas und Maria anführen, um ihre Idee, einen Tauschbasar zu veranstalten, zu begründen?

Projektvorschläge in der Diskussion

Müll sammeln in der Nachbarschaft

alte Fahrräder reparieren

ein Upcycling-Projekt durchführen: „Aus ‚Müll' neue Gegenstände basteln"

bienenfreundliche Blumen auf dem Schulgelände pflanzen

über vegetarisches Essen informieren

1 In dieser Klasse werden fünf Projektideen genannt. Sammelt weitere Ideen. Führt dann in Vierergruppen ein Schreibgespräch über einen der Projektvorschläge mithilfe der Placemat-Methode durch.

Methode

Die „Placemat“-Methode anwenden

Ein „Placemat“ (dt. „Platzdeckchen“) ist ein großer Bogen Papier mit einer besonderen Einteilung darauf. Er hilft dabei, sich zunächst allein Gedanken zu einem Thema zu machen, diese dann später mit anderen zu teilen, um zuletzt ein gemeinsames Ergebnis zu erzielen.

Durchführung:

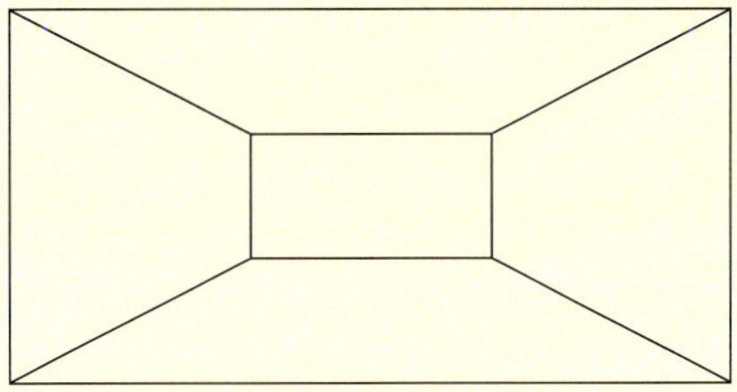

1. **Phase (Denken):** Jeder notiert seine Gedanken zu einem Thema und schreibt diese in eines der äußeren Felder des Placemats. Dabei soll nicht gesprochen werden.
2. **Phase (Austauschen):** Die Ergebnisse werden ausgetauscht und kommentiert. Dazu wird der Bogen im Uhrzeigersinn gedreht, sodass alle Gruppenmitglieder am Ende die anderen Ergebnisse gesehen und nachvollzogen haben. Auch in dieser Phase wird nicht gesprochen.
3. **Phase (Diskutieren):** Nun wird über das, was bislang erarbeitet wurde, gesprochen. Die Gruppenmitglieder einigen sich darauf, welche Gedanken besonders wichtig sind, und schreiben diese als Gruppenergebnis in die Mitte des Placemats.
4. **Phase (Vorstellen):** Die Gruppenergebnisse werden anschließend in der Klasse vorgestellt. Dafür wird ein Gruppensprecher oder eine Gruppensprecherin ausgewählt und die Placemats werden aufgehängt.

Nachdem alle über ihre Projektideen nachgedacht haben, findet ein Klassengespräch statt. Dabei geht es darum, welche der Ideen umgesetzt werden soll. Die Schülerinnen und Schüler begründen jeweils, warum ihre Idee sinnvoll ist.

2 Schreibt Sätze, in denen ihr die Projektideen zum Thema „Nachhaltiges Handeln“ begründet. Ihr könnt folgende Formulierungen verwenden:

Meinung	Begründung (Argument)
Ich finde ...	..., da ...
Meiner Meinung nach ...	..., weil ...
Ich bin der Meinung, dass ...	..., denn ...
Ich bin dafür/dagegen, dass ...	Dafür spricht, dass ...
Ich meine, dass ...	Ein Argument dafür ist, dass ...
	Das kann man so begründen: ...

Beispiel: Ich finde, wir sollten in der Nachbarschaft Müll sammeln, weil er sonst die Umwelt verschmutzt und nicht richtig recycelt werden kann.

4 Kommunikation in digitalen Medien

Die Klasse 5f einigt sich darauf, eine Tauschbörse für Bücher und Computerspiele am Projekttag durchzuführen. Um sich zur Vorbereitung besser absprechen zu können, teilen sich die Schülerinnen und Schüler in Gruppen ein. Im Schulmessenger tauschen sich die einzelnen Gruppen über die Organisation der Tauschbörse aus.

T Töröödel

Gavrilo: Hast du schon deine Bücher gesammelt, Timo? 😜

Timo: Was für eine blöde Frage. Warum stellst du die nicht Emily? Die vergisst doch alles 😅

Emily: Du bist ja ein richtiger Scherzkeks.

Timo: 😬😬😬😬

Timo: jjjjjjjjjjjjjjj

Fabian: Wer vergisst denn immer seine Hausaufgaben @Timo?

Timo: Was hast du denn für ein Problem?

Timo: Soll ich euch mal eine Story erzählen, wie Emily letztens im Bus ihren Schülerausweis vergessen hatte und der Kontrolleur kam? ...

Fabian: Ich schicke euch mal ein Foto ...

T Trödelinchen

Sara: Habt ihr schon eure Bücher gesammelt?

Mia: Ich habe schon acht Bücher aussortiert. Meine Schwester gibt mir noch alte Schulbücher dazu.

Sara: Super Idee, auch die Geschwister zu fragen! Meine Eltern haben vielleicht auch noch ein paar.

Mia: Es müssen ja nicht nur Romane sein. Comics, Kochbücher und Magazine gehen doch auch.

Paul: Genau. Am besten wir sind schon etwas früher in der Schule, um die Tische aufzubauen und die Bücher auszulegen.

Anton: Ich war in der letzten Klassenstunde nicht da. Wann genau beginnt denn der Projekttag?

Aleyna: Die erste Gruppe soll um 15 Uhr an der Tauschbörse sein. Wollen wir uns dann um 14:30 Uhr vor dem Schultor treffen?

1 Lest die beiden Chatverläufe und vergleicht sie miteinander. Untersucht, ob die „Gespräche" in den Chats gelingen. Welche der Beiträge tragen dazu bei? Welche verursachen dagegen Probleme?

2 Welche Erfahrungen habt ihr mit der Chat-Kommunikation bereits gesammelt? Berichtet davon.

3 Fertigt ein Plakat mit der Überschrift „Chat-Kommunikation" an und einigt euch darauf, was man im Chat tun und was man lassen sollte. Überlegt, welche Hinweise ihr sonst noch geben könnt.

Tipp: Gestaltet das Plakat anschaulich, indem ihr Emojis verwendet. Zum Beispiel:

👍 „Dos" (Das solltet ihr tun.)

👎 „Don'ts" (Das solltet ihr lassen.)

🤔 „Denk mal darüber nach!"

5 Verschiedene Sätze – verschiedene Absichten

1 Benennt, worin sich die drei Sätze in den Sprechblasen unterscheiden und welche Absichten jeweils verfolgt werden.

2 Im Deutschen unterscheidet man verschiedene Satzarten: den Aussagesetz, den Fragesatz und den Aufforderungssatz bzw. Ausrufesatz. Welche Satzschlusszeichen stehen hinter den einzelnen Satzarten?

3 Schreibt die folgenden Sätze mit den passenden Satzzeichen in euer Heft. Ordnet sie nach den drei Satzarten.

A) Jeder bringt zehn Tauschgegenstände mit ■
B) Gib mir das Buch ■
C) Stell den Tisch hierher ■
D) Würdest du das Buch hier gegen das Spiel tauschen ■
E) Wo ist unsere Lehrerin ■
F) Jede Gruppe steht eine halbe Stunde am Tauschstand ■

4 Bei einem Fragesatz unterscheidet man zwischen einer **Entscheidungsfrage**, auf die man mit „Ja", „Nein" oder „Vielleicht" antworten kann, und einer **Ergänzungsfrage**, die mit einem Fragewort (Wann? Wie lange? Wo? Wer? ...) beginnt. Bestimmt die Fragesätze in der Aufgabe 3 genauer.

Merkwissen

Satzarten

Wenn du etwas sagst, willst du etwas Bestimmtes erreichen. Du hast eine bestimmte **Sprechabsicht**. So kannst du zum Beispiel etwas mitteilen, zu etwas auffordern oder etwas fragen. Dementsprechend unterscheidet man **drei Satzarten**:

- den **Aussagesatz**, der durch einen **Punkt** abgeschlossen wird,
- den **Aufforderungssatz** oder **Ausrufesatz**, der durch ein **Ausrufezeichen** abgeschlossen wird,
- den **Fragesatz**, der durch ein **Fragezeichen** abgeschlossen wird.
- Bei einem Fragesatz unterscheidet man zwischen der **Entscheidungsfrage** und der **Ergänzungsfrage**.

6 Töne und Zwischentöne

Am Projekttag führt die Klasse 5f ihre Tauschbörse durch. Manchmal wird es etwas lauter und man hört nur einzelne Stimmen heraus.

Ich habe zehn Bücher mitgebracht.

Das Buch kenne ich schon.

Aaliyah und Tilda sind zu spät!

Kannst du mir beim Tragen helfen?

Magst du dein Buch gegen meines tauschen?

Jetzt ist eure Gruppe dran!!

Achtung! Ich komme mit einer schweren Bücherkiste!

Das sind die alten Schulbücher meiner Schwester.

Gib mir mal das Buch da vorne!

Wer hat die Bücher vom Tisch genommen?

1 Was glaubt ihr, wie die Aussagen jeweils gesprochen wurden? Probiert unterschiedliche Möglichkeiten aus.

2 Untersucht, welche Gemeinsamkeit die Aussagen haben und worin sie sich unterscheiden. Achtet auf die Satzarten, den Bau der Sätze und die Sprechabsicht.

3 Versucht, zu erklären, warum hinter einigen Aussagesätzen kein Punkt, sondern ein Ausrufezeichen steht.

4 Man kann auf ganz unterschiedliche Art jemanden zu etwas auffordern. Man kann ihn zum Beispiel ermahnen, bitten, warnen, ihm etwas vorschlagen oder ihm befehlen. Erklärt jeweils, welche Art von Aufforderung bei den Sätzen mit einem Ausrufezeichen vorliegt.

5 Juri möchte die anderen auffordern, die Tische und Stühle nach dem Projekttag wieder in die Klasse zu tragen. Überlegt, wie er dies ausdrücken könnte, und notiert unterschiedliche Möglichkeiten. Diskutiert, welche ihr für geeignet haltet.

Merkwissen

Satzarten und Sprechabsichten unterscheiden

Satzart und **Sprechabsicht** stimmen nicht immer überein. So kannst du z. B. mit einem Fragesatz oder mit einem Aussagesatz jemanden zu etwas auffordern. Wenn die Aufforderung besonders nachdrücklich gesprochen oder gelesen wird oder wenn es sich um einen Ausruf handelt, kannst du anstelle des Fragezeichens oder Punktes ein Ausrufezeichen hinter den Satz setzen.

6 Welche Sätze könnten während des Projekttages geäußert werden? Schreibt sie auf und verwendet dazu jede Satzart mindestens zweimal.

7 Lest eure Sätze vor. Macht beim Vorlesen hinter jedem Satz eine kurze Pause, damit eure Lernpartnerinnen und Lernpartner die Satzart benennen können.

8 Jetzt entscheidest du! Wähle aus:

A Zoe hat einen Konflikt mit ihrer Freundin Aleyna, weil sich Aleyna bei den Vorbereitungen zum Projekttag wenig eingebracht hat. Schreibe die folgende Chatnachricht aus der Wolfssprache in die Giraffensprache um.

Zoe: Boah, du nervst. Die Gruppe organisiert alles und du hältst dich komplett raus und bringst dich nicht ein. Du hattest doch die Aufgabe, die Flyer für unsere Bücherbörse zu gestalten. Am Ende musste ich das wieder mit Jonas machen und mit dem Ergebnis waren wir echt nicht zufrieden. Du schreibst am schönsten von uns und hast uns hängen lassen. Ich bin total enttäuscht.

B Zoe hat einen Konflikt mit ihrer Freundin Aleyna, weil sich Aleyna bei den Vorbereitungen zum Projekttag wenig eingebracht hat. Überlegt euch ein Rollenspiel, in dem ihr sowohl die Wolfssprache als auch die Giraffensprache verwendet. Ihr könnt die folgenden Formulierungen verwenden:

Ich fühle mich …
Ich brauche …
Ich möchte …
Mir ist wichtig, dass …
Kann es sein, dass du … bist und … brauchst?

Du bist immer …
Du bist schuld, dass …
Es liegt an dir, dass …
Ständig musst du …
Du hast mich enttäuscht, weil …

C Eine Mitschülerin aus deiner Gruppe ist krank und ihr sollt sie über die Planung des Projekttages informieren. Denkt euch einen Chatverlauf aus und schreibt ihn auf. Beachtet dabei die von euch aufgestellten Regeln zur digitalen Kommunikation.

7 Das habe ich gelernt, das kann ich

Giraffen- und Wolfssprache unterscheiden ▶ S. 51 ff.

1 Ordne die folgenden Äußerungen der Giraffen- oder Wolfssprache zu.

A) Du gibst immer mit deinen Noten an!
B) Ich brauche Unterstützung.
C) Du bist eine Nervensäge.
D) Du hörst mir nie richtig zu.
E) Du wirkst traurig. Willst du reden?
F) Ich benötige mehr Zeit und Ruhe für die Aufgabe.
G) Ich merke, dass du angespannt bist. Brauchst du gerade eine Pause?

2 Verwende verschiedene Adjektive, um die Gefühle der Personen auf den folgenden Fotos zu beschreiben.

Argumentieren ▶ S. 54 ff.

3 Im Folgenden sind einige Meinungsäußerungen abgedruckt. Finde zu ihnen sinnvolle Argumente, die überzeugen. Schreibe die Sätze in dein Heft und verknüpfe die Meinungen mit deinen Argumenten.

a) Ich fände es gut, wenn wir in der Klasse recyceln würden, denn ...
b) Es sollten Fahrgemeinschaften zur Schule organisiert werden, weil ...
c) Klassenfahrten sollten nicht zu weit entfernte Ziele haben, denn ...
d) Während der Pausen sollte das Licht im Klassenraum ausgeschaltet werden, weil ...

Regeln für die Kommunikation in Klassenchats kennen ▶ S. 58

4 Welche Regeln sollten für die Kommunikation in einem Klassenchat gelten? Korrigiere die falschen Aussagen.

a) Wenn ich einen Kettenbrief erhalte, sende ich ihn sofort weiter.
b) In einem Chat bleibe ich höflich.
c) Ich sende am besten ganz viele Nachrichten hintereinander, damit die anderen auf mich aufmerksam werden.
d) Auf Beleidigungen reagiere ich auch mit Beleidigungen.
e) Wenn mich jemand nach einem Foto fragt, sende ich eines. Ich habe schließlich nichts zu verheimlichen.
f) Wenn ich sehe, dass jemand meine Nachricht gelesen hat, aber nicht gleich antwortet, schicke ich sofort drei Fragezeichen los. Schließlich kann es nicht sein, dass man nicht auf meine Nachrichten reagiert!
g) In einem Chat gebe ich keine privaten Daten, wie Adresse oder Telefonnummer, bekannt.

Satzarten unterscheiden ▶ S. 59 ff.

5 In den folgenden Sätzen fehlen die Satzzeichen. Schreibe die Sätze ab und setze die richtigen Satzschlusszeichen. Manchmal hast du zwei Möglichkeiten.

JONA: Wusstet ihr, dass Frau M. eine Nachhaltigkeits-AG plant ■
MILENA: Das ist ja toll ■
MERLE: Was für eine super Idee ■
YUNIS: An meiner alten Schule gab es so was auch ■
MILENA: Und ■ Wollen wir mitmachen ■
YUNIS: Ich kann leider nicht ■ Ich spiele doch jeden Nachmittag Theater ■
JONA: Aber ich hätte Lust ■
MILENA: Warum eigentlich nicht ■ Dann mache ich auch mit ■

Du kannst dich selbst überprüfen. **Lösungen**

Allerlei Ferienerlebnisse – Anschaulich erzählen

Erzählungen gestalten

Gut und anschaulich erzählen zu können – das ist eine richtige Kunst! In diesem Kapitel lernt ihr, wie man besonders interessant erzählt und die einzelnen Teile einer Erzählung ausgestaltet. Ihr übt aber nicht nur das Verfassen von Geschichten, sondern vor allem auch das Vorbereiten (z. B. mithilfe eines Erzählplans) sowie das gemeinsame Besprechen und Überarbeiten eurer Erzählungen. Ihr lernt auch, was man bei der wörtlichen Rede und ihrer Zeichensetzung beachten muss.

Mithilfe der Erzählanlässe in diesem Kapitel könnt ihr eigene Erzählungen schreiben. Ihr könnt mit euren Texten z. B. ein Geschichtenbuch eurer Klasse gestalten oder einen Geschichtenwettbewerb durchführen. Vielleicht habt ihr ja auch Lust, euren Klassenraum in ein Geschichtencafé zu verwandeln und eure Parallelklasse oder eure Eltern einzuladen?

1

2

1 Beschreibt die Bilder und sprecht über die einzelnen Erzählsituationen. Was könnten die Personen jeweils erzählen?

2 Welche Situationen kennt ihr, in denen ihr anderen etwas erzählt habt oder in denen euch etwas erzählt wurde? Tauscht euch darüber aus.

1 Erzählen – mal so, mal so

Im Folgenden findet ihr einige Erzählanfänge, die zu den Bildern der vorangegangenen Doppelseite passen.

A „Du, ich muss dir was erzählen, aber das darfst du auf keinen Fall weitererzählen, sonst bekomme ich noch Ärger zu Hause. Mir ist nämlich etwas ganz Blödes passiert ...“

B „Es war einmal ein reicher und berühmter Mann, der wollte wissen, wie sich die Menschen ihm gegenüber verhalten, wenn sie nicht wissen, dass er reich und berühmt ist. Also verkleidete er sich als armer Mann und ging in das Café, in das er jeden Mittag zu gehen pflegte ...“

C „... dann wollte Nick mir gerade etwas erzählen, aber Frau Kluge hat ganz streng geguckt ...“ „Ach, das ist bei Herrn Timm genauso, da kann man gar nichts machen, ohne dass er es merkt.“ „Ihr sollt ja auch eigentlich aufpassen!“ „Ach, Papa!“ „Hat Nick dir denn später noch erzählt, was passiert ist?“ „Ja, also, er hat am Wochenende ...“

D „Leise schlich sie sich in den Keller. ‚Hoffentlich hört mich jetzt keiner‘, dachte sie, ‚aber ich möchte doch unbedingt wissen, was in der Kiste versteckt ist.‘ Plötzlich ...“

E „Papa, stell dir vor, was in der zweiten Halbzeit passiert ist ...“

F „Ich glaube, wir müssen auf die Nummer 10 besonders aufpassen. Neulich hat mir Kim erzählt, dass sie als Linkshänderin sehr gefährlich ist und gegen Münster die meisten Treffer erzielt hat. Aber ich habe eben gesehen ...“

G „Früher bin ich gerne Schlittschuh gefahren. Kaum war der Schlossteich zugefroren, schon war ich mit meinen Freunden auf dem Eis. Ich kann mich noch ganz genau an eine Situation erinnern ...“

1 Ordnet die Erzählanfänge einem passenden Bild der Doppelseite zu. Woran habt ihr die Zuordnung erkannt? Begründet.

2 Wählt eines der Bilder aus und überlegt euch, was eine Person jeweils erzählen könnte. Verfasst dazu einen kurzen Text. Lest anschließend die Texte in der Klasse vor.

3 Überlegt gemeinsam, aus welchen Gründen die Personen auf den Fotos wohl erzählen.

4 Lest die Zeitungsmeldung. Gebt mit eigenen Worten wieder, was passiert ist.

Mutige Tat

Kind aus der Diemel gerettet

Diemelstadt. Gestern sprang eine Frau voll bekleidet in die Diemel und rettete einen sechsjährigen Jungen aus dem Wasser. Der Junge hatte mit seinem Freund am Flussufer gespielt, als er ausrutschte und in den Fluss stürzte, der zurzeit viel Wasser führt. Der Freund alarmierte eine in der Nähe befindliche Frau, die sofort handelte.
Die Polizei brachte alle Beteiligten nach Hause.

5 Teilt euch in Gruppen auf und bereitet ein kleines Rollenspiel vor, indem ihr es aufschreibt und dann spielt. Jede der Gruppen übernimmt eine der folgenden Situationen. Berücksichtigt beim Schreiben die Hinweise in der Methodenbox.

a) Der Junge, der ins Wasser gefallen ist, erzählt es seinen Eltern.
b) Der Junge, der die Frau alarmiert hat, erzählt es seinen Freundinnen und Freunden.
c) Die Frau, die den Jungen gerettet hat, erzählt es ihrem Mann und ihrem ebenfalls sechsjährigen Sohn.

6 Präsentiert eure Rollenspiele in der Klasse.

7 Vergleicht eure Rollenspiele und versucht, die Unterschiede zu erklären.

8 Vergleicht eure Rollenspiele auch mit der Zeitungsmeldung. Worin bestehen hier die Unterschiede? Was ist das Besondere am mündlichen Erzählen?

Methode

Ein Rollenspiel vorbereiten und durchführen

In einem Rollenspiel wird ein erlebtes Geschehen von Personen dargestellt. Dabei versetzt man sich in eine der Figuren hinein und spielt aus deren Sicht. Da ein Rollenspiel immer als Dialog durchgeführt wird, überlegt ihr zunächst,

- welche Figuren am Rollenspiel beteiligt sind
- und was die jeweilige Figur sagen könnte. Dafür müsst ihr auch berücksichtigen, wie sich die Figur in der gespielten Situation fühlt.

Damit ihr das Rollenspiel einüben könnt,

- schreibt ihr das Gespräch bzw. die Äußerungen jeder Figur auf,
- teilt ihr die Rollen unter euch auf und
- probt das Rollenspiel vor der Aufführung.

2 Nach Bildern erzählen

Aufregung in der Klasse 5a! An der Klassenwand hängt eine Information der SV mit der Ankündigung eines Geschichtenwettbewerbs.

Im November findet wieder unser alljährlicher Geschichtenwettbewerb der fünften Klassen statt. Das Thema für den diesjährigen Wettbewerb lautet:

Allerlei Ferienerlebnisse

Gesucht werden:
lustige Geschichten, spannende Geschichten, erlebte Geschichten, erfundene Geschichten.

Die besten Geschichten werden auf der Homepage unserer Schule veröffentlicht und unter allen Teilnehmerinnen und Teilnehmern verlosen wir drei spannende Bücher.

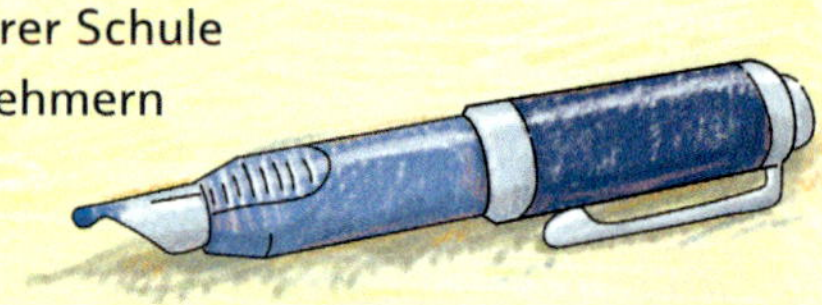

Abgabe der Geschichten bitte bis zum 30. November

Einige Schülerinnen und Schüler der Klasse 5a stehen vor dem Aushang.

LUCIE: Super Idee der SV, da kommen bestimmt lustige Geschichten zusammen.

TOM: Wenn Frau Meise den Zettel liest, müssen wir bestimmt eine Erzählung schreiben.

LEA: Genau, und wenn wir dann an dem Wettbewerb teilnehmen, müssen wir unsere Geschichten auch noch überarbeiten.

ZANA: Ach komm, wenn wir es tippen, geht das Überarbeiten doch ganz schnell.

LEON: Wir haben in der Grundschule auch schon unsere Geschichten in Gruppen überarbeitet. Ich fand das nicht schlecht. Zum Schluss hatten wir dann ganz schöne Texte.

SOPHIE: Ich finde, wir sollten Frau Meise fragen, ob wir nicht Geschichten für den Wettbewerb schreiben können. Vielleicht gewinnt ja jemand von uns, das wäre doch cool.

TOM: O nein, ich hab's geahnt.

LISA: Also, ich finde es besser, wenn ich weiß, wofür ich eine Geschichte schreibe. Dann habe ich viel mehr Lust.

MALIK: Bei mir dauert es immer so lange, bis mir etwas einfällt, und dann weiß ich auch nicht so recht, wie ich anfangen soll.

LEON: Geht mir auch so, aber wenn ich dann dabei bin, läuft es auch.

MERAL: Und wir können ja auch erst zusammen Ideen sammeln. Dann kann sich jeder aussuchen, worüber er eine Geschichte schreiben will.

1 In dem Gespräch äußern sich die Schülerinnen und Schüler zu dem Geschichtenwettbewerb. Stellt zusammen, welche Gründe sie anführen, daran teilzunehmen oder nicht.

2 Hättet ihr Lust, an einem solchen Wettbewerb teilzunehmen? Begründet.

3 Bildet kleine Gruppen und entwickelt eine gemeinsame Feriengeschichte. Das funktioniert so:

- Jedes Kind in der Gruppe erzählt spontan einen Teil der Geschichte.
- Das erste Kind legt den Anfangsbaustein und beginnt die Geschichte mit zwei bis drei Sätzen.
- Dann erzählt das nächste Kind weiter, indem es sich weitere zwei bis drei Sätze zu der Geschichte ausdenkt.
- Nutzt die folgenden Wörter als kleinen Erzählrahmen. An welcher Stelle und in welcher Reihenfolge sie in eurer Geschichte vorkommen, ist euch selbst überlassen.

Handy ▪ Meer ▪ Taucher ▪ Bootstour ▪ Foto

4 Würdet ihr die von euch gemeinsam erzählte Geschichte bei dem Wettbewerb vorlegen? Tragt zusammen, was euch gefallen hat und was für eine Einreichung als Wettbewerbsbeitrag geändert werden müsste. Greift dafür auf euer Wissen über das Erzählen aus der Grundschule zurück.

Zana hat in einem Rätselbuch für Kinder eine Bildergeschichte entdeckt, von der sie glaubt, dass sie sich gut in eine Erzählung umschreiben lässt. Allerdings – und darin besteht das Rätsel – ist die Reihenfolge der Bilder vertauscht.

1 Seht euch die Bilder genau an und bringt sie in die richtige Reihenfolge.

2 Besprecht, warum das Ereignis erzählenswert ist. Tauscht euch darüber aus, was auf den einzelnen Bildern zu sehen ist. Ihr könnt ein Arbeitsblatt nutzen, um Notizen zur Handlung auf den einzelnen Bildern zu machen. **Arbeitsblatt**

3 Nutzt die Notizen, um die Geschichte zunächst mündlich zu erzählen.

- Sucht euch einen Lernpartner oder eine Lernpartnerin und erzählt euch gegenseitig die Geschichte.
- Vergleicht anschließend die Geschichten miteinander. Benennt Gemeinsamkeiten und Unterschiede.

4 Was muss man beachten, wenn man die Geschichte aufschreiben möchte? Erklärt, was ihr bereits über das Schreiben von Geschichten wisst.

Auch Zana und ihre Freundin Sophie beschließen, die Bildergeschichte als Vorlage für eine gemeinsame Erzählung zu verwenden. Sie versuchen, sich zu erinnern, was sie bereits in der Grundschule über das Erzählen einer Geschichte gelernt haben.

3 Eine Erzählung planen

Wer soll erzählen?

Zana und Sophie beginnen mit der Vorarbeit für ihre Erzählung. Zunächst überlegen sie, wer der Erzähler oder die Erzählerin der Geschichte sein könnte. Dabei stellen sie folgende Möglichkeiten zusammen:

Vater ▪ Mutter ▪ unbeteiligter Erzähler ▪ Tochter ▪ Sohn ▪ Katze

1 Wählt ein Bild der Bildergeschichte auf S. 70 aus und probiert die unterschiedlichen Erzähler aus.

2 Sprecht darüber, welche Unterschiede sich ergeben, je nachdem, welchen Erzähler ihr wählt. Überlegt, wer als Erzähler der gesamten Geschichte geeignet ist und wer eher nicht. Was müsst ihr beim Erzählen aus der Sicht einer bestimmten Figur jeweils besonders beachten?

Textbeispiele mit unterschiedlichen Erzählformen findet ihr auf einem Arbeitsblatt.
Arbeitsblatt

Methode

Wer erzählt? – Die Erzählform auswählen

Bevor du eine Geschichte erzählst, musst du dich für eine **Erzählform** entscheiden. Du kannst ...

- die **Ich-Form** wählen. Dabei übernimmst du die Sicht einer bestimmten **Figur, die die Geschichte selbst erlebt hat**.
  Beispiel: *Ich traute mich kaum, aus dem Zelt zu schauen, aber ich war auch neugierig. Vorsichtig lugte ich ein bisschen heraus ...*
  Wichtig ist, dass du nur das in der Ich-Form erzählst, was die Figur, aus deren Sicht du erzählst, auch wissen kann.
- in der **Er-/Sie-Form** erzählen. In diesem Fall erzählt die Geschichte ein **Erzähler, der nicht an dem Geschehen beteiligt ist**, aber die Erlebnisse, Gedanken und Gefühle **einer oder mehrerer** Figuren wiedergeben kann.
  Beispiel: *Noemis Herz pochte wie wild vor Aufregung, als ihr Vater das Zelt verließ. Auch Finns Hände waren schweißnass und seine Knie zitterten.*

Achte darauf, dass du durchgehend in derselben Erzählform erzählst.

Wer sind die Figuren?

Zana und Sophie entscheiden sich dafür, die Geschichte aus der Sicht des Jungen in der Ich-Form zu erzählen. Sie versuchen zunächst einmal, sich den Jungen vorzustellen. Sie schreiben dazu folgende Fragen auf:

- Wie alt ist der Junge?
- Ist der Junge eher mutig oder schüchtern?
- Zeltet er gerne?
- ...

1 Formuliert weitere Fragen und beantwortet sie schriftlich.

2 Formuliert auch Fragen für die weiteren Figuren, Vater, Mutter, Schwester, und beantwortet die Fragen stichwortartig.

3 Sprecht darüber, warum es sinnvoll ist, sich zuerst Gedanken über die Figuren zu machen.

Die Erzählschritte planen

Im nächsten Schritt verfassen die beiden Freundinnen einen Erzählplan für ihre Geschichte. Aus der Grundschule wissen sie noch, dass eine gute Möglichkeit, den Plan für die Handlung zu erstellen, darin besteht, Fragen zu beantworten.
Beide notieren solche Fragen:

- Wann und wo spielt die Geschichte (am späten Abend, nachts, im Sommer, Herbst, zu Hause im Garten, auf einem Campingplatz ...)?
- Was ist das zentrale Ereignis der Geschichte?
- Wie ist die Stimmung vor dem Ereignis?
- ...

1 Formuliert weitere Fragen und beantwortet die Fragen für die Geschichte.

2 Überlegt auch, warum es sinnvoll ist, zunächst einen solchen Erzählplan zu erstellen.

Der Aufbau der Geschichte

Zana erinnert sich, dass sie in der Grundschule gelernt hat, dass Erzählungen in der Regel aus drei Teilen bestehen. Außerdem gehören zu einer Geschichte auch die Spannungssteigerung und der Höhepunkt. Sie erinnert sich an eine Zeichnung, die die Lehrerin an die Tafel gemalt hat, die sogenannte Spannungsmaus oder Erzählmaus. Den Verlauf der Spannung nennt man auch **Spannungskurve**.

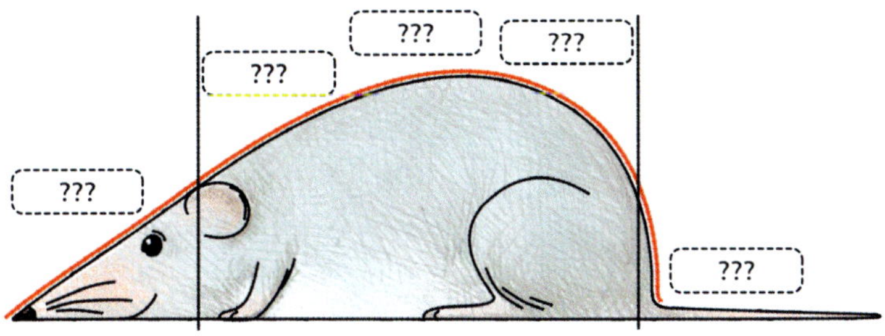

1 Zeichnet die Spannungskurve in euer Heft und tragt folgende Begriffe an den passenden Stellen ein:

Spannungssteigerung ▪ Schluss ▪ Einleitung ▪ Höhepunkt ▪ Hauptteil

2 Erklärt euch gegenseitig die Zeichnungen und erläutert, wie ein solcher Geschichtenaufbau auf den Leser und die Leserin wirkt.

3 Ordnet die Buchstaben der einzelnen Bilder der Geschichte auf S. 70 den einzelnen Teilen einer Erzählung zu und begründet eure Zuordnung.

Zana und Sophie haben nun viele einzelne Elemente ihrer Erzählung zusammengetragen. Sie erstellen einen Erzählplan, um die Übersicht zu behalten.

Erzählplan	
Wann und wo ereignet sich die Handlung?	? ? ? ? ? ? ? ? ? ? ? ? ? ?
Wer ist an der Handlung beteiligt? (Figuren)	? ? ? ? ? ? ? ? ? ? ? ? ? ?
Wer erzählt die Geschichte? (Erzähler und Erzählform)	? ? ? ? ? ? ? ? ? ? ? ? ? ?
Was geschieht? (Erzählschritte) – Einleitung – Hauptteil mit Spannungssteigerung und Höhepunkt – Schluss	? ? ? ? ? ? ? ? ? ? ? ? ? ?

4 Übernehmt den Erzählplan in euer Heft und füllt ihn aus. Ihr könnt auch den Erzählplan auf dem Arbeitsblatt nutzen. **Arbeitsblatt**

4 Eine Erzählung schreiben und überarbeiten

Aller Anfang ist schwer – Der Erzählanfang

Nachdem nun die Planung der Erzählung abgeschlossen ist, machen sich Zana und Sophie daran, die Erzählung zu schreiben. Sie haben unabhängig voneinander eine Einleitung formuliert.

Mir zittern noch jetzt die Knie, wenn ich an unsere erste Nacht im Zelt denke. Dabei hatte doch alles zunächst so gut angefangen. Mit der ganzen Familie wollten wir zum ersten Mal die Sommerferien auf einem Campingplatz verbringen. Nachdem wir dort angekommen waren, machten wir uns sofort daran, unser Zelt aufzubauen. Alle packten mit an, nur meine Schwester Noemi fing irgendwann an, zu quengeln: „Wie lange dauert es denn noch? Ich würde viel lieber die Gegend erkunden oder mit den süßen Kätzchen dort drüben spielen.“ „Erst die Arbeit, dann das Vergnügen“, lachte Mama. Und tatsächlich dauerte es dann auch gar nicht mehr lange, bis wir den letzten Hering im Boden verankert hatten.
(Zana)

Endlich ging es los. Es war der erste Tag der Sommerferien, und wir fuhren mit der ganzen Familie auf den Campingplatz. Als wir angekommen waren, bauten wir sofort zusammen unser Zelt auf. Zum Glück hatte es nicht geregnet. Weil meine Schwester Noemi unbedingt auch das Vorzelt aufbauen wollte, dauerte es natürlich etwas länger, aber Papa und ich halfen ihr dabei und so konnten wir schon bald unser Zelt beziehen.
(Sophie)

1 Vergleicht die beiden Erzählanfänge miteinander. Sprecht dazu über folgende Punkte:

- Aus wessen Sicht wird erzählt?
- Stellt zusammen, was die Leserin bzw. der Leser am Anfang der Erzählung über die Beteiligten, den Ort, die Zeit und den Ausgangspunkt der Handlung erfährt.
- Wie versuchen Zana und Sophie jeweils, das Interesse des Lesers bzw. der Leserin an der Geschichte zu wecken?
- Wem von beiden gelingt es eurer Meinung nach besser, den Leser bzw. die Leserin für die Geschichte zu interessieren? Begründet eure Meinung.

2 Probiert andere Erzählmöglichkeiten aus und erzählt den Anfang der Geschichte zum Beispiel aus der Sicht des Vaters oder des Mädchens in der Ich-Form. Ihr könnt auch einen Anfang einer Er-/Sie-Erzählung (s. **Methodenbox** auf S. 71) aufschreiben.

3 Vergleicht eure Erzählanfänge. Wem ist es besonders gut gelungen, das Geschehen zu erzählen? Begründet.

Im Folgenden findet ihr zwei Erzählanfänge von Geschichten, die unterschiedlich gestaltet sind.

A

Der Lehrer für Zoologie legte großen Wert auf anschaulichen Unterricht. Aus diesem Grunde brachte er die Tiere, deren Merkmale und Lebensweise erläutert werden sollten, stets in die Schule mit. Ein anderer Schulleiter hätte vielleicht Einspruch erhoben, denn von Rechts wegen gehören lebende Tiere, vor allem Raubtiere, nicht ins Klassenzimmer, ganz davon zu schweigen, dass sie unter Umständen den Schülern gefährlich werden können. Der Mann jedoch, dem die Schule unterstand, war ebenfalls der Meinung, Unterricht könne nicht anschaulich genug sein.

B

„Drei Wünsche", sagte der Mann mit dem verrückten Hut.
Niklas rutschte ans äußerste Ende der Bank. Aus den Augenwinkeln beobachtete er den Fremden. Was mochte der so früh am Morgen hier wollen? Noch dazu mit diesem Faschingshut. Im Mai!

4 Erklärt, welche Erzählform hier vorliegt.

5 Sprecht darüber, wie jeweils versucht wird, das Interesse der Leserinnen und Leser zu wecken.

Wenn euch die Anfänge gefallen haben, könnt ihr die Erzählungen auch ganz lesen.
Zusatzmaterial

6 Welche weiteren Ideen habt ihr, um in einer Einleitung das Interesse der Leserinnen und Leser zu wecken? Tauscht euch darüber aus.

Methode

Den Anfang einer Erzählung gestalten

In der Einleitung machst du den Leser oder die Leserin mit den **Figuren**, dem **Ort** und der **Zeit** der Handlung vertraut.

Ein weiteres Ziel des Erzählanfangs ist es, die **Neugierde** und das **Interesse** der Leserinnen und Leser zu wecken. Das kannst du erreichen, indem du

- Andeutungen darüber machst, was im Hauptteil geschieht,
- eine Frage an den Anfang stellst oder
- eine interessante Person vorstellst.

Du erzählst in der Regel im **Präteritum**.

Lebendig erzählen – Den Hauptteil einer Erzählung gestalten

Lass die Figuren sprechen – Die wörtliche Rede

Hier ist Zanas erster Versuch, zu den Ereignissen auf den Bildern zu erzählen:

Abends saßen wir alle zusammen am Lagerfeuer und ich hörte gebannt zu, während Mama eine Spukgeschichte vorlas. Noemi machte ganz große Augen und auch ich war froh, nicht allein im Dunkeln zu sein, die Geschichte war nämlich ganz schön gruselig. Nachdem Papa gesagt hatte, dass er von der Fahrt schon ziemlich müde war, gingen wir bald in unser Zelt.

1 Was haltet ihr von Zanas Erzählversuch? Begründet eure Meinung.

2 Eine Erzählung wird lebendiger, wenn die Figuren selbst sprechen. Was könnten die Familienmitglieder jeweils sagen? Sammelt Formulierungen.

3 Überarbeitet Zanas Erzählausschnitt, indem ihr an passenden Stellen wörtliche Rede einfügt.

4 Vergleicht anschließend eure Fassung mit Zanas Versuch hinsichtlich der Wirkung auf den Leser und die Leserin.

Die Zeichensetzung in der wörtlichen Rede

1 In der Grundschule habt ihr bestimmt schon die Regeln für die Zeichensetzung in der wörtlichen Rede kennengelernt. Welche sind euch noch in Erinnerung?

2 Oft ist die wörtliche Rede mit einem Redebegleitsatz verbunden, in dem beschrieben wird, wer etwas sagt, und eventuell auch, wie etwas gesagt wird. Übernehmt die folgenden Sätze mit wörtlicher Rede in euer Heft. Unterstreicht den Redebegleitsatz und die wörtliche Rede mit unterschiedlichen Farben oder Linien. Achtet darauf, die Zeichen richtig abzuschreiben.

A) Die Mutter sagte: „Zu einem echten Lagerfeuerabend gehört doch auch eine schöne Spukgeschichte."
B) „Das ist aber ganz schön gruselig", flüsterte Noemi.
C) „Pst, sei ruhig, ich möchte wissen, wie es weitergeht!", entgegnete Finn.
D) Ihre Mutter beruhigte sie: „Denkt daran, es ist doch nur eine Geschichte."

E) „Die Fahrt war sehr lang“, meinte der Vater und gähnte, „und wirklich anstrengend.“

F) Finn bettelte: „Ach bitte, nur noch eine Geschichte!“

3 Seht euch nun die Zeichensetzung in den Sätzen oben genau an. Formuliert mithilfe der Sätze Regeln für die Zeichensetzung in der wörtlichen Rede. Achtet dabei darauf, welche Satzarten in der wörtlichen Rede vorkommen. Vergleicht die Regeln, die ihr formuliert habt, mit dem **Merkwissen** unten.

Über die verschiedenen Satzarten könnt ihr euch auf S. 59 informieren.

Ihr könnt die Zeichensetzung in der wörtlichen Rede digital üben.
interaktive Aufgabe

Merkwissen

Die wörtliche Rede und ihre Zeichensetzung

- Eine Erzählung wirkt lebendiger, wenn du die Figuren sprechen lässt und an einigen Stellen wörtliche Rede einbaust.
- Wörtliche Rede und wörtlich wiedergegebene Gedanken werden in **Anführungszeichen** gesetzt.
  Beispiel: „Mach es gut. Wir sehen uns morgen.“
- Steht der **Redebegleitsatz vor der wörtlichen Rede**, steht ein Doppelpunkt hinter dem Redebegleitsatz.
  Beispiel: Der Vater fragte: „Wie war es in der Schule?“
- Wenn der **Redebegleitsatz hinter der wörtlichen Rede** steht, wird er durch ein Komma von der wörtlichen Rede getrennt. Der Schlusspunkt entfällt dann bei der wörtlichen Rede, wenn sie aus einem Aussagesatz besteht.
  Beispiel: „Es war wie immer“, antwortete der Sohn.
- Wenn es sich bei der wörtlichen Rede um einen Frage-, Aufforderungssatz oder Ausruf handelt, steht ein Frage- oder Ausrufezeichen am Ende der wörtlichen Rede. Auch hier wird der Redebegleitsatz durch ein Komma von der wörtlichen Rede abgetrennt.
  Beispiele: „Wohin willst du?“, fragte der Vater.
  „O nein!“, rief er aus.
- Die **wörtliche Rede** kann auch **durch den Redebegleitsatz unterbrochen** werden. In diesem Fall wird vor und nach dem Redebegleitsatz ein Komma gesetzt.
  Beispiel: „Ich fahre in die Stadt“, antwortete der Sohn, „und treffe mich dort mit Leon.“

Nicht immer „sagen“ sagen – Wortfelder erstellen

Papa sagte am Frühstückstisch: „Dieses Jahr zelten wir im Urlaub, das wird aufregend.“ „Ja, darauf freue ich mich schon“, sagte Mama. „Aber wir möchten auch schwimmen gehen“, sagte Finn. „Das geht doch auch trotzdem“, sagte Noemi. Papa legte die Zeitung zur Seite und holte einen Stift. „Lasst uns“, sagte er, „doch alles aufschreiben, was euch wichtig ist. Dann haben wir direkt einen kleinen Plan für unsere Zeit auf dem Campingplatz.“ „Au ja! Und dann darf jeder einen Tag lang sagen, was gemacht wird“, sagte Finn.

1 Wie wirkt der Text auf euch? Sammelt Vorschläge, wie man ihn verbessern könnte.

2 Es wirkt langweilig, wenn ihr in den Redebegleitsätzen zu oft das Wort „sagen“ verwendet. Erklärt, was die folgenden Verben bedeuten. Beschreibt, in welchem Zusammenhang und in welchen Situationen sie verwendet werden können.

ermahnen ▪ flunkern ▪ klagen ▪ nörgeln ▪ triumphieren ▪ prahlen ▪ seufzen

3 Eine Gruppe von sinnverwandten Wörtern mit ähnlichen Bedeutungen nennt man Wortfeld. Ergänzt eure Liste aus Aufgabe 1 zum Wortfeld „sagen“.

4 Ordnet eure Wörterliste, indem ihr in eurem Heft die folgende Mindmap ergänzt.

Weitere Hinweise zum Anlegen einer Mindmap findet ihr auf S. 386.

5 Jetzt entscheidest du! Wähle aus:

A Erstelle wie zu dem Verb „sagen“ auch zu den Verben „gehen“, „sehen“, „lachen“ und „essen“ Wortfelder. Ordne die Wortfelder in Form einer Mindmap.

B Auch zu Adjektiven lassen sich Wortfelder erstellen. Stelle möglichst viele Adjektive zusammen, die ausdrücken, welche Stimmung die Umgebung vermittelt, z. B. „düster“, „gemütlich“, „freundlich“, „überfüllt“.

C Nomen können ebenfalls innerhalb eines Wortfeldes unterschiedliche Bedeutungen haben. Manchmal ist eine Frau eine Dame, eine Großmutter oder ein Mädchen. Zur Unterteilung kann man Kategorien wie zum Beispiel Alter oder Verwandtschaft nutzen. Erstelle zu den Nomen „Frau“, „Mann“, „Kind“ und „Fahrzeug“ Wortfelder.

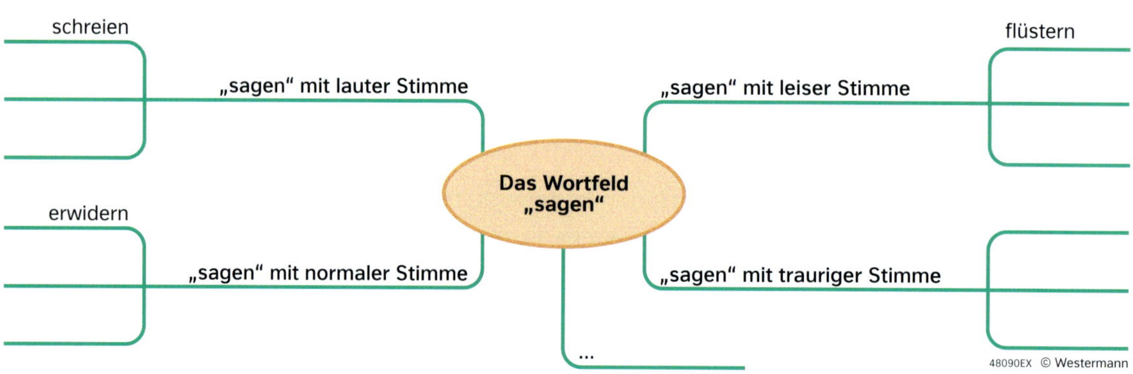

48090EX © Westermann

Methode

Das passende Wort wählen

Eine Erzählung wirkt **abwechslungsreicher** und **anschaulicher**, wenn man das richtige und **treffende Wort** findet, das ein Erlebnis oder einen Sachverhalt möglichst genau beschreibt. Soll eine Figur in der Erzählung leise sprechen, dann „flüstert" sie; läuft jemand ganz besonders schnell, dann „rennt" oder „flitzt" er. Wenn du immer überlegst, welches das treffende Wort ist, kannst du viel genauer ausdrücken, was du sagen möchtest.

Gedanken und Gefühle wiedergeben – Die innere Handlung

Hier findet ihr einen Ausschnitt aus einer Erzählung, die eine Schülerin aus der Sicht des Jungen geschrieben hat.

„Noemi", flüsterte ich, „siehst du das auch? Was ist das da draußen?" Starr vor Schreck hockte Noemi in ihrem Schlafsack. Wir starrten beide auf die Zeltwand. Was wir dort sahen, ließ unseren Atem stocken. Der Schatten einer gruseligen Gestalt baute sich an der Zeltwand auf. „Hilfe! Gleich kommt das Ungeheuer hier rein", dachte ich und zog den Schlafsack noch höher. Mein Herz schlug mir bis zum Hals und Noemi fing an zu schluchzen. „Nur keine Panik", versuchte ich sie und ein bisschen auch mich zu beruhigen, doch ich merkte, wie meine Stimme zitterte.

1 Was geht in dem Jungen vor, als er den Schatten an der Zeltwand sieht?

2 Nennt Stellen, an denen die Erzählung so anschaulich und lebendig gestaltet ist, dass man die Gedanken und Gefühle des Jungen gut nachvollziehen kann.

3 Mit welchen Mitteln wird dem Leser und der Leserin verdeutlicht, was der Junge denkt und was in ihm vorgeht? Sammelt Beispiele aus dem Text.

4 In Bezug auf die Gedanken und Gefühle spricht man auch von „innerer Handlung". Erklärt diesen Fachbegriff. Erklärt auch, was man unter der äußeren Handlung einer Erzählung versteht.

5 Erklärt, warum nichts über die Gedanken und Gefühle der Eltern geschrieben wird.

6 Was könnte in dem Vater vorgehen, als er wach wird und die verängstigten Kinder und den Schatten an der Zeltwand sieht? Sprecht darüber.

7 Besonders anschaulich kann man Gefühle durch die Beschreibung der Mimik (Gesichtsausdruck) und Gestik (Körpersprache) darstellen, z. B.: Meine Knie zitterten; vor Freude riss ich die Arme nach oben; ich riss die Augen weit auf vor Erstaunen u. a. Sammelt weitere Ausdrücke für körperliche Reaktionen, durch die die Gefühle eines Menschen deutlich werden. Geht dabei auf folgende Gefühle ein: Anspannung, Freude, Traurigkeit.

8 Jetzt entscheidest du! Wähle aus:

A Was könnte in den einzelnen Kindern auf den Bildern vorgehen? Formuliere einige Gedanken und Gefühle in der Ich-Form (innerer Monolog).

B Entscheide dich für einen der folgenden Erzählkerne zu den Bildern und gestalte ihn zu einer Erzählung aus. Du kannst die Ich-Form oder die Er-/Sie-Form wählen.

- Achte dabei besonders darauf, dass du durch anschauliche Umschreibungen und durch Wiedergabe von Gedanken dem Leser bzw. der Leserin klarmachst, was in der Hauptfigur deiner Geschichte vorgeht.
- Vergleiche deine Lösungen mit anderen. Bei welcher der Geschichten kann sich der Leser bzw. die Leserin besonders gut in die Hauptfigur hineinversetzen?

1 Omar hat sich von seinen Freunden überreden lassen, von einer Brücke in einen Fluss zu springen. Als es so weit ist, bekommt er Angst.

2 Linus ist mit seinen Eltern im Urlaub und würde dort gerne Freunde finden. Er traut sich aber nicht, andere Kinder anzusprechen.

3 Leana ist wütend auf ihre beste Freundin Maria. Maria hatte ihr versprochen, in den Ferien gemeinsam ins Freibad zu gehen. Leana hatte sich sehr darauf gefreut, doch kurz vor dem verabredeten Treffen hat Maria abgesagt. Leana geht nun stattdessen mit Luis schwimmen und begegnet dort Maria, die mit einer Freundin dort ist.

C Der folgende Zeitungsbericht gibt zwar das wieder, was geschehen ist, schreibt aber nichts darüber, wie der Junge sich in der geschilderten Situation gefühlt hat.
Stelle dir vor, der Junge erzählt seinem besten Freund später von dem Vorfall. Erzähle das Geschehen aus der Sicht des Jungen und mache dabei deutlich, wie er die Situation empfunden hat und was er gedacht hat.

Junge rettet Hund vor Hitzetod

Ein 11-jähriger Junge bemerkte am Dienstagnachmittag auf dem Parkplatz des örtlichen Freibads einen jungen Hund in einem geparkten PKW. Da das Tier zu leiden schien und wegen der hohen Temperaturen bewusstlos zu werden drohte, schlug der Junge kurzerhand die Seitenscheibe ein und rettete dem Tier so das Leben. Gegen den Halter wird nun wegen Tierquälerei ermittelt.

Methode

Gedanken und Gefühle wiedergeben – Die innere Handlung

- Eine Erzählung wird anschaulich und lebendig, wenn du die **Gefühle und Gedanken der Figuren** wiedergibst. Der Leser und die Leserin können sich so besser in sie hineinversetzen. Er oder sie erlebt dann das, was in den Figuren vorgeht, mit. Man spricht dabei von **innerer Handlung**.
- Die innere Handlung kannst du gestalten, indem du wiedergibst, was die Figuren fühlen und denken. Gedanken, die wörtlich wiedergegeben werden, stehen in Anführungszeichen.
  Beispiel: Er dachte: „Jetzt ist es vorbei!“
- **Anschauliche Umschreibungen** helfen dem Leser bzw. der Leserin, die Empfindungen einer Figur zu verstehen.
  Beispiel: Er bekam feuchte Hände und seine Knie zitterten.

Den Höhepunkt der Erzählung gestalten

1 Sprecht darüber, warum man bei diesem Bild vom Höhepunkt der Geschichte sprechen kann.

Sophie und Zana tauschen sich darüber aus, wie sie den Höhepunkt gestalten möchten:

Der Vater sollte auf jeden Fall sehr zögerlich nach draußen gehen, damit man merkt, dass auch er Angst hat. Außerdem sollte er etwas länger suchen.

Sophie

Wir sollten auch die Umgebung und die Geräusche in der Nacht beschreiben.

Zana

2 Besprecht, warum die Vorschläge der Schülerinnen gut geeignet sind, um den Höhepunkt zu erzählen.

3 Sammelt weitere Tipps, wie man den Schluss noch herauszögern könnte, um die Spannung zu halten.

4 Stellt Formulierungen zusammen, die man zur Ausgestaltung des Höhepunktes nutzen könnte. Sprecht dabei z. B. über folgende Fragen:

- Was könnten die Figuren sagen?
- Welche Gedanken könnten den Familienmitgliedern durch den Kopf gehen?
- Mit welchen anschaulichen Umschreibungen lässt sich verdeutlichen, was in ihnen vorgeht?
- Welche Zeitangaben könnte man benutzen?
- Welche eingeschobenen Fragen oder Andeutungen könnten das Ende hinauszögern?

5 Verfasst den Höhepunkt der Geschichte. Erzählt aus der Sicht des Jungen in der Ich-Form. Ihr könnt auch die Er-/Sie-Form wählen. Arbeitet dabei mit der **Methodenbox** auf S. 83. Vergleicht eure Erzählungen anschließend und gebt euch Tipps zur Überarbeitung.

Methode

Den Höhepunkt ausgestalten

Der Höhepunkt ist ein **besonders wichtiger Teil einer Erzählung**. Häufig steigt die Spannung im Hauptteil bis zum Höhepunkt langsam an. Deshalb sollte der Höhepunkt besonders anschaulich erzählt werden.

- Um einen Höhepunkt interessant zu gestalten, kannst du **eingeschobene Fragen oder Andeutungen** verwenden (Beispiele: *Was sollte er jetzt nur machen? Was dann geschah, werde ich mein Leben lang nicht vergessen.*).
- Den Höhepunkt kannst du auch dadurch interessant gestalten, dass du **Zeitangaben** (z. B. *plötzlich* oder *Eine unendlich lange Zeit geschah gar nichts.*) benutzt.
- Bei dem Höhepunkt solltest du deine Figuren **ebenfalls sprechen lassen** und ihre **Gedanken und Gefühle** wiedergeben, sodass der Leser oder die Leserin sich besser in sie hineinversetzen kann.

Alles hat ein Ende ... – Der Erzählschluss und die Überschrift

Zana und Sophie haben jeweils einen Schluss für ihre Geschichte geschrieben.

Ich war so erleichtert, als ich sah, dass das Monster in Wirklichkeit ein kleines, süßes Kätzchen war.
(Zana)

Puh, war ich erleichtert, als Papa mit dem Kätzchen auf dem Arm wieder auftauchte. Den anderen ging es genauso, und wir alle nahmen Papa glücklich in die Arme, aber natürlich ganz vorsichtig, um das süße Kätzchen nicht zu erschrecken. An den nächsten Tagen saßen wir noch oft gemeinsam am Lagerfeuer, aber Spukgeschichten haben wir nicht mehr gelesen.
(Sophie)

1 Vergleicht die beiden Erzählschlüsse und entscheidet, welcher euch besser gefällt. Begründet eure Entscheidung.

2 Erklärt, was eurer Meinung nach einen gelungenen Erzählschluss ausmacht.

Methode

Den Schluss gestalten

Mit dem Erzählschluss rundest du die Erzählung ab. In diesem Teil wird sehr oft die Spannung aufgelöst.
Da das eigentliche Geschehen im Hauptteil erzählt wird, besteht der Schluss meistens nur aus einem kurzen Abschnitt.

3 Natürlich braucht die Geschichte auch eine Überschrift. Klärt zunächst untereinander, was eurer Meinung nach eine gute Überschrift ausmacht.

4 Sammelt Vorschläge für eine Überschrift, wählt eine aus und begründet eure Auswahl.

Methode

Eine Überschrift finden

Eine Erzählung braucht auch eine Überschrift. Diese soll die **Neugier der Leserin oder des Lesers** wecken, aber nicht zu viel verraten. Es kann sinnvoll sein, die Überschrift erst ganz am Ende zu setzen, weil du dann einen guten Überblick über die Gesamthandlung hast. So kannst du eine Überschrift wählen, die genau zu deiner Erzählung passt.

Einen Text nach bestimmten Aspekten verfassen, überprüfen und überarbeiten

1 Erstellt gemeinsam eine Checkliste, die die wichtigsten Aspekte enthält, die ihr beim Verfassen einer Erzählung berücksichtigen müsst. Orientiert euch dabei an den Methodenboxen in diesem Kapitel. Einen möglichen Anfang einer solchen Checkliste seht ihr hier:

zu prüfender Punkt	ja	nein	teilweise	Kommentar
Die Geschichte hat eine passende Überschrift.	? ? ? ?	? ? ? ?	? ? ? ? ?	? ? ? ? ? ? ? ? ? ? ?
Der Leser bzw. die Leserin erfährt, wo und wann die Geschichte spielt.	? ? ? ?	? ? ? ?	? ? ? ? ?	? ? ? ? ? ? ? ? ? ? ?
? ? ? ? ? ? ? ? ? ? ? ? ? ? ?	? ? ? ?	? ? ? ?	? ? ? ? ?	? ? ? ? ? ? ? ? ? ? ?

Den Anfang dieser Checkliste findet ihr auch auf einem Arbeitsblatt.
Arbeitsblatt

2 Verfasst die Erzählung zu der Bildergeschichte auf S. 70 auf der Grundlage eurer Checkliste und des Gelernten noch einmal aus der Sicht einer anderen Figur. Tragt eure Erzählungen anschließend in der Klasse vor.

Ihr habt nun eine Menge zum Erzählen gelernt. An diesen erarbeiteten Aspekten könnt ihr euch auch beim Anfertigen anderer Erzählungen orientieren.

3 Wendet euer Wissen zum Erzählen an und schreibt eine anschauliche und lebendige Erzählung zu der folgenden Bildergeschichte. Geht beim Verfassen so vor:

- Seht euch zunächst die Bilder ganz genau an.
- Legt einen Erzählplan an; orientiert euch an dem Beispiel auf der Seite 73.
- Verfasst die Erzählung und berücksichtigt dabei die Punkte aus der Checkliste.
- Lest euren Text abschließend noch einmal gründlich und korrigiert Rechtschreibung, Zeichensetzung und Ausdruck.

Projekt – Eigene Feriengeschichten erzählen und vorstellen

Ihr habt in diesem Kapitel viele Tipps zur Gestaltung einer anschaulichen Erzählung bekommen. Diese könnt ihr nun selbstständig anwenden, indem ihr selbst Erzählungen über ein Ferienerlebnis schreibt. Ihr findet dazu im Folgenden drei Vorschläge, aus denen ihr auswählen könnt. Vielleicht habt ihr aber auch eine ganz andere Idee, die ihr umsetzen möchtet. Ratsam ist es in jedem Fall, dass ihr zunächst eure Erzählungen so plant, wie ihr es in diesem Kapitel gelernt habt. Besonders wichtig ist es, einen Erzählplan zu erstellen. Beachtet aber auch jeweils die Tipps in den Methodenboxen.

Wenn ihr eure Texte fertiggestellt habt, plant ihr in der Klasse, wie ihr eure Erzählungen einem Publikum präsentieren möchtet. Ihr könnt zum Beispiel ein Klassenlesebuch erstellen, das allen zur Verfügung gestellt wird. Vielleicht habt ihr ja auch die Möglichkeit, dies in digitaler Form umzusetzen.
Möglich ist es auch, eine Veranstaltung mit Publikum zu planen. So könnt ihr zum Beispiel eure Eltern und Geschwister in euren Klassenraum einladen, der dann zum Lesecafé wird. Sicher habt ihr viele schöne Ideen, wie ihr den Raum für diese Zwecke gestalten könnt.
Eine weitere Möglichkeit, eure Texte anderen vorzutragen, ist, wenn ihr eure Texte wie ein kleines Hörspiel einsprecht.

Welche akustischen Elemente ein Hörspiel enthält, erfahrt ihr auf S. 159.

Bestimmt habt ihr auch noch viele eigene Ideen zur Umsetzung. Sprecht in der Klasse über die verschiedenen Vorschläge und entscheidet euch gemeinsam für eine Form der Präsentation.

Vorschlag 1: Mithilfe eines Ideensterns erzählen

Sicher war die Nachtaktion mit dem merkwürdigen Schatten nicht das einzige Aufregende und Besondere, das die Familie im Zelturlaub erlebt hat.

- Sammelt weitere Erzählideen, was die Familie beim Zelten sonst noch erlebt haben könnte, und notiert diese auf einem Ideenstern in eurem Heft. Plant und verfasst dann eure Geschichten und tragt sie euch gegenseitig vor.

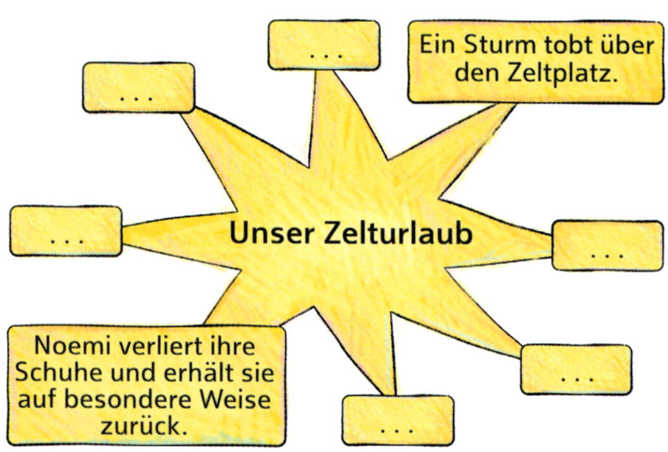

Vorschlag 2: Zu einem Bild erzählen

- Bestimmt habt ihr viele Ideen, welche Geschichten ihr zu den Fotos erzählen könnt. Wählt ein Foto aus. Überlegt, wie es zu der abgebildeten Situation gekommen sein könnte und wie die Geschichte enden könnte. Plant und verfasst eure Geschichten.

Vorschlag 3: Zu Überschriften erzählen

Der Schatz am Strand

Schneemänner leben gefährlich

Wachsfigur wird lebendig

Geheimnisvolle Muschel

Ein besonderer Flohmarkt

Die Überraschung im Park

- Diese Überschriften können euch als Ideen für eine Geschichte dienen. Wählt eine der Überschriften aus, erstellt einen Erzählplan und verfasst dann eure Geschichten.

5 Das habe ich gelernt, das kann ich

Einen Erzählanfang überarbeiten ▶ S. 74 f.

1 Hier hat jemand zu der Bildergeschichte auf S. 70 das Kätzchen erzählen lassen und folgende Einleitung geschrieben, die noch nicht gut gelungen ist. Überarbeite sie und schreibe sie neu auf.

Heute erzähle ich euch von meinem neuesten Erlebnis. Bei einem meiner nächtlichen Ausflüge auf dem Campingplatz lernte ich eine Familie kennen …

Den Hauptteil einer Erzählung überarbeiten ▶ S. 76 ff.

2 Auch der Hauptteil der Erzählung ist noch nicht gut gelungen. Überarbeite ihn und schreibe ihn auf.

Als endlich Ruhe eingekehrt und das Feuer erloschen war, begab ich mich auf meinen nächtlichen Streifzug. Ich entdeckte eine interessante Zeltwand, da kam ein Mann und nahm mich auf den Arm.

Die Zeichensetzung in der wörtlichen Rede ▶ S. 76 f.

3 In dem folgenden Textauszug aus Astrid Lindgrens Roman „Ferien auf Saltkrokan“ sind einige Satzzeichen durch ein kleines Viereck ersetzt worden. Schreibe den Text in dein Heft und ergänze dabei die Satzzeichen. Achte beim Abschreiben aber auch darauf, die anderen Satzzeichen richtig zu übernehmen.

■ Das sieht dir ähnlich ■ ■ sagte Malin ■ ■ das sieht dir so richtig ähnlich, ein Sommerhaus auf einer Insel zu mieten, die du nie gesehen hast, nur weil du findest, dass der Name so gut klingt ■ ■

■ Ich dachte, alle Leute machen das so ■ ■ verteidigte sich Melcher, doch dann verstummte er und dachte nach.

■ Aber vielleicht muss man Schriftsteller und mehr oder weniger verrückt sein, um so etwas zu tun? Nur ein Name – Saltkrokan, haha! Andere Leute fahren vielleicht vorher hin und gucken erstmal nach ■ ■

■ Einige tun das, ja! Nur du nicht ■ ■

■ Naja, jetzt bin ich unterwegs ■ ■ sagte Melcher leichthin. ■ Jetzt fahre ich hin und gucke ■ ■

Und er schaute sich mit fröhlichen blauen Augen um. […]

■ Begreift ihr, dass es schön ist? Begreift ihr, wie glücklich ihr sein könnt, dass ihr den ganzen Sommer hier mittendrin wohnen dürft ■ ■ Johann und Niklas sagten, sie begriffen es. Pelle sagte, er begreife es auch. ■ Na, aber warum jubelt ihr dann nicht ■ ■ ■ fragte Melcher. ■ Darf ich um ein bisschen Jubel bitten ■ ■ ■ Wie macht man das ■ ■ ■ erkundigte sich Pelle. Er war erst sieben Jahre alt und konnte nicht auf Befehl jubeln.

(1964)

Wortfelder ordnen ▶ S. 78 f.

4 Im Wortspeicher sind zwei Wortfelder durcheinandergeraten. Ordne sie, indem du sie zu je einer Gruppe aufschreibst. Ein Wort passt in beide Wortfelder.

windig ▪ schön ▪ traurig ▪ sonnig ▪ froh ▪ glücklich ▪ regnerisch ▪ heiter ▪ frohlockend ▪ eisig ▪ jubelnd ▪ geknickt ▪ bewölkt

Wortwiederholungen vermeiden – das Wortfeld „sagen“ ▶ S. 78 f.

5 Im Folgenden findest du den Teil einer Geschichte, der sprachlich nicht gelungen ist. Überarbeite den Text, indem du das Wort „sagen“ durch geeignete Verben aus dem Wortfeld ersetzt.

Dann sagte Mama: „Also, wir fahren zwar in den Ferien nicht weit weg, aber Papa und ich haben überlegt, dass wir auf den Jahrmarkt gehen könnten. Habt ihr Lust dazu?“ „Ja“, sagten beide Kinder wie aus einem Mund und Noemi sagte: „Das wird bestimmt toll!“ „Dann“, sagte Finn, „kann ich endlich im Superspace fahren, klasse!“ „Aber“, sagte der Vater, „wir müssen gut auf unsere Sachen aufpassen, es wird sicher richtig voll sein.“ „Na klar“, sagte Noemi, „wir passen auf.“ Und Finn sagte: „Ja, ja, Papa, das wissen wir doch! Du sagst uns das doch jedes Mal, wenn wir irgendwohin gehen.“ Mama sagte: „Und wir müssen alle zusammenbleiben, damit wir uns nicht verlieren.“ „Klar“, sagte Finn, „wir wollen doch zusammen Spaß haben.“

Du kannst dich selbst überprüfen. Lösungen

Die wunderbare Welt der Wörter

Wortarten erkennen und richtig gebrauchen

- Wenn man unsere Sprache richtig beherrschen will, muss man sich mit ihren Bestandteilen, z. B. den einzelnen Wortarten, auskennen und wissen, wie man diese richtig gebraucht.
- Das hilft auch dabei, die Rechtschreibung zu beherrschen und Fehler zu vermeiden.
- In diesem Kapitel lernt ihr, welche Wortarten es gibt und welche Funktionen sie haben.

Nora und Louis gehen seit Beginn des Schuljahres in die 5. Klasse eines Gymnasiums. Am Nachmittag unterstützen sie sich oft gegenseitig bei den Hausaufgaben. Heute sollen sie alle Nomen, Verben und Adjektive in einem kurzen Text markieren.

Mias Traumreise

Im Traum erscheint Mia eine magische Insel, die Fantasia heißt. Der Sand am Strand glitzert und an den Palmen hängen Sterne, die leuchten. Ein Papagei spricht und führt sie zu einem funkelnden Wasserfall. Freundliche Delfine schwimmen im Wasser. Der Himmel strahlt prächtig, bevor der Traum endet. Doch die Eindrücke von Fantasia bleiben lebendig.

NORA: Okay, Louis, wir sollen aus dem Text „Mias Traumreise“ alle Nomen, Verben und Adjektive heraussuchen. Fangen wir mal an. Erinnerst du dich noch genau daran, was Nomen sind?

LOUIS: Ich glaube, Nomen sind die Namenwörter, sie bezeichnen also Dinge, Orte oder Personen. Wie zum Beispiel „Mia“ oder „Insel“.

NORA: Ja, das klingt richtig. Und Verben sind ... Wie heißt nochmal das deutsche Wort? Wir haben das doch schon in der Grundschule besprochen. Irgendwie ist das richtig schwierig. Eine hilfsbereite Fee wäre nicht schlecht, oder?

Plötzlich weht ein warmer Wind durch das Zimmer und tausend kleine Lichtpunkte erscheinen in der Luft. Nora und Louis trauen ihren Augen kaum, als sich vor ihnen aus den Lichtpunkten eine Fee zusammensetzt. Mit einem warmen Lächeln und funkelnden Augen strahlt sie die Kinder an.

Die Kinder sind neugierig auf das Abenteuer, das vor ihnen liegt. Gemeinsam mit Aven möchten sie sich auf eine Reise begeben, die ihnen die Geheimnisse der Sprache offenbaren wird. Sie schließen die Augen und lassen sich von Aven in einem Wirbel aus Lichtpunkten mitnehmen.
Schaut zu, wie Nora und Louis diese Herausforderungen meistern, und unterstützt sie bei den Aufgaben.

1 Welche Wortarten sind euch noch aus der Grundschule bekannt? Benennt sie und gebt Beispiele.

2 Unterstützt Nora und Louis bei den Hausaufgaben.

- Benennt so viele Nomen, Verben und Adjektive im Text „Mias Traumreise“ wie möglich. Notiert sie anschließend in einer Tabelle.
- Sprecht darüber, wie man diese Wortarten voneinander unterscheiden kann.

3 Schließt die Augen und stellt euch vor, mit den Kindern auf die Reise zu gehen und eine magische Insel zu besuchen, auf der man unsere Sprache entdecken kann. Wie sieht die Insel aus? Was genau kann man dort entdecken? Beschreibt eure Eindrücke.

1 Nomen und Artikel (Namenwörter und Begleiter)

Als Nora und Louis ihre Augen wieder öffnen, sind sie auf der Insel angekommen. Die tausend Lichtpunkte verschwinden langsam und riesige Felsen erstrecken sich vor den beiden. Aven erklärt, dass es die „Nomen-Felsen“ sind, und die Kinder entdecken sofort, dass auf den drei Felsen viele Wörter stehen. Sie sind neugierig und fragen die Fee, welche Bedeutung diese Wörter haben. „Eine gute Frage!“, antwortete sie. „Es gab einmal Hinweisschilder, die das erklärt haben. Man kann sie aber nicht mehr lesen. Findet es heraus und schreibt die Schilder neu.“

1 Schaut euch die Nomen auf den drei Felsen genauer an.

- Was haben sie jeweils gemeinsam? Sammelt in der Klasse Vorschläge, wie die Kategorien, in die die Nomen eingeteilt sind, benannt werden könnten.
- Findet weitere Nomen und ordnet sie der jeweiligen Kategorie zu.

Die Kinder konnten die erste Herausforderung gerade lösen, als plötzlich eine Wörterschlange vor Louis’ Augen auftaucht. Er erschrickt, aber Aven beruhigt ihn und erklärt, dass es eine freundliche Schlange ist und man nur alle Nomen erkennen muss, damit sie wieder verschwindet.

2 Wie erkennt ihr Nomen? Überlegt gemeinsam, wodurch sich Nomen von anderen euch bekannten Wortarten unterscheiden.

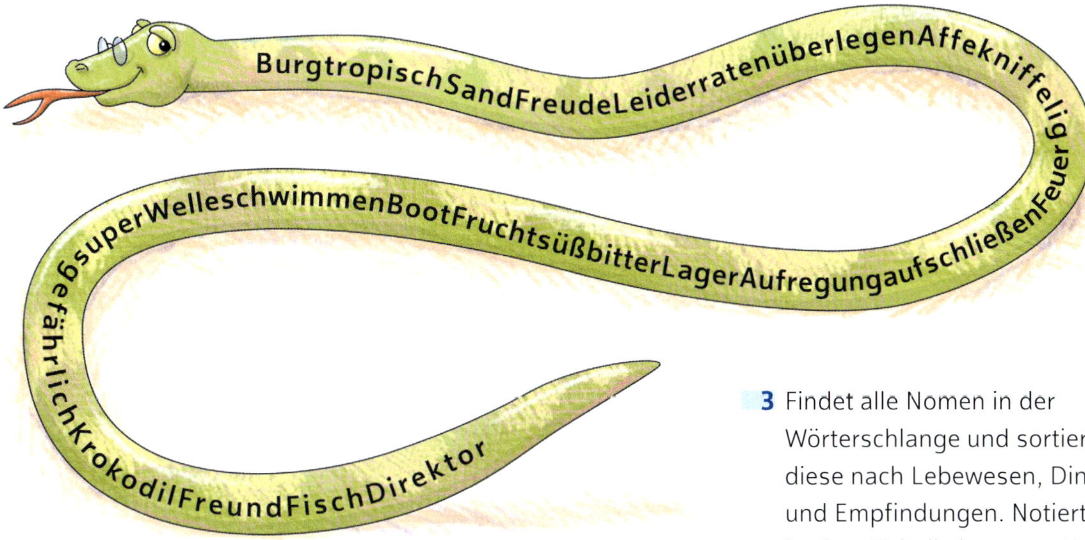

3 Findet alle Nomen in der Wörterschlange und sortiert diese nach Lebewesen, Dingen und Empfindungen. Notiert sie in einer Tabelle in eurem Heft.

Merkwissen

Nomen

Nomen bezeichnen **Lebewesen** (Menschen und Tiere), **Dinge** (z. B. Gegenstände, aber auch Naturphänomene wie Wind, Sonnenschein) und **Empfindungen** (z. B. Gefühle eines Lebewesens wie Freude).

Die Großschreibung von Nomen

Aven interessiert sich sehr für Bücher. Für Louis und Nora hat sie daher eines ihrer Lieblingsbücher mitgenommen. Das Buch trägt den Titel „Eine Insel zwischen Himmel und Meer“ von der Autorin Lauren Wolk. Auf der Rückseite des Buches befindet sich eine kurze Inhaltsangabe, die sich Nora genauer anschaut. Sie erkennt, dass die Texte entweder nur in Kleinbuchstaben oder in Großbuchstaben geschrieben sind. Aven gibt ihr die Aufgabe, die Texte zu korrigieren.

1 Unterstützt Nora bei ihrer Aufgabe und schreibt beide Absätze des Textes richtig in euer Heft.

im jahr 1913 wird ein neugeborenes mädchen in einem kleinen boot an die küste einer insel gespült. ein einsiedler[1] findet das baby und zieht es gemeinsam mit maggie, einer inselbewohnerin, groß. sie nennen das mädchen crow, da niemand ihren wahren

[1] **Einsiedler:** ein Mensch, der freiwillig und gerne allein, weit weg von Dörfern oder Städten wohnt

namen oder ihre herkunft kennt. die dorfbewohner meiden crow, weil sie denken, sie könnte eine gefährliche, ansteckende krankheit haben.

ALS CROW ZWÖLF JAHRE ALT WIRD, BEGINNT SIE, FRAGEN ÜBER IHRE ELTERN UND IHRE VERGANGENHEIT ZU STELLEN. SIE MÖCHTE WISSEN, WARUM SIE ALLEIN AUFS MEER GESCHICKT WURDE. ZUSAMMEN MIT DEM EINSIEDLER UND MAGGIE SUCHT CROW NACH ANTWORTEN UND VERSUCHT, IHRE FAMILIE ZU FINDEN. DABEI ENTDECKT SIE, DASS IHRE WAHRE FAMILIE VIELLEICHT SCHON DIE GANZE ZEIT BEI IHR WAR.

Merkwissen

Großschreibung von Nomen

Nomen werden immer **großgeschrieben**. Auch **Namen** für Menschen (z. B. Anna Mayer), Tiere (z. B. Bello) und Orte (z. B. Berlin, Rheinland-Pfalz, Nordsee, Neustraße) gehören dazu.

Ihr könnt digital eine weitere Übung zur Großschreibung von Nomen machen.
interaktive Aufgabe

Weiblich, männlich oder neutral? – Das Genus

Von Weitem hören Louis und Nora ein lautes Kreischen. Sie schauen in alle Richtungen und entdecken drei wunderschöne Papageien in drei verschiedenen Farben, die auf sie zufliegen. Aven begrüßt die Papageien, die sich auf die Felsen setzen, und bittet die Kinder, sie sich ganz genau anzuschauen.

1 Worin unterscheiden sich die Nomen, die die Kinder auf den Papageien sehen? Sprecht in der Klasse darüber.

2 Schaut euch die Umgebung von Nora und Louis an.

- Beschreibt sie genau. Nutzt besonders viele passende Nomen.
- Notiert die Nomen und ordnet sie in einer Tabelle nach ihrem grammatischen Geschlecht (Genus). Unterstützung findet ihr digital. **Hilfestellung**

Merkwissen

Das Genus

Alle Nomen haben ein festes grammatisches Geschlecht (**Genus**). Ein Nomen steht also entweder im **Maskulinum** (männlich), **Femininum** (weiblich) oder **Neutrum** (neutral).
Das grammatische Geschlecht stimmt nicht immer mit dem natürlichen Geschlecht überein (z. B.: das Mädchen).

Eine weitere Übung zum Genus findet ihr digital. **interaktive Aufgabe**

Der, die oder das? – Der Artikel

Aven ist stolz darauf, dass die beiden Kinder schon einige Herausforderungen gemeistert haben. Nun möchte sie sie ein wenig zum Lachen, aber auch zum Nachdenken bringen. Aus einer Truhe nimmt sie einen Text, in dem sich ein Amerikaner über die deutsche Sprache amüsiert.

Eine lustige Sprachmischung (frei nach Mark Twain)

Im Deutschen hat das Mädchen kein Geschlecht, aber der Stuhl schon. Das ist ziemlich seltsam, oder?
Der Baum ist männlich, aber die Knospe ist weiblich und das Blatt neutral. Das Pferd hat kein Geschlecht, der Hund ist männlich und die Katze ist weiblich.
Vielleicht hat der Erfinder oder die Erfinderin der Sprache das alles ein bisschen durcheinandergebracht?

1 Lest den Text mit eurem Lernpartner oder eurer Lernpartnerin. Erklärt euch gegenseitig, was ihr verstanden habt. Besprecht auch die Bedeutung der Überschrift.

2 Warum ist das Genus gerade für einen englischsprachigen Menschen seltsam? Sprecht darüber. Welche Rolle spielt der Artikel in den anderen Sprachen, die in eurer Klasse gesprochen werden?

3 Das grammatische Geschlecht stimmt oft nicht mit dem natürlichen Geschlecht überein. Wodurch wird das Genus eines Nomens häufig angezeigt? Überlegt gemeinsam in der Klasse.

4 Schaut noch einmal in den Textauszug oben und nennt die Begleiter (Artikel) der Nomen *Mädchen, Stuhl, Baum, Knospe, Blatt, Erfinder* und *Erfinderin*.

Louis schaut in die Truhe und entdeckt noch mehr Beispiele, die der Autor des Textes notiert hat. Er betrachtet sie genauer: Irgendetwas ist aber anders ...

Betrachtet man einmal einen Körper, wird es noch lustiger: Ein Mund, ein Hals, ein Ellenbogen, ein Daumen und ein Fuß sind männlich. Aber Körperteile wie eine Nase, eine Lippe, eine Schulter und eine Hand sind weiblich. Ein Haar und ein Ohr haben gar kein Geschlecht.

5 Unterstützt Louis und benennt den Unterschied zum ersten Textauszug.

6 Wann nutzt man *ein*, *eine*, *ein* und wann *der*, *die*, *das*? Nennt Beispiele.

Merkwissen

Artikel

Durch den **Artikel** wird das Genus angezeigt.

Es gibt **bestimmte Artikel (der, die, das)**, die etwas **Eindeutiges, Bestimmtes** bezeichnen.

Die **unbestimmten Artikel (ein, eine, ein)** bezeichnen etwas **Beliebiges, Unbestimmtes**.

7 Im folgenden Text „Die Insel“ fehlen die Artikel. Entscheidet, ob in die Lücke der bestimmte Artikel oder der unbestimmte Artikel eingesetzt werden sollte. Notiert die Zahl sowie den richtigen Artikel in euer Heft.

Die Insel

Eines Tages saßen **1** Mädchen und **2** Junge an ihren Hausaufgaben. Doch sie wussten nicht weiter und wünschten sich Hilfe. Da erschien plötzlich **3** Fee und nahm sie mit auf **4** abenteuerliche Insel. **5** Junge begegnete einer Wörterschlange, die aber schnell wieder verschwand, als er alle Wörter herausgefunden hatte. **6** Mädchen entdeckte **7** Buch, das sie sehr interessant fand und bald lesen wollte. Welche Herausforderungen werden die beiden wohl in Zukunft erleben?

Einzahl oder Mehrzahl? – Der Numerus

Nora schaut sich noch einmal in der Umgebung um. Sie wundert sich, dass sie bisher immer nur von einzelnen Dingen gesprochen haben: von der Kokosnuss, dem Affen und dem Gebüsch. Dabei hat sie doch viele davon gesehen. Aven lächelt zufrieden und führt die Kinder zu einem weiteren Felsen. Dort wartet eine neue Herausforderung auf sie.

1 Schaut euch die Wörter auf der Abbildung in der Einzahl (Singular) an.

- Bildet die Mehrzahl (Plural) und notiert beide Formen in euer Heft. Beispiel: der Stoff – die Stoffe
- Welche Unterschiede fallen euch zwischen den Pluralformen auf? Sprecht darüber. Ihr könnt die Unterschiede auch farbig sichtbar machen.

2 Bildet die Pluralformen der Nomen im Wortspeicher. Was fällt euch auf? Erklärt, worin sich die Pluralformen von denen unterscheiden, die ihr bereits gelernt habt. Findet weitere Beispiele.

Traum ▪ Gesang ▪ Frucht ▪ Sohn ▪ Buch ▪ Duft ▪ Zug ▪ Angst ▪ Macht ▪ Kuss ▪ Frosch ▪ Mann ▪ Apfel

3 Lest den Text „Abenteuer auf der Insel" und findet alle Pluralformen. Notiert sie anschließend in folgender Tabelle in euer Heft. Wenn die Pluralform einen Umlaut (ä, ö, ü) enthält, markiert diesen farbig.

-e	-en	-n	-er	-s	keine Endung
Freund-e	? ? ? ? ? ? ? ?	? ? ? ? ? ? ? ?	? ? ? ? ? ? ? ?	? ? ? ? ? ? ? ?	? ? ? ? ? ? ? ?

Abenteuer auf der Insel

Auf der Insel entdecken die Freunde ein Baumhaus. Darin befinden sich Vogelnester, in denen bunte Papageien und andere Vögel sitzen. Die Äste biegen sich unter der Last von Kokosnüssen und Bananen. Im Hintergrund rauschen Wasserfälle, und Steine liegen verstreut zwischen Büschen. Affen springen von Ast zu Ast. Auf Wegen krabbeln Spinnen, Fliegen und Ameisen. Plötzlich huschen Kaninchen durch das Gebüsch. Die Insel ist voller Abenteuer, die sie nie vergessen werden. Schade, dass sie ihr Handy nicht mitnehmen konnten, sonst würden sie viele Fotos machen.

4 Schaut noch einmal in den Text. Welchen bestimmten Artikel tragen die Pluralformen hier? Was passiert mit dem unbestimmten Artikel im Plural? Sprecht darüber mit eurem Lernpartner oder eurer Lernpartnerin.

Merkwissen

Der Numerus

Nomen haben einen **Numerus** (grammatische Zahl, Anzahl). Sie stehen im **Singular** (Einzahl) oder **Plural** (Mehrzahl). Die Pluralformen enden auf -e, -en, -n, -er oder -s. Manche Nomen haben auch keine Endung im Plural (z. B.: das Wunder – die Wunder). Bei einigen Nomen wird der Plural durch eine **Änderung des Vokals** gebildet. Er wird zu einem **Umlaut** (ä, ö, ü; z. B.: der Apfel – die Äpfel).
Der Plural wird häufig durch den bestimmten Artikel **die** angezeigt (z. B.: der Baum – die Bäume). Alle unbestimmten Artikel haben keinen Plural (z. B.: Plötzlich huschten Kaninchen durch das Gebüsch).

Es gibt einige Sonderfälle bei den Pluralformen, die zu den Merkwörtern gehören. Diese könnt ihr digital üben. **interaktive Aufgabe**

Nominativ, Genitiv, Dativ oder Akkusativ? – Der Kasus

Nach einer solchen Herausforderung müssen sich Nora und Louis erst einmal stärken. Aven hat schon die Spezialität der Insel vorbereitet. Das Essen schmeckt so lecker, dass die Kinder unbedingt das Rezept haben möchten, doch leider bereiten die Fettflecken auf dem Rezept den beiden Probleme beim Lesen.

Rezept für den Piratenbraten

Zutaten:

- 4 Fischfilets (z. B. Lachs, Schwertfisch oder Thunfisch)
- Saft von einer Zitrone
- 2 Knoblauchzehen, gehackt
- 1 Teelöffel Paprikapulver
- ½ Teelöffel Cayennepfeffer (für eine würzige Note)
- Salz und Pfeffer nach Geschmack
- eine Handvoll frische Kräuter (z. B. Petersilie, Thymian oder Oregano), gehackt
- Olivenöl zum Braten

Zubereitung:

Zuerst musst du  abspülen, trocken tupfen und die Gräten entfernen. Danach nimmst du eine flache Schüssel und gibst den Zitronensaft, den Knoblauch, das Paprikapulver, den Cayennepfeffer, etwas Salz, Pfeffer und die gehackten Kräuter hinein.

Dann legst du 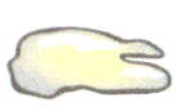 für 30 Minuten in die Schüssel. Erhitze in der Zwischenzeit eine Pfanne bei mittlerer Hitze und füge etwas Olivenöl hinzu. Brate , bis die eine Seite goldbraun ist, ehe du ihn wendest. Brate ihn nicht zu lange, denn sonst wird 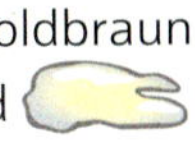 trocken.

Serviere den Piratenbraten heiß und füge Beilagen wie Kartoffeln hinzu, da diese sehr gut zu  passen.

Guten Appetit!

1 Lest das Rezept. Sprecht darüber, ob ihr den Braten selbst gerne probieren würdet.

2 Schreibt die Zubereitung in euer Heft und ergänzt an den unleserlichen Stellen jeweils das Wort „Fisch“ mit den passenden Artikeln. Markiert diese anschließend farbig.

Merkwissen

Der Kasus

Nomen erfüllen im Satz unterschiedliche Aufgaben. Deshalb verändern sie zusammen mit ihrem Artikel oder anderen Begleitern ihre Form, je nachdem, in welchem **Kasus** (grammatischem Fall) sie stehen. Den Vorgang der Kasusbildung nennt man **Deklination** (Beugung). Man kann den Kasus bestimmen, indem man gezielte Fragen stellt.

1. Fall: **Nominativ: Wer** (oder **was**) macht einen Piratenbraten? → Aven macht einen Piratenbraten.
2. Fall: **Genitiv: Wessen** bedienen sie sich? → Sie bedienen sich des Rezeptes.
3. Fall: **Dativ: Wem** gibt die Fee eine Aufgabe? → Die Fee gibt Louis und Nora eine Aufgabe.
4. Fall: **Akkusativ: Wen** (oder **was**) bitten die Kinder um Hilfe? → Die Kinder bitten die Fee um Hilfe.

3 Übernehmt die folgende Tabelle in euer Heft. Sucht anschließend drei weitere Nomen aus dem Rezept auf S. 99 heraus und setzt sie mit dem dazugehörigen Artikel im Singular in die vier Fälle. Erstellt anschließend auch eine solche Tabelle, in die ihr die Nomen im Plural eintragt.

1. Fall: Nominativ **Wer oder was?**	**2. Fall: Genitiv** **Wessen?**	**3. Fall: Dativ** **Wem?**	**4. Fall: Akkusativ** **Wen oder was?**
der Fisch	des Fisches	dem Fisch	den Fisch
die Schüssel	der Schüssel	? ? ? ? ? ? ? ? ? ?	? ? ? ? ? ? ? ? ? ?
das Paprikapulver	? ? ? ? ? ? ? ? ? ?	? ? ? ? ? ? ? ? ? ?	? ? ? ? ? ? ? ? ? ?
? ? ? ? ? ? ? ? ? ?	? ? ? ? ? ? ? ? ? ?	? ? ? ? ? ? ? ? ? ?	? ? ? ? ? ? ? ? ? ?

Als Hilfestellung findet ihr eine Übersicht über die Deklination von Nomen.
Hilfestellung

Louis und Nora sind nun wieder gestärkt. Die vier grammatischen Fälle haben sie schon einmal in der Grundschule kennengelernt und jetzt wiedererkannt. Sie wünschen sich von Aven aber noch mehr Übungen, damit sie die Deklination (Beugung) noch besser verstehen.

4 Bildet mithilfe der Tabelle auf S. 101 möglichst viele unterschiedliche, auch lustige Sätze. Ergänzt dazu passende bestimmte oder unbestimmte Artikel. Arbeitet mit eurem Lernpartner oder eurer Lernpartnerin. Notiert anschließend drei Sätze und bestimmt den Kasus wie im Beispiel auf S. 101.

??????	**Papageien**	**verspeisen**	??????	**Piratenbraten**
??????	Kinder	danken	??????	Fee
??????	Fee	schmecken	??????	Wasser
??????	Louis	fehlen	??????	Nomen-Felsen
??????	Nora	trinken	??????	Kinder
??????	Fisch	gefallen	??????	Louis
??????	Baumhaus	brauchen	??????	Nora
??????	Kokosnuss	gedenken	??????	Affen

Beispiel: Die Papageien verspeisen den Piratenbraten.

Die Papageien: Wer oder was verspeist den Piratenbraten?
↓
Die Papageien
↓
Nominativ (1. Fall)

den Piratenbraten: Wen oder was verspeisen die Papageien?
↓
Den Piratenbraten
↓
Akkusativ (4. Fall)

5 Von der Insel aus können Nora und Louis sogar Wale beobachten. Faszinieren euch Wale auch? Sprecht darüber.

Wale – faszinierende Meeresbewohner

Wale gehören zu den größten Tieren der Welt. Die Länge des Blauwals beträgt bis zu 33 Meter und er wiegt bis zu 200 Tonnen. Obwohl Wale im Wasser leben, sind sie keine Fische, sondern Säugetiere. Das bedeutet, dass sie Luft zum Atmen brauchen und ihren Nachwuchs lebend zur Welt bringen, statt Eier zu legen.
Es gibt zwei Hauptarten von Walen: Bartenwale und Zahnwale. Bartenwale, wie der Blauwal, haben keine Zähne, sondern Barten[1], mit denen sie kleine Meerestiere aus dem Wasser filtern. Zahnwale, wie Delfine oder Pottwale, fangen ihre Beute mit scharfen Zähnen.
Wale können sehr tief tauchen und über weite Strecken schwimmen. Einige Arten kommunizieren mit speziellen Gesängen, die sie über große Entfernungen hören können. Auch in sehr kalten Gewässern fühlen sie sich wohl. Dem Wal hilft sein dickes Fettgewebe, der sogenannte Blubber, dabei, warm zu bleiben.
Leider sind viele Walarten bedroht, weil Menschen sie jagen oder ihr Lebensraum verschmutzt wird. Daher ist es wichtig, dass wir Wale schützen und dafür sorgen, dass die Meere sauber bleiben.

---
[1] **Barte** (die): Als Barten werden die vom Oberkiefer eines Bartenwals anstelle von Zähnen herabhängenden Hornplatten bezeichnet.

6 Schreibt die unterstrichenen Nomen und ggf. ihre Begleiter aus dem Text heraus und bestimmt jeweils den Fall des Nomens.
Beispiel: Wale (Z. 1): Wer oder was? – Nominativ, 1. Fall

Eine weitere Übung findet ihr digital. **Arbeitsblatt**

Louis und Nora konnten alle Herausforderungen rund um die „Nomen-Felsen" mit eurer Unterstützung meistern. Doch bevor sie weitere Abenteuer erleben, überprüft Aven noch einmal ihr Wissen. Wenn sie das folgende Rätsel lösen, werden die Kinder erfahren, wo die weitere Reise sie hinführt.

1 Welche Aussagen über Nomen sind zutreffend? Die Buchstaben der richtigen Antworten ergeben den Ort, an dem sich die nächste Herausforderung befindet.

- Den dritten Fall nennt man Akkusativ. A
- Nomen werden immer großgeschrieben. W
- Den ersten Fall nennt man Dativ. H
- Die meisten Nomen können im Singular und im Plural stehen. Ä
- Nomen haben ein Genus und können männlich, weiblich oder neutral sein. L
- Den zweiten Fall nennt man Genitiv. D
- Der vierte Fall heißt Nominativ. G
- Mit dem Begriff „Kasus" bezeichnet man die vier grammatischen Fälle. E
- Der, die, das sind unbestimmte Artikel. U
- Das neutrale Geschlecht nennt man Maskulinum. I
- Nomen haben bestimmte und unbestimmte Artikel. R

2 Korrigiert die falschen Aussagen gemeinsam mit eurem Lernpartner oder eurer Lernpartnerin.

Merkwissen kompakt

Nomen

- Nomen werden immer **großgeschrieben**.
- Nomen haben ein **Genus** (grammatisches Geschlecht), das aber mit dem natürlichen Geschlecht nicht übereinstimmen muss.
  Man unterscheidet **Maskulinum** (männlich), **Femininum** (weiblich) und **Neutrum** (neutral).
- Nomen können **bestimmte oder unbestimmte Artikel** bei sich haben.
  Der Artikel steht nicht immer direkt vor dem Nomen; statt des Artikels kann auch ein anderer Begleiter stehen (z. B.: kein, mein, dieser, viele).
  Oft fehlt der Artikel vor dem Nomen auch ganz.
- Nomen haben einen **Numerus** (grammatische Zahl, Anzahl). Sie können, von einigen Ausnahmen abgesehen, im **Singular** (Einzahl) oder im **Plural** (Mehrzahl) stehen.
- In einem Satz stehen Nomen immer in einem der vier grammatischen Fälle (**Kasus: Nominativ, Genitiv, Dativ, Akkusativ**). Wenn man die richtige Frage stellt, kann man den Fall ermitteln.
  Den Vorgang der Kasusbildung nennt man **Deklination**. Dekliniert man ein Nomen, verändert sich auch der Begleiter (z. B. der Junge – des Jungen ...).

2 Verben (Tätigkeitswörter)

Die Grundform von Verben

Wie von Zauberhand befinden sich Louis und Nora, nachdem sie das Lösungswort ausgesprochen haben, plötzlich mitten in den Wäldern der Insel. Sie sind voller Tatendrang und überlegen gemeinsam mit Aven, was sie alles machen können.

1 Was kann man in einem Wald alles machen? Findet passende Verben und schreibt sie in der Grundform (Infinitiv) in euer Heft.

Was wir alles im Wald machen können

a) Wenn es heiß ist, können wir im Schatten der Bäume ein Buch **???**.
b) Es ist aber auch schön, nach Tieren zu **???**.
c) Oder wir können einfach auf einer Hängematte zwischen den Bäumen **???**.
d) Um die beste Aussicht zu haben, sollten wir auf einen Baum **???**.
e) Wir können auch die vielen geheimnisvollen Höhlen **???**.
f) Wenn wir durstig sind, können wir auf eine Palme **???** und eine Kokosnuss **???**.
g) Wenn wir genug Aufregendes erlebt haben, können wir am Abend Holz **???** und ein Lagerfeuer **???**.

2 Schaut euch die Sätze mit den passenden Verben noch einmal an. Was ist das Besondere an den Verbformen, die ihr eingetragen habt? Achtet besonders auf die Endungen.

Merkwissen

Die Grundform von Verben

Verben, auch Tätigkeits- oder Zeitwörter genannt, haben eine **Grundform**, den **Infinitiv**.

Die meisten Verben enden auf **-en** (z. B.: lauf**en**). Es gibt aber auch einige Verben, die auf **-eln** oder **-ern** enden (z. B.: schau**feln**, klett**ern**). Eine Ausnahme bilden die Verben **sein** und **tun**.

Ich gehe, du gehst … – Die Personalformen von Verben

Die Kinder entscheiden sich, erst einmal im Schatten der Bäume ein wenig auszuruhen, und Aven zeigt ihnen dabei erneut eines ihrer Lieblingsbücher. Louis schaut es sich interessiert an und blättert darin. An einer Stelle erkennt er, dass alle Verben im Infinitiv stehen. Das ist aber so nicht richtig. Aven bittet ihn, den Text zu korrigieren.

1 Schreibt den folgenden Text in euer Heft und setzt die Infinitive in den Klammern in die richtige Form.

In dem Roman „Die Abenteuer des Tom Sawyer“ (kommen) es zu folgender Begebenheit:
Tom Sawyer (stehen) einem fremden Jungen gegenüber. Er (erblicken) ihn zum ersten Mal hier. Keiner der beiden (reden) ein Wort. Schließlich (sagen) Tom: „Wie (heißen) du überhaupt?“ „Das (gehen) dich einen Dreck an“, (antworten) der fremde Junge. „Ich (zeigen) dir gleich, was mich das (angehen).“ „Warum (zeigen) du es mir nicht sofort?“ „Wenn du noch länger (reden), (zeigen) ich es dir.“ Nach langem Hin- und Herreden (kommen) es zwischen den beiden Jungen zu einer Rauferei.

Nora hat in der Zwischenzeit einen alten Zettel entdeckt, der an einem Baum hängt. Auf dem Zettel steht ein Gedicht mit ganz merkwürdigen Wörtern.

Christian Morgenstern (1871 – 1914)

Gruselett

Der Flügelflagel gaustert
Durchs Wiruwaruwolz,
die rote Fingur plaustert,
und grausig gutzt der Golz.

2 Lest das Gedicht laut vor. Wie lauten wohl die Fantasieverben des Gedichts im Infinitiv? Überlegt gemeinsam.

3 Lest das Gedicht nun besonders gruselig vor und ergänzt eine weitere Strophe mit erfundenen Wörtern.

Merkwissen

Die Personalformen von Verben

In einem zusammenhängenden Text müssen Verben oft in die sogenannten **Personalformen** gesetzt werden.

Beispiele: du läufst, wir klettern,
es regnet

Ihr könnt auch digital die Personalformen der Verben üben. **interaktive Aufgabe**

Aven ist zufrieden, dass die Kinder schon so viel über die Verben herausgefunden haben. Nun führt sie sie zu einer besonderen Palme. Louis und Nora schauen sie sich genauer an und fragen sich, was die vielen Buchstaben wohl zu bedeuten haben. Aven erklärt, dass jedes Verb einen Wortstamm und eine Endung besitzt.

1 Zeichnet die Palme in euer Heft und ergänzt sie. Sprecht dann die einzelnen Personalformen deutlich aus (ich gehe, du gehst ...).

Merkwissen

Die Konjugation von Verben

Wenn man ein Verb aus dem Infinitiv in die verschiedenen Personalformen setzt, dann nennt man das **konjugieren** (beugen).

Jedes Verb hat einen **Wortstamm** und eine **Endung** für die jeweilige Personalform.

Verben ändern sich nach Person (1., 2., 3. Person) und Numerus (**Singular** oder **Plural**).

2 Die Tabelle gibt euch noch einmal einen Überblick über die verschiedenen Personalformen. Übernehmt sie in euer Heft und ergänzt die Lücken.

	Singular	**Plural**	**Infinitiv**
Man spricht von sich: 1. Person	ich ? ? ? ? ? ? ?	wir gehen	? ? ? ? ? ?? ? ?
Man spricht zu anderen: 2. Person	du läufst	ihr ? ? ? ? ? ? ?	laufen
Man spricht über andere oder etwas: 3. Person	er, sie, es rennt	sie rennen	? ? ? ? ? ?? ? ?

Ihr könnt die Personalform und den Numerus auch noch einmal digital üben.
interaktive Aufgabe

In einer weiteren Palme entdecken Louis und Nora zwei lachende Faultiere, die sich vergnügt unterhalten. Wie verrückt diese Insel doch ist! Die beiden Faultiere erzählen sich einen Witz nach dem anderen.

3 Lest den folgenden Witz der Faultiere und setzt die fehlenden Verben im Wortspeicher in der richtigen Personalform ein. Bestimmt diese anschließend genauer.
Schreibt so:

sie hängen: 3. Person Plural von „hängen"

sein ▪ antworten ▪ wissen ▪ kriechen ▪ haben ▪ fragen ▪ hängen ▪ schütteln ▪ können

Zwei Faultiere **???** entspannt in einem Baum. Das eine Faultier **???**: „**???** du eine Idee, was wir machen **???**?"
Das andere Faultier **???**: „Ich **???** etwas. Wir können den Schildkröten dabei zusehen, wie sie durch den Sand **???**."
Das erste Faultier **???** den Kopf und sagt: „Lieber nicht. Das **???** mir zu viel Action!"

Die Zeitformen von Verben

Nora erinnert sich, dass Verben in der Grundschule auch als Zeitwörter bezeichnet wurden. Sie bittet Aven, ihr diesen Begriff noch einmal zu erklären. Stattdessen gibt die Fee den Kindern ein Rätsel auf.

Was ist immer vor dir, aber du kannst es nie erreichen?
Was ist immer bei dir, aber nur einen Augenblick lang?
Was liegt immer hinter dir und du erreichst es nie wieder?

1 Unterstützt Nora und Louis und löst das Rätsel.

Merkwissen

Die Zeitformen von Verben

Verben kann man in verschiedene **Tempusformen** (Zeitformen) setzen. Dadurch macht man deutlich, ob ein Geschehen in der **Vergangenheit**, **Gegenwart** oder **Zukunft** abläuft.

Verben im Präsens

Aven hat wieder eines ihrer Lieblingsbücher in der Hand: „Gregs Tagebuch". Das kennen die beiden Kinder bereits. Deshalb bemerken sie sofort, dass im Text auf der Rückseite des Buches und auch auf den ersten Seiten etwas fehlt. Aven bittet Nora und Louis, die Texte zu korrigieren.

1 Kennt ihr die Buchreihe „Gregs Tagebuch"? Wie findet ihr sie? Berichtet.

2 Lest die Inhaltsangabe zum ersten Band von „Gregs Tagebuch". Ergänzt die Verben aus dem Wortspeicher in der richtigen Personalform in der Gegenwart (Präsens) und schreibt sie in euer Heft.

aufschreiben ▪ sein ▪ bringen ▪ führen ▪ versuchen ▪ handeln ▪ bieten

Inhaltsangabe zu „Gregs Tagebuch – Von Idioten umzingelt!"

„Gregs Tagebuch – Von Idioten umzingelt!" ??? der erste Band einer lustigen Buchreihe. Die Geschichte ??? von Greg Heffley, einem durchschnittlichen Jungen, der ???, in der Mittelschule seinen Platz zu finden. Greg ??? ein Tagebuch, in dem er seine komischen Erlebnisse und peinlichen Missgeschicke ???. Von schrägen Freundschaften bis zu chaotischen Familienmomenten ??? das Buch eine unterhaltsame Reise durch die Welt eines Jungen, die viele Leser zum Lachen ???.

3 Lest den folgenden Ausschnitt aus dem ersten Band und sprecht darüber, warum Greg das Tagebuch führt.

September

Dienstag
Zuerst will ich etwas klarstellen: Das ??? meine Memoiren[1] und KEIN Tagebuch. Ich ???, auf dem Umschlag ??? etwas anderes, aber als meine Mom das Ding besorgt hat, habe ich ihr EXTRA gesagt, nichts zu kaufen, auf dem „Tagebuch“ steht.
Na toll. Wenn mich irgendjemand mit diesem Buch in der Hand ???, weiß ich genau, was mir ???.
Und dann ??? ich noch etwas klarstellen: Die Idee war von meiner MUTTER, nicht von mir.
Wenn sie ???, dass ich hier meine Gefühle oder so einen Quatsch reinschreibe, hat sie sich getäuscht. ??? also nicht, „Liebes Tagebuch“ dies und „Liebes Tagebuch“ das von mir zu hören.

[1] **Memoiren:** schriftlich festgehaltene, besondere Lebenserinnerungen

4 Schreibt den Ausschnitt aus „Gregs Tagebuch“ in euer Heft und ergänzt die fehlenden Verben in der richtigen Personalform im Präsens.

stehen ▪ wissen ▪ sein ▪ blühen ▪ wollen ▪ erwischen ▪ erwarten ▪ glauben

Merkwissen

Die Zeitform Präsens

Das **Präsens** bezeichnet etwas, das in der Gegenwart, in diesem Augenblick geschieht.
Beispiel: Louis und Nora korrigieren die Texte.

Es bezeichnet auch etwas, das zu jeder Zeit gültig ist.
Beispiel: Papageien plappern gerne.

Verben im Präteritum

„Quak, Quak, Quak!“ Wo kommen nur diese Geräusche her? Die Kinder schauen sich um und entdecken einen Frosch, der plötzlich unter den Büschen hervorspringt. „Er sucht bestimmt eine Wasserquelle“, vermutet Louis. „Oder vielleicht auch eine goldene Kugel“, scherzt Nora. „Oder die Prinzessin“, ergänzt Aven. Ihr gefällt das Märchen vom Froschkönig und so erzählt sie den Kindern den Anfang der Geschichte. Natürlich möchte sie ihnen dabei auch noch etwas über Verben beibringen.

1 Lest den Anfang des Märchens „Der Froschkönig“.

- Kennt ihr das Märchen? Erzählt es euch in der Klasse. Wenn ihr unsicher seid, könnt ihr es noch einmal nachlesen. **Zusatzmaterial**
- In welcher Zeitform werden Märchen meistens geschrieben? Nennt Beispiele aus verschiedenen Märchen.

Der Froschkönig

In den alten Zeiten lebte ein König, dessen Töchter alle schön waren, aber die jüngste war so schön, dass die Sonne selber sich verwunderte, sooft sie ihr ins Gesicht schien. Nahe bei dem Schlosse des Königs lag ein großer, dunkler Wald, und in dem Walde unter einer alten Linde war ein Brunnen; wenn nun der Tag sehr heiß war, so ging das Königskind hinaus in den Wald und setzte sich an den Rand des kühlen Brunnens, und wenn sie Langeweile hatte, so nahm sie eine goldene Kugel, warf sie in die Höhe und fing sie wieder; und das war ihr liebstes Spielwerk[1].

[1] **Spielwerk:** veraltete Bezeichnung für Spielzeug

2 Schreibt die Verbformen, die alle im Präteritum stehen, mit den passenden Infinitiven heraus.
Beispiel: lebte – leben

3 Schaut euch die Verben im Präteritum noch einmal genau an und vergleicht sie mit den passenden Infinitivformen. Was fällt euch auf? Sprecht in der Klasse darüber.
Beispiel: er lebte – leben
sie schien – scheinen

4 Bildet zu den folgenden Infinitiven die 3. Person Singular Präteritum und notiert sie in der Tabelle. Bestimmt dann mithilfe des Merkwissens auf S. 110, ob es sich jeweils um ein starkes oder ein schwaches Verb handelt.

suchen ▪ bauen ▪ schreiben ▪ lesen ▪ springen ▪ feiern ▪ freuen ▪ verfolgen ▪ lösen ▪ laufen ▪ singen ▪ fahren ▪ erzählen

Infinitiv	3. Pers. Sg. Präteritum	stark oder schwach?
suchen	er suchte	? ? ? ? ? ? ?
? ? ? ? ? ? ?	? ? ? ? ? ? ?	? ? ? ? ? ? ?

Merkwissen

Die Zeitform Präteritum

Mit dem **Präteritum** drückt man aus, dass etwas vergangen ist (z. B.: Es **geschah** am frühen Morgen). Das **Präteritum** findet man vor allem in schriftlichen Erzählungen.

Die Formen des **Präteritums** werden auf zwei Arten gebildet:
Entweder verändert sich der **ganze Wortstamm** (z. B.: fallen – fiel = **starke** Veränderung) oder es ändert sich nur die **Wortendung** (z. B.: schimmern – schimmerte = **schwache** Veränderung).
Entsprechend ihrer unterschiedlichen Bildung teilt man die Verben in **starke** und **schwache** Verben ein.

Auf dem Arbeitsblatt könnt ihr die Unterscheidung von starken und schwachen Verben noch einmal üben. **Arbeitsblatt**

Verben im Perfekt

Schon zu Beginn haben die Kinder mehrere Höhlen im Wald entdeckt. Gemeinsam mit Aven erkunden sie nun eine davon. Je weiter sie hineingehen, desto dunkler wird es. Zum Glück kann Aven einige Lichtpunkte verstreuen und so wird langsam das Innere der Höhle sichtbar. An der Decke hängen mächtige Tropfsteine. Louis und Nora sind fasziniert von ihnen. Plötzlich hören sie ein leises Rascheln. Sie entdecken einen kleinen Kolibri, der sofort mit ihnen spricht. Die Kinder sind gar nicht mehr verwundert – es ist einfach eine abenteuerliche Insel.

KOLIBRI: Hallo ihr drei. Ich habe ein Problem, könnt ihr mir helfen? Ich habe mich in der Höhle verirrt und jetzt finde ich den Ausgang nicht mehr.
LOUIS: Klar, Kolibri! Wie bist du denn in die Höhle gekommen?
KOLIBRI: Ich bin am frühen Morgen herumgeflogen und habe nach Nahrung gesucht. Dann habe ich die Höhle entdeckt und wollte sie unbedingt erkunden.
NORA: Das klingt spannend! Hast du dir die Höhle schon angeschaut?
KOLIBRI: Ja, ich habe die tollen Tropfsteine gesehen. Sehr beeindruckend, oder? Aber jetzt habe ich die Orientierung verloren.
LOUIS: Keine Sorge! Wir haben Aven dabei. Mit ihren Lichtpunkten finden wir den Ausgang wieder.
KOLIBRI: Vielen Dank! Beeilen wir uns, damit ich wieder draußen umherfliegen und mit meinen Freunden nach Futter suchen kann.
AVEN: Wir helfen dir gerne, kleiner Kolibri. Aber vorher, Nora und Louis, beantwortet doch noch meine Fragen.

1 Der kleine Kolibri erzählt ein vergangenes Geschehen, benutzt aber nicht das Präteritum, sondern meist das Perfekt. Schreibt vier Sätze eurer Wahl heraus und markiert die Verbformen, die die Vergangenheit anzeigen. Nutzt zwei verschiedene Markierungen für die beiden Verbteile.
Beispiel: Ich habe die Höhle erkundet.

2 Habt ihr euch auch schon einmal verlaufen? Erzählt eurem Lernpartner oder eurer Lernpartnerin davon. Nutzt das Perfekt.

3 Wählt fünf Verben aus dem Wortspeicher aus und schreibt Sätze im Perfekt in euer Heft.

beginnen ▪ biegen ▪ brennen ▪ denken ▪ wissen ▪ ziehen ▪ verlieren ▪ sprechen ▪ lesen ▪ haben ▪ helfen ▪ frieren ▪ fallen ▪ geben ▪ genießen ▪ lügen ▪ nehmen ▪ raten ▪ reiten

Merkwissen

Die Zeitform Perfekt

Das **Perfekt** drückt aus, dass ein vergangenes Geschehen noch in die Gegenwart hineinreicht und auf den Sprecher oder die Sprecherin bzw. den Schreiber oder die Schreiberin wirkt.
Das Perfekt wird häufig beim **mündlichen Erzählen** verwendet und wird mit einer Personalform der **Hilfsverben *haben*** oder ***sein*** im **Präsens** und einer bestimmten Form des Verbs gebildet, die man **Partizip II** nennt.

Beispiele:
Der kleine Kolibri ist in die Höhle geflogen.
ist: Hilfsverb; geflogen: Partizip II
Louis und Nora haben dem kleinen Kolibri geholfen.
haben: Hilfsverb; geholfen: Partizip II

Hilfsverben
Die Verben ***sein*** und ***haben*** werden in diesen Fällen als **Hilfsverben** bezeichnet, weil sie dabei helfen, die Verbform zu bilden.
Die **meisten Verben** bilden das **Perfekt** mit dem Hilfsverb ***haben***.
Einige Verben können das **Perfekt** mit dem **Hilfsverb *sein*** bilden. Oft drücken sie eine Bewegung aus.

Ihr könnt digital eine Aufgabe zum Perfekt lösen. **interaktive Aufgabe**

Verben im Plusquamperfekt

Gemeinsam mit dem kleinen Kolibri verlassen Aven, Louis und Nora die Höhle. Alle sind froh, wieder herausgefunden zu haben. Der kleine Kolibri möchte nun auch etwas über Louis und Nora erfahren.

KOLIBRI: Vielen Dank, ihr habt mich gerettet! Jetzt möchte ich aber auch noch etwas über euch erfahren! Wie seid ihr eigentlich auf diese Insel gekommen?

LOUIS: Das ist eine interessante Geschichte! <u>Wir hatten uns so sehr Hilfe bei unseren Hausaufgaben gewünscht</u>, als Aven plötzlich auftauchte.

NORA: Genau! <u>Nachdem Aven sich vorgestellt hatte</u>, hat sie uns eingeladen, mit auf die Insel zu kommen. Wir stimmten gleich zu! So ein Abenteuer erlebt man nicht jeden Tag.

KOLIBRI: Wow, das klingt spannend! Und was ist dann passiert?

1 Schaut euch die unterstrichenen Teile der Sätze genauer an. Louis und Nora sprechen über die Vergangenheit, nutzen aber weder das Präteritum noch das Perfekt, sondern das Plusquamperfekt. Was drücken sie damit aus? Sprecht darüber.

2 Wie bildet man das Plusquamperfekt? Schaut euch die unterstrichenen Teile der Sätze noch einmal genau an.

3 Louis und Nora erzählen noch weitere Erlebnisse. Setzt die richtigen Formen des Plusquamperfekts ein.

LOUIS: Nun, nachdem wir auf der Insel ??? ??? (*ankommen*), haben wir direkt die erste Aufgabe gelöst. Wir ??? schon vorher ein paar Ideen ??? (*haben*), aber wir waren uns nicht sicher.

NORA: Ja, und als wir die Aufgabe ??? ??? (*lösen*), tauchte plötzlich die Wörterschlange auf. Damit ??? wir nicht ??? (*rechnen*)! Sie war aber sehr freundlich.

KOLIBRI: Ich bin beeindruckt! Ihr habt wirklich schon viele Abenteuer erlebt. Ich hoffe, ich werde euch irgendwann wiedersehen. Jetzt muss ich nämlich weg. Meine Freunde warten bestimmt schon irgendwo auf mich.

4 Lest die folgenden Erlebnisse, von denen Nora und Louis nach ihrer Reise erzählt haben.

- Setzt die passenden Verben ins Plusquamperfekt und schreibt die Sätze in euer Heft.
- Unterstreicht anschließend die Verbformen wie im Beispiel.
  Beispiel: Der Kolibri <u>hatte</u> ihnen von seinen Freunden <u>erzählt</u>.

sammeln ▪ geben ▪ suchen ▪ klettern ▪ lesen

a) Auf der Insel ??? es früher Mangobäume ???, aber Nora und Louis fanden einen Wald mit Palmen vor.
b) Die Kinder bauten eine Hütte aus Palmzweigen. Zuvor ??? sie das Material dazu im Wald ???.
c) Nora ??? gerade Muscheln am Strand ???, als plötzlich eine weitere Wörterschlange auftauchte.
d) Nachdem Louis auf eine hohe Palme ??? ???, genoss er lange den Ausblick.
e) Die Kinder ??? gerade im Buch der Fee ???, als ein Affe vorbeihuschte und ihnen das Buch stahl.

Merkwissen

Die Zeitform Plusquamperfekt

Will man ausdrücken, dass ein vergangenes Geschehen noch vor einem ebenfalls vergangenen Geschehen liegt, verwendet man die Tempusform (Zeitform) **Plusquamperfekt**.
Das **Plusquamperfekt** wird aus einer **Präteritumform** von ***haben*** oder ***sein*** und dem **Partizip II** gebildet.

Beispiele:
Louis machte sich auf den Weg, um seine Aufgabe zu meistern.
Zuvor hatte (Hilfsverb im Präteritum) er sich mit Nora abgesprochen (Partizip II).

Nora betrat die Höhle.
Zuvor war (Hilfsverb im Präteritum) sie mit Louis und Aven dorthin gelaufen (Partizip II).

Ihr könnt digital die Bildung des Plusquamperfekts üben. **interaktive Aufgabe**

Das Verb im Futur I und II

Plötzlich fängt es an zu regnen. Wie ärgerlich – Nora und Louis wollten doch noch schwimmen gehen! Aven schaut sie freundlich an und sagt: „Das ist eine magische Insel. Wenn ihr die nächste Herausforderung löst, ändert sich das Wetter wieder. Zukunftswünsche gehen hier in Erfüllung. Ihr müsst sie nur laut aussprechen. Ich gebe euch einen kleinen Tipp: Erinnert euch daran, was ich zu Beginn unserer Reise zu euch gesagt habe!"

1 Die beiden Kinder wissen noch genau, was Aven zu ihnen gesagt hat. Lest den Satz und sprecht darüber, wie darin auf die Zukunft verwiesen wird.

„Auf jeden Fall wird es eine spannende Herausforderung für euch werden."

2 Louis und Nora haben ihre Wünsche schon einmal im Präsens notiert. Helft ihnen, sie in die richtige Zeitform zu setzen.

a) Der Regen hört auf.
b) Es ist wieder warm.
c) Die Sonne scheint.
d) Wir erleben weitere Abenteuer.

3 Wie wird die Zukunftsform (Futur I) gebildet? Sprecht darüber.

4 Auch Aven hat ein paar Ideen für die Zukunft notiert. Schreibt sie in euer Heft und ergänzt die Formen des Futurs I.

a) Ihr ??? die letzte Herausforderung ??? (lösen).
b) Dann ??? ihr ??? (erfahren), wo unser nächstes Ziel auf der Insel liegt.
c) Nora ??? eine besondere Aufgabe ??? (bekommen).
d) Du, Louis, ??? ein tolles Abenteuer ??? (erleben).
e) Am Ende ??? wir die Insel gemeinsam ??? (verlassen).
f) Die Kinder ??? dann die wunderbare Welt der Wörter ??? (kennen).

Merkwissen

Die Zeitform Futur I

Das **Futur I** drückt aus, dass ein Geschehen in der Zukunft abläuft. Es wird mit einer Form des Hilfsverbs ***werden*** und dem **Infinitiv** eines Verbs gebildet.

Beispiel: Am Ende wirst du dich über die Ergebnisse freuen.
Personalform von *werden* — Infinitiv eines Verbs

Nora und Louis lesen ihre Wünsche im Futur I laut vor und plötzlich verschwinden die Wolken. Doch bevor beide schwimmen gehen können, stellt Aven ihnen noch eine weitere Aufgabe zu den Verben.

1 Stellt euch vor, was die Kinder am Ende ihrer Reise alles erlebt haben werden. Worüber könnten sie berichten?

- Schreibt den folgenden Satz in euer Heft, unterstreicht die Form von *werden* und markiert die anderen Verbteile wie im Merkwissen unten.
- Ergänzt mindestens fünf weitere Sätze im Futur II.

Am Ende des Wortarten-Abenteuers werden die Kinder viele neue Dinge gelernt haben.

Merkwissen

Die Zeitform Futur II

Das **Futur II** drückt ein abgeschlossenes Geschehen in der Zukunft aus.
Es wird mit einer Personalform von ***werden***, dem **Partizip II** eines Verbs und dem Infinitiv des Hilfsverbs ***sein*** oder ***haben*** gebildet.

Beispiel: Ich werde gelesen haben.
Personalform von *werden* — Partizip II — Infinitiv des Hilfsverbs

2 Lest die folgenden Sätze und entscheidet, ob es sich um Futur I oder Futur II handelt. Sprecht mit eurem Lernpartner oder eurer Lernpartnerin darüber.

a) Louis und Nora werden bald einen anderen Teil der Insel erkunden.
b) Die Kinder werden am Ende den Schatz der Sprache kennengelernt haben.
c) Nach ihrer Rückkehr werden Louis und Nora die Hausaufgaben ohne Probleme lösen können.
d) Nora wird am Ende des Abenteuers die Konjugation von Verben verstanden haben.
e) Vermutlich wird Louis im Grammatiktest eine gute Note schreiben.

Merkwissen kompakt

Verben

Erklärvideo

- Verben bezeichnen Tätigkeiten und werden auch Zeitwörter genannt.
- Verben kann man **konjugieren**; man setzt sie vom **Infinitiv** (Grundform, z. B. laufen) in eine bestimmte **Personalform**:
  ich laufe
  du läufst
  er/sie/es läuft
  wir laufen
  ihr lauft
  sie laufen
- Verben kann man in verschiedene Zeitformen setzen:

Vergangenheit		Gegenwart	Zukunft
Plusquamperfekt ich hatte gelesen	**Präteritum** ich las **Perfekt** ich habe gelesen	**Präsens** ich lese	**Futur I** ich werde lesen **Futur II** ich werde gelesen haben

- Die Verben *haben, sein* und *werden* sind **Hilfsverben**, da sie helfen, das Verb in eine bestimmte Zeitform zu setzen.

Als Hilfestellung findet ihr digital eine Übersicht zu den Personal- und Tempusformen. **Hilfestellung**

3 Adjektive (Eigenschaftswörter)

Nachdem Nora und Louis alle Aufgaben rund um die Verben gelöst haben, nimmt Aven sie wieder in einem Wirbel aus Lichtpunkten mit. Kurz darauf finden sie sich am Ufer eines malerischen Flusses wieder. Nora erblickt sofort einen leuchtend bunten Vogel. Sie möchte Louis auf ihn aufmerksam machen, doch schon ist der Vogel wieder verschwunden. Nora versucht, ihn Louis genau zu beschreiben.

1 Lest euch die Beschreibung von Nora durch. Macht Vorschläge, wie man sie noch verbessern könnte.

Der Tukan ist ein Vogel mit einem Schnabel, der in Farben schimmert. Oft erkennt man auch Punkte oder Flecken. Der Schnabel des Tukans hat ein Verhältnis zum Körper, da er oft bis zu einem Drittel der gesamten Körperlänge ausmacht. Der Körper des Tukans ist mit Gefieder bedeckt. Die Beine sind stark und enden in Füßen, die ihm helfen, sich in den Bäumen zu bewegen.

2 Schreibt den Text in euer Heft und ergänzt passende Adjektive (Eigenschaftswörter) in der richtigen Form. Ihr könnt dazu den Wortspeicher nutzen.

exotisch ▪ gelb ▪ kurz ▪ bunt ▪ auffällig ▪ riesig ▪ schwarz ▪ grün ▪ weich ▪ seidig ▪ glänzend ▪ krallenartig ▪ geschickt ▪ rot

3 Vergleicht die Form der Adjektive im Wortspeicher mit den Adjektiven, die ihr in eurer Überarbeitung eingesetzt habt. Was fällt euch auf? Sprecht in der Klasse darüber.
Beispiel: exotisch: Der Tukan ist ein exotisch**er** Vogel.

Plötzlich taucht eine ganze Schar von Tukanen am Himmel auf. Es müssen sehr gesellige Tiere sein. Louis und Nora sind von diesem besonderen Vogel fasziniert und möchten gerne mehr erfahren. Aven zaubert ein Tierlexikon herbei, das weitere Informationen bietet. Die Adjektive darin sind unterschiedlich markiert. Was hat das wohl zu bedeuten?

4 Lest den Ausschnitt aus einem Lexikonartikel zum Tukan und schaut euch besonders die Adjektive an. Überlegt gemeinsam, worin sich die unterschiedlich markierten Adjektive voneinander unterscheiden.

Der Tukan

Beschreibung:
Der Tukan ist ein bunter Vogel, der in den tropischen Regenwäldern Mittel- und Südamerikas lebt. Er ist bekannt für sein auffälliges und exotisches Erscheinungsbild.

Lebensraum:
Tukane leben in den dichten, feuchten Wäldern sowie an den Flüssen der Tropen. Sie sind geschickte Flieger und bewegen sich eleganter durch die Baumkronen als viele andere Vögel. Ihr Lebensraum gehört zu den vielfältigsten und lebendigsten der Welt.

Ernährung:
Die Ernährung des Tukans besteht aus frischen, saftigen Früchten, die er mit seinem kräftigen Schnabel greift. Er frisst auch kleine Insekten und Nüsse. Beim Essen ist der Tukan wählerischer als andere Vögel, da er oft nur die reifsten Früchte auswählt.

Verhalten:
Tukane sind gesellige Vögel, die oft in großen Gruppen leben. Sie kommunizieren durch laute, fröhliche Rufe und nutzen ihren Schnabel auch zum sozialen Austausch.

5 Übernehmt die folgende Tabelle in euer Heft und tragt die Adjektive aus dem Text in die entsprechenden Spalten ein. Ergänzt jeweils die beiden anderen Stufen.

Grundstufe (Positiv)	Vergleichsstufe (Komparativ)	Höchststufe (Superlativ)
bunt	bunter	am buntesten
? ? ? ? ? ? ? ? ? ? ? ? ? ?	? ? ? ? ? ? ? ? ? ? ? ? ? ?	? ? ? ? ? ? ? ? ? ? ? ? ? ?

Doch nicht nur die Tukane sind nun am Fluss aufgetaucht, auch viele andere Tiere nutzen ihn als Trinkwasserquelle. Louis und Nora staunen über die Vielfalt der Tiere und vergleichen sie miteinander. Aven ist stolz, wie gut die Kinder schon mit den Adjektiven umgehen können.

6 Was wisst ihr über die Tiere auf dem Bild auf S. 117? Vergleicht sie miteinander. Nutzt dazu die Vergleichsstufe von Adjektiven (Komparativ) sowie die Höchststufe (Superlativ). Die Wörter im Wortspeicher können euch helfen.

Beispiel: Das Krokodil ist größer als der Frosch. Das größte Tier ist der Dinosaurier.

farbenfroh ▪ groß ▪ bunt ▪ klein ▪ zierlich ▪ mächtig ▪ dick ▪ dünn ▪ schmal ▪ breit ▪ laut ▪ leise ▪ gefährlich ▪ scheu ▪ schnell ▪ langsam

Merkwissen kompakt

Adjektive

- Adjektive **kennzeichnen** ein Lebewesen, ein Ding oder einen Vorgang **genauer**.
  Beispiele: Das ist der alte Mann. Die Lehrerin ist sehr freundlich.
- Adjektive werden **kleingeschrieben**.
- Als Begleiter eines Nomens **verändern sich** Adjektive zusammen mit diesem Nomen.
  Beispiel: Das ist das Haus des alten Mannes.
- Die meisten Adjektive kann man **steigern**. Man unterscheidet zwischen der Grundstufe (**Positiv**, z. B. alt), der Vergleichsstufe (**Komparativ**, z. B. älter) und der Höchststufe (**Superlativ**, z. B. am ältesten).
- Mit Adjektiven kann man **Vergleiche** anstellen.
  Beispiel: Der Mann ist älter als die Frau.

Ihr könnt digital Aufgaben zu besonderen und nicht steigerbaren Adjektiven lösen. **interaktive Aufgabe**

4 Pronomen (Fürwörter)

Er, ihm oder ihn? – Personalpronomen

Erneut finden sich die Kinder plötzlich an einem anderen Ort wieder. Sie schauen sich gespannt um, denn von hier oben haben sie einen eindrucksvollen Panoramablick über die Insel. Aven deutet auf das Meer und informiert sie, dass sie nun an den Klippen der Insel angekommen sind. Sie nutzt die Gelegenheit, um ihnen einen Text über einen bekannten Seefahrer aus der griechischen Sagenwelt zu zeigen. Aber irgendwie finden Louis und Nora die Sprache der Geschichte ein wenig seltsam.

1 Habt ihr schon einmal von Odysseus, dem Helden einer griechischen Sage, gehört? Erzählt von ihm.

2 Lest die Informationen zu Odysseus. Sammelt Vorschläge, wie man den Text verbessern könnte.

Odysseus

Odysseus ist eine berühmte Figur aus der griechischen Mythologie[1] und Odysseus ist der Held der „Odyssee“, eines Werkes des Dichters Homer. Odysseus war der König von Ithaka und Odysseus war bekannt für seine Klugheit und seinen Mut.
Nach dem Trojanischen Krieg wollte Odysseus nach Hause zu seiner Frau Penelope und seinem Sohn Telemachos zurückkehren. Seine Rückreise dauerte jedoch zehn Jahre, da Odysseus sich zuvor mit dem Meeresgott Poseidon zerstritten hatte.
Odysseus musste viele Herausforderungen meistern und Odysseus begegnete vielen gefährlichen Kreaturen und Göttern. Odysseus kämpfte zum Beispiel gegen den Zyklopen[2] Polyphem. Odysseus gewann dabei den Kampf. Odysseus widerstand den Sirenen[3], die Odysseus mit ihrem Gesang angelockt hatten.
Trotz aller Herausforderungen blieb Odysseus entschlossen, nach Ithaka zurückzukehren. Ob Odysseus das schaffte? Noch heute steht der Begriff „Odyssee“ für eine besonders anstrengende, lange und abenteuerliche Reise.

3 Schreibt einen der vier Abschnitte des Textes in euer Heft und ersetzt, wenn es passend ist, den Namen Odysseus durch ein Pronomen (Fürwort).

---

[1] **Mythologie:** Sagenwelt
[2] **Zyklop:** griech. Sagengestalt, Riese mit nur einem, mitten auf der Stirn sitzenden Auge
[3] **Sirene:** griech. Sagengestalt, Meerjungfrau oder Wassernixe, die Seemänner durch ihren Gesang an gefährliche Klippen lockt

Merkwissen

Personalpronomen

Personalpronomen sind Fürwörter. Sie vertreten ein Nomen und stehen also anstelle eines Nomens. Personalpronomen passen sich an den Kasus (grammatischen Fall), Numerus (Anzahl) und das Genus (Geschlecht) des Nomens an, das sie vertreten.

Beispiele: **Odysseus** musste das Schiff steuern. – **Er** musste das Schiff steuern.
Die Männer folgten **Odysseus**. – Die Männer folgten **ihm**.
Der Zyklop kämpfte gegen **Odysseus**. – Der Zyklop kämpfte gegen **ihn**.

4 Schaut euch die folgende Lösung eines Schülers genau an. Was passiert, wenn man zu viele Nomen durch ein Pronomen ersetzt? Sprecht darüber in der Klasse.

Er musste sie meistern und er begegnete ihnen. Er kämpfte zum Beispiel gegen ihn. Er gewann ihn. Er widerstand ihnen, die ihn mit ihrem Gesang angelockt hatten.

Eine weitere Übung zu den Personalpronomen könnt ihr digital lösen.
interaktive Aufgabe

Mein, dein, unser ...? – Possessivpronomen

Nora und Louis interessieren sich für die Sirenen, die der Sage nach Odysseus angelockt haben. Sie erinnern sich, dass es eine ähnliche Sagengestalt auch in der deutschen Sagenwelt gibt: Die Loreley sitzt auf einer Klippe über einem Fluss und lockt vorbeifahrende Schifffahrer an.

1 Lest die folgenden Informationen zur Loreley. An einigen Stellen fehlen im Text Wörter. Setzt die Wörter aus dem Wortspeicher an der passenden Stelle ein.

ihrer ▪ ihr ▪ ihrem ▪ ihre ▪ ihrem

Die Loreley

Die Geschichte von der Loreley handelt von einer schönen Frau, die auf einem hohen Felsen am Rhein sitzt und ??? langes, goldenes Haar kämmt. Der Sage nach singt sie mit ??? zauberhaften Stimme und zieht die Schiffer mit ??? Gesang an.

Diese werden von ??? Gesang abgelenkt und steuern zu nah an die gefährlichen Felsen, wodurch ??? Schiffe zerschellen. Tatsächlich war der Rhein an dieser Stelle für die Schifffahrt früher sehr gefährlich. Es gab dort Sandbänke und unberechenbare Strudel.
Heute ist der Loreley-Felsen (bei Sankt Goarshausen, Rheinland-Pfalz) eine beliebte Sehenswürdigkeit und die Geschichte wird in vielen Sagen und Liedern erzählt und besungen.

Loreley-Skulptur am Hafen von St. Goarshausen

2 Die Wörter, die ihr eingesetzt habt, sind ebenfalls Pronomen. Wodurch unterscheiden sie sich von den Personalpronomen? Tauscht euch mit eurem Lernpartner oder eurer Lernpartnerin aus.

Plötzlich fegen heftige Windböen über die Klippen. Einige Kleidungsstücke und Gegenstände von Nora und Louis werden weggeweht.

3 Wem gehört was? Schreibt den Dialog in euer Heft und setzt dabei die richtigen Possessivpronomen ein.

AVEN: Nora, ist das ??? Tuch? Und, Kinder, die Taschen, sind das ????
NORA: Ja, danke! Das ist ??? Tuch und das sind ??? Taschen. Aven, ist das ??? Buch?
AVEN (*zeigt auf Louis*): Nein, das ist nicht ??? Buch. Es muss ??? Buch sein.

Merkwissen

Possessivpronomen

Possessivpronomen sind besitzanzeigende Fürwörter. Sie zeigen den Besitz oder die Zugehörigkeit an. Possessivpronomen werden dekliniert und stehen im selben Kasus wie das Nomen.

Beispiele: Die Loreley kämmt **ihr** goldenes Haar. Der Kapitän steuert **sein** Schiff sicher um den Felsen. Das ist **meine** Schule.

Auf dem Arbeitsblatt findet ihr weitere Übungsaufgaben zu den Possessivpronomen. **Arbeitsblatt**

Aven ist vom Fortschritt der Kinder ganz begeistert. Sie verspricht ihnen, dass es am Strand eine Belohnung für sie geben wird. Und schon erscheinen wieder die Lichtpunkte der Fee.

5 Präpositionen (Verhältniswörter)

Am „Präpositionen-Strand“ angekommen, sehen die Kinder schon, welche Belohnung es geben wird. Dort steht ein Eisstand. Genau das Richtige! Doch es sieht chaotisch aus. Was ist da wohl passiert?

1 Betrachtet das Bild des Eisstandes. Tauscht euch darüber aus, was passiert sein könnte.

2 Louis und Nora befragen den Eisverkäufer. An einigen Stellen spricht er etwas undeutlich. Setzt die richtigen Wörter ein.

EISVERKÄUFER: Könnt ihr mir vielleicht helfen? Ich war kurz weg und nun ist alles durcheinander. Die Eiswaffeln liegen **???** dem Boden, die Servietten befinden sich **???** dem Tisch und der Sonnenschirm liegt **???** dem Eisstand. So ein Chaos!

3 Beschreibt, wo genau sich die anderen Gegenstände auf dem Bild befinden. Nutzt folgende Verhältniswörter (Präpositionen).

über ▪ auf ▪ vor ▪ hinter ▪ in ▪ an ▪ unter ▪ neben ▪ zwischen

Aven möchte die Kinder noch ein letztes Mal herausfordern. Sie gibt ihnen weitere Beispiele vor, doch so einfach sind die Präpositionen darin nicht erkennbar.

4 Lest die Beispielsätze und findet die Präpositionen. Was ist mit ihnen passiert? Tauscht euch in der Klasse aus.

a) Die Eislöffel befinden sich im Becher auf der Theke.
b) Im rechten Eisbehälter befindet sich Blaubeereis.
c) Beim Eisstand steht ein Sonnenschirmständer.

Merkwissen

Präpositionen

Präpositionen sind Verhältniswörter. Sie geben an, in welchem Verhältnis oder in welcher Beziehung Personen oder Gegenstände zueinander stehen.

Dabei behalten sie ihre Form bei. Sie sind unveränderbar. Oft verschmelzen **Präpositionen** aber mit dem **bestimmten Artikel**, z. B.:
am (an + dem), ins (in + das), im (in + dem), beim (bei + dem), zum (zu + dem), vom (von + dem), zur (zu + der), ans (an + das)

Mit **bestimmten Präpositionen** kann man den Ort oder die Richtung angeben.
Beispiele:
Der Stein liegt **auf** der Brücke. Der Stein rutscht **in** den Fluss.

Ihr könnt euch zu allen Wortarten auch ein Erklärvideo ansehen. **Erklärvideo**

Ihr könnt euch digital Spielanleitungen ansehen und dabei die Präpositionen üben. **Arbeitsblatt**

Louis und Nora haben mit Avens Hilfe ihr Ziel erreicht. Die Kinder haben auf abenteuerliche Weise die Wortarten kennengelernt. Aven spendiert ihnen ein riesiges Eis und lädt die beiden ein, sie bald im „Haus der Sprache“ zu besuchen. Dort warten noch mehr spannende Herausforderungen.
Die Lichtpunkte erscheinen wieder und auf einmal befinden sich Louis und Nora wieder zu Hause am Schreibtisch. „Haben wir das wirklich gerade erlebt?“, fragen sie sich. „Wir sollten unbedingt mal zum ‚Haus der Sprache‘ gehen und uns dort umschauen.“

6 Das habe ich gelernt, das kann ich

Nomen erkennen ▶ S. 93

1 Schreibe den Text „Das Wettertier“ in der richtigen Form in dein Heft. Unterstreiche anschließend alle Nomen.

DAS WETTERTIER

WIE SICH DAS WETTER ENTWICKELN WIRD, ERFAHREN DIE MENSCHEN NORMALERWEISE BEI DER WETTERVORHERSAGE DES FERNSEHENS. IN EINER AMERIKANISCHEN STADT FRAGEN DIE BÜRGER ABER DAS MURMELTIER PHIL, WENN SIE WISSEN WOLLEN, OB BALD DER FRÜHLING KOMMT. FRÜH AN EINEM FEBRUARTAG BESUCHEN SIE DAS PELZTIER. ES WIRD AUS EINEM BAUMSTAMM GEHOLT UND INS TAGESLICHT GEHALTEN. SIEHT MAN DEN LANGEN SCHATTEN DES TIERES, WENN DIE SONNE SCHEINT, DAUERT DER WINTER NOCH AN.

Verbformen bilden und das Tempus bestimmen ▶ S. 105, 107

2 Übernimm die folgende Tabelle in dein Heft und ergänze die Lücken.

Infinitiv:	**üben**	? ? ? ? ?	? ? ? ? ?	? ? ? ? ?	? ? ? ? ?
1. Person Singular: **ich**	ich übe	? ? ? ? ?	? ? ? ? ?	? ? ? ? ?	ich bin
2. Person Singular: **du**	? ? ? ? ?	du gehst	? ? ? ? ?	? ? ? ? ?	? ? ? ? ?
3. Person Singular: **er, sie, es**	? ? ? ? ?	? ? ? ? ?	er spielt	? ? ? ? ?	? ? ? ? ?
1. Person Plural: **wir**	? ? ? ? ?	wir gehen	? ? ? ? ?	? ? ? ? ?	wir sind
2. Person Plural: **ihr**	? ? ? ? ?	? ? ? ? ?	? ? ? ? ?	ihr ruft	? ? ? ? ?
3. Person Plural: **sie**	sie üben	? ? ? ? ?	? ? ? ? ?	? ? ? ? ?	? ? ? ? ?

3 Schreibe die im folgenden Text unterstrichenen Verbformen heraus und bestimme ihr jeweiliges Tempus.
Beispiel: war = Präteritum

Der Nibelungenhort

Es war einmal ein Zwerg namens Alberich, der lebte tief unter der Erde. Er war immer gieriger geworden und hatte viele kostbare Dinge gesammelt. Eines Tages fand er einen wunderschönen Ring, der ihm unglaubliche Macht verlieh. Neben dem Ring hatte er noch viele andere wertvolle Schätze zusammengetragen, wie goldene Becher und funkelnde Edelsteine. Er versteckte seinen Schatz in einer geheimen Höhle und rief: „Kein Lebewesen dieser Welt wird meinen Schatz je finden!“ Aber bald hörten andere Menschen von diesem Schatz und wollten ihn haben. Es gab viele Streitereien um den Ring und die anderen Schätze.
Am Ende verschwand der Schatz und niemand weiß wirklich, was mit ihm passiert ist. Manche glauben, dass der Schatz immer noch irgendwo verborgen ist und dass mutige Abenteurer ihn eines Tages finden werden.

Adjektive steigern ▶ S. 118

4 Lege eine Tabelle an und sortiere die Adjektive aus dem Wortspeicher dort ein. Ergänze die fehlenden Steigerungsformen.

schön ▪ am kleinsten ▪ steiler ▪ beeindruckender ▪ gut ▪ am dunkelsten ▪ lauter ▪ mutig ▪ früher ▪ am nettesten

Grundstufe (Positiv)	Vergleichsstufe (Komparativ)	Höchststufe (Superlativ)
schön	schöner	am ? ? ? ? ? ? ? ? ? ? ? ? ? ? ?
? ? ? ? ? ? ? ? ? ? ? ? ? ? ? ? ? ?	? ? ? ? ? ? ? ? ? ? ? ? ? ? ? ? ? ?	? ? ? ? ? ? ? ? ? ? ? ? ? ? ? ? ? ?

Nomen durch ein Personalpronomen ersetzen ▶ S. 120

5 Schreibe die folgenden Sätze in dein Heft und ersetze dabei die unterstrichenen Nomen wie in Beispiel a) durch ein passendes Personalpronomen.

a) Die Klasse besucht den Lehrer. – Sie besucht ihn.
b) Das Auto ist ins Schleudern geraten.
c) Die Häuser versperren den Besuchern den Blick.
d) Der Briefträger ist von dem kleinen Pudel gebissen worden.

Du kannst dich selbst überprüfen. **Lösungen**

Das Lernen kann man lernen

Organisiert, sinnvoll und konzentriert arbeiten

■ Die Sportsachen zu Hause vergessen, in der Deutschstunde geträumt und erst abends daran gedacht, dass noch Hausaufgaben für Biologie anstehen – sicher kennt ihr solche oder ähnliche Situationen.

■ In diesem Kapitel lernt ihr zunächst, wie ihr euch gut auf die Schultage vorbereiten könnt und trotz der vielen unterschiedlichen Fächer immer eure Materialien dabeihabt.

■ Im zweiten Teil des Kapitels geht ihr der Frage nach, was alles zu einer guten Mitarbeit gehört. So könnt ihr die Schulstunden aktiver gestalten und ihr lernt dadurch besser.

■ An der neuen Schule gibt es viele Fächer und Aufgaben, daher ist es wichtig, den Überblick zu behalten. Dies gelingt mithilfe des Schulplaners. Wie man diesen sinnvoll führt, lernt ihr im dritten Teilkapitel.

■ Es ist nicht immer einfach, alle anfallenden Aufgaben zu erledigen, ohne etwas zu vergessen oder in Zeitnot zu geraten. Daher lernt ihr im vierten Teilkapitel, wie ihr zu Hause konzentriert arbeiten könnt. Ihr erfahrt zum Beispiel, wie ein guter Arbeitsplatz aussieht und wie man „Zeitfresser“ vermeiden kann.

①

②

③

④

⑤

⑥

⑦

1 Auf dieser Doppelseite seht ihr einige Bilder zum Thema „Lernen“. Beschreibt sie und erklärt, welche Situation jeweils dargestellt wird.

2 Welche positiven Erfahrungen verbindet ihr mit dem Thema „Lernen“? Teilt diese mit der Klasse.

3 Welche Situationen auf den Bildern weisen auf Probleme und Hürden hin, die euch beim Lernen begegnen können? Habt ihr schon einmal ähnliche Erfahrungen gemacht? Tauscht euch darüber aus.

4 „Hindernisse und Schwierigkeiten sind Stufen, auf denen wir in die Höhe steigen.“ Erklärt, was mit der Aussage gemeint sein könnte und welche Einstellung zum Lernen damit zum Ausdruck gebracht wird.

1 Los geht's! – Gut vorbereitet in den Schultag

Mithilfe des Stundenplans die Schultasche packen

Felix und Jule sind Zwillinge. Sie gehen seit dem neuen Schuljahr in die 5c. Ihr Nachbar Cem ist ein Jahr jünger und besucht die 4d der Grundschule. Als sie sich treffen, tauschen sie ihre Stundenpläne aus, um zu sehen, wann sie zusammen nach Hause gehen können.

Stundenplan 5c

	Montag	Dienstag	Mittwoch	Donnerstag	Freitag
1. Stunde 7:50 – 8:35	Englisch Frau Lange Raum: A132	Musik Herr Kurt Raum: M215	Prakt. Philosophie Herr Gering/ Frau Dahle Raum: A132	Englisch Frau Lange Raum: A132	Mathe Frau Yildiz Raum: A132
2. Stunde 8:40 – 9:25	Englisch Frau Lange Raum: A132	Erdkunde Frau Rose Raum: A132	Prakt. Philosophie Herr Gering/ Frau Dahle Raum: A132	Sport Frau Yildiz Halle 1	Mathe Frau Yildiz Raum: A132
3. Stunde 9:40 – 10:25	Sport Frau Yildiz Halle 3	Biologie Herr Kurt Raum: B201	Englisch Frau Lange Raum: A132	Mathe Frau Yildiz Raum: A132	Politik Herr Nowak Raum: A132
4. Stunde 10:30 – 11:15	Sport Frau Yildiz Halle 3	Politik Herr Nowak Raum: A132	Englisch Frau Lange Raum: A132	Mathe Frau Yildiz Raum: A132	Musik Herr Kurt M215
5. Stunde 11:30 – 12:15	Deutsch Herr Zweigler Raum: A132	Deutsch Herr Zweigler Raum: A132	Kunst Frau Lose Raum: K001	Erdkunde Frau Rose Raum: A132	Orientierung Herr Zweigler A132
6. Stunde 12:20 – 13:05	Informatik Frau Berend Raum: C108	Deutsch Herr Zweigler Raum: A132	Kunst Frau Lose Raum: K001	Biologie Herr Kurt Raum: B201	Deutsch Herr Zweigler A132

Stundenplan 4d

	Montag	Dienstag	Mittwoch	Donnerstag	Freitag
1. Stunde 7:55 – 8:40	Sachunterricht	Deutsch	Mathe	Musik	Deutsch
2. Stunde 8:45 – 9:30	Mathe	Mathe	Deutsch	Englisch	Mathe
3. Stunde 9:55 – 10:40	Deutsch	Englisch	Kunst	Mathe	Sachunterricht
4. Stunde 10:45 – 11:30	Englisch	Musik	Kunst	Deutsch	Sport
5. Stunde 11:40 – 12:25	Sport	Sachunterricht	Sachunterricht	Religion	
6. Stunde 12:30 – 13:15			Sport	Religion	

1 Schaut euch die Stundenpläne der Kinder an. An welchen Tagen können sie zusammen nach Hause gehen?

2 Worin unterscheidet sich der Stundenplan der weiterführenden Schule von dem der vierten Klasse? Notiert eure Ergebnisse.

3 Sprecht darüber, inwiefern sich euer Tagesablauf mit eurem neuen Stundenplan verändert hat.

Nachmittags berichten Jule und Felix Cem von ihren Erfahrungen in den ersten Wochen.

CEM: Erzählt doch mal! Wie ist das denn jetzt, so viele unterschiedliche Fächer zu haben?

FELIX: Also, manche neuen Fächer sind wirklich cool. Ich mag Erdkunde, da machen wir im Moment einen Atlasführerschein. Aber leider hatte ich heute direkt meine Mappe nicht dabei, ich muss gleich unbedingt daran denken, die Zettel aus der Schule noch abzuheften.

JULE: Dafür hatte ich mein Vokabelheft nicht dabei. Zum Glück ist Frau Lange im Moment aber noch nicht so streng. Sie meint, wir müssen uns in den ersten Wochen erst daran gewöhnen, an alle Sachen zu denken.

CEM: Warum lasst ihr die Sachen denn nicht einfach in der Schule? Dann vergesst ihr auch nichts zu Hause.

JULE: Das geht leider nicht, weil wir in den meisten Fächern auch Hausaufgaben aufbekommen.

CEM: Ach so ... Also müsst ihr immer darauf achten, dass ihr die passenden Materialien mitnehmt.

FELIX: Und wir müssen unsere Taschen jeden Tag neu packen, weil wir immer andere Fächer haben.

CEM: Oh je, das hört sich kompliziert an.

FELIX: Man gewöhnt sich schnell daran, aber man muss eben daran denken.

JULE: Genau. Unsere Eltern sagen, wir sollen unsere Taschen nun immer abends packen. Damit wir nichts mehr vergessen, machen wir es jetzt erst einmal ein paar Tage gemeinsam.

4 Jule und Felix packen am Donnerstagabend ihre Schultaschen. Notiert, wie sie dabei vorgehen müssen.

- Für welche Fächer nehmen sie die Materialien aus der Tasche?
- Für welche Fächer lassen sie die Materialien in der Tasche?
- Welche Materialien müssen sie neu einpacken?

5 Wie und wann packt ihr eure Schultaschen und bereitet euch damit auf den nächsten Tag vor? Tauscht euch in der Klasse darüber aus.

6 Arbeitet mit einer Lernpartnerin oder einem Lernpartner und stellt euch gegenseitig Aufgaben, die Tasche entsprechend eures Stundenplans für verschiedene Tage neu zu packen.

Gesund in den Morgen starten

Nach dem Wochenende klingelt am Montagmorgen um 6:30 Uhr der Wecker. Jule ist sehr müde und bleibt noch zehn Minuten liegen, während Felix sofort aufsteht, seine Kleidung, die er abends schon herausgelegt hat, anzieht und mit seinen Eltern frühstückt. Nachdem Jule endlich aufgestanden ist, sucht sie lange nach einem passenden Outfit. Danach schafft sie es gerade noch, sich im Bad frisch zu machen, bevor sie auch schon losgehen muss. Nach der ersten Stunde entwickelt sich ein Gespräch in der Klasse:

JULE: Ich bin heute so müde und kann mich gar nicht konzentrieren.

FELIX: Ich war heute Morgen erst auch noch etwas müde, jetzt geht es aber.

TOM: Mir macht das frühe Aufstehen gar nichts aus, ich bin dann sowieso schon wach.

JULE: Hast du es gut, ich würde am liebsten bis 9:00 Uhr schlafen. Außerdem knurrt jetzt schon mein Magen und ich habe Hunger, weil ich heute Morgen keine Zeit mehr hatte. Morgens ist es immer so stressig ...

ZANA: Möchtest du meine Banane? In der Grundschule haben wir gelernt, dass man davon schnell etwas Energie bekommt.

JULE: Danke, aber ich habe eine Pausenbox dabei. Mal sehen, was drin ist.

1 Wie sieht euer typischer Start in den Schultag aus? Sprecht in der Klasse darüber.

2 Versetzt euch in die Lage von Jule oder Felix und beschreibt den Start in den Tag in der Ich-Form. Macht dabei auch deutlich, wie es ihr oder ihm in der Situation geht.

3 Erstellt in der Klasse eine Liste oder ein Plakat mit Tipps für einen guten Start in den Tag. Überlegt, welche Abläufe euch guttun und dabei helfen, besser durchzustarten.

4 Zu einem guten Start in den Tag gehört ein gesundes Frühstück. Lest, was die Kinder aus der 5c zu Hause gefrühstückt haben. Welches Frühstück ist empfehlenswert, welches nicht? Begründet.

Felix: Brot mit Käse, Blaubeeren, Tee
Lilli: Schokocroissant, Kakao
Zana: Müsli mit Früchten, Milch, Wasser
Tom: Cornflakes mit Milch, Fruchtquetschie
Jule: nichts

5 Aus der Grundschule kennt ihr vielleicht die Ernährungspyramide. Beschreibt ihren Aufbau und erklärt, was sie über gesunde Ernährung aussagt. Nutzt dazu den Wortspeicher.

Getreide(-produkte) ▪ Milch(-produkte) ▪ Fette und Öle ▪ Fleisch und Fisch ▪ Süßigkeiten und Extras ▪ Obst ▪ Gemüse

6 Für die Zeit in der Schule solltet ihr am besten eine Pausenbox mit gesunden Lebensmitteln dabeihaben. Zeichnet eine solche Pausenbox, deren Inhalt ihr selbst gerne essen würdet, in euer Heft.

2 Sei dabei! – Aktiv im Unterricht mitarbeiten

Vor der Deutschstunde wirkt Felix etwas angespannt. Er hat nämlich den Text, der in der letzten Stunde gelesen wurde, nicht richtig verstanden. Während sich die anderen über den Inhalt ausgetauscht haben, hat er nicht weiter mitgearbeitet, sondern aus dem Fenster geschaut. Am Ende war er froh, als die Stunde vorbei war, weil sie ihm so lang vorgekommen war. Er hofft, dass die Stunde heute besser wird.

1 Kennt ihr auch solche Situationen? Tauscht euch darüber aus.

2 Welche Tipps könnt ihr Felix geben, damit die nächste Stunde für ihn besser verläuft?

Im Unterricht bemerkt Herr Zweigler, dass Felix etwas bedrückt wirkt, und fragt ihn nach dem Grund. Felix erklärt sein Problem. Daraufhin macht Herr Zweigler ihm Mut:

HERR ZWEIGLER: Dir ist bestimmt schon aufgefallen, dass du dich in manchen Stunden mehr am Unterricht beteiligst als in anderen Stunden. Vielleicht magst du z. B. Politik und interessierst dich sehr für Mathematik. In diesen Fächern bist du bestimmt besonders aktiv dabei. Natürlich ist es aber wichtig, in allen Fächern aktiv zu bleiben. So lernst du nicht nur mehr, die Stunden vergehen auch viel schneller und die Inhalte bleiben besser im Gedächtnis. Wenn du einmal etwas nicht verstehst, ist das auch kein Problem, frag einfach nach! Sicher geht es einigen anderen auch so.

FELIX: Aber ich werde ja nicht immer drangenommen und ich kann mich auch gar nicht bei allen Fragen melden.

HERR ZWEIGLER: Das ist gar nicht schlimm. Es gibt ganz viele Möglichkeiten, wie man im Unterricht mitarbeiten kann. Schau dich doch einmal bei uns in der Klasse um, die Kinder arbeiten gerade auf ganz unterschiedliche Arten mit.

Während der Stunde wird deutlich, was einzelne Kinder im Unterricht machen:

A) Amir meldet sich und beantwortet die Frage des Lehrers.

B) Simon erklärt seinem Sitznachbarn die Aufgabe noch einmal, als dieser Hilfe benötigt.

C) Lucy malt ein Bild, während der Lehrer die Aufgabe erklärt.

D) Lasse liest seine Hausaufgabe vor, die jedoch nicht ganz richtig ist.

E) Carla hat den Text noch nicht richtig verstanden und stellt deshalb eine Frage zum Inhalt.

F) Tom fragt Nisa während der Partnerarbeit, ob sie nachmittags Zeit hat, damit er ihr sein neues Spiel zeigen kann.

G) Gina bearbeitet die Aufgabe zügig und sorgfältig. Bei der Besprechung sagt sie aber nichts.

3 Lest Herrn Zweiglers Aussagen noch einmal und schreibt mit eigenen Worten auf, welche Vorteile eine aktive Mitarbeit im Unterricht hat.

4 Beurteilt, welche der oben aufgeführten Aktivitäten sinnvoll sind. Welche Aktivitäten gehören nicht dazu? Begründet.

5 Legt eine Liste mit Tätigkeiten an, die zu einer aktiven Mitarbeit im Unterricht gehören. Ergänzt die beobachteten Aktivitäten um weitere Möglichkeiten.

- eine Frage beantworten
- ...

Die Klassenpaten der 5c geben den Kindern folgende Tipps:

Melde dich unbedingt weiterhin, auch wenn du mal etwas Falsches gesagt hast. Das passiert jedem.

Bereite dich gut auf die Stunde vor, indem du die Hausaufgaben machst und eventuell das, was du neu gelernt hast, z. B. Vokabeln, wiederholst.

6 Sammelt in der Klasse weitere Ideen und Tipps, wie ihr eure aktive Mitarbeit verbessern könnt.

7 Welche der gesammelten Tipps sind für dich wichtig? Gestalte deine persönliche Sonnenblume, die dir dabei hilft, im Unterricht mitzuarbeiten. Male dafür eine große Blume auf ein DIN-A4-Blatt und schreibe in jedes Blütenblatt einen Tipp oder eine Bestärkung für deine aktive Mitarbeit.

3 Behalte den Überblick! – Den Schulplaner richtig führen

Im Laufe des Montags hat die 5c einige Hausaufgaben aufbekommen. Alle fünften Klassen haben von ihrer neuen Schule zur Begrüßung einen Schulplaner erhalten, in dem wichtige Termine vermerkt sind und der für jede Woche eine Übersicht bietet, um die anfallenden Hausaufgaben zu notieren.

1 Sicher führt ihr auch einen Schulplaner. Tauscht euch darüber aus, wie ihr dabei vorgeht.

Es ist Montag und Jule hat alle Aufgaben in den Planer eingetragen. Ihr Schulplaner sieht so aus:

Montag, 02.09.	**Donnerstag, 05.09.**
Englisch Workbook, p. 12, ex. 2	*Englisch*
Englisch	*Sport*
Sport Schläger mitbringen	*Mathe*
Sport	*Mathe*
Deutsch Märchenende schreiben	*Erdkunde*
Informatik AB, Nr. 2 + 3	*Biologie*
Dienstag, 03.09.	**Freitag, 06.09.**
Musik	*Mathe*
Erdkunde	*Mathe*
Biologie	*Politik*
Politik	*Musik*
Deutsch	*Orientierungsstunde*
Deutsch	*Deutsch*
Mittwoch, 04.09.	**Sonstiges**
Prakt. Philosophie	
Prakt. Philosophie	
Englisch	
Englisch	
Kunst	
Kunst	

2 Beschreibt, wie Jule ihren Planer führt.

3 Stellt euch vor, ihr müsstet Jules Aufgaben erledigen. In welcher Reihenfolge würdet ihr vorgehen? Begründet eure Überlegungen.

4 Jule ist an diesem Montag zu einem Geburtstag eingeladen und hat nur wenig Zeit. Welche Aufgaben muss sie trotzdem erledigen und welche kann sie auf einen anderen Tag verschieben?

Auch Felix hat an diesem Montag die Aufgaben notiert. Sein Schulplaner sieht so aus:

für Montag, den 02.09.	**für Donnerstag, 05.09.**
Englisch	*Englisch*
Englisch	*Sport Schläger mitbringen*
Sport	*Mathe*
Sport	*Mathe*
Deutsch	*Erdkunde*
Informatik	*Biologie*
für Dienstag, den 03.09.	**für Freitag, 06.09.**
Musik	*Mathe*
Erdkunde	*Mathe*
Biologie	*Politik*
Politik	*Musik*
Deutsch Märchenende schreiben	*Orientierungsstunde*
Deutsch	*Deutsch*
für Mittwoch, 04.09.	**Sonstiges**
Prakt. Philosophie	
Prakt. Philosophie	
Englisch Workbook, p. 12, ex. 2	
Englisch	
Kunst	
Kunst	

5 Beschreibt, nach welchem System Felix die Aufgaben notiert hat.

6 Welche Vorteile hat dieses Vorgehen? Gibt es auch Nachteile? Tauscht euch in der Klasse darüber aus.

7 Auch am Dienstag bekommt die 5c einige Aufgaben auf. Tragt die Aufgaben A bis F nach Felix' Methode in seinen Schulplaner ein. Zeichnet dafür die Wochenübersicht in euer Heft oder nutzt das Arbeitsblatt. **Arbeitsblatt**

A) Musik: keine Hausaufgaben
B) Erdkunde: AB „Mein Schulweg"
C) Bio: AB „Skelett des Hundes"
D) Politik: Welche Rechte haben Kinder? (SB, S. 16, Nr. 4)
E) Deutsch: Eigenschaften der Hexe in „Hänsel und Gretel" notieren (AB)
F) Einverständniserklärung für den Wandertag bis DO mitbringen!

Methode

Den Schulplaner sinnvoll führen

- Notiere für jeden Tag den Stundenplan und das Datum. Achte dabei darauf, in deinem Planer immer auch schon die Seiten für die nächste Woche zu beschriften.
- Notiere dir nach jeder Stunde die Hausaufgaben. Schreibe sie nach einem festen System auf, um den Überblick zu behalten.
- Mache einen Strich, wenn du in einem Fach für den Tag keine Hausaufgaben aufbekommen hast. So kannst du sicher sein, dass das Feld nicht leer ist, weil du vergessen hast, die Aufgaben zu notieren.
- Streiche Aufgaben, die du erledigt hast, durch. So behältst du immer den Überblick.
- Notiere auch Klassenarbeitstermine in deinen Planer.
- Schreibe alle weiteren Aufgaben, die anfallen, in deinem Planer auf, z. B. wenn Geld eingesammelt wird oder Zettel abgegeben werden müssen. So vergisst du nichts.

4 Bleib dran! – Zu Hause konzentriert arbeiten

In der Deutschstunde entwickelt sich in der Klasse ein Gespräch über Probleme, die die Kinder beim Erledigen der Hausaufgaben haben.

FELIX: Ich schreibe mir immer alle Aufgaben auf. Aber dann sitze ich manchmal zu Hause und weiß trotzdem nicht, womit ich anfangen soll, weil das alles so viel ist.

JULE: Aber wenn du dann angefangen hast, brauchst du meist gar nicht so lange. Du trödelst einfach, statt loszulegen.

CARLA: Ich weiß eigentlich immer sofort, womit ich anfangen will. Aber als ich gestern Mathe machen wollte, musste ich erst einmal ewig nach meinem Geodreieck suchen. Dabei habe ich auf meinem Schreibtisch einen alten Brief von Gina gefunden, der war so witzig. Also habe ich ihr sofort eine Sprachnachricht geschickt. Als ich dann endlich mit Mathe angefangen habe, war es schon fast fünf Uhr und um halb sechs musste ich schon zum Reiten, das war so stressig.

AMIR: Wenigstens hast du Mathe schon vor dem Reiten gemacht. Ich war nachmittags beim Schwimmen und musste dann abends noch alle Aufgaben rechnen. Dabei war ich schon total müde.

FELIX: Für mich ist es auch oft schwer, die ganze Zeit konzentriert zu arbeiten, wenn so viele Nachrichten im Klassenchat hereinkommen. Und dann hat Jule gestern auch noch ständig gefragt, wann ich endlich fertig bin.

SINA: Und ich habe mir nur kurz meine tägliche Belohnung in meinem Onlinegame abgeholt. Als ich dann mit den Hausaufgaben angefangen habe, habe ich einen richtigen Schreck bekommen, weil schon eine halbe Stunde vergangen war.

HERR ZWEIGLER: Moment, da kommen jetzt so viele Gedanken auf einmal. Lasst uns an dieser Stelle schauen, wie wir die Probleme sortieren können, um Strategien zu entwickeln, die euch helfen.

1 Von welchen Problemen berichten die Kinder? Erstellt eine Liste.

Probleme beim Erledigen von Hausaufgaben:
- fehlendes Material,
- ...

2 Was würdet ihr den einzelnen Kindern raten, um besser arbeiten zu können? Schreibt für jedes Kind einen Tipp auf.

3 Kennt ihr noch andere Probleme, die sich beim Erledigen der Aufgaben ergeben können? Ergänzt eure Liste um diese Punkte.

4 Tauscht euch über die ergänzten Probleme in der Klasse aus und entwickelt Tipps, wie man damit umgehen kann.

John, einer der Klassenpaten der 5c, gibt den Schülerinnen und Schülern bei ihrem nächsten Treffen noch Tipps, wie er es schafft, alle anfallenden Aufgaben gut zu erledigen.

Bevor ich mit den Hausaufgaben beginne, mache ich immer erst eine Pause und esse zu Mittag, dann kann ich mich danach auch wieder besser konzentrieren. Mein Handy lasse ich in der Küche, wenn ich in mein Zimmer gehe, so werde ich davon nicht abgelenkt. Es ist sonst einfach zu verlockend, doch hin und wieder zu schauen, ob jemand geschrieben hat.
Danach schaue ich in meinen Planer und erledige zunächst die Aufgaben, die am nächsten Tag fertig sein müssen. Ich beginne immer mit einer Aufgabe, die mir eher leichtfällt. So habe ich schnell das Gefühl, schon etwas geschafft zu haben, wenn ich die Aufgabe in meinem Planer durchstreichen kann, sobald sie erledigt ist.
Wenn ich alle Aufgaben für den nächsten Tag fertig habe, überlege ich, ob ich noch weitere Aufgaben machen könnte, um an einem Tag, an dem ich weniger Zeit habe, nicht so viel machen zu müssen. Das sind dann sozusagen Bonuspunkte, die ich an dem Tag sammle.
Vokabeln lerne ich jeden Abend zehn Minuten, so bleibe ich immer am Ball und es ist nie zu viel auf einmal.
Vielleicht hilft es, wenn ihr euch das Arbeiten zu Hause wie eine Treppe vorstellt: Mit jeder Stufe, die ihr nehmt, kommt ihr dem Ziel einen Schritt näher!

5 Wie geht John beim Erledigen der Hausaufgaben vor? Benennt dazu noch einmal die einzelnen Schritte.

6 John sagt, das Erledigen der Aufgaben sei wie eine Treppe. Erklärt mit eigenen Worten, was damit gemeint ist.

Den Arbeitsplatz organisieren

Carla hat davon berichtet, dass sie erst nach ihrem Geodreieck suchen musste, bevor sie mit den Matheaufgaben beginnen konnte. Dabei wurde sie dann von einem alten Brief abgelenkt, den sie bei der Suche gefunden hat.

1 Hier seht ihr Carlas Schreibtisch. Beschreibt zunächst, was sich alles auf dem Arbeitsplatz befindet. Wie beurteilt ihr diesen Platz zum Arbeiten?

2 Erklärt, inwiefern Carlas Problem auf die Organisation ihres Arbeitsplatzes zurückzuführen ist.

3 Wie sieht euer Arbeitsplatz aus? Beschreibt einem Lernpartner oder einer Lernpartnerin euren Arbeitsplatz mithilfe der unten aufgeführten Fragen. Überlegt anschließend gemeinsam, ob euer Platz gut zum Arbeiten geeignet ist und was vielleicht noch verbessert werden könnte.

- Wo machst du deine Hausaufgaben?
- In welchem Raum steht dein Schreibtisch?
- Wie sieht dein Arbeitsplatz aus? Was befindet sich darauf?
- ...

4 Was sollte sich eurer Meinung nach immer auf eurem Arbeitsplatz befinden? Nutzt den Wortspeicher und erstellt eine Liste in eurem Heft.

Computer ▪ Handy ▪ Schreibblock ▪ Kuscheltier ▪ Flaschenöffner ▪ Getränkeflasche ▪ Schreibtischlampe ▪ Schulbücher ▪ Sonnencreme ▪ Schokoriegel ▪ Taschenrechner ▪ Sticker ▪ Lineal ▪ Anspitzer ▪ Wörterbuch ▪ Inliner ▪ Textmarker ▪ Stundenplan ▪ Fotoalbum ▪ Tintenpatronen ▪ Taschenlampe ▪ Tablet ▪ Kalender ▪ Sammelkarten ▪ Becher ▪ Filzstifte ▪ Klebestift ▪ Taschentücher ▪ Fußball ▪ Socken ▪ Geodreieck ▪ Kugelschreiber ▪ Radiergummi ▪ ...

5 Zeichnet einen Schreibtisch, ein Regal und eine Schublade in euer Heft. Ordnet anschließend einzelne Gegenstände den drei Orten zu.

6 Listet auf, welche Gegenstände euch beim Arbeiten stören und daher auf keinen Fall auf dem Schreibtisch liegen sollten.

„Zeitfresser" erkennen und vermeiden

Sina hat in der Klasse davon berichtet, dass sie viel Zeit mit ihrem Onlinespiel verbracht hat, als sie eigentlich ihre Hausaufgaben machen wollte. Ihr Spiel ist in dem Fall also ein echter Zeitfresser geworden.

1 Lest noch einmal die Erfahrungen der Kinder aus der Klasse 5c, die sie beim Anfertigen der Hausaufgaben gemacht haben (s. S. 135). Notiert, welche Zeitfresser sie von einem konzentrierten Arbeiten abgehalten haben.

2 Sicher habt ihr auch schon oft eine Begegnung mit Zeitfressern gehabt. Tauscht euch in der Klasse darüber aus, welche Zeitfresser euch daran hindern, die Hausaufgaben schnell und konzentriert zu erledigen.

3 Was kann man machen, um die Zeitfresser zu überlisten? Formuliert Ratschläge und tauscht euch in der Klasse darüber aus.

4 Erstellt auf einem DIN-A4-Blatt eine Übersicht mit euren persönlichen Zeitfressern, indem ihr sie bildlich darstellt. Notiert außerdem, wie ihr sie unschädlich machen könnt. Vielleicht fällt euch eine lustige Idee ein, wie ihr dies auch zeichnerisch verdeutlichen könnt.

Handyspiele – bunte „Zeitfresser“?!

1 Beschreibt und vergleicht die Fotos A und B.

- Was sieht man auf den Fotos?
- Welche Situation wird jeweils dargestellt?
- Was haben die Situationen gemeinsam?
- Wie unterscheiden sie sich?

A

B

2 Sprecht in der Klasse darüber, welche Erfahrungen ihr mit den dargestellten Spielformaten gemacht habt. Welche Spiele mögt ihr besonders? Findet Beispiele für beide Arten.

3 Welche Gemeinsamkeiten und Unterschiede gibt es zwischen Gesellschaftsspielen und Handyspielen? Legt eine Tabelle an.

Eigenschaften von Gesellschaftsspielen	Eigenschaften von Handyspielen	Eigenschaften von beiden
– spielt man mit anderen zusammen	? ? ? ? ? ? ? ? ?	? ? ? ? ? ? ? ? ?

4 Anders als herkömmliche Gesellschaftsspiele arbeiten die Hersteller von Handyspielen oft mit Tricks, die die Nutzerinnen und Nutzer dazu bringen, das Spiel möglichst täglich zu öffnen. Sammelt Beispiele aus eurer eigenen Erfahrung.
Hilfestellung

5 Werden Handyspiele für euch manchmal zu Zeitfressern? Nehmt eine ehrliche Einschätzung vor und tauscht euch in der Klasse darüber aus.

6 Spielen macht Spaß, das steht fest. Dennoch ist es wichtig, darauf zu achten, dass Handyspiele nicht zu viel Zeit einnehmen. Formuliert Tipps, wie ihr verhindern könnt, dass Handyspiele zu viel Zeit rauben.

7 Neben Spielen bietet das Handy noch viele andere Möglichkeiten, die zu Zeitfressern werden können. Erstellt eine Liste und tauscht euch in der Klasse darüber aus.

8 Markiert in der Liste Punkte, die euch besonders viel Zeit kosten. Versucht, in dieser Woche darauf zu achten, diese Zeitfresser schrumpfen zu lassen.

Die Konzentration steigern

Jule und Felix haben aus den Gesprächen in der Klasse viel darüber gelernt, wie sie ihre Hausaufgabenzeit sinnvoll planen und gestalten können. Am Nachmittag ist Jule aber doch unzufrieden darüber, wie die Hausaufgabenzeit verläuft:

JULE: Jetzt habe ich mir so gut überlegt, womit ich heute anfange, habe meinen Schreibtisch aufgeräumt und mein Handy weggelegt. Trotzdem dauert alles ewig, weil ich mich nicht konzentrieren kann. Den Satz habe ich schon dreimal gelesen und vergesse trotzdem immer wieder, was da steht.

FELIX: Kann es sein, dass du in Gedanken ganz woanders bist und mal wieder träumst?

JULE: Das ist doch auch kein Wunder, schließlich sitze ich hier jetzt schon eine Stunde!

FELIX: Vielleicht solltest du einfach mal eine Pause machen. Wollen wir dein neues Springseil testen? Zehn Minuten hüpfen – ich wette, danach erledigst du die Aufgabe in fünf Minuten.

1 Welches Problem hat Jule? Berichtet von ähnlichen Situationen aus eigener Erfahrung.

2 Sammelt mögliche Gründe, die dazu führen können, dass es euch schwerfällt, euch zu konzentrieren, auch wenn alle anderen Bedingungen eigentlich stimmen.

3 Felix gibt Jule einen Tipp. Was genau rät er seiner Schwester? Beurteilt diesen Ratschlag.

4 Beachtet in den nächsten Schulwochen die einzelnen Tipps in der **Methodenbox**. Sprecht anschließend darüber, welche Tipps sich für euch als besonders hilfreich erwiesen haben.

Methode

Zu Hause konzentriert lernen und arbeiten

- Probiere aus, wann du am besten konzentriert arbeiten kannst. Jeder hat einen anderen Rhythmus.
- Arbeite an einem ruhigen Platz.
- Achte darauf, Zeitfresser nach Möglichkeit zu vermeiden. Handy, Tablet und andere Dinge, die dich ablenken, sollten nicht in der Nähe deines Arbeitsplatzes liegen.
- Mache dir einen Zeitplan. Wenn du weißt, wie viel Zeit du bis zur nächsten Verabredung, dem Training oder etwas anderem hast, kannst du die zur Verfügung stehende Zeit effektiver nutzen.
- Nutze deinen Schulplaner, um den Überblick über alle anfallenden Aufgaben zu behalten.
- Teile dir die Aufgaben gut ein und mache zwischendurch Pausen.
- Baue in deinen Tagesablauf feste Lernzeiten ein, zum Beispiel für das Lernen von Vokabeln.
- Hake Aufgaben, die du erledigt hast, in deinem Schulplaner ab oder streiche sie durch und freue dich über deinen Erfolg.

Die Kinder aus der 5c haben nun viele wichtige Strategien kennengelernt, die ihnen helfen, gut zu arbeiten. Dabei haben sie auch festgestellt, dass es wichtig ist, an sich selbst zu glauben. Im Deutschunterricht haben sie kleine Motivationskarten gebastelt, die sie immer daran erinnern sollen.

1 Lest die Karten und erklärt die Aussagen mit eigenen Worten. In welchen Situationen könnten sie jeweils hilfreich sein?

2 Gestaltet eigene Motivationskarten, die ihr in eurem Schulplaner aufbewahren und bei Bedarf hervorholen könnt. Ihr könnt die Karten auch an eure Mitschüler und Mitschülerinnen verteilen oder in einem größeren Format zur Erinnerung in der Klasse aufhängen.

Vorhang auf! Ohren gespitzt! – Theater für alle Sinne

Texte szenisch gestalten und ein Hörspiel untersuchen

Wer hat noch nie davon geträumt, jemand anderes zu sein, in eine andere Rolle zu schlüpfen, dem Alltag zu entfliehen? Dies alles ist durch das Lesen literarischer Texte und ihre Umsetzung in Hörspielen und auf der Theaterbühne möglich! Im folgenden Kapitel werdet ihr wesentliche Gestaltungsmittel des Theaters und des Hörspiels kennenlernen sowie eine kleine Szene für die Bühne umsetzen und spielen.

In den ersten Teilen des Kapitels findet ihr Tipps und Übungen zum Aufwärmen sowie zum deutlichen und lauten Sprechen. Ihr übt, wie man sich auf der Bühne bewegt, und erkennt, wie Sprechen, Gesichtsausdruck und Körpersprache zusammenwirken. Außerdem lernt ihr das Hörspiel „Märchentherapie“ von Max Urlacher kennen und untersucht, wie aus einem lustigen Text durch bestimmte Gestaltungsmittel eine „Theateraufführung für die Ohren“ entstehen kann. Abschließend könnt ihr erproben, wie ein Hörspieltext auf der Bühne zum Leben erwacht und damit zum „Theaterstück für Augen und Ohren“ wird.
Also: Vorhang und Ohren auf!

1 Beschreibt die Bilder auf der Doppelseite und nennt Unterschiede und Gemeinsamkeiten.

2 Habt ihr schon einmal ein Theater besucht oder sogar schon ein Stück auf einer Bühne gespielt? Berichtet davon.

3 Warum spielen wir eigentlich Theater? Nennt mögliche Argumente für das Theaterspielen in der Schule.

4 Kennt ihr einzelne Hörspiele? Welche hört ihr und zu welcher Gelegenheit? Erzählt davon.

5 Nennt mögliche Unterschiede und Gemeinsamkeiten zwischen Theaterstücken und Hörspielen.

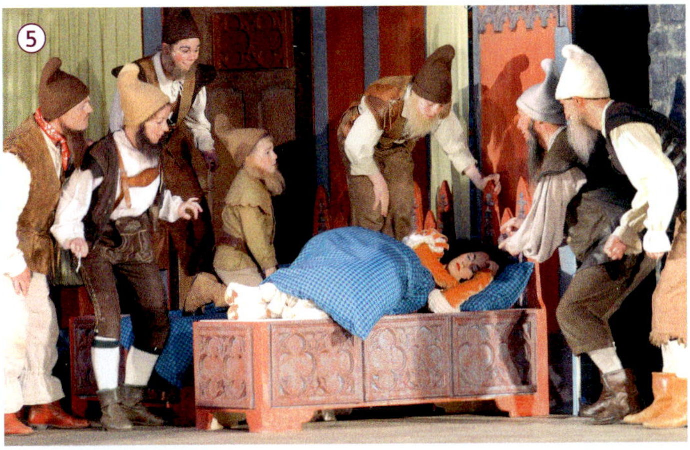

1 Fit für die Bühne? – Aufwärmen für das Theaterspielen

1 Beschreibt das Foto und nennt mögliche Gründe für das, was die Schülerinnen und Schüler tun.

2 Vergleicht eine sportliche Aktivität mit dem Theaterspielen. Begründet, warum es notwendig ist, sich auch auf der Bühne aufzuwärmen.

3 Es gibt eine Vielzahl von „Aufwärmspielen" für das Theater. Wählt mindestens eine der folgenden Übungen aus, um euch „fit für die Bühne" zu machen.

A

Aufwärmspiel 1: „Jetzt bin ich hier!"

In dem ersten Aufwärmspiel geht es darum, Abstand vom bisherigen Schulalltag zu gewinnen und sich auf das Theaterspielen zu konzentrieren. Ihr geht im Raum umher und erzählt alle gleichzeitig in leisem Ton und so ausführlich wie ihr wollt, wie euer heutiger Tag abgelaufen ist. Geht die Ereignisse der Reihe nach durch (z. B.: „Um sechs Uhr hat der Wecker geklingelt. Dann habe ich mir die Zähne geputzt ..."). Wenn ihr beim Erzählen beim Aufwärmspiel angekommen seid, bleibt ihr stehen und sagt laut: „Jetzt bin ich hier!" Alle Schülerinnen und Schüler bleiben so lange ruhig stehen, bis der letzte Spieler oder die letzte Spielerin fertig ist.

B

Aufwärmspiel 2: „Der verrückte Ball“

Ihr steht im Kreis und werft euch einen gedachten Ball zu. Bei jedem Wurf macht der Werfer oder die Werferin ein Geräusch. Der Fänger oder die Fängerin wiederholt dieses Geräusch, wenn er oder sie den Ball fängt. Dann wird der Ball mit einem neuen Geräusch an einen anderen Spieler weitergegeben. In einem weiteren Durchgang ändert der Ball vor jedem Wurf seinen Charakter. Du kannst als erster Spieler oder erste Spielerin entscheiden, ob dein Ball z. B. schwer, dreckig, groß, glitschig, ohne Luft, elektrisch geladen, klein, heiß usw. sein soll. In dieser Rolle wirfst du den Ball zu einem beliebigen Mitspieler oder einer beliebigen Mitspielerin. Er oder sie übernimmt zunächst den dargestellten Charakter des Balls und tut so, als wäre der gefangene Gegenstand sehr heiß, sehr schwer, übermäßig groß usw. Dann dreht sich die Person zum nächsten Spieler oder zur nächsten Spielerin, verändert die Eigenschaft des Balls wieder und wirft ihn diesem oder dieser zu.

C

Aufwärmspiel 3: „Au ja!“

Ihr steht im Kreis. Eine Schülerin oder ein Schüler klatscht in die Hände zum Zeichen, dass das Spiel beginnt. Die Schülerin oder der Schüler führt eine kleine Handlung aus und sagt dazu, was sie oder er tut, z. B.: „Ich stehe auf einem Bein.“ Alle anderen rufen: „Au ja!“ Alle stehen nun so lange auf einem Bein, bis jemand anderes klatscht und eine neue Handlung vorgibt, z. B.: „Ich kratze mich am Kopf.“

2 Pantomime: Spiel ohne Worte – aber nicht ohne Sprache

①

②

③

1 Schaut euch die Fotos an. Tauscht euch darüber aus, was in den Kindern vorgehen könnte und woran ihr das erkennen könnt.

2 Stellt die Fotos nach. Versucht dabei, möglichst genau den Gesichtsausdruck (die Mimik) und die Körperhaltung (die Gestik) der Kinder nachzuahmen.

3 Stellt weitere Gefühle durch Gestik und Mimik dar. Die anderen können dann erraten, welche Gefühle ihr darstellen wollt. Wenn ihr die notwendige Erlaubnis für die Veröffentlichung von Fotos habt, könnt ihr euch dabei auch mit dem Tablet oder dem Handy fotografieren und eine Bilderwand in eurem Klassenzimmer erstellen.
Falls ihr Hilfe benötigt, könnt ihr einen Wortspeicher nutzen. **Hilfestellung**

Info **Pantomime**

Es gibt eine besondere Art des Theaterspielens, bei der Gefühle und Situationen allein durch Gesichtsausdruck, Körperhaltung und Körperbewegung dargestellt werden, also völlig ohne zu sprechen. Diese Art des Theaterspielens nennt man Pantomime.

4 Erläutert gemeinsam, warum Mimik und Gestik für das Theaterspielen besonders wichtig sind.

5 Wie „geht“ ein König? Wie „geht“ eine alte Frau? Wie „geht“ jemand, der ein Gipsbein hat? Stellt die Personen dar.
Sucht für ihre Art zu gehen treffende Verben. Sucht weitere Verben, die eine Art zu gehen bezeichnen, und stellt sie pantomimisch dar.

6 Stellt die folgenden Situationen pantomimisch dar:

a) Du liegst in der Sonne, fühlst ihre warmen Strahlen auf deiner Haut. Du fühlst dich wohl …
b) Du fasst in eine eklige, klebrige Masse …
c) Du gehst spazieren, am Wegrand siehst du einen Schmetterling auf einer Blume. Vorsichtig näherst du dich ihm, aber er fliegt zur nächsten Blume.
Du folgst ihm …
d) Du hast dich verabredet und sogar ein Geschenk mitgebracht. Du wartest und wartest und gehst dann, weil niemand kommt …

7 Eine schwere, aber auch lustige Übung ist „Sport in Zeitlupe“: Stellt eine beliebige Sportart dar, führt aber alle Bewegungen in Zeitlupe aus. Lasst die anderen raten, um welche Sportart es sich handelt.

8 Spielt die folgenden Situationen pantomimisch zu zweit:

a) Zwei Freunde schauen gemeinsam ein Fußballspiel im Fernsehen. Ihr Lieblingsverein sieht lange Zeit wie der Verlierer aus, gewinnt dann aber doch.
b) Eine oder einer ist die handelnde Person, die Partnerin oder der Partner ist das Spiegelbild, das alle Bewegungen der handelnden Person pantomimisch mitmacht (z. B. Gesicht waschen, Zähne putzen, Haare kämmen usw.).
c) Ihr geht spazieren. Plötzlich beginnt es zu regnen. Erst sind es nur ganz wenige Tropfen, dann wird der Regen immer stärker. Ihr habt keinen Schirm dabei.

9 Überlegt euch in Partnerarbeit eine bekannte Redewendung oder ein Sprichwort (z. B. „Wer anderen eine Grube gräbt, fällt selbst hinein“) und notiert den Text auf einer Karteikarte. Im zweiten Schritt zieht ein Freiwilliger bzw. eine Freiwillige verdeckt eine der Karten und stellt sie der Klasse pantomimisch vor. Aus dem Ratespaß lässt sich auch ein Wettbewerb machen (z. B. rechte gegen linke Klassenhälfte usw.).
Wenn ihr Anregungen für Redewendungen benötigt, könnt ihr die Hilfestellung nutzen.
Hilfestellung

10 Hieraus lässt sich auch ein Wettbewerb machen:
Einem Freiwilligen oder einer Freiwilligen wird von der Spielleiterin oder dem Spielleiter ein Begriff vorgegeben, der nun in einer gewissen Zeit (z. B. 60 Sekunden) pantomimisch dargestellt werden muss. Wer den Begriff zuerst errät, darf den nächsten Begriff darstellen. Gelingt es niemandem, den Begriff innerhalb der vorgegebenen Zeit zu bestimmen, kommt der nächste freiwillige Spieler bzw. die nächste Spielerin an die Reihe.
Wenn euch keine geeigneten Begriffe einfallen, könnt ihr die Hilfestellung nutzen.
Hilfestellung

3 Auf die Betonung kommt es an ...

Ein grünes Buch liegt auf dem Tisch.

1 Den Satz oben kann man auf mindestens sieben verschiedene Weisen sprechen, indem man jeweils ein anderes Wort betont. Und jedes Mal ändert sich die Aussage ein klein wenig. Probiert es aus.

- Wie viele grüne Bücher liegen auf dem Tisch?
  Ein grünes Buch liegt auf dem Tisch.
- Welches Buch liegt auf dem Tisch?
  Ein ...

Stellt weitere Fragen, sodass jeweils ein Wort in dem Satz betont wird.

Wir können nicht nur mit Worten oder Gesten, sondern auch mit unserer Stimme Gefühle verdeutlichen.

2 Sprecht einen beliebigen Vornamen so aus, dass folgende Situationen deutlich werden:

a) Ihr freut euch, die Person wiederzusehen.
b) Ihr habt Angst.
c) Ihr droht der Person.
d) Ihr seid nicht sicher, wie die Person heißt.
e) Ihr macht der Person einen Vorwurf.
f) Ihr warnt die Person.
g) Ihr bittet die Person um etwas.

3 Ordnet den Sprechweisen die Fotos 1 – 4 zu. Begründet eure Meinung.

Das Spiel mit Sprache

1 Sucht euch einen Lernpartner oder eine Lernpartnerin. Wählt zusammen zwei der folgenden Sätze aus und versucht, diese möglichst fehlerfrei und zügig laut auszusprechen.

A) Ein Dutzend nuschelnde Duzer duzen nuschelnd Dutzende duzender Nuschler nuschelnd.

B) Herr von Hagen, darf ich's wagen, Sie zu fragen, welchen Kragen Sie getragen, als Sie lagen krank am Magen in der Stadt zu Kopenhagen?

C) Auf den sieben Robbenklippen sitzen sieben Robbensippen, die sich in die Rippen stippen, bis sie von den Klippen kippen.

D) Zehn Ziegen ziehen zehn Zentner Zement zum Zahnarzt zum Zementieren zerbrochener Zähne.

E) Siebzehn Schnitzer, die auf siebzehn Schnitzsitzen sitzen und mit ihren spitzen Schnitzern Ritzen in ihr Schnitzholz schlitzen, wobei sie schwitzen, sind siebzehn schwitzende, schnitzende, auf dem Schnitzsitz sitzende, spitze Schnitzer benutzende Schnitzholzritzenschlitzer.

F) Der Krabbenfischer knabbert Knabberkrabben, Knabberkrabben knabbert der Krabbenfischer.

2 Begründet, warum man diese Sätze auch „Zungenbrecher" nennt. Findet weitere solcher Sätze und übt, sie zu sprechen.

3 Bei der Ausbildung zum Theaterspielen oder zum professionellen Sprechen (etwa als Moderator oder als Moderatorin) werden oft Zungenbrecher eingesetzt. Sprecht darüber, was man bei der Arbeit mit Zungenbrechern lernt.

4 Übt das betonte Sprechen mithilfe des Gedichts „ottos mops" von Ernst Jandl.

Ernst Jandl (1925 – 2000)

ottos mops

ottos mops trotzt
otto: fort mops fort
ottos mops hopst fort
otto: soso

otto holt koks[1]
otto holt obst
otto horcht
otto: mops mops
otto hofft

ottos mops klopft
otto: komm mops komm
ottos mops kommt
ottos mops kotzt
otto: ogottogott

(1970)

---

[1] **Koks:** aus Kohle hergestellter Brennstoff

Ein weiteres Gedicht, welches sich gut eignet, die Aussprache zu üben, findet ihr auf einem Arbeitsblatt. **Arbeitsblatt**

Mit der folgenden kleinen Theaterszene könnt ihr üben, den richtigen Tonfall zu finden.

Elisabeth Stiemert (geb. 1929)

Robotertheater

[...]

Erzähler: Ein X-Roboter und ein Y-Roboter gehen auf der Straße spazieren. Der X-Roboter sieht sich nach einem Regenschirm um, den ein Mädchen am Arm trägt, und der Y-Roboter nach der Reißverschlusstasche. In dem Augenblick prallen die beiden zusammen. Es scheppert ganz laut, und sie fallen auf ihre Roboterrücken.

X sagt (*erschrocken*): „X 2-5-9! X 3-8-6!"

Y sagt (*erschrocken*): „Y 4! Y 7!"

X sagt (*und er richtet sich stöhnend auf*): „X 9, X 8, X 20."

Y sagt (*und richtet sich stöhnend auf*): „Y 2, Y 5, Y 30."

X sagt (*er schimpft auf Y*): „X 4! X 3! X 6! X 100!"

Y sagt (*und schimpft zurück*): „Y 9! Y 10! Y 8! Y 1000!"

X sagt (*schon viel freundlicher*): „X 609. X 430."

Y sagt (*jetzt auch freundlicher*): „Y 68. Y 73."

X fragt (*er reicht Y seine Hand*): „X 3 – 7?"

Y sagt (*er reicht X die Hand*): „Y 1."

X fragt (*er bietet Y seinen Arm an*): „X 2001. X 98?"

Y sagt (*und er nimmt den angebotenen Arm*): „Y 7. Y 7. Y 7."

Erzähler: Dann sind die beiden Roboter spazieren gegangen. An diesem Tag, am Tag danach und noch an anderen Tagen. Schließlich – wie das meistens so kommt – haben die beiden geheiratet und auch zwei Kinder bekommen. Das eine Kind wurde XY genannt, das andere YX.

1 Lest den Text und macht euch zunächst klar, was hier passiert. Beschreibt, wie sich die Gefühle der beiden Roboter im Laufe der Szene verändern.

2 Sprecht nun das Gespräch zwischen den Robotern nach. Achtet dabei auf die richtige Betonung. Wisst ihr bereits, wie man die Angaben in den Klammern nennt?

3 Ihr könnt auch selbst eine kleine Szene verfassen, in der zwei Roboter sich in der Robotersprache unterhalten und bei der die Zuschauerin bzw. der Zuschauer trotzdem weiß, worum es geht (z. B. Behandlung beim Zahnarzt).

Auch der folgende Text eignet sich gut dazu, ihn zu spielen und dabei das Sprechen einzuüben.

Otto Waalkes (geb. 1948)

Die verflixte Rechenaufgabe

SOHN: Papa!

VATER: Ja? [...]

SOHN: Ich hab hier 'ne Rechenaufgabe, die krieg ich nicht raus!

VATER: Was? Die kriegst du nicht raus? Zeig mal.

SOHN: Hier. 28 durch 7.

VATER: 28 durch 7? Und das kriegst du nicht raus? Elke!! Dein Sohn kriegt 28 durch 7 nicht raus!

MUTTI: Dann hilf ihm doch!

SOHN: Was heißt denn 28 durch 7, Papa? Wofür brauch ich das denn?

VATER: Wofür? Wofür? Alle naslang brauchst du das! Stell dir vor, du hast 28 Äpfel, ihr seid sieben Buben und wollt die Äpfel untereinander aufteilen!

SOHN: Wir sind aber immer nur vier! Der Hops, der Kurt, sein Bruder und ich!

VATER: Dann nehmt ihr halt noch den Erwin, den Gerd und den Henner dazu, dann seid ihr ...

SOHN: Der Henner ist blöd. Der kriegt keinen Apfel.

VATER: Na, dann musst du halt sehen, wen du sonst noch auf der Straße triffst.

MUTTI: Der Junge geht mir nicht auf die Straße! Der macht jetzt seine Schulaufgaben!

VATER: Jetzt misch dich nicht auch noch ein! Oder weißt du eine bessere Erklärung dafür, wie 28 durch 7 geht?

MUTTI: Jedenfalls geht der Junge nicht auf die Straße!

VATER: Gut! Er bleibt hier! Wir haben also keine sieben Buben, sondern 28 Äpfel und die teilen wir jetzt durch sieben Birnen, das macht ...

MUTTI: Aber Hermann! Das geht doch gar nicht!

VATER: Jaja, es war falsch ... Nun macht doch nicht alles so kompliziert! Ihr seid also keine sieben Birnen ... äh ... Buben ... ihr seid sieben ... sieben ... na! Sieben Zwerge! Jawohl, ihr seid sieben Zwerge. [...]

SOHN: Und was macht das Schneewittchen, Papa?

VATER: Die? Die soll bleiben, wo sie ist, die dumme Nuss!

MUTTI: Aber Hermann!

VATER: Na gut. Nehmen wir halt was anderes! Die sieben Geißlein zum Beispiel. Die mit den Wölfen. Also: Sieben Geißlein durch 28 Wölfe. Wie viel Wölfe frisst jedes Geißlein?

MUTTI: Ach Hermann!

VATER: Ach Hermann! Ach Hermann! Geißlein! Wölflein! Lasst mich doch endlich mit dem Mist zufrieden!

SOHN: Was ist denn nun 28 durch 7?!

VATER: Du hast Recht, mein Junge, man muss die Nerven behalten! Also, wer frisst denn da immer die Wölfe? Elke?

MUTTI: Was weiß denn ich? Rotkäppchen vielleicht?

VATER: Na gut! Sieben Rotkäppchen fressen 28 Geißlein ... oder anders: Die Wälder! Die Wälder! 28 Rotkäppchen rennen durch 28 Wälder ...

MUTTI: ... und 28 Großmütter fressen sieben Wölfe ...

VATER (*SCHREIEND*): ... und sieben Geißlein kaufen sich 28 Wackersteine ...

SOHN (*schreit*): Schreit doch nicht so! Das geht mir auf den Wecker!

VATER: Wecker! Sehr gut! Du hast 28 Wecker, und du musst um sieben raus. Wie viel ...

MUTTI: Seit wann muss der Junge denn um sieben raus?! Der muss um halb sieben raus, so wie der immer rumtrödelt!

VATER: Gut! Gut!

MUTTI: Und wenn du schon mit Beispielen kommst, dann denk dir doch eins aus, unter dem sich der Junge auch etwas vorstellen kann!

VATER: Ist recht! Ist recht! 28 durch 7. Das muss man teilen ... Verstehst du? Wie einen Kuchen! Du hast eine Torte und die teilst du in der Mitte durch. Und dann ist sie geteilt, klar?

SOHN: Ja. Und dann?

VATER: Und bei deiner Aufgabe musst du eben 28 Torten durch 7 teilen, jawohl! 28 Torten. Ich bin's leid. Elke, kauf jetzt 28 Torten!

MUTTI: Für wen denn?

VATER: Für uns sieben!

MUTTI: Wir sind aber doch nur drei!

VATER: Dann werden eben noch vier dazugeladen! Die Gierigs. Die alte Raffke! Und der gefräßige Herr Mertens! Kauf die Torten!

MUTTI: 28 Torten?! Aber das ist ja viel zu teuer, Hermann!

VATER: Für die Bildung meines Sohnes ist mir nichts zu teuer! [...] Jetzt kaufst du die 28 Torten!

SOHN: Aber das ist doch Wahnsinn! Da muss ja jeder von uns vier Torten essen!

VATER: Das werden wir ja sehen, ob wir das schaffen! Wenn ich schon dran denke – an das süße Zeug.

MUTTI: Ja, dann könnten wir doch ...

VATER: Nein! Die Aufgabe wird jetzt gelöst! Kauf die Torten!

MUTTI (*im Rausgehen*): ... 28 Torten! Vier Torten für jeden! Das schaffen wir doch nie ...

(1981)

1 Lest den Text zunächst leise. Sprecht darüber, worum es geht.

2 Bildet kleine Gruppen. Plant dann einen Vortrag mithilfe eines Regiebuchs. Nehmt dazu die Informationen in der Methodenbox zu Hilfe. Haltet eure Überlegungen in einer Tabelle fest. Nutzt dazu ein Arbeitsblatt. **Arbeitsblatt**
Präsentiert eure Ergebnisse, indem eine Gruppe jeweils einen Teil der Szene vorträgt.

Rolle	Text	Sprech- und Spielanweisungen
Sohn	Papa!	betont, laut
Vater	Ja?	abwesend
Sohn	Ich hab hier 'ne Rechenaufgabe, die krieg ich nicht raus!	verzweifelt, bittend
	…	…

Methode

Ein Regiebuch für eine Szene verfassen

Viele Theaterstücke sind in Handlungsabschnitte **(Szenen)** eingeteilt.
Die Figuren auf der Bühne führen **Dialoge**, wenn sie miteinander sprechen. Eine Figur kann aber auch etwas zu sich selbst sagen. Das nennt man dann **Monolog**.

In ein **Regiebuch** werden wichtige Vorgänge einer Aufführung eingetragen. Dazu wird der Text der Szene um Anmerkungen ergänzt, z. B. zu …
- der Person, die die **Rolle** übernimmt,
- **Sprechanweisungen** (z. B. „energisch", „leise"),
- **Spielanweisungen** (z. B. „auf und ab gehen", „sich die Haare raufend"),
- **Requisiten**, also Gegenständen auf der Bühne,
- **Geräuschen** (z. B. „lachen").

Ihr könnt die Fachbegriffe rund um das Verfassen eines Regiebuchs noch einmal einüben und vertiefen. **interaktive Aufgabe**

3 Führt abschließend mithilfe eures Regiebuchs eine sogenannte Leseprobe durch, wie dies auch Schauspieler und Schauspielerinnen tun, bevor sie anfangen, auf der Bühne zu proben. Bezieht dabei die Informationen zur Leseprobe im Theater mit ein.

Wenn ihr eine weitere Szene spielen wollt, könnt ihr ein Arbeitsblatt nutzen.
Arbeitsblatt

Info **Leseprobe im Theater**

Unter einer Leseprobe im Theater versteht man gewöhnlich die erste Probe oder Probenphase mit den versammelten Schauspielerinnen und Schauspielern eines Theaterstücks. Dabei wird ein allen Beteiligten vorliegender (Theater-)Text in verteilten Rollen möglichst passend und sinnbetont vorgelesen. Die Rollen werden hierbei allein durch den bewussten Einsatz der Stimmen der einzelnen Vorlesenden zum Leben erweckt. Mimik und Gestik kann von den Vortragenden zur Unterstützung eingesetzt werden.

4 Jetzt entscheidest du! Wähle aus:

A Stelle folgende Situationen pantomimisch dar: Eine Person nimmt etwas zu sich. Deine Zuschauerinnen und Zuschauer sollen erraten, was du isst bzw. trinkst.
- Kirschen essen
- Bananen essen
- Hamburger essen
- bittere Medizin einnehmen
- heiße Suppe essen
- einen Kaugummi kauen

B Stelle folgende Situation pantomimisch dar: Du willst für deinen Freund oder deine Freundin einen Kuchen backen. Das hast du aber noch nie gemacht. Also musst du immer wieder ins Backbuch schauen und auf jeden Schritt genau achten.

C Erarbeite einen Vortrag des Gedichts „auf dem land" von Ernst Jandl. Du kannst deinen Vortrag auch mit einem Tablet oder Handy aufnehmen.

Ernst Jandl (1925 – 2000)

auf dem land

rininininininininDER
brüllüllüllüllüllüllüllüllEN
schweineineineineineineineinE
grununununununununZEN
hunununununununununDE
bellellellellellellellEN
katatatatatatatatZEN
miauiauiauiauiauiauiauEN
katatatatatatatatER
schnurrurrurrurrurrurrurrurrEN
gänänänänänänänänSE
schnattattattattattattattattERN
ziegiegiegiegiegiegiegiegEN
meckeckeckeckeckeckeckeckERN
bienienienienienienienienEN
summummummummummummummummEN
grillillillillillillillillEN
ziririririririririrPEN
fröschöschöschöschöschöschöschöschE
quakakakakakakakakEN
hummummummummummummummummELN
brummummummummummummummummEN
vögögögögögögögögEL
zwitschitschitschitschitschitschitschitschERN

(1963)

4 Theater für die Ohren – Das Hörspiel „Märchentherapie“

Das Spiel mit Märchenelementen – Der erste Teil des Hörspiels „Märchentherapie“ (00:00 – 37:13 Min.)

Haben böse Märchenfiguren wie Rumpelstilzchen, der böse Wolf oder Schneewittchens böse Stiefmutter eine zweite Chance verdient? In der Märchenwelt gibt es neuerdings ein Therapiezentrum. Die bösen Figuren sollen dort lernen, sich besser zu benehmen. Das finden nicht alle gut. Dennoch wird die Arbeit dort nach einigen Diskussionen über sinnvolle Maßnahmen aufgenommen. Schlägt die Therapie an, müssen die Übeltäterinnen und Übeltäter eine letzte Bewährungszeit in der Menschenwelt bestehen: Wolf, Rumpelstilzchen und die Stiefmutter werden nach Köln geschickt – und das ausgerechnet zur Karnevalszeit.

Der 1972 geborene Autor und Schauspieler Max Urlacher wurde für seine zweiteilige WDR-Hörspielproduktion mit dem Titel „Märchentherapie“ im Jahr 2013 mit dem Deutschen Kinderhörspielpreis ausgezeichnet.

1 Hört euch den ersten Teil des Hörspiels (00:00 – 37:13 Min.) an. Beantwortet die Fragen zur Handlung in eurem Heft und besprecht eure Antworten in der Klasse.
Audio

a) Wo spielt die Handlung im ersten Teil?
b) Wann spielt die Handlung?
c) Welche Figuren spielen eine Rolle?
d) Vor welchen Aufgaben und Problemen stehen die einzelnen Figuren?

2 Diskutiert, was euch an dem Hörspiel bisher gut gefällt und was weniger gut.

3 Welche der folgenden Aussagen trifft auf die Hauptfiguren, wie ihr sie bis jetzt kennengelernt habt, am ehesten zu? Begründet eure Meinung.

A) Der Märchenrat fordert verständlicherweise eine sehr strenge Bestrafung der bösen Märchenfiguren.
B) Der böse Wolf hat seine Vorliebe, Großmütter zu fressen, im Griff.
C) Die Königin sieht ihr Fehlverhalten gegenüber ihrer Stieftochter Schneewittchen ein und will sich bessern.
D) Rumpelstilzchen erscheint in dem Hörspiel so, wie wir das Männchen aus dem Originalmärchen der Gebrüder Grimm kennen.
E) Die Königin, der böse Wolf und Rumpelstilzchen finden sich in der Menschenwelt schnell zurecht.
F) Der Taxifahrer Micha zeigt keine Vorurteile gegenüber den Märchenfiguren und verhält sich freundlich und hilfsbereit.

Max Urlacher (geb. 1972)

Ankunft der Märchenfiguren in Köln (19:07–21:27 Min.)

ERZÄHLER: Frau Holle hatte den Dreien empfohlen, als Fortbewegungsmittel umgehend ein Gefährt namens *Taxi* zu wählen. Alternativ sei auch ein schneller Metallwurm, die sogenannte Straßenbahn, möglich. *(Man hört Autogeräusche im Hintergrund.)*

KÖNIGIN: Nein danke! Damit fährt das gemeine Volk. Dann schon lieber dieses dreckig-cremefarbene Etwas mit dem gelben Leuchtschild. Hallo? Halt! Stehen geblieben, Sie da! Kutscher!

DER BÖSE WOLF: Wuff!

MICHA: Wohin soll's denn gehen?

KÖNIGIN: In eine feine Herberge.

RUMPELSTILZCHEN: Die beste am Platz.

KÖNIGIN: Wo Prinzen und Könige absteigen.

MICHA: Sie sind witzig. Wir sind mitten im Karneval. Die ganze Stadt ist ausgebucht.

RUMPELSTILZCHEN: Karneval?

MICHA: Na, Fastnacht, Fasching, die fünfte Jahreszeit. Sagen Sie bloß, Sie kennen den Kölner Karneval nicht? So wie Sie aussehen?

RUMPELSTILZCHEN: Wie sehen wir denn aus?

DER BÖSE WOLF: Wuff! Wuff!

MICHA: Ich dachte, Sie sind auf dem Weg zu einer Sitzung?

KÖNIGIN: Sitzung?

MICHA: Na, eine Karnevalssitzung.

KÖNIGIN: Da, wo wir herkommen, gibt es dieses KARNEVAL nicht.

RUMPELSTILZCHEN *(empört)*: Außerdem laufen wir immer so rum!

MICHA: Na ja, andere Länder, andere Sitten.

KÖNIGIN: In unserem Land kennt man nur Schwarz und Weiß. Jeder klitzekleine Fehltritt wird unglaublich aufgebauscht. Kaum knickt man versehentlich ein Blümchen um, schon wird man geächtet.

MICHA: Da sind wir in Köln toleranter. Für uns gilt: Jeder Jeck[1] ist anders.

RUMPELSTILZCHEN: Oh, dieser Ort gefällt mir!

KÖNIGIN: Aber wo nächtigen wir denn nun?

RUMPELSTILZCHEN: Ja, wo?

DER BÖSE WOLF: Wuff?

KÖNIGIN *(seufzend)*: Ach, wir sind verloren in dieser großen, fremden und seltsamen Stadt.

RUMPELSTILZCHEN *(jammert)*: Ich bin müde! Ich will ins Bett und zwar sofort!

DER BÖSE WOLF: Wuff, wuff!

KÖNIGIN: Oh, wie schrecklich!

MICHA: Na ja, also ... meine Wohnung ist sehr bescheiden, aber ich könnte Ihnen meine Klappcouch anbieten.

KÖNIGIN: Eine Klappcouch? Was ist das?

[1] **Jeck:** im Rheinland verwendeter Ausdruck für Narr bzw. für eine Person, die aktiv am Karneval teilnimmt

MICHA *(bedauernd)*: Mehr kann ich Ihnen beim besten Willen nicht bieten. Tut mir leid!

KÖNIGIN: Wie edel von Ihnen, uns Einlass in Ihre Gemächer zu gewähren. Nobel, wie ein echter Prinz!

RUMPELSTILZCHEN *(ungläubig)*: Sie laden uns ein? *(Der böse Wolf hechelt.)*

MICHA: Na klar!

RUMPELSTILZCHEN *(schluchzend vor Rührung)*: Sie laden uns wirklich ein. *(Der böse Wolf heult, Rumpelstilzchen weint.)*

KÖNIGIN: Schön, schön, wenn Männer Gefühle zeigen, nicht?

MICHA: Sie sind wirklich witzig!

KÖNIGIN: Finden Sie?

MICHA: Dann mal einsteigen, anschnallen bitte und den Hund an die Leine.

DER BÖSE WOLF: Hund?

MICHA: Wie bitte?

KÖNIGIN *(hustet und versucht, den bösen Wolf zu übertönen)*: Alles in Ordnung!

(Autotüren schlagen zu.)

1 Lest die Szene in verteilten Rollen. Erklärt, was hier passiert. Sprecht darüber, was an diesem Auszug lustig ist.

2 Sammelt typische Merkmale von klassischen Märchen.

- Welche der Merkmale tauchen in der Szene auf, welche wurden abgeändert?
- Sprecht darüber, wie der Autor die Märchenfiguren verändert und warum er das wohl tut.

Über die typischen Merkmale von klassischen Märchen könnt ihr euch auf Seite 341 informieren.

3 Untersucht, wie im Hörspiel Märchenmerkmale aufgegriffen werden. Übernehmt dazu die Tabelle in euer Heft und ordnet passende Textstellen ein.

Umgang mit Märchenmerkmalen	Textstellen
Vermischung von Märchenwelt und Menschenwelt	[...] ein schneller Metallwurm, die sogenannte Straßenbahn (Z. 4 f.) ...
untypische Märchenfiguren	Rumpelstilzchen *(schluchzend vor Rührung)*: Sie laden uns wirklich ein. (Z. 62 f.) ...
Übertreibungen	? ?

4 Hört euch gemeinsam die Folgeszene (21:28 – 23:45 Min.) noch einmal an. Erläutert, auf welche Weise hier Märchenmerkmale aufgegriffen werden.

5 Beschreibt die Probleme und Wünsche, die Micha und Linus am Ende des ersten Teils des Hörspiels haben.

6 Wie könnte es weitergehen? Verfasst eine mögliche Fortsetzung des Hörspiels in Form einer kleinen Geschichte.

Wie entstehen die Bilder im Kopf? – Die Gestaltungsmittel im zweiten Teil des Hörspiels (00:00 – 42:58 Min.)

1 Hört euch den zweiten Teil des Hörspiels (00:00 – 42:58 Min.) an. Vergleicht den Fortgang der Handlung mit euren vorausgegangenen Vermutungen und Geschichten. **Audio**

2 Findet heraus, ob ihr gut zugehört habt, indem ihr entscheidet, ob die folgenden Aussagen eurer Meinung nach wahr oder falsch sind. Die Buchstaben ergeben ein Lösungswort. Notiert es in eurem Heft.

Aussagen	Wahr?	Falsch?
Die Königin hat sich in Micha verliebt.	H	A
Linus hat, als Rumpelstilzchen verkleidet, den Tanzwettbewerb in seiner Schule gewonnen.	S	Ö
Der Gewinner des Wettbewerbs erhält 100.000 Euro.	H	R
Die Bewerber und Bewerberinnen müssen das Publikum in den Kategorien „Bestes Prinzenkostüm", „Schönster Liebesschwur" und „Überzeugendste Regierungserklärung" auf ihre Seite ziehen.	S	E
Nur Herr Stilzchen hilft Micha bei der Herstellung eines Prinzenkostüms.	N	P
Fast hätte es Micha nicht rechtzeitig zu dem Prinzenwettbewerb geschafft, weil er noch das Taxi von ausgestreuten Linsen säubern musste. Eine geheimnisvolle Taube hilft ihm dabei.	I	P
Micha gewinnt alle Kategorien des Wettbewerbs ohne Probleme.	U	E
Günther und sein Stiefsohn verwandeln sich am Ende in Aschenputtels Stiefmutter und eine ihrer Töchter.	L	T

3 Hört euch den Anfang des zweiten Teils des Hörspiels (00:25 – 06:33 Min.) noch einmal genau an und achtet insbesondere auf die eingesetzten Geräusche, die Musik und die Stimme der Königin. Macht euch Notizen.

Max Urlacher (geb. 1972)

Gespräch zwischen der Königin und Micha (00:25 – 06:33 Min.)

MICHA: Sie sind noch wach?

KÖNIGIN: Ich bin ein Nachtmensch. Die Dunkelheit ist meine Verbündete. Schwarz gefällt mir. Schwarze Haare, schwarzer Nagellack, schwarze Katzen, Lakritze.

MICHA: Lakritze? Ich mag alles, nur keine Lakritze.

KÖNIGIN: Herr Stilzchen mag auch keine Lakritze. Der hat es sich übrigens schon gemütlich gemacht, wie Sie hören. Wolf...gang hat den ganzen Abend Tierdokus geschaut und schläft nun bei Linus im Zimmer. Ich hoffe, das ist Ihnen genehm?

MICHA: Natürlich. Hat sich Linus denn halbwegs benommen?

KÖNIGIN: Ganz ausgezeichnet. Ihr Sohn hat so ein friedliches, warmherziges und natürliches Wesen.

MICHA: Wenn ich ihn nicht hätte. Mein Leben wäre wirklich unerträglich. Kurz nach Linus' Geburt ist seine Mutter, also meine Frau, gestorben.

KÖNIGIN: Oh, das tut mir leid.

MICHA: Ich war so wütend auf alles und jeden. Habe mich gehen lassen, Linus vernachlässigt, getrunken, Dummheiten gemacht, Autos zu Schrott gefahren und so. Jetzt muss ich rund um die Uhr arbeiten, um die Schulden bei meinem Stiefvater zu bezahlen. Ich habe gedacht, er würde mir helfen. Ein Riesenfehler ... Er hat mich um mein Erbe gebracht, bevor ich es gemerkt habe. Das kommt davon, wenn man so tierisch wütend ist.

KÖNIGIN: Wut ist nie ein guter Ratgeber. [...]

MICHA: Verstehen Sie mich nicht falsch, aber ich möchte, dass Linus die Welt sieht, wie sie ist. Im wirklichen Leben gibt es kein „Ende gut, alles gut". Ich möchte, dass er das versteht, je eher, desto besser.

KÖNIGIN: Kein „Ende gut, alles gut"?

MICHA: Die einen haben Glück, die anderen eben nicht.

KÖNIGIN: Solange es Einhörner gibt, kann auch jemand wie Sie das Glück finden.

MICHA: Glauben Sie das?

KÖNIGIN: Das weiß ich!

MICHA *(lacht ungläubig)*: Die Sache hat nur einen Haken.

KÖNIGIN: Wieso?

MICHA: Es gibt keine Einhörner.

KÖNIGIN: Schauen Sie mir in die Augen.

MICHA: Wie bitte?

KÖNIGIN: Kommen Sie näher! Schauen Sie mir in die Augen!

MICHA: Okay. Das ... das, also das ist nicht möglich. Ich sehe Einhörner!

KÖNIGIN: Na so was.

MICHA: Tatsächlich. Einhörner!

KÖNIGIN: Da haben Sie's! Sie dürfen nicht aufhören zu träumen. Da, wo ich herkomme, haben wir eine Redensart: „Um den Fluch zu brechen, musst du die Prinzessin küssen."

MICHA: Aber wo kriege ich denn hier eine Prinzessin her?

KÖNIGIN: Das darf man nicht Eins zu Eins nehmen. Im übertragenen Sinne halt. Manchmal sieht man den Märchenwald vor lauter Bäumen nicht. Noch besser wäre natürlich eine Königin.

MICHA: Aha!

KÖNIGIN: Königin sticht Prinzessin.

MICHA: Verstehe. Mir gefallen Ihre Geschichten. Ich hoffe, es macht Ihnen nichts aus, wenn ich mich ein wenig an Sie anlehne.

KÖNIGIN: Nur zu. Ganz und gar nicht. Die meisten Männer trauen sich ja nicht.

MICHA: Sie riechen gut.

KÖNIGIN: Danke! Sehr freundlich. Sie auch.

MICHA: Auf einmal werde ich so schrecklich müde.

KÖNIGIN: Hallo? Schlafen Sie? *(seufzt)* Aussehen tut er wie ein schlafender Prinz. Schade, dass er keiner ist. Einen Mund zum Küssen. Nein, also wirklich, das mach ich jetzt nicht. Ich werd mich doch nicht in diesen armen Schlucker mit *(seufzt)* so verwegenen Locken ... Passt doch gar nicht zu mir! Das ist ja nun wirklich albern. Albern! Wie in so einem dämlichen Prinzessinnenmärchen. *(Seufzt)* Jetzt fang ich vielleicht gleich noch an zu singen. Nein, Schluss, aus! Weg mit den Streichern! Das war doch nicht ernst gemeint, oder?

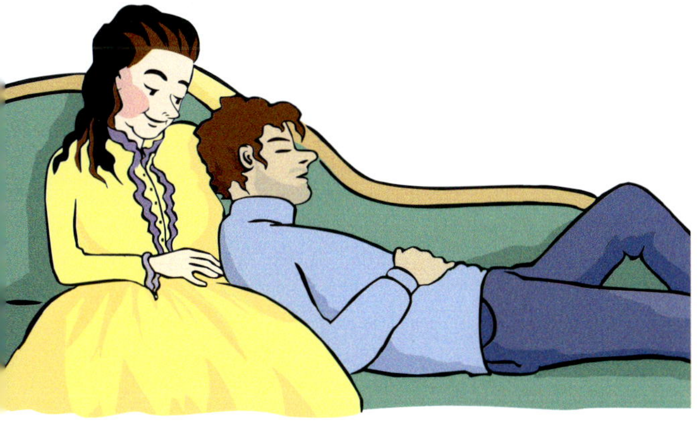

1 Beschreibt, welche Atmosphäre durch die Geräusche, die Musik und die Stimmen erzeugt wird.
Ihr könnt dazu auch das **Merkwissen** zu Hilfe nehmen.

2 Die Königin fordert die sofortige Beendigung der Streichermusik (vgl. Z. 89 f.). Erläutert ihr Verhalten am Ende der Szene.

3 Hört euch gemeinsam die Szene „Schulweg" (08:30 – 10:05 Min.) an. Untersucht die akustische Gestaltung, indem ihr die Geräusche, die Musik und die Stimmen beschreibt.

Merkwissen

Akustische Elemente im Hörspiel

In einem **Hörspiel** kann man sich die dargestellte Geschichte durch das Zusammenspiel von Stimmen, Geräuschen und Musik bildlich vorstellen.

- Wie in einem Theaterstück treten in einem Hörspiel in der Regel verschiedene Figuren auf, die mit ihrer Stimme in Form eines Dialogs oder Monologs die Handlung darstellen.
- Geräusche können in einem Hörspiel dabei verschiedene Funktionen übernehmen: Sie können den **Raum** näher charakterisieren (z. B. Geräuschkulisse in der Stadt), **Ereignisse** unterstreichen (z. B. Schritte, Türenschlagen) oder die **Stimmung einzelner Figuren** verdeutlichen (z. B. Freude, Angst).
- Auch bei Musikelementen (darunter auch einzelne Töne und Klänge) lassen sich verschiedene Funktionen unterscheiden: Die Musik kann Teil der Handlung sein und somit den Raum näher charakterisieren (z. B. Radiomusik in einem Auto), sie kann zu Beginn oder zwischen einzelnen Szenen als **Überleitung** eingesetzt werden oder die **Gefühle von Figuren** darstellen, die sich durch Sprache nicht so einfach zum Ausdruck bringen lassen (z. B. Liebe).

5 Theater für alle Sinne – Wir bringen das Hörspiel „Märchentherapie“ auf die Bühne

Ihr habt sicher gemerkt, dass viele Gemeinsamkeiten zwischen einem Theaterstück und einem Hörspiel bestehen. Deshalb kann man einen Hörspieltext auch in eine Spielszene verwandeln. Im Folgenden übt ihr dieses Vorgehen an einer Szene aus der „Märchentherapie“.

Max Urlacher (geb. 1972)

Der Wettbewerb – Liebeserklärung mit Blumenkohl (32:17 – 34:12 Min.)

MODERATOR: Nun zu Ihnen, Micha, und Ihrer prinzenwürdigen Liebeserklärung an eine Auserwählte.

PUBLIKUM: Bravo!

MICHA: Danke! Also ... darf ich ins Publikum sprechen?

MODERATOR: Ja, sicher!

MICHA: Es gibt da jemand Speziellen, ganz Speziellen, an den ich diese Worte richten wollen würde.

MODERATOR: Oh, da ist aber einer verliebt, was? Nur zu! Wer ist denn die Dame Ihres Herzens?

MICHA: Frau König.

KÖNIGIN: Ich?

MICHA: Liebe Frau König, also ...

MODERATOR: Momentchen mal! Die Frau König wollen wir doch alle kennenlernen. Vielleicht kommen Sie zu uns auf die Bühne? Darf ich bitten?

KÖNIGIN: Ja! Gerne!

MICHA: Ja, also, wahrscheinlich vermuten Sie es schon, aber seit dem Moment, als Sie in mein Taxi eingestiegen sind, bin ich Ihnen verfallen. Ja, Sie sind für mich wie ... Blumenkohl.

DER BÖSE WOLF: Blumenkohl?

MODERATOR: Was ist los?

KÖNIGIN: Hat er das nicht schön gesagt?

MICHA: Wenn ich in Ihre Augen schaue, sehe ich Blumenkohl.

DER BÖSE WOLF: Was will er denn mit dem ganzen Blumenkohl?

MICHA: Ich bin ganz verrückt nach Ihrem Blumenkohl!

LINUS: Was ist denn mit Papa los?

MODERATOR: Herr Micha! Wir sind hier nicht zum Spaß.

MICHA: Ich will mit Ihnen den Rest meines Blumenkohls verbringen.

KÖNIGIN: Ich auch!

MODERATOR: Jetzt aber mal im Ernst, Herr Micha!
MICHA: Mein Blumenkohl zu Ihnen ist größer als alles andere!
DER BÖSE WOLF: Vielleicht hat er Hunger?
MODERATOR: Lieber Herr Micha, sind Sie sich da sicher, was Sie erzählen? Jetzt denken Sie doch mal ganz scharf nach. Blumenkohl gehört doch auf den Teller und nicht in eine Liebeserklärung.
MICHA: Blumenkohl!
LINUS: Papa mag doch gar keinen Blumenkohl!
MICHA: Ich liebe Sie von ganzem Blumenkohl!
KÖNIGIN: Ich Sie auch!
MODERATOR: So, na dann wär das auch mal geklärt. Hauptsache, die zwei verstehen sich, nicht wahr?

(2013)

1 Fasst mit eigenen Worten zusammen, warum Micha sich in der Szene so merkwürdig benimmt.

2 Wandelt die Hörspielszene in eine kleine Theaterszene um und spielt sie anschließend. Arbeitet hierfür in Gruppen zusammen und erstellt ein Regiebuch. Ergänzt dazu den Text des Hörspiels, indem ihr festlegt, wie die Figuren ihren Text sagen, wo sie stehen, was sie tun, wie die Bühne aussehen soll und welche Requisiten ihr benötigt. Wenn ihr eure Textfassung digital schreibt, lassen sich Änderungen leichter einarbeiten.

3 „Märchenwesen sind nämlich langlebig, müsst ihr wissen. Man muss nur an sie glauben. Schon morgen könnte euch eines begegnen. Und dann seid möglichst nett zu ihm!" Mit diesen Worten endet das Hörspiel. Verfasst ein Regiebuch zu einem eigenen Theaterstück, in dem ihr in der Menschenwelt auf ein Märchenwesen trefft.

4 Jetzt entscheidest du! Wähle aus:

A Schreibe ein Märchen deiner Wahl (z. B. „Rotkäppchen", „Aschenputtel" ...) aus der Sicht einer bösen Figur um.

B Der böse Wolf eröffnet am Ende des Hörspiels „Märchentherapie" eine Imbissbude in der Märchenwelt. Rotkäppchen taucht unverhofft vor seinem Geschäft auf. Was könnte passieren? Worüber könnten sich die beiden unterhalten? Verfasse ein Regiebuch für eine kleine Theaterszene.

C Verfasse zu dem folgenden Witz ein Regiebuch für ein Hörspiel (s. S. 152). Achte dabei auf den Einsatz passender akustischer Mittel. Fertige abschließend eine digitale Aufnahme deines Hörspiels an.

Der Vater liest am Bett seines Sohnes Märchen vor, damit dieser einschläft. Eine halbe Stunde später öffnet die Mutter leise die Tür und fragt: „Ist er endlich eingeschlafen?" Antwortet der Sohn: „Ja, endlich ..."

Rolle	Text	Sprech- und Spielanweisungen/Ideen zum Bühnenbild
Moderator	Nun zu Ihnen, Micha, und Ihrer prinzenwürdigen Liebeserklärung an eine Auserwählte.	Moderator spricht zu Micha und dem Publikum und macht eine einladende, freundliche Geste. Micha bewegt sich in die Mitte der Bühne und nimmt ein Mikrofon. Die Zuschauer des Wettbewerbs tuscheln gespannt.
Micha	Danke! Also ... darf ich ins Publikum sprechen?	unsicher, wendet sich zum Moderator
???????	??????????????????????	??????????????????????????

6 Das habe ich gelernt, das kann ich

Körpersprache deuten ▶ S. 146 f.

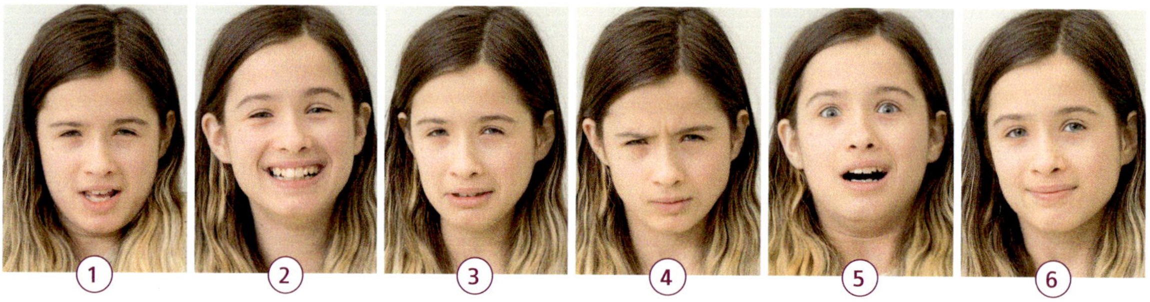

1 Schreibe auf, welches Gefühl deiner Meinung nach der jeweilige Gesichtsausdruck auf den Fotos 1–6 verrät.

2 Suche dir eine Figur auf dem Foto unten aus. Was könnte sie sagen? Überlege einen Text und probiere aus, wie man ihn passend sprechen könnte.

Szenenbild aus „Schneewittchen und die sieben Zwerge", St. Pauli Theater (2016)

Theaterwortschatz verwenden ▶ S. 152

3 Was versteht man unter folgenden Begriffen? Finde eine passende Erklärung und schreibe sie auf.

Bühne ▪ Bühnenbild ▪ Kostüm ▪ Requisiten ▪ Dialog ▪ Monolog ▪ Rolle ▪ Szene ▪ Theaterstück

Gestaltungsmittel in einem Hörspiel kennen ▶ S. 159

4 Übernimm den folgenden Text zu den Gestaltungsmitteln in einem Hörspiel in dein Heft und ergänze die Lücken sinnvoll. Nutze dabei den Wortspeicher.

In einem Hörspiel kann man sich die dargestellte Geschichte durch das Zusammenspiel von Stimmen, ??? und ??? bildlich vorstellen.
Geräusche können in einem Hörspiel dabei verschiedene Funktionen übernehmen: Sie können den ??? näher charakterisieren (z. B. Umgebungsgeräusche im Wald), Ereignisse unterstreichen (z. B. ???) oder die ??? einzelner Figuren verdeutlichen (z. B. Freude, Angst).

Musik ▪ Szene ▪ Raum ▪ Figur ▪ Monolog ▪ Geräusche ▪ Türenschlagen ▪ Requisiten

Du kannst dich selbst überprüfen. **Lösungen**

Rechtschreibung kann man lernen

Rechtschreibstrategien anwenden

Die Rechtschreibung kann manchmal wirklich schwierig sein. Doch zum Glück kennt ihr aus der Grundschule schon einige Tipps, die euch dabei helfen, richtig zu schreiben. In diesem Kapitel wiederholt ihr solche Tipps und lernt neue hinzu, mit denen ihr Rechtschreibprobleme lösen und in der Rechtschreibung besser werden könnt.

Dabei lernt ihr vor allem
- die Schreibweise von Wörtern durch genaues Sprechen und Zuhören zu erschließen,
- die Schreibweise eines Wortes abzuleiten,
- mit einem Wörterbuch zu arbeiten,
- euch Merkwörter einzuprägen,
- grammatisches Wissen für die Rechtschreibung einzusetzen und
- mit verschiedenen Diktatformen die Rechtschreibung zu trainieren.

Es geht nicht darum, dass ihr alles auf einmal können müsst. Geht schrittweise und gründlich vor. Die Übungen helfen euch dabei. Ihr könnt entscheiden, ob ihr allein oder mit einer Partnerin bzw. einem Partner arbeiten möchtet, welche Bereiche ihr besonders üben und in welcher Reihenfolge ihr vorgehen wollt.

1 Welche der Rechtschreibtipps, über die sich die Kinder unterhalten, kennt ihr aus der Grundschule? Tauscht euch darüber aus.

2 Wählt jeweils ein Beispiel aus dem Wortspeicher aus und erklärt, wie ihr die Rechtschreibung dieses Wortes herausfinden könnt.

Bäume ▪ Hund ▪ Spaziergänger ▪ Weg ▪ Staub ▪ Gras ▪ Sträucher ▪ Blätter ▪ laut ▪ Kind ▪ Wärme ▪ sonnig ▪ Bank ▪ Ballett ▪ lächeln

3 Erklärt, warum es wichtig ist, Texte ohne Rechtschreibfehler zu schreiben.

4 Verwendet einige Wörter aus dem Wortspeicher für lustige Sätze und schreibt diese auf.

1 Rechtschreibstrategien anwenden

Genau zuhören und deutlich sprechen

Für die Rechtschreibung ist es wichtig, dass ihr deutlich sprecht, also die einzelnen Laute hörbar macht, und auch genau zuhört, also auf die einzelnen Laute achtet. Ein Grund dafür ist, dass in der deutschen Sprache vielen Lauten ein bestimmter Buchstabe zugeordnet ist.

1 Arbeitet so mit den Wörtern in dem Wortspeicher:

- Bildet Wortpaare aus ähnlich klingenden Wörtern und sprecht diese deutlich aus.
- Notiert sie wie im Beispiel.
- Markiert die Buchstaben, durch die sich die Wörter unterscheiden.

Beispiel: Man[d]el – Man[t]el

kann ▪ Dorf ▪ Taten ▪ Krippe ▪ Bar ▪ Seite ▪ Orkan ▪ Schall ▪ tanken ▪ Wal ▪ Torf ▪ Wall ▪ Organ ▪ Daten ▪ Grippe ▪ danken ▪ Kahn ▪ Schal ▪ Paar ▪ Seide

2 Erklärt, wie ihr die Wortpaare gebildet habt und wodurch genau sich die ähnlich klingenden Wörter unterscheiden.

3 Bei den folgenden Wörtern müsst ihr immer einen Buchstaben ergänzen. Sprecht die Wörter deutlich aus und findet den fehlenden Buchstaben. Schreibt die Tabelle mit den vollständigen Wörtern in euer Heft.

d oder t?	**b oder p?**	**g oder k?**
Rä■er	he■en	Wan■e
ra■en	ha■en	win■en
anbie■en	Lu■e	Re■en
Län■er	Räu■er	rea■ieren
Kar■e	Rau■e	Bo■en
un■en	Ra■e	Gur■e
Umran■ung	Hu■e	Har■e

Ihr findet die Tabelle und weitere Aufgaben auf einem Arbeitsblatt. **Arbeitsblatt**

4 Arbeitet so mit den Wörtern in dem folgenden Wortspeicher:

- Sprecht die Wörter laut und deutlich aus.
- Achtet dabei darauf, aus wie vielen einzelnen Sprecheinheiten (Silben) die Wörter jeweils bestehen.
- Schreibt die Wörter dann in euer Heft und setzt unter jede Silbe einen Silbenbogen (z. B.: Leichtathletik).
- Diktiert euch gegenseitig die Wörter.

Fußballweltmeisterschaft ▪ Handballbundesliga ▪ Wettkampfvorbereitung ▪ Schiedsrichterausbildung ▪ Weitsprungweltrekord ▪ Sprungturmbecken ▪ Brustschwimmwettbewerb

5 Findet ähnliche Wörter zum Thema Sport wie in Aufgabe 4 und schreibt sie mit den Silbenbögen in euer Heft.

Methode

Genau zuhören und Wörter deutlich sprechen

- **Deutliches Sprechen und genaues Zuhören sind für das richtige Schreiben wichtig.**
- **Du kannst die Schreibweise eines Wortes oft dadurch erschließen, dass du es Silbe für Silbe laut und deutlich aussprichst, während du es aufschreibst.**
- **Dieses Silbe-für-Silbe-Sprechen gibt dir die Möglichkeit, alle Laute zu hören.**

Die Schreibweise eines Wortes ableiten

Elena erinnert sich, dass es leichter ist, Fehler zu vermeiden, wenn man die Schreibweise eines Wortes versteht und sie erklären kann.

1 Schreibt die folgenden Wörter in euer Heft und setzt die richtigen Buchstaben **g** oder **k**, **b** oder **p**, **d** oder **t** ein. Überlegt, was euch dabei hilft, den richtigen Buchstaben einzusetzen. Tipp: Bei zwei Wörtern gibt es mehrere Möglichkeiten. Findet sie heraus.

der Flu■	der San■	sie hat gehu■t	der Rin■
der Stau■	gesun■	er lie■t	sie len■t
das Blu■	er sprin■t	das Schiff sin■t	der Bar■
das Lo■	das Sie■	kal■	

2 Erklärt, wie ihr bei den Wörtern aus Aufgabe 1 vorgegangen seid. Nutzt dafür die Methode auf dieser Seite. Habt ihr Probe a) oder Probe b) angewendet?

Methode

Die Schreibweise eines Wortes ableiten

Es ist leicht, ein Wort richtig zu schreiben, wenn du die Schreibweise dieses Wortes ableiten kannst. Die folgenden Proben helfen dir dabei:

a) Verlängere das Wort und du hörst es sofort.
Wenn du nicht sicher bist, wie ein Wort am Wortende geschrieben wird, kannst du die richtige Schreibweise durch Verlängerung herausfinden. Es gibt verschiedene Möglichkeiten der Verlängerung:

- zu einem Nomen den Plural (Mehrzahl) bilden
  Beispiele: die Wan**d** – die Wän**d**e, der Hu**t** – die Hü**t**e
- zu einem Verb den Infinitiv (Grundform) bilden
  Beispiel: sie ma**g** – mö**g**en
- zu einem Adjektiv eine Steigerungsform bilden
  Beispiel: klu**g** – klü**g**er – am klü**g**sten

b) Suche ein verwandtes Wort.
Wenn du nicht weißt, wie man ein Wort schreibt, kannst du dir manchmal ein verwandtes Wort aus der Wortfamilie suchen und dir dadurch die Schreibweise erklären. Beispiele: en**d**lich – das En**d**e; l**ä**cheln – l**a**chen, das L**a**chen

3 Bildet mithilfe der Wörter aus Aufgabe 1 zehn Sätze und schreibt sie in euer Heft. Lest eurer Lernpartnerin oder eurem Lernpartner eure Sätze vor. Überprüft anschließend gemeinsam die Rechtschreibung in den Sätzen.

4 Jeweils zwei Wörter aus dem Wortspeicher gehören zusammen.

- Sucht die Wortpaare heraus und schreibt sie in euer Heft.
- Erklärt, wie euch das Bilden der Wortpaare bei der Rechtschreibung helfen kann.

Bänke ▪ einzäunen ▪ Gebäude ▪ Holz ▪ Garten ▪ warm ▪ Haus ▪ Bäume ▪ bauen ▪ Mäuse ▪ Bank ▪ Wärme ▪ Zaun ▪ Wände ▪ Wand ▪ Gärtner ▪ hölzern ▪ Maus ▪ Häuser ▪ Baum

5 **ä** oder **äu**? Schreibt die folgenden Wörter in euer Heft. Notiert auch verwandte Wörter mit **a** oder **au**. Schreibt die Wörter wie in dem Beispiel auf.

Beispiel: er f**ä**hrt – f**a**hren, der F**a**hrer

kr■ftig	der L■fer	die F■hre
ohnm■chtig	das M■nnchen	der R■ber
die F■ste	die L■se	sich k■mmen
die S■re	s■bern	h■ngen
aufr■men		

6 In den folgenden Verbformen fehlt jeweils ein Buchstabe (**g** oder **k**, **b** oder **p**, **d** oder **t**). Notiert den Infinitiv (Grundform) zu den Verben und schreibt beide Verbformen richtig in euer Heft.

Beispiel: sie ma**g** – mö**g**en

er fan■	sie hu■t	es gi■t
sie sprin■t	er win■t	sie bedan■t sich

7 Schreibt die folgenden Wörter in euer Heft und findet zu dem jeweiligen Wort möglichst viele verwandte Wörter, die euch bei der Rechtschreibung helfen.

Beispiel: erklären – klar, Klarheit, klarstellen

lustig ▪ ernähren ▪ er schläft ▪ läuten ▪ zählen ▪ Land ▪ Rat ▪ Rad

8 Schreibt den folgenden Text in euer Heft und setzt die fehlenden Buchstaben ein. Sprecht anschließend mit eurem Lernpartner oder eurer Lernpartnerin und erklärt die Schreibweise dieser Wörter.

An der Nordsee

Elena f■hrt mit ihren Freunden Liam und Ömer und mit ihren Eltern an die Nor■see. Sie wohnen in zwei Ferienh■sern direkt hinter den Dünen und können sehr schnell am Stran■ sein. Sie sammeln Muscheln und Elena grä■t im San■ nach kleinen Meerestieren. Natürlich schwimmen sie auch, aber das Wasser ist k■lter, als sie gedacht haben. Sie unternehmen viele Ausflüge mit ihren R■dern oder machen eine Fahr■ zu den Robbenb■nken. Wenn das Wetter besonders schön ist, spielen sie im San■, schwimmen in den Wellen oder ruhen sich im Stran■kor■ aus.

Mit einem Wörterbuch arbeiten

Isabella weiß, dass es manchmal ganz schön schwer sein kann, die richtige Schreibweise eines Wortes zu finden. In einigen Fällen kommt sie auch durch viel Nachdenken nicht auf die richtige Schreibweise. In solchen Fällen sieht sie in einem Rechtschreibwörterbuch nach. Das hat sie schon in der Grundschule geübt. Um mit einem Wörterbuch richtig arbeiten zu können, ist es wichtig, dass sie das Alphabet beherrscht.

James Krüss (1926 – 1997)

Das Räuber-ABC

Christoph
Gulden
Kam
Verschied'nes
Z!
Hatte
Düwels
Weg,
Ollen
Bauer
Quintillus
Eck
Jackett,
X
Und
Als
Fünf
Taler
Leider
Stahl
Mit
'Ner
Räuberrabenstätt,
Pistol'
Im
Y

1 Dieses Gedicht von James Krüss ist durcheinandergeraten. Schreibt es in der richtigen Reihenfolge auf, damit es zu der Überschrift passt.

2 Tragt das Gedicht in der richtigen Reihenfolge vor.

3 Schreibt eigene „Abc-Gedichte", z. B. zum Thema „Schule" oder „Ferien". Ihr könnt den folgenden Anfang benutzen oder einen ganz eigenen Text schreiben.

Schultag

Aufstehen
Badezimmer
Cornflakes
duschen
essen
Frühstück
...

4 Ordnet die folgenden Wörter alphabetisch und schreibt sie in der richtigen Reihenfolge in euer Heft.

Walross ▪ Orchester ▪ Ufer ▪ Fliege ▪ lösen ▪ Jacht ▪ Erdmännchen ▪ Qualle ▪ Zement ▪ Computer ▪ Nussknacker ▪ Xylofon ▪ hüpfen ▪ Meißel ▪ Salzstange ▪ Glas ▪ Yeti ▪ Igel ▪ Teebeutel ▪ Rakete ▪ Kokosnuss ▪ angeln ▪ Dickicht ▪ Butter ▪ pfeifen ▪ vier

5 Schreibt die folgenden Wörter in der richtigen alphabetischen Reihenfolge in euer Heft. Erklärt, worauf ihr besonders achten müsst.

Foto ▪ frech ▪ Fenster ▪ Fliese ▪ faul ▪ Fisch ▪ Flugzeug ▪ Flohmarkt

Seht euch auf S. 172 den Auszug aus einem Wörterbuch an. Die folgenden Aufgaben beziehen sich darauf.

6 Was erfahrt ihr neben der richtigen Schreibweise noch über die Wörter?

7 Erklärt, welche Aufgabe das Wort oben links auf der Seite hat und warum man es „Leitwort" nennt.

8 Findet zwei Wörter mit einem Umlaut (**ä, ö, ü**) auf der Wörterbuchseite. Erklärt, wie die Umlaute alphabetisch eingeordnet werden.

9 Findet zu den folgenden Wörtern die passenden Stichwörter (Stammwörter), zu denen sie gehören.
Beispiel: Brückentag – Brücke

Bruchstück ▪ Brotscheibe ▪ Browsergame ▪ Brühwürfel

10 Findet zu den folgenden Wörtern den richtigen Artikel und erklärt die Bedeutung der Wörter.

Broschur ▪ Brunch ▪ Brötchentaste ▪ Browserverlauf ▪ Brötli ▪ Brownie ▪ Brummi

11 Bildet mithilfe des Wörterbuchauszugs den Plural der folgenden Wörter und schreibt jeweils Singular- und Pluralform in euer Heft.

Brunft ▪ Broschüre ▪ Brot ▪ Bruch ▪ Bruchband

12 Die folgenden Wörter findet ihr nicht im Wörterbuchauszug. Findet heraus, an welcher Stelle sie dort stehen müssten. Schreibt so wie im Beispiel: Brotaufstrich – **Brotbackmaschine** – Brotberuf

Brownierezept ▪ Bruchkante ▪ Brückenkontrolle ▪ Brotteller ▪ Brühkessel

Weitere Aufgaben zur Arbeit mit dem Wörterbuch könnt ihr auf einem Arbeitsblatt lösen.
Arbeitsblatt

Bröschen

B
Brös

Brös|chen, Bries|chen (Gericht aus Briesen des Kalbs)
bro|schie|ren ‹franz.› (Druckbogen in einen Papierumschlag heften od. leimen); **bro|schiert** (*Abk.* brosch.)
[1]**Bro|schur,** die; - (das Heften od. Leimen)
[2]**Bro|schur,** die; -, -en (broschierte Druckschrift)
Bro|schü|re, die; -, -n (leicht geheftetes Druckwerk)
Brö|sel, der, *bayr., österr.* das; -s, - *meist Plur.* (Krümel, Bröckchen)
brö|se|lig, brös|lig
brö|seln (bröckeln); ich brös[e]le
Brös|me|li, das; -[s], -; *vgl. auch* Götti (*schweiz. mundartnah* Krümel; Semmelbrösel)
Brot, das; -[e]s, -e
Brot|auf|strich; Brot|bä|cke|rei (*seltener*)
Brot|be|ruf (Beruf, der den Lebensunterhalt sichert)
Brot|beu|tel
Bröt|chen; Bröt|chen|ge|ber (*scherzh. für* Arbeitgeber); **Bröt|chen|ge|be|rin**
Bröt|chen|tas|te (*ugs. für* Taste am Parkscheinautomaten für kostenloses kurzes Parken); **Brot|do|se**
Brot|ein|heit (*Med.; Abk.* BE)
Brot|er|werb; Brot|fa|b|rik; Brot|ge|trei|de; Brot|kas|ten; Brot|korb; Brot|kru|me; Brot|krü|mel; Brot|krus|te; Brot|laib
Bröt|li, das; -s, - (*schweiz. mundartnah* Brötchen)
brot|los; brotlose Kunst
Brot|ma|schi|ne; Brot|mes|ser; Brot|neid; Brot|preis; Brot|schei|be; Brot|schnei|de|ma|schi|ne; Brot|schnit|te
Brot|stu|di|um, das; -s (*abwertend*)
Brot|sup|pe; Brot|teig; Brot|trunk®
Brot|zeit (*landsch. für* Zwischenmahlzeit [am Vormittag])
Brow|nie ['braʊ̯ni], der; -s, -s ‹engl.› (ein Schokoladengebäck)
Brow|ning ['braʊ̯...], der; -s, -s *u.* die; -, -s ‹nach dem amerik. Erfinder› (eine Schusswaffe)
Brow|ser ['braʊ̯zɐ], der; -s, - ‹engl.› (Software zum Verwalten, Finden u. Ansehen von Dateien); **Brow|ser|game** [...ɡeɪ̯m] ‹engl.› (im Browser gespieltes Computerspiel); **Brow|ser-Plug-in**, **Brow|ser-Plug|in** ‹engl.› (die Funktionen eines Browsers erweiterndes Progamm); **Brow|ser|ver|lauf** (Liste der über einen Browser besuchten Internetseiten)
brr! (*Zuruf an Zugtiere* halt!)
BRT = Bruttoregistertonne
[1]**Bruch,** der; -[e]s, Brüche (*ugs. auch für* Einbruch); zu Bruch gehen; in die Brüche gehen
[2]**Bruch** [*auch* bruːx], der *u.* das; -[e]s, *Plur.* Brüche, *landsch.* Brücher (Sumpfland)
Bruch|band, das; *Plur.* ...bänder (*Med.*)
Bruch|bu|de (*ugs. abwertend für* schlechtes, baufälliges Haus)
bruch|fest; Bruch|fes|tig|keit
bru|chig [*auch* 'bruː...] (sumpfig)
brü|chig; Brü|chig|keit, die; -
bruch|lan|den; bruchgelandet; **Bruch|lan|dung**
bruch|los
bruch|rech|nen *nur im Infinitiv üblich;* **Bruch|rech|nen,** das; -s; **Bruch|rech|nung**
Bruch|scha|den
Bruch|scho|ko|la|de
bruch|si|cher; bruchsicher verpackt
Bruch|stein; Bruch|stel|le; Bruch|strich
Bruch|stück; bruch|stück|haft
Bruch|teil, der; **Bruch|zahl**
Brück|chen
Brü|cke, die; -, -n
Brü|cken|bau *Plur.* ...bauten; **Brü|cken|ge|län|der; Brü|cken|kopf** (*Militär*); **Brü|cken|pfei|ler**
Brü|cken|sa|nie|rung
Brü|cken|schlag (Herstellung einer Verbindung)
Brü|cken|tag (Tag zwischen zwei arbeitsfreien Tagen, der sich als Urlaubstag anbietet)
Brü|cken|tech|no|lo|gie (unvollkommene u. daher nur übergangsweise genutzte Technologie)
Brü|cken|teil|zeit (vorübergehende Reduzierung auf Teilzeit)
Brü|cken|tier (*Zool.* Art, die Merkmale zweier Klassen von Tieren trägt)
Bruck|ner, Anton (österr. Komponist)
Brü|den, der; -s, - (*Technik* Schwaden, Abdampf); *vgl.* Brodem
Bru|der, der; -s, Brüder; die Brüder Grimm; **Brü|der|chen**
Brü|der|ge|mei|ne, die; -, -n ‹*Kurzform von* Herrnhuter Brüdergemeine› (pietistische Freikirche)
Bru|der|hand; Bru|der|herz (*scherzh., sonst veraltet für* Bruder, Freund)
Bru|der|krieg; Bru|der|kuss
Brü|der|lein; brü|der|lich; Brü|der|lich|keit, die; -
Bru|der Lus|tig, der; *Gen.* Bruder Lustigs *u.* Bruder[s] Lustig, *Plur.* Brüder Lustig (*veraltend für* leichtlebiger Mensch)
Bru|der|mord
Brü|der|paar
Bru|der|schaft ([rel.] Vereinigung)
Brü|der|schaft (brüderliches Verhältnis); Brüderschaft trinken
Bru|der|volk; Bru|der|zwist (*veraltet*)
Brue|g[h]el ['brɔɪ̯ɡl̩] (fläm. Malerfamilie)
Brüg|ge (belg. Stadt)
Brü|he, die; -, -n; **brü|hen**
brüh|heiß
Brüh|kar|tof|feln *Plur.*
brüh|warm (*ugs.*)
Brüh|wür|fel; Brüh|wurst
Brüll|af|fe
brül|len; Brül|ler
Bru|maire [bryˈmɛːɐ̯], der; -[s], -s ‹franz., »Nebelmonat«› (2. Monat des Kalenders der Franz. Revolution: 22. Okt. bis 20. Nov.)
Brumm|bär (*ugs.*); **Brumm|bass**
brum|me|lig; brum|meln (*ugs. für* leise brummen; undeutlich sprechen); ich brumm[e]le
brum|men; Brum|mer (*ugs.*)
Brum|mi, der; -s, -s (*ugs. scherzh. für* Lastkraftwagen)
brum|mig; Brum|mig|keit, die; -
Brumm|krei|sel; Brumm|schä|del (*ugs.*)
Brunch [brantʃ], der; -[e]s, *Plur.* -[e]s *u.* -e ‹engl.› (ausgedehntes u. reichhaltiges, das Mittagessen ersetzendes Frühstück)
brun|chen ['brantʃn̩]; ich brunche, gebruncht
Bru|nei, -s, *amtlich* **Bru|nei Da|rus|sa|lam,** - -s (Staat auf Borneo); **Bru|nei|er; Bru|nei|e|rin; bru|nei|isch**
Bru|nel|le, Brau|nel|le, die; -, -n ‹franz.› (eine Pflanze)
Bru|nel|lo di Mon|tal|ci|no [- - ...'tʃiːno], der; - - - (ein ital. Rotwein)
brü|nett (braunhaarig, -häutig); **Brü|net|te,** die; -[n], -[n] (brünette Frau); zwei Brünette[n]
Brunft, die; -, Brünfte (*Jägerspr.* Brunst beim Wild)
brunf|ten; Brunft|hirsch
brunf|tig; ein brunftiger Hirsch
Brunft|schrei; Brunft|zeit
Brun|hild, Brun|hil|de (dt. Sagengestalt; w. Vorn.)

312

Sich Merkwörter einprägen

Emilia hat festgestellt, dass sie die Rechtschreibung mancher Wörter nicht erschließen kann. Sie muss sich deshalb merken, wie diese Wörter geschrieben werden. Für die Wörter, die ihr im Moment am schwersten fallen, hat sich Emilia Karteikarten angelegt:

trainieren (trainieren)

ich trainiere, du trainierst, wir haben trainiert
das Training, der Trainer
Bogdan trainiert jede Woche auf dem Fußballplatz.

der Joghurt (Joghurt)

Joghurt, Joghurt, Joghurt
Ich esse gerne Joghurt mit Erdbeeren.
Gestern habe ich einen Becher Joghurt gekauft.

der Brokkoli (Brokkoli)

Brokkoli, Brokkoli, Brokkoli
Brokkoli schmeckt mir besonders gut.
Mein Bruder mag keinen Brokkoli.

das Paket (Paket)

das Paket, die Pakete, der Paketbote
Ich bringe ein Paket zum Paketshop.
Wir bekommen viele Pakete.

1 Seht euch Emilias Karteikarten an. Beschreibt, wie sie vorgegangen ist.

2 Emilia hat sich noch weitere Wörter als Merkwörter notiert. Legt für drei dieser Wörter Karteikarten an, wie Emilia es gemacht hat.

Lehrkraft ▪ alphabetisch ▪ Nummerierung ▪ kontrollieren ▪ viel ▪ wenige ▪ recherchieren ▪ mutiger ▪ voraussetzen ▪ gefährlich ▪ detailliert ▪ Satellit ▪ Ballett ▪ Reparatur ▪ verwandt ▪ Rhythmus

3 Emilia ist auch bei der Rechtschreibung von einigen kurzen Wörtern noch unsicher. Wählt drei Wörter aus dem Wortspeicher aus und prägt euch ihre Rechtschreibung ein. Nutzt dafür die **Methode** auf S. 174.

deshalb ▪ jetzt ▪ wenn ▪ warum ▪ zuletzt ▪ danach ▪ dann ▪ daher ▪ heraus ▪ nämlich ▪ etwa ▪ plötzlich ▪ bald ▪ heran ▪ ein bisschen ▪ trotzdem ▪ wahrscheinlich

4 Schreibt mit den drei Wörtern, die ihr bei Aufgabe 3 ausgewählt habt, jeweils einen Satz in euer Heft.

Methode

Sich Merkwörter einprägen

Bei manchen Wörtern kannst du die Rechtschreibung nicht ableiten oder anders erschließen. Die Rechtschreibung dieser Wörter musst du dir gut merken. Man spricht deshalb auch von Merkwörtern.
Die folgenden Tipps können dir dabei helfen:

- Schreibe das Wort mehrfach auf. Kontrolliere dabei immer, ob du das Wort richtig geschrieben hast.
- Schreibe die verschiedenen Formen dieses Wortes auf oder finde Wörter aus derselben Wortfamilie.
- Schreibe kurze Sätze mit diesem Wort auf.
- Lasse dir von einer Lernpartnerin oder einem Lernpartner deine Merkwörter diktieren.
- Präge dir jeden Tag einzelne Merkwörter ein und schreibe sie auswendig auf.

Wörter am Zeilenende trennen

Aleks schreibt zu Beginn des Schuljahres einen Text über seine Sommerferien in sein Heft. Er ist noch voller Eindrücke, deshalb möchte er möglichst viele von seinen Erinnerungen in seinem Bericht unterbringen, auch wenn der Platz auf der Heftseite begrenzt ist.

In den Sommerferien sind wir mit dem
Zug an die Nordsee gefahren. Wir wollten
zwei Wochen am Meer verbringen.
Die Zugfahrt war sehr aufregend.
Wir mussten zweimal umsteigen,
bis wir in Norddeich ankamen. Das
war anstrengend, denn wir hatten ja
unsere Koffer und Rucksäcke dabei. Einmal
hätten wir fast einen Koffer am
Bahnsteig vergessen. Im letzten
Moment habe ich das noch bemerkt.
So ein Glück!

1 Schaut euch den Text genau an. Gebt Aleks einen Tipp, was er besser machen könnte.

2 Der Rand eines Deutschheftes wird normalerweise zur Korrektur benutzt, daher sollte man nicht darüber schreiben. Schaut euch das Wort „bemerkt“ noch einmal genauer an. Was könnte Aleks tun, damit er nicht über den Rand schreibt? Benutzt hierfür auch die Regel.

Regel

Wörter am Zeilenende trennen

Erklärvideo

- Wörter können am Zeilenende nach Silben getrennt werden. Die Silben ergeben sich beim langsamen Sprechen.
  Beispiel: *Ka-mel*
- Ein einzelner Vokal am Wortanfang oder Wortende wird nicht abgetrennt. Das gilt auch für zusammengesetzte Wörter.
  Beispiele: ***A**bend, **I**gel, Ka-ka**o**, Fei-er-**a**bend*
- Ein Doppellaut (au, äu, ei, eu) am Wortanfang kann dagegen abgetrennt werden.
  Beispiel: ***Eu**-ro-pa*
- Buchstabenverbindungen, die für einen Laut stehen, werden nicht getrennt (ch, ck, sch und in Fremdwörtern auch ph, sh, th).
  Beispiele: *Bü-cher, Zu-cker, wi-schen, Pro-phet, Cash-ew, My-thos*

3 Auf S. 172 findet ihr einen Auszug aus einem Wörterbuch. Die meisten der dort verzeichneten Wörter sind mit einem oder mehreren senkrechten Strichen versehen. Erklärt, was diese senkrechten Striche bedeuten.

4 Erklärt mithilfe der Regel, welche der Wörter im Wortspeicher nach Schreibsilben getrennt werden können und welche nicht.

aber ▪ Agent ▪ Ananas ▪ Ara ▪ Aula ▪ Böe ▪ Dia ▪ euer ▪ Eibe ▪ Eimer ▪ Elefant ▪ Esel ▪ Eule ▪ Ida ▪ Idol ▪ Ofen ▪ Oma ▪ Orgel ▪ Schreie ▪ Ufer ▪ Ufo

5 Schreibt die Wörter aus Aufgabe 4, die nach Silben getrennt werden können, mit Silbenbögen in euer Heft.

6 Schreibt die Wörter aus dem Wortspeicher mit Silbenbögen in euer Heft und markiert, an welcher Stelle die Wörter getrennt werden können. Erklärt mithilfe der Regel, warum ihr die Wörter so getrennt habt.

andere ▪ Äste ▪ Eichel ▪ Eule ▪ Waschmaschine ▪ Schnecke ▪ Alphabet ▪ Kiste ▪ Lasten ▪ schönste ▪ Wespe ▪ Butterbrote ▪ Dusche ▪ Mathematik ▪ Grashüpfer

Grammatisches Wissen nutzen

Die Großschreibung von Nomen und Satzanfängen

Esma kennt aus der Grundschule bereits verschiedene Wortarten. Sie weiß, dass ihr diese Einteilung auch bei der Rechtschreibung helfen kann, vor allem bei der Groß- und Kleinschreibung. Für die Rechtschreibung ist es aber genauso wichtig, zu erkennen, wo ein neuer Satz anfängt.

GOLDHAMSTER

GOLDHAMSTER ZÄHLEN ZU DEN HÄUFIGSTEN UND BELIEBTESTEN HAUSTIEREN. SIE SIND IN DER FREIEN NATUR SEHR SELTEN GEWORDEN. HAMSTER WOHNEN IN UNTERIRDISCHEN BAUTEN, IN DENEN SIE DEN TAG VERBRINGEN UND IN DENEN SIE AUCH IHREN WINTER-SCHLAF HALTEN. SIE WERDEN ERST IN DER DUNKELHEIT AKTIV UND GEHEN DANN AUF NAHRUNGSSUCHE. DAS TYPISCHE MERKMAL DER HAMSTER SIND DIE HAMSTER-BACKEN, IN DENEN SIE IHRE NAHRUNGSVORRÄTE IN DEN BAU TRAGEN. SIE FRESSEN HAUPTSÄCHLICH SAMEN, FRÜCHTE UND INSEKTEN.

1 Erklärt mithilfe des Textes, wie Goldhamster leben.

2 Sicher wisst ihr, dass Nomen und Satzanfänge großgeschrieben werden müssen. Übernehmt den Text mit der richtigen Groß- und Kleinschreibung in euer Heft.

3 Unterstreicht in dem Text, den ihr aufgeschrieben habt, alle Nomen und kreist den ersten Buchstaben der Wörter am Satzanfang ein.

4 In dem folgenden Text über Wüstenrennmäuse fehlen die Satzschlusszeichen und die Satzanfänge sind kleingeschrieben. Die anderen Satzzeichen sind gesetzt. Schreibt den Text in der richtigen Form in euer Heft.

Wüstenrennmäuse

Wüstenrennmäuse sind sehr gesellige Tiere man sollte sie niemals als Einzeltiere halten, weil sie sonst vereinsamen können man kann sie gut in einem Aquarium unterbringen, das im Boden mit einer Sandschicht aufgefüllt wird eine Abdeckung für das Aquarium ist sehr wichtig, da Wüstenrennmäuse sehr gute Springer sind und sich gerne aus dem Staub machen, um unbemerkt die Wohnung zu erkunden.

MEERSCHWEINCHEN

MEERSCHWEINCHEN SIND SEHR BELIEBTE HAUSTIERE. ABER WOHER HABEN SIE IHREN SELTSAMEN NAMEN? SIE WURDEN VOR UNGEFÄHR 300 JAHREN MIT SCHIFFEN VON SÜDAMERIKA ÜBER DAS MEER GEBRACHT. SIE QUIEKEN ZUDEM WIE EIN SCHWEIN. DIE SEELEUTE ERINNERTE DAS AN HAUSSCHWEINE. ANDERS ALS DIE HAMSTER SIND MEERSCHWEINCHEN AM TAG AKTIV UND SCHLAFEN IN DER NACHT. SIE SIND RUDELTIERE UND SOLLTEN NICHT ALLEIN GEHALTEN WERDEN.

5 Sucht aus dem Text über Meerschweinchen die Nomen heraus und schreibt sie mit dem jeweils passenden bestimmten Artikel in euer Heft.

Ihr findet weitere Aufgaben zum Üben auf einem Arbeitsblatt. **Arbeitsblatt**

Weitere Informationen zum Thema „Nomen“ findet ihr im Kapitel „Wortarten“ auf S. 102.

Regel

Die Großschreibung von Nomen und Satzanfängen

- **Nomen** werden **großgeschrieben**. Du erkennst sie z. B. daran, dass sie häufig einen Artikel (Begleiter) bei sich haben (das Kind, ein Kind). Manchmal stehen sie auch gemeinsam mit einem Adjektiv (ein kleines Kind) oder einem Pronomen (unser Kind).
- Alle anderen Wortarten werden in der Regel kleingeschrieben. Am **Satzanfang** werden aber alle Wortarten großgeschrieben.

das oder *dass*?

Wenn Felix Texte schreibt, stellt er sich oft die Frage, ob er das Wort **das/dass** mit einem einfachen **s** oder mit **Doppel-s** schreiben muss. Er hat gehört, dass man mit einer einfachen Probe herausfinden kann, welche Schreibung die richtige ist.

1 Was wisst ihr bereits darüber, wann ihr **das** oder **dass** schreiben müsst? Berichtet.

Chinchilla

Das Chinchilla ist ein faszinierendes Haustier, **das** immer mehr Menschen begeistert. Ursprünglich aus den Anden in Südamerika stammend, hat es sich als beliebter Begleiter in vielen Familien etabliert. **Das** kleine, pelzige Tier ist bekannt für sein weiches, dichtes Fell, **das** es vor Kälte schützt. Chinchillas sind äußerst aktive und neugierige Tiere, die viel Platz zum Spielen und Herumtollen benötigen. **Das** macht sie zu einem idealen Haustier für Familien, die bereit sind, Zeit und Energie in ihre Pflege zu investieren. **Das** richtige Futter und ein artgerechtes Gehege sind entscheidend für ihr Wohlbefinden.

2 Lest den Text über Chinchillas laut einer Lernpartnerin oder einem Lernpartner vor und ersetzt dabei das Wort **das** durch *ein*, *dies/dieses*, *jenes* oder *welches*. Wechselt zwischendurch die Rollen.

3 Das Wort **dass** wird häufig in Verbindung mit bestimmten Ausdrücken genutzt. Nutzt die Satzanfänge im Wortspeicher und schreibt vollständige Sätze zum Thema „Chinchillas“.

Es ist wichtig, dass … ▪ Er hofft, dass … ▪ Sie glaubt, dass … ▪ Ich bin mir sicher, dass … ▪ Sie hat erzählt, dass … ▪ Es ist schade, dass … ▪ Wir haben gehört, dass … ▪ Es freut mich, dass …

4 Schreibt die folgenden Sätze in euer Heft und setzt dabei entweder das Wort **das** oder **dass** in die Lücken ein. Nutzt die Ersatzprobe, wenn ihr unsicher seid.

a) ??? Schnurren einer Katze kann ??? Einschlafen erleichtern.
b) Viele Menschen meinen, ??? Chinchillas ideale Haustiere sind.
c) ??? Meerschweinchen, ??? für seine sozialen Fähigkeiten bekannt ist, benötigt viel Aufmerksamkeit und Gesellschaft.

Ihr könnt digital auch eine weitere Aufgabe zum Üben lösen. **interaktive Aufgabe**

Regel

Mit der Ersatzprobe *das* und *dass* unterscheiden **Erklärvideo**

Mit der **Ersatzprobe** kannst du herausfinden, ob du **das** oder **dass** schreiben musst.
- Wenn du den unbestimmten Artikel **ein** oder die Wörter **dies/dieses**, **jenes** und **welches** einsetzen kannst, schreibst du **das** mit einfachem **s**.
- Wenn du keine Ersatzwörter einsetzen kannst, schreibst du **dass** mit **ss**.

Achte auf die **Zeichensetzung**: Wenn **dass** nicht am Satzanfang steht, sondern innerhalb des Satzes, musst du in der Regel vor **dass** ein **Komma** setzen.
Beispiel: *Ich bin der Meinung, dass …*

2 Gemeinsam üben – verschiedene Diktatformen

Das Partnerdiktat

Beim Partnerdiktat schreibt und diktiert ihr abwechselnd. Geht dabei so vor:

- Lest beim Diktieren den einzelnen Satz zuerst ganz vor. Diktiert ihn dann in kurzen Abschnitten.
- Beim Schreiben helft ihr euch gegenseitig. Wenn die Schreiberin oder der Schreiber bei einem Wort unsicher ist, fragt sie oder er nach und lässt sich helfen.
- Am Schluss kontrolliert ihr zunächst den Text selbst mithilfe der Vorlage. Anschließend lasst ihr ihn von eurer Lernpartnerin oder eurem Lernpartner überprüfen.
- Besprecht Fehler, die ihr gemacht habt, gemeinsam.
- Ihr könnt ein Partnerdiktat mit zwei kurzen Texten durchführen. Ihr könnt aber auch nach einzelnen kurzen Abschnitten oder einzelnen Sätzen in einem Diktattext die Rollen wechseln.

Die folgenden Texte könnt ihr für Partnerdiktate nutzen, um eure Rechtschreibung zu trainieren. Wenn ihr die Tipps für die Rechtschreibung wiederholen möchtet, könnt ihr euch ein Erklärvideo ansehen. **Erklärvideo**

Wenn du in Ruhe allein arbeiten und üben möchtest, kannst du dir die Texte auch diktieren lassen. **Audio**

Gummistiefelweitwurf

Wurfspiele sind schon lange sehr beliebt. Im Laufe der Geschichte haben Menschen schon fast alles geworfen, was man werfen kann. Steinwurf war vor über 100 Jahren sogar einmal Teil der Olympischen Spiele.
In Finnland erfanden die Menschen Ende des 19. Jahrhunderts eine neue Sportart, bei der geworfen wird. Die Finnen begannen, mit Gummistiefeln zu werfen.
Beim Gummistiefelweitwurf müssen die Teilnehmenden einen Gummistiefel möglichst weit durch die Luft werfen.
Seit fast 50 Jahren gibt es Mannschaften, die in diesem Sport antreten. Vor 30 Jahren wurden Weltmeisterschaften eingeführt.
Der Weltrekord eines finnischen Wettkämpfers liegt aktuell bei 68 Metern. Das Publikum erfreut sich aber auch an den kunstvollen Anläufen und Drehungen.
(108 Wörter)

Rhönradfahren

Ein Rhönrad besteht aus zwei großen Stahlreifen, die mit Stangen und Sprossen verbunden sind. Zwei der Sprossen sind mit Brettern besetzt und an den Reifen sind Griffe befestigt. Die Turnerin oder der Turner kann auf Brettern in dem Rad stehen und verschiedene Übungen ausführen. Die Übungen der Sportlerinnen und Sportler mit dem rollenden Rad können passend zu Musik gestaltet werden.
(60 Wörter)

Drachenbootsport

Beim Rennen mit Drachenbooten geht es darum, schneller als die anderen Mannschaften einen bestimmen Abschnitt auf dem Wasser zu schaffen. Die Rennboote sind oft mit Drachenköpfen verziert. Daher stammt der Name. Manche Boote sind bemalt. Andere sind mit Schnitzereien verziert. In einem Langboot sitzen zwanzig Paddelnde. Es gibt auch Kurzboote mit zehn Sportlerinnen und Sportlern. Die Rennen finden auf unterschiedlich langen Strecken statt. Es gibt auch Wettbewerbe für unterschiedliche Altersklassen. Man kann aber auch einfach zum Spaß mit einem Drachenboot fahren.
(81 Wörter)

Das Schleichdiktat

Beim Schleichdiktat wird der Diktattext an einer Stelle im Raum ausgelegt oder aufgehängt. Bei einem Schleichdiktat gehst du so vor:

- Du gehst langsam und leise zu dem Text.
- Lies dir einen Satz oder einen Teil eines Satzes sorgfältig durch und merke ihn dir.
- Anschließend „schleichst" du zu deinem Platz zurück und schreibst das, was du dir gemerkt hast, auf.
- So machst du weiter, bis du den gesamten Text aufgeschrieben hast.
- Anschließend kontrollierst du deinen Text und vergleichst ihn mit der Vorlage.
- Du kannst dann dein Diktat noch mit einer Lernpartnerin oder einem Lernpartner überprüfen und besprechen.

Wählt einen der Partnerdiktattexte aus und hängt ihn als Schleichdiktat im Klassenraum auf. Bittet eure Lehrerin oder euren Lehrer, den Text entsprechend groß zu kopieren.

Das Dosendiktat

Ein Dosendiktat könnt ihr ganz leicht selbst herstellen. Arbeitet am besten zu zweit. So könnt ihr euch gegenseitig kontrollieren und verhindern, dass sich schon beim Abschreiben Fehler einschleichen. Geht beim Herstellen eures Dosendiktats so vor:

- Ihr schreibt die Sätze eines Textes auf einzelne Papierstreifen und nummeriert sie. Anschließend legt ihr sie in eine Dose oder ein anderes Gefäß.
- Wenn ihr schreiben wollt, nehmt ihr euch jeweils einen Papierstreifen mit einem Satz (in der richtigen Reihenfolge) aus der Dose, lest ihn sorgfältig durch, dreht ihn um, legt ihn zur Seite und schreibt ihn auswendig auf.
- Dann nehmt ihr den nächsten Satz und arbeitet so weiter, bis das Diktat zu Ende ist.
- Anschließend solltet ihr euren Text gründlich lesen und mögliche Fehler berichtigen.
- Danach vergleicht ihr euren Text – am besten Wort für Wort – mit der Vorlage.

Das Faltdiktat

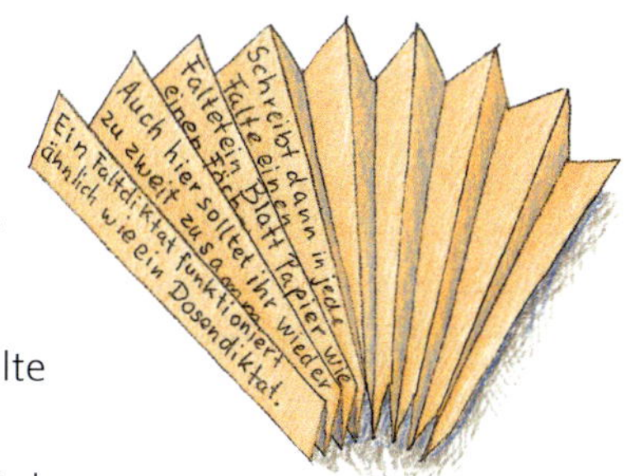

Ein Faltdiktat funktioniert so ähnlich wie ein Dosendiktat und lässt sich auch leicht selbst herstellen. Auch hier solltet ihr wieder zu zweit arbeiten. Geht am besten so vor:

- Faltet ein großes Blatt Papier wie einen Fächer. Schreibt dann in jede Falte einen Satz eines Textes.
- Zum Schreiben nehmt ihr euch dann das gefaltete Blatt, deckt zunächst den ersten Satz auf, lest ihn gründlich durch und schreibt ihn auswendig auf.
- Danach schreibt ihr den nächsten Satz auf und arbeitet weiter, bis ihr den gesamten Text abgeschrieben habt.
- Lest den Text gründlich durch und berichtigt die Fehler.
- Abschließend vergleicht ihr euren Text – wieder Wort für Wort – mit der Vorlage.

Den folgenden Text könnt ihr entweder für ein Dosendiktat oder ein Faltdiktat verwenden. Arbeitet Satz für Satz!

Radball – eine unbekannte Sportart

1) Radball ist eine besondere Sportart.
2) Viele Menschen kennen sie nicht.
3) Man braucht dafür spezielle Fahrräder.
4) Es spielen immer zwei Mannschaften gegeneinander.
5) Man kann das Spiel in der Halle oder auf dem Feld spielen.
6) Der Ball ist mit hellem Stoff überzogen.
7) Er wiegt 600 Gramm und springt fast nicht.
8) Der Ball muss in ein Tor geschossen werden.
9) Das muss man aber mit dem Fahrradreifen schaffen.
10) Die Sportart gibt es seit Ende des 19. Jahrhunderts.

3 Das habe ich gelernt, das kann ich

Rechtschreibstrategien anwenden ▶ S. 166 ff.

1 Übernimm das folgende Gedicht in dein Heft und setze die richtigen Buchstaben ein.

- Bei manchen Wörtern kannst du durch deutliches Sprechen die Schreibweise heraushören.
- Bilde zu den anderen Wörtern eine Verlängerung oder finde ein verwandtes Wort.

Joachim Ringelnatz (1883–1934)

Die Fe■er

Ein Fe■erchen flo■ über Lan■,
ein Nilpfer■ schlummerte im San■.
Die Fe■er sprach: „Ich will es wecken."
Sie lie■te andere zu necken.
Aufs Nilpfer■ setzte sich die Fe■er
Und streichelte sein dickes Le■er.
Das Nilpfer■ öffnete den Rachen
und musste ungeheuer lachen.

2 Ergänze in den folgenden Wörtern die richtigen Buchstaben. Schreibe sie zusammen mit Wörtern, die ihre Schreibweise erklären können, in dein Heft.
Beispiel: er trägt – tragen, die Trage, der Träger

d oder t?	b oder p?	g oder k?
Fahrra■	gel■	Ber■
Lei■planke	er pum■t	Monta■
Rekor■	das Hu■konzert	Schran■
Hem■	er kle■t	sie tan■t

3 In dem folgenden Text sind alle Wörter kleingeschrieben. Arbeite so mit dem Text:

- Übertrage ihn in der richtigen Schreibweise in dein Heft.
- Unterstreiche die Nomen.
- Kreise bei den Satzanfängen den ersten Buchstaben ein.

Grammatisches Wissen nutzen ▶ S. 176 ff.

das zwergkaninchen

das zwergkaninchen gehört in deutschland zu den beliebtesten haustieren. die niedlichen tiere stammen vom wildkaninchen ab. sie haben weiches fell und lange ohren, die entweder stehen oder herabhängen können. zwergkaninchen sind gesellige tiere, die man nicht allein halten sollte. zumindest zwei exemplare sollten zusammenleben, denn die tiere brauchen den kontakt zu ihren artgenossen. sie putzen sich gegenseitig und kuscheln sich im schlaf aneinander. außerdem haben die tiere einen großen bewegungsdrang. sie rennen gerne, hüpfen und schlagen wilde haken. das ist sehr lustig anzusehen. allerdings sind die meisten zwergkaninchen menschen gegenüber scheu.

4 Schreibe die Wörter in dein Heft, die du für die Ersatzprobe benutzt, um herauszufinden, ob du **das** oder **dass** schreiben musst.

dieses ▪ selbes ▪ gleiches ▪ jenes ▪ wessen ▪ welches

5 Schreibe die folgenden Sätze in dein Heft. Entscheide dabei jeweils, ob du **das** oder **dass** schreiben musst.

a) Das/Dass rechtzeitige Aufstehen hilft dabei, das/dass man nicht unter Zeitdruck gerät.
b) Das/Dass uns das/dass Aufstehen leichter fällt, wenn wir gut geschlafen haben, versteht sich fast von selbst.
c) Für das/dass Frühstück, das/dass wir morgens essen, sollte genug Zeit sein.

6 Vervollständige die folgenden Tipps und Regeln zur Rechtschreibung und schreibe sie in dein Heft.

a) Oft kannst du die Schreibweise eines Wortes erschließen, wenn du es **???** aussprichst.
b) Wie du den letzten Buchstaben eines Wortes schreibst, kannst du manchmal dadurch herausfinden, dass du das Wort **???**.
c) Die richtige Schreibweise eines Wortes kannst du oft dadurch erklären, dass du ein **???** Wort aus derselben Wortfamilie suchst.
d) Eine wichtige Rechtschreibregel gibt dir an, dass du am Satzanfang **???**.
e) Die Schreibweise mancher Wörter kannst du nicht erschließen, sondern du musst sie auswendig lernen. Diese Wörter nennt man **???**.

Du kannst dich selbst überprüfen. **Lösungen**

Unterwegs im Zoo

Tiere beschreiben und über ein Ereignis berichten

- Willkommen im Zoo, dem aufregenden Ort, an dem ihr der faszinierenden Tierwelt ganz nah sein könnt! Schaut euch genau an, wie die Tiere aussehen, wie sie leben und welche Besonderheiten sie auszeichnen.
- Ihr lernt bestimmte Tierarten sowie ihre auffälligen und charakteristischen Merkmale kennen. Die neuen Informationen stellt ihr übersichtlich in Form eines „Tier-Passes“ dar.
- Anschließend geht es um die genaue Beschreibung eines Tieres. Dazu sammelt ihr treffende Nomen und Verben sowie aussagekräftige Adjektive und ihr lernt, wie man sie einsetzt, um eine Tierbeschreibung zu verfassen.
- Zuletzt blickt ihr auf das Ereignis „Zoobesuch“ zurück. Ihr lernt die Merkmale verschiedener Textsorten kennen und verfasst selbst einen Bericht.

Auf dem Weg in den Zoo

Die Klasse 5d ist auf dem Weg in den Allwetterzoo Münster. Während der Busfahrt unterhalten sich die Kinder über die Zootiere, auf die sie sich besonders freuen:

LIO: Ich bin so aufgeregt! Endlich sehe ich die Pelikane in Aktion.

EVA: Pelikane? Sind die nicht gefährlich mit ihren großen Schnäbeln?! Ich freue mich viel mehr auf die Riesenschildkröten. Ich mag ihre ruhige Art und finde ihren Panzer toll.

STAN: Eure Tiere können einpacken. Kein Tier ist so cool wie das Stachelschwein.

LIO: Ein was? Das sagt mir ja gar nichts ... Beschreibe mir mal, wie es aussieht.

1 Lest den Dialog zwischen den Schülerinnen und Schülern mit verteilten Rollen. Welches Zootier, das ihr kennt, fasziniert euch am meisten? Sprecht darüber in der Klasse.

2 Tragt zusammen, was ihr bereits über diese Tierarten wisst.

3 Betrachtet die Bilder der genannten Tiere. Erläutert im Gespräch mit einem Lernpartner oder einer Lernpartnerin, was ihr bereits über diese Tiere wisst, und beschreibt euch gegenseitig ihr Aussehen.

4 Welche weiteren Tiere habt ihr bereits in einem Zoo kennengelernt? Berichtet von euren Erfahrungen.

5 Um sich auf den baldigen Zoobesuch einzustimmen, spielen die Schülerinnen und Schüler „Tiere raten". Die Spielregel ist einfach: Jemand denkt sich ein Tier aus. Anschließend werden Fragen, die nur mit „Ja" oder „Nein" beantwortet werden dürfen, gestellt. Spielt das Spiel mit einem Lernpartner oder einer Lernpartnerin.

Tiere raten

Marlo: Kann das Tier fliegen?
Baharnur: Nein.
Marlo: Handelt es sich um ein Säugetier?
Baharnur: Ja.
Tim: Lebt es in Afrika?
Baharnur: Ja.
Sophia: Ist das Tier groß?
Baharnur: Nein.
Freddy: Hat es ein Fell?
Baharnur: Ja.
Mirja: Hat es vier Beine?
Baharnur: Ja.
Leon: Lebt es in einer Gruppe?
Baharnur: Ja.
Freddy: Lebt es unter der Erde?
Baharnur: Ja.
Sophia: Kann das Tier auf seinen Hinterbeinen stehen?
Baharnur: Ja.
Finley: Ist das gemeinte Tier ein Erdmännchen?
Baharnur: Ja! Super erraten.

Pelikane

Riesenschildkröten

Stachelschwein

1 Tiere und ihre Besonderheiten kennenlernen

Einen Tier-Pass anlegen

Bevor die Klasse im Zoo ankommt, bekommen die Schülerinnen und Schüler von ihrer Lehrerin eine besondere Aufgabe: Sie sollen die Tiere im Zoo genau beobachten und Informationen über sie zusammentragen. Diese Informationen sollen sie in Form eines „Tier-Passes" festhalten. Die Tier-Pässe sollen später im Klassenraum aufgehängt werden, damit die Kinder die Eindrücke und Erlebnisse, die sie an diesem Tag gewinnen, in Erinnerung behalten.
Kaum im Zoo angekommen, laufen die Kinder los und stehen gebannt vor dem Gehege des Lippenbären. Sie beobachten gespannt, wie der Bär gemächlich durch sein Territorium schlendert.
Sophia deutet aufgeregt auf die großen Krallen des Bären und fragt ihre Lehrerin, wie der Bär sie benutzt. Freddy drückt seine Nase gegen die Scheibe und bewundert die dicken, pelzigen Lippen des Bären. Auf einmal erscheint vor ihren Augen ein zweiter, ebenso beeindruckender Lippenbär ...

①

②

1 Auf den Fotos seht ihr Lippenbären. Beschreibt die Tiere genau.

2 Worauf habt ihr geachtet? Stellt heraus, welche Informationen über die Tierart „Lippenbär" man bereits durch die Betrachtung der Fotos erhält.

3 Überlegt, welche weiteren Informationen wichtig sind, um die Eigenschaften und Besonderheiten eines Tieres besser kennenzulernen.

Sich näher über ein Tier informieren – Verschiedene Quellen nutzen

Der Allwetterzoo Münster bietet Tierpfleger-Sprechstunden an. Henry nutzt diese Gelegenheit, um seine Fragen zum Lippenbären zu stellen.

HENRY: Entschuldigen Sie, können Sie mir erklären, warum der Lippenbär so große Lippen hat?
TIERPFLEGER: Die Lippen des Bären sind besonders beweglich und eine Anpassung an seine Nahrung wie zum Beispiel Insekten.
HENRY: Frisst der Lippenbär auch etwas anderes?
TIERPFLEGER: Ja, er mag zum Beispiel auch Früchte, Blüten und Honig.
HENRY: Können Sie mir noch erklären, wofür er seine langen Krallen nutzt?
TIERPFLEGER: Die langen, gebogenen Krallen helfen ihm beim Graben und Klettern. Das ist bei vielen anderen Bärenarten auch so. Bären können ihre Krallen nicht wie z. B. Katzen einziehen. Deshalb hinterlassen sie deutliche Spuren im Untergrund.

1 Lest das Gespräch mit verteilten Rollen. Welche Informationen haben euch überrascht?

2 Legt für den Lippenbären anhand der Fotos und des Textes einen Tier-Pass an. Füllt ihn mit den Informationen, die ihr bereits habt. Ihr könnt dazu die Vorlage auf dem Arbeitsblatt benutzen. **Arbeitsblatt**

Methode

Einen Tier-Pass anlegen

Wenn du einen „Pass" für ein Tier anlegen willst, ist es wichtig, Informationen über das Tier zu sammeln. Anschließend fasst du diese in Stichworten in einer sinnvollen Reihenfolge zusammen:

- Tierart und Vorkommen
- Angaben zu allgemeinen Merkmalen, z. B. Größe, Gewicht
- Aussehen:
  - möglichst viele Einzelheiten
  - Angaben geordnet nach einer sinnvollen Reihenfolge: z. B. von Kopf bis Fuß oder vom Allgemeinen zum Besonderen
- Angaben zur Lebensweise, zur Nahrung, zum Verhalten usw.
- Besonderheiten

3 Schaut euch die Info-Plakette aus dem Zoo an. Klärt zunächst, welchen Zweck die Plaketten im Zoo haben. Ergänzt dann euren Tier-Pass, indem ihr die noch fehlenden Informationen eintragt. Achtet darauf, mit euren eigenen Worten zu formulieren.

Indischer Lippenbär

Der Lippenbär kommt nur in Südasien vor, hauptsächlich in Indien (90 %). Durch seinen Körperbau ist der Lippenbär optimal an das Fressen von Ameisen und Termiten angepasst. Er saugt diese auf, indem er mit den weit vorgestreckten Lippen, seinen verschließbaren Nasenlöchern, fehlenden oberen Schneidezähnen und dem stark gewölbten Gaumenknochen ein Vakuum erzeugt.

Wusstest du schon?
Wegen seines eigentümlichen Äußeren wurde der Lippenbär anfangs als Faultierverwandter angesehen, was sich heute noch im englischen Namen „Sloth bear" (Faultierbär) widerspiegelt. Sein Entdecker hielt ihn aufgrund seines zottigen Fells und der sehr langen Krallen für ein Faultier.

Auf einen Blick

Familie: Bären
Vorkommen: Südasien, Indien (90 %)
Größe: 1,4 – 1,9 m Kopf-Rumpf-Länge
Gewicht: Männchen 70 – 145 kg, Weibchen 50 – 95 kg
Lebensweise: dämmerungs- und nachtaktiv, Einzelgänger, territorial, Höchstalter: 20 Jahre, 33 Jahre (Zoo)
Nahrung: Insekten, Früchte, Blüten, Honig, kleine Wirbeltiere

4 Jetzt entscheidest du! Wähle aus:

A Im Allwetterzoo Münster gibt es drei „Klimazonen", in der die jeweiligen Tiere beheimatet sind. Recherchiere zu **einem** der folgenden Tiere aus der „gemäßigten Klimazone" und lege einen Tier-Pass an: Luchs, Timberwolf, Gänsegeier oder Roter Panda.

B Recherchiere zu **einem** der folgenden Tiere aus den „Tropen" und lege einen Tier-Pass an: Gorilla, Asiatischer Elefant oder Rothund.

C Recherchiere zu **einem** der folgenden Tiere aus den „Subtropen" und lege einen Tier-Pass an: Gepard, Zebra, Löwe, afrikanischer Strauß oder Giraffe.

Tiere beschreiben – die richtige Wortwahl

Nun haben die Schülerinnen und Schüler der 5d Zeit, auf Erkundungstour zu gehen. Ausgestattet mit dem Lageplan des Zoos entdecken sie die drei Klimazonen, in denen die Gehege der Tiere, die in diesen Zonen beheimatet sind, liegen.
Ruben, Matti und Erik bleiben an dem Gehege der Kattas stehen und staunen über das Gewusel. Offensichtlich mögen die Tiere es, eng beieinander zu sein.

1 Beschreibt – ausgehend von dem Bild – die Tierart „Katta“ möglichst genau. Achtet dabei darauf, die äußeren Merkmale, die alle Tiere dieser Art gemeinsam haben, festzuhalten.

Wie sehen Kattas aus?

Waschbär, Katze oder vielleicht doch ein Affe? Auf den ersten Blick weiß man nicht genau, wo man die Kattas im Tierreich einordnen soll. Doch sie sind weder Katzen noch Waschbären, sondern gehören innerhalb der Ordnung der Primaten zur Unterordnung der Feuchtnasenaffen und zur Familie der Lemuren, die auch Halbaffen genannt werden.
Die Tiere sind 40 bis 50 Zentimeter lang, dazu kommt der ??? Schwanz. Sie wiegen drei bis vier Kilogramm.
Das auffälligste Merkmal ist jedoch der ??? Schwanz. Ihr Fell ist ??? bis ???, am Rücken ist es ???.
Rund um Nase und Augen sowie auf dem Kopf tragen sie eine ??? Maske.
Typisch sind auch das ??? Gesicht, die ??? Schnauze und die ??? Ohren.
Kattas klettern und springen durch die Bäume. Sie bewegen sich aber auch geschickt auf dem Boden und können sogar aufrecht stehen. Die Vorderpfoten dienen zum Greifen und Festhalten des Futters.
Alle Kattas besitzen an den Unterarmen ??? Duftdrüsen, die Männchen haben zusätzlich noch an den Oberarmen solche Drüsen.

1 In dem Text über das Aussehen des Kattas fehlen wichtige Adjektive. Setzt sie richtig ein, indem ihr den Wortspeicher verwendet. Lest euch den Text dann gegenseitig vor.

schwarze ▪ grau ▪ spezielle ▪ fuchsartige ▪ relativ lange ▪ hellgrau ▪ schwarz-weiß geringelte ▪ bis zu 60 Zentimeter lange ▪ dreieckigen ▪ dunkler

2 Ihr habt gemerkt, wie wichtig treffende Adjektive sind, um ein Tier genau zu beschreiben. Das gilt insbesondere auch für Farben. Besonders treffend sind Farbadjektive, wenn sie aus zwei verschiedenen Wörtern zusammengesetzt werden, z. B. „dunkelbraun“, „tiefschwarz“ oder „blaugrau“.
Bildet weitere solcher Farbadjektive und schreibt sie in euer Heft. **Hilfestellung**

3 Um die Wörter für die Tierbeschreibungen übersichtlich festzuhalten, legt ein „Buddy-Book“ an. Nutzt dazu die digitale Vorlage. **Zusatzmaterial**

Wie leben Kattas?

Kattas sind tagaktive Tiere. Sie sind gesellig und leben in Gruppen von 20 bis 30 Artgenossen, ab und zu sind es auch bis zu 50 Tiere. Die Gruppen setzen sich aus mehreren Weibchen, einigen Männchen und den Jungtieren zusammen. Während die Weibchen meist in ihrer Gruppe bleiben, verlassen die Männchen, wenn sie erwachsen werden, ihre Gruppe und schließen sich einer neuen an oder wechseln auch später manchmal von Gruppe zu Gruppe.
Das soziale Leben der Kattas hat eine Besonderheit: Bei ihnen sind – anders als bei den meisten Primaten – die Frauen der Boss. Die Gruppen werden immer von einem Weibchen angeführt. Sowohl unter den Weibchen als auch unter den Männchen einer Gruppe gibt es eine bestimmte Rangordnung. Zur Paarungszeit kommt es unter den Männchen zu heftigen Streitereien: Sie drohen sich, und wenn es ernst wird, benutzen sie ihren Schwanz als Waffe: Sie reiben ihn mit dem übel riechenden Sekret aus ihren Duftdrüsen ein, recken ihn empor und schwingen ihn wie eine Peitsche dem Gegner um die Nase. Wer am übelsten riecht, gewinnt und darf sich mit einem Weibchen paaren.
Der Schwanz hat aber noch mehr Funktionen: Klettern und springen die Kattas durch die Bäume, dient er als Balancierstange und als Steuer; sitzen sie in den Bäumen, hängt er lang herunter.
Wenn sie über den Boden durchs Gras wandern, halten sie ihn senkrecht nach oben gestreckt – und weil der auffällig geringelte Schwanz wie eine Signalfahne gut zu sehen ist, haben sich die Tiere gegenseitig im Blick und wissen immer, wo ihre Artgenossen sind.

4 In der Beschreibung der Lebensweise der Kattas werden auch sehr treffende Verben verwendet. Benennt diese Verben im Text.

5 Findet weitere Verben, welche die Bewegungen von Tieren anschaulich beschreiben. Schreibt die Verben in euer Heft oder euer Buddy-Book.
Den gesamten Text zur Tierart „Katta“ findet ihr auch digital, um z. B. Markierungen vorzunehmen. **Arbeitsblatt**

6 Für die Beschreibung des Körperbaus eines Tieres benötigt man zudem passende Nomen. Tauscht euch darüber aus, welche Nomen man braucht, um den Kopf und Körper des Kattas genau zu beschreiben. Haltet auch diese Wörter in eurem Heft oder Buddy-Book fest. **Hilfestellung**

7 Jetzt entscheidest du! Wähle aus:

A Betrachte den Orang-Utan auf dem Bild 1 genau. Trage dann passende Nomen, Verben und Adjektive zu diesem Tier in dein Heft oder dein Buddy-Book ein.

B Überarbeite den folgenden Text, indem du die weniger treffenden Adjektive (im Text markiert) ersetzt. Schreibe den Text verbessert in dein Heft. Du kannst dabei auch noch weitere Sätze zum Orang-Utan hinzufügen.

Insgesamt erscheint das Tier stark, mit breiten Schultern und einem großen Körper. Seine Gliedmaßen sind stark und damit gut angepasst an das Leben in den Baumwipfeln des Regenwaldes.

Sein rundes Gesicht ist gekennzeichnet von einem kleinen Nasenrücken und einem kräftigen Kiefer. Auffällig ist sein großer Kehlsack, der dazu dient, laut zu rufen, während der Wangenwulst den Schall nach vorne richtet. Die Augen wirken im Verhältnis zur Gesichtsgröße klein. Dafür sind die Arme lang. Die Hände und Füße des Orang-Utans sind denen von Menschen recht ähnlich, denn man kann deutlich Finger und Daumen erkennen. Allerdings können Orang-Utans auch mit den Füßen greifen.

Den großen Körper des Orang-Utans bedeckt ein braunes Fell, das aus vielen Haaren besteht.

C Das Bild 2 zeigt Jungtiere, die von ihrem Aussehen her Unterschiede zu einem erwachsenen Orang-Utan (Bild 1) aufweisen. Beschreibe genau die Gemeinsamkeiten und Unterschiede zwischen dem erwachsenen Tier und den Jungtieren. Gehe dabei gesondert auf den Kopf, den Körper und die Gliedmaßen ein.

2 Eine Tierbeschreibung verfassen

Auf die Plätze, Pinguin-Marsch, los!

Wieder zu Hause angekommen, halten die Schülerinnen und Schüler ihr neues Wissen und ihre Eindrücke in Form von Tier-Pässen fest. Als sie die Ergebnisse in der Klasse aushängen, entsteht ein richtiger „Klassen-Zoo".
Auch die Kinder aus anderen Klassen interessieren sich dafür und stellen viele Fragen zu den Tieren, die die 5d im Zoo gesehen hat. Daher beschließen die Schülerinnen und Schüler, auf der Grundlage der Pässe Tierbeschreibungen für die Homepage der Schule zu verfassen. Besonders gut in Erinnerung geblieben sind manchen Kindern die Brillenpinguine. Diese konnten die Kinder beim „Pinguin-Marsch" beobachten, bei dem die geselligen Tiere sich frei im Zoo bewegen können.

1 Lest den Tier-Pass des Brillenpinguins, den Maja erstellt hat. Tauscht euch darüber aus, was euch besonders an dem Tier überrascht hat.

Tier-Pass

Tierart	Brillenpinguin
Vorkommen	Felsküste Südafrikas
Allgemeine Merkmale, Größe, Gewicht	Individuelles Fellmuster 50 bis 70 Zentimeter 2,1 bis 3,7 Kilogramm
Aussehen (von Kopf bis Fuß)	– rundlicher Kopf, im Verhältnis zum Körper klein – kräftiger, scharfer Schnabel – kleine, kugelförmige Augen – schmaler, rosafarbener Streifen, der die Augen wie eine Brille umschließt – Gefieder in weiß und schwarz bis braungrau – kegelförmige Körperform – weißer Bauch mit schwarzen Punkten – Flossen statt Flügel, etwa halb so lang wie ihr Körper – kurze, kräftige Beine
Lebensweise	brüten in großen Tiergruppen (Kolonien)
Verhalten	– leben vor allem im Wasser, gehen bei Stürmen oder zum Brüten an Land – schwimmen bis zu 50 km/h schnell im Wasser, watscheln an Land oder rutschen auf dem Bauch

Nahrung	Fische (Sardinen, Sardellen und Makrelen)
Besonderheit(en)	– jährliche Erneuerung der Federn (die „Mauser"): keine Jagdmöglichkeit während der Erneuerung der Federn, daher starke Gewichtsabnahme – schwarz-weiße Färbung hat Tarneffekt im Wasser – wasserabweisendes Federkleid, das sie regelmäßig mit einem Öl einfetten, das am Schwanzansatz produziert wird – hervorragende Schwimmer

2 Maja hat bereits einen ersten Versuch der Tierbeschreibung verfasst. Lest ihre Einleitung und ordnet die Bausteine, die zur Einleitung einer Tierbeschreibung gehören, aus dem Wortspeicher zu.

besondere Auffälligkeit ▪ Überschrift ▪ Tierart ▪ Vorkommen

Jeder Pinguin im eigenen Frack
Der Brillenpinguin zählt zu einer von insgesamt 17 Pinguinarten und ist an den felsigen Küsten Südafrikas beheimatet. Das Besondere an diesem Tier ist sein individuelles Fleckenmuster, wodurch kein Pinguin dem anderen gleicht.

Marcel und Jonas haben schon den Hauptteil geschrieben. Hier sind ihre Entwürfe für die Beschreibung des Brillenpinguins.

Marcel	**Jonas**
Der Brillenpinguin erreicht eine Körpergröße von maximal 70 Zentimetern. Dabei kann sein Gewicht bis zu 3,5 Kilogramm betragen. Typisch für den Brillenpinguin ist der schmale Streifen rosafarbener Haut, der die Augen wie eine Brille umschließt. Die „Brille" erstreckt sich vom oberen Teil des langen, schmalen Schnabels über die Augen bis zur Rückseite des Kopfes. Seinen kegelförmigen, kräftigen Körper bedeckt ein kurzes, sehr dichtes Gefieder. Während sein Rücken sowie seine Außenflügel bzw. Flossen schwarz sind, sticht sein ovaler Bauch hervor. Dieser ist schneeweiß und mit schwarzen Punkten bedeckt. Dieses Muster ist bei jedem Brillenpinguin einzigartig. Die kurzen, kräftigen Beine enden in schwarzen, mit Schwimmflossen versehenen Füßen. Zwei kleine, runde, dunkle Augen befinden sich seitlich an seinem überwiegend schwarzen Kopf.	Der Brillenpinguin trägt einen schwarz-weißen Anzug, wie ein Gentleman in einem schicken Smoking. Der Kopf eines Brillenpinguins ist schwarz und hat eine auffällige weiße Brille um die Augen herum. Es sieht so aus, als hätte der Pinguin eine coole Sonnenbrille auf. Die Augen sind dunkel und schauen neugierig in die Umgebung. Der Schnabel ist lang und dünn, also ideal zum Fangen von Fischen. Der Körper des Brillenpinguins ist eher lang und schlank, aber nicht zu groß. Seine Brust und der Bauch sind weiß, während sein Rücken und die Flügel schwarz sind. Er hat kurze Beine und kleine, putzige Füße mit Schwimmhäuten zwischen den Zehen.

1 Lest die beiden Texte von Marcel und Jonas. Erklärt, welcher Text im Sinne einer sachlichen und informativen Beschreibung besser gelungen ist.

2 Untersucht den gelungeneren Text genauer und benennt
- treffende Adjektive,
- abwechslungsreiche Verben,
- Fachbegriffe,
- abwechslungsreiche Satzanfänge.

Den Text zum Markieren findet ihr auf dem Arbeitsblatt. **Arbeitsblatt**

3 Formuliert Tipps für den Verfasser des anderen Textes im Hinblick auf die sprachliche Gestaltung. Geht dazu auf einzelne Sätze ein und macht Verbesserungsvorschläge.

4 Beide Schüler haben in ihren Texten bereits das Aussehen und den Körperbau des Brillenpinguins beschrieben. Ergänzt die Tierbeschreibung zum Brillenpinguin von Marcel um die fehlenden Informationen aus dem Tier-Pass: Informationen zur Lebensweise, zum Verhalten, zur Nahrung sowie Besonderheiten. Achtet auf die sprachliche Gestaltung und eine sachliche Ausdrucksweise.

Methode

Eine Tierbeschreibung verfassen

Mit einer Tierbeschreibung informierst du einen Leser oder eine Leserin über wichtige Beobachtungen zum Aussehen des Körpers und zur Lebensweise eines Tieres.
Da du hauptsächlich informieren willst, sollte die Sprache **sachlich** sein (keine Gefühlsäußerungen, kein Aufbau von Spannung). Außerdem unterstützen **Fachbegriffe** (zumeist Nomen) die präzise Benennung von Körperteilen. Mit treffenden **Adjektiven** beschreibst du die Formen und Farben anschaulich, während abwechslungsreiche **Verben** (nicht nur *sein* und *haben*) den Text interessant wirken lassen. Die verwendete Zeitform ist das Präsens.

So baust du eine Tierbeschreibung auf:

In der **Einleitung** nennst du
- die Tierart, evtl. auch die Familie, zu der die Tierart gehört,
- den Lebensraum/das Vorkommen,
- ggf. eine besondere Auffälligkeit.

Im **Hauptteil** werden folgende Aspekte genau beschrieben:
- allgemeine Merkmale, z. B. Angaben zu Größe und Gewicht,
- Aussehen: Kopfform, Körperbau, Oberfläche (Fell, Federn, Haut) in sinnvoller Reihenfolge, z. B.:
  - von Kopf bis Fuß (also von oben nach unten),
  - vom Allgemeinen zum Besonderen,
- Lebensweise,
- Verhalten,
- Nahrung.

Im **Schlussteil** rundest du deine Tierbeschreibung ab, indem du eine Besonderheit des Tieres, die es z. B. von anderen Tieren unterscheidet, herausstellst.

Bunt, bunter, Lori – Eine Tierbeschreibung planen, schreiben und überarbeiten

Marlo und Baharnur waren im Zoo von einem ganz anderen Vogel begeistert: dem Regenbogenlori. In der begehbaren Außenanlage durften sie nämlich dem farbenfrohen Papagei in einem Gefäß Nektar reichen und konnten ihm auf diese Weise ganz nah kommen. Darum beschließen beide, ihre Tierbeschreibung zum Regenbogenlori anzufertigen.

1 Beschreibt den Körperbau sowie das Aussehen des Regenbogenloris. Geht so vor:

- Betrachtet zunächst das Foto des Papageien und ordnet mithilfe des Wortspeichers die Körperteile richtig zu.

  das Gefieder ▪ die Krallen ▪ die Augen ▪ der Schnabel ▪ der Bauch ▪ die Flügel ▪ die Kehle ▪ die Oberseite ▪ die Schwanzfedern ▪ die Füße ▪ die Oberbrust

- Welche Form besitzen die jeweiligen Körperteile? Notiert treffende Beschreibungen, z. B.: der spitz zulaufende, gebogene Schnabel …
- Findet nun treffende Adjektive, um das Gefieder und die Körperteile des Regenbogenloris genau zu beschreiben.
- Übertragt eure Notizen in einen Tier-Pass, um euren Text für die Schulhomepage zu planen.

2 Lest die Zoo-Plakette zum Lori. Übertragt geeignete Informationen in euren Tier-Pass.

Loris – die Papageien mit der Pinselzunge

Regenbogenloris leben in Australien bevorzugt in Waldgebieten, wo sie in Baumhöhlen brüten. Loris sind sehr gesellige Vögel, die man oft in großen Schwärmen antrifft. Gegenüber Menschen zeigen Loris kaum Scheu und lassen sich leicht daran gewöhnen, von ihnen gefüttert zu werden. Die Nahrung der Loris besteht hauptsächlich aus einer zuckerhaltigen Flüssigkeit der Blüten, dem Nektar. Außerdem werden Pollen, Früchte, Insekten und Samen gefressen.

Das passende „Besteck"
Das „Besteck" der Vögel ist gut an ihren Speiseplan angepasst. Ebenso wie andere Nektar fressende Vogelarten haben die Loris eine sehr lange, an der Spitze zerfranst wirkende Zunge, die sehr gut zum Fressen von Nektar und Pollen geeignet ist.

Das Pinselprinzip
Die Zunge der Loris wirkt aus der Nähe wie ausgefranst. Die Fransen nennt man Papillen. Unter dem Mikroskop kann man erkennen, dass auch die Spitzen der Papillen zerfranst sind. Taucht der Vogel den „Pinsel" in den Nektar einer Blüte, so wird dieser durch Kapillarkräfte in die vielen feinen Hohlräume zwischen den Papillen gesogen. Ähnlich funktioniert z. B. auch das Vollsaugen eines Schwamms mit Wasser. Die mit Nektar vollgesogene Zungenspitze wird dann am Gaumen ausgedrückt. So kann ein Lori nicht nur Nektar, sondern auch Wasser trinken.

Auf einen Blick – Beispiel Regenbogenlori

Familie: Altweltpapageien
Vorkommen: Ostküste Australiens
Größe: 29 cm
Gewicht: 120 – 150 g
Lebensweise: Höhlenbrüter; üblicherweise werden dazu Baumhöhlen benutzt; tagaktiv, große Schwärme (bis 1000 Tiere), Standvogel oder Nahrungsangebot folgend
Nahrung: Nektar, Pollen, Früchte und Samen

3 Verfasst eine Tierbeschreibung zum Regenbogenlori. Verwendet euren Tier-Pass als Schreibgrundlage.

- Achtet auf die Verwendung treffender Adjektive und abwechslungsreicher Verben sowie Satzanfänge. Vermeidet persönliche Wertungen.
- Überlegt gemeinsam, welche besondere Eigenschaft des Loris sich gut für die Gestaltung des Schlussteils eignet.

4 Führt anschließend eine Partnerkorrektur zu euren Texten durch. Nutzt dazu den Feedbackbogen für eine Tierbeschreibung. **Feedbackbogen**

5 Jetzt entscheidest du! Wähle aus:

A Löse das folgende Tierrätsel. Begründe deine Lösung schriftlich, indem du die Merkmale benennst, an denen du das Tier erkannt hast.

Gesucht wird ein majestätisches Tier, das hoch oben in den Lüften kreist und mit seinen scharfen Augen die Landschaft überblickt. Seine beeindruckenden Flügel spannen sich weit aus und tragen das Tier elegant durch den Himmel. Diese Kreatur ernährt sich von kleinen Tieren, die es fängt, indem es plötzlich zum Boden herabschießt und seine Beute mit seinen scharfen Krallen davonträgt. Trotz seiner imposanten Erscheinung und Größe ist dieses Tier ein geschickter Jäger und ein wichtiger Teil auch der deutschen Natur. Nicht zuletzt steht das Lebewesen für Stärke und Freiheit und wird oft mit Mut und Weisheit in Verbindung gebracht.

B Verfasse selbst ein Tierrätsel nach dem Vorbild oben.

C Verfasse einen Dialog, in dem zwei Kinder „Tiere raten" (die Regeln stehen auf S. 185) spielen.

Das Komma in Aufzählungen

Hans Manz (1931 – 2016)

Tierrätsel

Der Wolf die Ameise der Luchs die Drossel:
Nimm von jedem den ersten Laut,
dann weißt du, wo der Erste die Höhle
die Zweite die Burg der Dritte den Unterschlupf
die Vierte das Nest baut.

1 Lest den Text laut vor und sprecht darüber, worum es geht. Löst das Rätsel.

2 Der Sinn des Gedichts ist nicht so leicht verständlich. Das liegt auch daran, dass hier etwas nicht stimmt: Benennt, welche Fehler sich eingeschlichen haben.

Regel

Das Komma in Aufzählungen

Aufzählungen werden durch ein Komma voneinander getrennt.
Kein Komma wird gesetzt, wenn zwischen den aufgezählten Wörtern *und*, *sowie* bzw. *oder* steht.

3 Schreibt das „Tierrätsel“ richtig in euer Heft, indem ihr die fehlenden Kommas einsetzt. Tipp: Es müssen sechs Kommas ergänzt werden.

4 Erklärt, warum man Texte besser verstehen kann, wenn die Kommas richtig gesetzt werden.

5 Schreibt die folgenden Sätze in euer Heft, unterstreicht die Teile der Aufzählungen und ergänzt die fehlenden Kommas. In Klammern ist jeweils vermerkt, wie viele Kommas gesetzt werden müssen.

A) Um flinke Kaninchen abzulenken, legen Steinmarder wahre Tanzeinlagen hin: Sie hüpfen hoch drehen sich um die eigene Achse lassen sich auf den Rücken fallen stellen sich tot und flitzen vor den Kaninchen hin und her.
(3 Kommas)

B) Der nordamerikanische Waldfrosch lebt in subarktischen Gebieten wie Alaska und Kanada und lässt sich im Winter in eine Kältestarre fallen. Atmung Hirnfunktion und Herzschlag setzen aus. Im Frühjahr tauen die Eisfrösche wieder auf und erwachen zu neuem Leben.
(1 Komma)

C) Der Kakapo, ein flugunfähiger Papagei aus Neuseeland, ist bekannt für sein grün-gelbes Gefieder seinen großen Schnabel seine kräftigen Beine seine nachtaktive Lebensweise und seine erstaunlich freundliche Art.
(3 Kommas)

D) Der Mauersegler verbringt fast sein ganzes Leben im Flug und vollbringt dabei erstaunliche Tätigkeiten, wie das Jagen von Insekten das Trinken von Wassertropfen in der Luft das Schlafen im Gleitflug und das Bauen von Nestern unter Dachvorsprüngen.
(2 Kommas)

E) Der Vielfraß ernährt sich von einer vielfältigen Auswahl an Nahrung, darunter Aas kleine Säugetiere Vögel Beeren und sogar das Fleisch größerer Beutetiere.
(3 Kommas)

F) Der Krake beeindruckt durch seine außergewöhnliche Intelligenz seine Fähigkeit zur Tarnung sein komplexes Nervensystem und seine acht mit Saugnäpfen bedeckten Arme, die ihm beim Jagen Klettern und Erkunden der Unterwasserwelt helfen.
(3 Kommas)

3 Berichten – Den Zoobesuch und andere Ereignisse festhalten

Erzählung oder Bericht? – Textsorten unterscheiden

Die Tierbeschreibungen, die die Klasse 5d für die Schulhomepage erstellt hat, sind fertig. Nun überlegt die Klasse gemeinsam, wie sie am besten dort veröffentlicht werden können. Es entsteht folgendes Gespräch:

MERLE: Nachdem so vielen Kindern aus anderen Klassen unser „Klassen-Zoo" gefallen hat, lesen sie bestimmt gerne unsere Tierbeschreibungen!

HENRY: Klar! Und es gab ja auch noch so viele andere Fragen zum Zoobesuch ...

MOHAMMED: Genau. Es interessiert die anderen bestimmt, zu erfahren, was wir im Zoo so alles gesehen und erlebt haben!

LEHRERIN: Ihr habt recht. Wir sollten die Tierbeschreibungen jetzt nicht einfach so hochladen, sondern vorher noch einen Bericht über den Ausflug selbst schreiben. Dann können die Leserinnen und Leser sich alles besser vorstellen und den Zusammenhang besser nachvollziehen. Was haltet ihr davon?

Die Schülerinnen und Schüler halten das für einen guten Vorschlag und beginnen mit dem Schreiben. Als Erstes sind Merle und Mohammed fertig und lesen ihre Texte vor.

Merle

Lautes Gebrüll um eine Banane

Die Sonne schien, als wir endlich den Allwetterzoo Münster erreichten. Ich konnte es kaum erwarten, all die Tiere zu sehen und zusammen mit den anderen einen ganz anderen Schultag zu erleben.

Als wir die Tropen-Halle betraten, war ich überwältigt von all den Geräuschen und Gerüchen. Der Dschungel schien lebendig zu sein und wir waren mittendrin. Meine Freunde und ich rannten über Brücken, stiegen auf Aussichtstürme und erspähten unzählige Tiere hautnah, ohne durch Gitter oder Zäune von ihnen getrennt zu sein. Auf der Erkundungstour sahen wir neugierige Ameisenbären, friedliche Flachlandtapire, Riesenotter, Ringelschwanzmungos, faszinierende Reptilien und bunte Vögel.

Plötzlich entdeckten wir eine Gruppe von Brüllaffen. Sie waren so nah, dass wir ihre flauschigen Gesichter und wilden Augen sehen konnten. Die Affen beobachteten uns genauso wie wir sie.

Ich wollte gerade meine Banane essen, als wir beschlossen, ein Selfie mit den Brüllaffen zu machen. Meine Freunde waren so aufgeregt, da die Affen immer näher kamen. Also legte ich die Banane auf den Rand eines Geländers und posierte für unser Gruppen-Selfie mit zwei Brüllaffen im Hintergrund. Mein Herz rutschte mir fast in die Hose – noch nie zuvor war ich einem solchen Tier so nah.

Plötzlich hörte ich ein Rascheln. Ein lautes Brüllen folgte und bevor ich es merkte, schnappte sich ein Brüllaffe die Banane und flitzte davon! Der Schrei des Affen wurde vom Gelächter der Klasse begleitet. Selbst ich konnte nicht anders, als zu lachen, obwohl meine Banane weg war. Der Affe saß nun in einer Ecke des Geheges und schien seine Beute zu genießen, während wir uns über das unerwartete Ereignis amüsierten.

Obwohl ich meine Banane verloren hatte, war dieser Moment im Allwetterzoo Münster einer der aufregendsten meines Lebens.

Mohammed

Wandertag der Klasse 5d in den Allwetterzoo Münster

Am 12. April unternahmen wir, die Klasse 5d, bei gutem Frühlingswetter einen ereignisreichen Ausflug zum Allwetterzoo Münster. Die Abfahrt erfolgte pünktlich um 8 Uhr morgens und wir begaben uns voller Vorfreude auf die etwa anderthalbstündige Busfahrt nach Münster.
Nach einer vergnüglichen Fahrt erreichten wir gegen 9:30 Uhr den Allwetterzoo. Unsere Lehrerin hatte für diesen Ausflug ein kleines Programm vorbereitet.
In den ersten zwei Stunden des Besuchs sollten wir die verschiedenen Tierarten im Zoo genau beobachten. Dabei hatten wir die Gelegenheit, besonders den Brillenpinguinen ganz nah zu kommen, da wir diese geselligen Tiere auf ihrem Marsch durch den Zoo begleiteten.
Zur Mittagszeit trafen wir uns mit unserer Lehrerin für eine gemeinsame Pause. Während des Mittagessens tauschten wir unsere Eindrücke und Beobachtungen über die Tiere aus, was zu interessanten Diskussionen führte.
Nach der Mittagspause hatten wir Zeit zur freien Verfügung, um den Zoo weiter zu erkunden und unsere Lieblingszootiere zu besuchen. Viele Mitschüler und Mitschülerinnen nutzten diese Gelegenheit auch, um sich im Zoo-Shop umzusehen und Souvenirs zu kaufen. Punkt 14 Uhr trafen wir uns am vereinbarten Treffpunkt, um uns für die Rückfahrt zu versammeln.
Auf der Fahrt nahmen wir noch an dem Zoo-Quiz teil. Als wir gegen 16 Uhr die Schule erreichten, verkündete unsere Lehrerin auch noch die Gewinner. Den dritten Platz belegte Sophie, den zweiten Platz erlangte Lio. Als Sieger ging Jonas hervor. Er hatte alle Fragen richtig beantwortet. Die Gewinner erhielten eine Zoo-Urkunde. Aber auch ohne Urkunde haben wir alle an diesem Tag viel gesehen und erlebt und ganz nebenbei eine Menge über Tiere gelernt.

1 Lest beide Texte laut vor. Beschreibt, wie sie jeweils auf euch wirken.

2 Benennt, welche Unterschiede euch zwischen den Texten auffallen.

3 Untersucht die Texte von Merle und Mohammed genauer. Legt eine Tabelle an und ordnet die Begriffe aus dem Wortspeicher passend in die Spalten ein. Tragt die beiden fett gedruckten Begriffe hinter die Gleichheitszeichen in die obere Tabellenzeile ein.

Höhepunkt ▪ genaue Zeitangabe ▪ Spannung ▪ Unterhaltung ▪ genaue Ortsangabe ▪ allgemeine Zeitangabe ▪ Gefühle ▪ sachlich ▪ **Erzählung** ▪ Information ▪ Spannungskurve ▪ klare Reihenfolge ▪ allgemeine Ortsangabe ▪ **Bericht** ▪ ausschmückende Adjektive

Merles Text = ? ? ? ? ? ? ? ? ? ? ? ? ? ?	**Mohammeds Text** = ? ? ? ? ? ? ? ? ?
? ?	? ?

4 Schaut noch einmal Mohammeds Bericht an und beantwortet stichwortartig die W-Fragen. Übertragt dazu die folgende Tabelle in euer Heft.

Mohammeds Bericht

W-Frage	Antwort
Was geschah?	???????????????????
Wer war beteiligt?	???????????????????
Wo ereignete es sich?	???????????????????
Wann ereignete es sich?	???????????????????
Wie geschah es? Wie war der zeitliche Verlauf?	???????????????????
Welche Folgen ergaben sich? Was war das Ergebnis des Geschehens?	???????????????????

Methode

Über ein vergangenes Ereignis berichten

Erklärvideo

Im Gegensatz zu einer Erzählung, die oft dazu dient, jemanden zu unterhalten, und deshalb besonders spannend gestaltet wird, geht es in einem Bericht vor allem darum, einen Leser oder eine Leserin zu **informieren**. Berichte beziehen sich fast immer auf Ereignisse, die in der Vergangenheit stattgefunden haben. Das kann z. B. ein Ausflug sein, ein Fest oder auch ein Unfall.
Ein Bericht wird in einer sachlich **informierenden Sprache** und meistens im **Präteritum** abgefasst.

Ein Bericht gibt Antworten auf folgende Fragen:
- **Was** geschah?
- **Wer** war beteiligt?
- **Wo** ereignete es sich?
- **Wann** ereignete es sich?
- **Wie** geschah es? Wie war der Verlauf?
- **Welche Folgen** ergaben sich? Was war das Ergebnis des Geschehens?

Die Antworten auf die ersten vier Fragen können häufig bereits zu Beginn des Berichts gegeben werden. Über den genauen Hergang berichtest du anschließend in der richtigen zeitlichen Reihenfolge. Dabei helfen dir Ausdrücke wie „zunächst", „anschließend", „zum Schluss", mit denen du das Geschehen genauer zeitlich einordnen kannst.
Die Frage danach, welche Folgen sich aus dem Ereignis ergaben bzw. was das Ergebnis war, kannst du im Schlussteil beantworten.

„Yuki“ – Über ein Zoo-Projekt berichten

Es ist Sommer im Jahr 2022. Wieder besucht eine fünfte Klasse den Zoo in Münster. Als sie sich dort umsehen, staunen die Kinder nicht schlecht. Denn als sie am Ameisenbär-Gehege stehen, bietet sich ihnen ein ungewohntes Bild.

1 Beschreibt das Bild und äußert eure Eindrücke dazu.

2 Lest die Zoo-Plakette und tauscht euch darüber aus, was daran ungewöhnlich ist.

3 Stellt Vermutungen darüber an, was an diesem Tag im Zoo passiert sein könnte.

Yuki

Der gelb-schwarzfarbene Yuki ist ein einzelgängerisch vorkommender Roboterhund aus der Familie der Laufroboter. Der Yuki ist in der Lage, vorwärts, rückwärts und seitwärts zu laufen, Treppen zu steigen, Lasten zu tragen und durch unwegsames Gelände zu laufen. Nach Aktivitätszeiten benötigt er etwa zwei Stunden Ruhezeit, um wieder aufzuladen.

Wusstest du schon?
Der Yuki besitzt fünf Kameraaugen, mit denen er mit einem 360°-Blick seine Umgebung wahrnehmen und Hindernissen ausweichen kann. Er sieht schwarz-weiß, kann aber auch Infrarotstrahlung wahrnehmen.

Auf einen Blick

Familie: Laufroboter
Vorkommen: Massachusetts, Nordamerika
Größe: 110 cm Kopf-Rumpf-Länge, 61 cm Schulterhöhe
Gewicht: 31,7 kg
Lebensweise: tag- und nachtaktiv, Einzelgänger, territorial
Nahrung: Strom aus Batterien mit einer Kapazität von 605 Wh

Nach kurzer Zeit erscheint eine Mitarbeiterin des Zoos am Gehege. Sie erklärt den staunenden Besucherinnen und Besuchern, dass das neue „Tier" Teil eines Informatik-Forschungsprojekts unter der Leitung von Prof. Dr. Gernot Bauer ist. Dann übergibt sie das Wort an einen Informatik-Studenten, der neben ihr steht. Er erläutert, was es mit „Yuki" auf sich hat:

Wir hoffen zu verstehen, wie Menschen einen solchen Roboter wahrnehmen. Steht die Angst vielleicht eher im Vordergrund oder die Neugier? Ist eine gewisse Bereitschaft da, sich damit auseinanderzusetzen?
Die Bewegungen von „Yuki" sind teilweise einprogrammiert, werden teilweise aber auch von einem versteckten Studenten ferngesteuert. Dabei imitieren sie niedliche, aber auch drohende Gebärden, wie sie auch für normale Hunde typisch sind. Im Kopf befindet sich eine Kamera, mit der der Gesichtsausdruck der Menschen, die „Yuki" dabei beobachten, festgehalten werden kann. An den gefilmten Gesichtsausdrücken können wir dann ableiten, welche Gefühle die Menschen dem Roboter entgegenbringen. Uns ist wichtig zu erfahren, ob sie z. B. mit ihm wie mit einem Tier kommunizieren und ihn als Lebewesen akzeptieren.

4 Vergleicht eure Vermutungen mit der Erklärung des Informatik-Studenten.

5 Benennt, welche Ziele das Projekt im Zoo verfolgt.

Sowohl die Kinder der Klasse als auch ihre Lehrerin, Frau Wilm, verfolgen noch eine ganze Weile fasziniert das Geschehen. Dabei beobachten sie, wie andere Besucherinnen und Besucher auf „Yuki" reagieren: Fast alle möchten ein Foto vom Roboter-Hund ergattern oder machen Selfies vor dem Gehege. Manche versuchen, die Aufmerksamkeit durch Geräusche auf sich zu lenken, ganz so, als wäre „Yuki" ein echtes Tier. Sogar ein richtiger Hund bleibt vor dem Gehege stehen und wedelt mit dem Schwanz.
Auf dem Rückweg nach Hause tauschen sich die Kinder über ihre Beobachtungen aus. Maryam möchte mehr wissen. Sie wendet sich darum an ihre Lehrerin:

MARYAM: Mir ist noch nicht so richtig klar, wozu das Projekt eigentlich gut sein soll. Was wollen die Informatik-Studenten denn damit erreichen?

FRAU WILM: Ich denke, dass hier die Kommunikation zwischen Menschen und Robotern untersucht werden soll. Die Roboterhunde wie Yuki sollen in Zukunft noch weiterentwickelt und verbessert werden, um verschiedene Aufgaben zu übernehmen.

MARYAM: Welche Aufgaben könnten das sein?

FRAU WILM: Schon jetzt übernehmen echte Hunde die Aufgabe, geh- und sehbehinderte Menschen im Alltag zu unterstützen, indem sie sie z.B. auf ihren Wegen begleiten. Das könnte ein Roboter-Hund auch. Was ein echter Hund aber nicht unbedingt kann, ist es, bestimmte Aufgaben für die Polizei oder Feuerwehr zu übernehmen. Ein Roboterhund könnte zum Beispiel in ein brennendes oder einsturzgefährdetes Gebäude gehen und dort Videoaufnahmen machen, damit die Menschen einschätzen können, ob es dort sicher ist.

MARYAM: Das finde ich sehr interessant. Ich wünschte, ich könnte später auch so einen Roboter programmieren.

FRAU WILM: Warum nicht? Wenn dich dieses Thema interessiert, solltest du da dranbleiben!

Am nächsten Tag ist die Begegnung mit „Yuki“ noch immer ein Gesprächsthema in der Klasse. Frau Wilm beschließt, dass es sich lohnt, auch andere Schülerinnen und Schüler an diesem besonderen Ereignis teilhaben zu lassen. Deshalb sollen diejenigen, die dabei waren, einen sachlichen Bericht für die Schulhomepage verfassen.

1 Marvin und Leona haben sich zunächst Stichworte aufgeschrieben, wie sie ihren Bericht aufbauen wollen. Beschreibt, wie sie vorgehen wollen, und ergänzt die Liste.

- Überschrift
- Einleitung (Was? Wer? Wann? Wo?)
- Ablauf/Ziele (Warum?)
- ...

2 Begründet, welche der folgenden Überschriften für den Bericht sinnvoll ist:

a) Ein ungewöhnliches Tier
b) Ein Roboter im Ameisenbär-Gehege
c) Robohund Yuki
d) Zoobesucher sind begeistert

Für die Vorarbeiten zum Verfassen des Berichts könnt ihr ein Arbeitsblatt benutzen.
Arbeitsblatt

3 Marvin hat bereits einen ersten Entwurf für seine Einleitung zu einem Bericht über „Yuki“ verfasst. Was ist ihm noch nicht gelungen? Überarbeitet seine Einleitung.

Im Jahr 2022 gab es ein Projekt im Allwetterzoo Münster. Das wurde von der Fachhochschule Münster durchgeführt. Teilgenommen haben viele Besucherinnen und Besucher des Zoos.

4 Verfasst nun einen ausführlichen Bericht über das Zoo-Projekt. Hilfreich ist es, wenn ihr euch die in Aufgabe 1 und in der **Methode** (S. 201) genannten Teile des Berichts noch einmal stichwortartig aufschreibt. So erhaltet ihr einen Plan, der euch beim Verfassen des Textes hilft. Denkt an die Überschrift und verdeutlicht den Aufbau eures Berichts durch Absätze. Ihr könnt in Partnerarbeit eure Berichte gegenseitig überprüfen. Nutzt dazu den Feedbackbogen. **Feedbackbogen**

4 Das habe ich gelernt, das kann ich

Merkmale einer Tierbeschreibung kennen ▶ S. 194

1 Korrigiere die folgenden Aussagen über Tierbeschreibungen und schreibe sie richtig in dein Heft.

a) Eine Tierbeschreibung wird im Präteritum verfasst.
b) Man verwendet Verniedlichungen, um das Tier anschaulich zu beschreiben.
c) Allgemeine Begriffe beschreiben das Tier für den unwissenden Leser bzw. die unwissende Leserin.
d) Die Tierbeschreibung beginnt mit dem Stand der Bedrohung des Tieres.
e) Im Hauptteil werden Körperbau und Lebensraum beschrieben.
f) Im Schlussteil nennt man die Tierart.

Die passende Wortwahl für eine Tierbeschreibung beachten, den Wortschatz erweitern ▶ S. 189 ff.

1

2

2 Beschreibe das Aussehen des männlichen Mount-Kenia-Dreihornchamäleons mithilfe der Abbildungen genau.
- Übernimm die Tabelle in dein Heft und ordne die Beschreibungen aus dem Wortspeicher in die Tabelle ein.
- Finde treffende Farbadjektive, um das Chamäleon zu beschreiben.
- Ergänze eigene Beobachtungen zum Aussehen des Tieres.

Körperbau	Kopf	Farben
? ? ? ? ? ? ? ? ?	? ? ? ? ? ? ? ? ?	? ? ? ? ? ? ? ? ?

lange Schwanzspitze ▪ Körperlänge von ca. 30 cm ▪ Schuppenkleid ▪ Dornen auf dem Rücken ▪ fünf Zehen, die in gebogenen Klauen enden ▪ dreieckige Kopfform ▪ getrennt voneinander stehende Augen ▪ spitz zulaufende Schnauze ▪ senkrechte Pupillen ▪ drei geringelte Hörner, davon eines auf der Nase und zwei zwischen den Augen ▪ kräftige Beine

Einen Text überarbeiten ▶ S. 195 ff.

3 Selma hat für die Schulhomepage einen Text über den Ameisenbären verfasst und sich dabei an der Zoo-Plakette und den Fotos, die sie im Zoo gemacht hat, orientiert.

- Lies ihre Tierbeschreibung und überarbeite sie. Ziehe dabei auch die Zoo-Plakette hinzu. Denke daran, dass eine Tierbeschreibung immer sachlich, aber dennoch detailliert mit passenden Nomen und Adjektiven sowie abwechslungsreichen Verben formuliert wird.
- Schreibe den verbesserten Text in dein Heft.

Ameisenfresser mit drei Fingern

Wusstet ihr, dass der Ameisenbär in Mittel- und Südamerika beheimatet ist? Dort bevorzugt er Wälder sowie Sumpf- und Graslandschaften. Sein Name „Ameisenbär" ist Quatsch, denn das Tier zählt zu den Nebengelenktieren, genau wie das Faultier. Nicht ohne Grund stelle ich euch hier den Großen Ameisenbären vor, da er mit einer Körperlänge bis zu 130 cm und einer Schwanzlänge von bis zu 90 cm ganz schön Eindruck macht. Auch auf der Waage lässt er sich nicht lumpen, denn dort kann er bis zu 39 kg wiegen.
Die Farbe seines Fells variiert, aber meistens ist es grau oder braun mit einigen hellen Flecken oder Streifen darauf. Man könnte sagen, es sieht ein bisschen aus wie ein Muster aus Wolken am Himmel! Diese Farben helfen dem Ameisenbären, sich in seiner natürlichen Umgebung zu tarnen, besonders wenn er durch den dichten Wald schleicht, wenn das hungrige Tierchen auf Futtersuche ist.

Außerdem hat er einen langen, dünnen Körper und kurze Beine. Das Besondere an ihm sind seine riesigen Krallen, die er zum Graben benutzt, um an seine Lieblingsspeise, Ameisen und Termiten, zu kommen. Seine Nase ist lang und sehr spitz, fast wie ein Rüssel, und er hat kleine, dunkle Augen. Ein Highlight ist definitiv seine superlange Zunge, mit der er Ameisen- und Termitenhügel leer schleckt. Der Einzelgänger ist ein wahrer Vielfraß, da er bis zu 35 000 Insekten täglich verputzt. Und falls ihr euch fragt, ob der Ameisenbär gefährdet ist – ja, ist er.

Großer Ameisenbär

Der Große Ameisenbär lebt in den Wäldern, Sumpf- und Graslandschaften Mittel- und Südamerikas. Er ist der größte Vertreter der Ameisenbären. Mit echten Bären hat der Große Ameisenbär – außer dem Namen – nichts gemein. Biologisch gehört er – wie das Faultier – zu den Nebengelenktieren. Der Große Ameisenbär ist aufgrund von Lebensraumverlust, Buschbränden und Autoverkehr in seinem Bestand gefährdet.

Wusstest du schon?
Der Große Ameisenbär sucht den Boden nach Insekten ab. Hat er einen Ameisen- oder Termitenhügel entdeckt, reißt er ihn mit seinen kräftigen Krallen auf und holt mit der 40 – 55 cm langen, wurmartigen Zunge die Beute heraus. Mit ihr leckt er etwa 35 000 Insekten täglich auf.

Auf einen Blick

Familie: Ameisenbären
Vorkommen: Mittel- und Südamerika
Größe: bis zu 130 cm Kopf-Rumpf-Länge
Gewicht: 22 – 39 kg
Lebensweise: tagaktiv, Einzelgänger, Bodenbewohner, territorial, Höchstalter 15 Jahre, 31 Jahre (Zoo)
Nahrung: Ameisen, Termiten, Insektenlarven, Würmer, Beeren

Du kannst dich selbst überprüfen. **Lösungen**

Von Bussarden, Wildkatzen, Bienen und Moorhühnern

Wörter mit kurz und lang gesprochenen Vokalen richtig schreiben

- Wird der Vokal lang oder kurz gesprochen? Übungen und Rechtschreibregeln dazu kennt ihr sicherlich noch aus der Grundschule. In diesem Kapitel wiederholt ihr euer Wissen dazu.
- Im ersten Teil lernt ihr, wie man Wörter mit kurz gesprochenen Vokalen schreibt.
- Im zweiten Teil geht es um die Schreibweise von Wörtern mit lang gesprochenen Vokalen.

Leben im Wildtiergehege

Ein Wildtiergehege ist eine Einrichtung, die dazu dient, wild lebende Tiere in einer kontrollierten Umgebung zu halten, um sie zu schützen, zu pflegen und zu beobachten. Im Gegensatz zum Zoo, der oft viele Tierarten aus der ganzen Welt beherbergt, konzentriert sich ein Wildgehege normalerweise auf einheimische Tierarten.
Die Tiere in einem Wildgehege werden meist in einem großen, natürlichen Lebensraum gehalten, der ihren Bedürfnissen entspricht. Die Gehege werden so gestaltet, dass sie den ursprünglichen Lebensraum der Tiere nachahmen, mit viel Platz zum Herumstreifen, Möglichkeiten, sich zu verstecken, und Futterquellen. Dabei wird darauf geachtet, dass die Tiere wenig gestört werden und natürliche Verhaltensweisen entwickeln können.
In einem Wildgehege können je nach Standort und Region verschiedene einheimische Tierarten gehalten werden. Dazu zählen häufig Wildkatzen, Rehe, Vögel wie der Bussard, der Kuckuck, das Moorhuhn oder der Adler, Hasen, Spitzmäuse und heimische Schlangenarten wie die Natter. In Norddeutschland gibt es auch Einrichtungen mit Robben, Aalen und Krabben.
Neben diesen Wildtieren bieten viele Tierparks ihren Besuchern aber auch Haus- und Nutztierarten wie Schafe mit ihren Lämmern, Kühe, Hühner, Esel und Ziegen in Streichelgehegen an.
In den naturnahen Anlagen lassen sich auch viele Insektenarten wie Bienen, Hummeln, Libellen, aber auch Stechmücken beobachten.

1 Betrachtet die Abbildung. Welche Tiere könnt ihr erkennen? Tipp: Die genauen Bezeichnungen findet ihr im Text.

2 Habt ihr schon einmal ein Wildtiergehege besucht? Welche Tiere konntet ihr dort beobachten? Berichtet.

3 Im Text über Wildtiergehege sind einige Wörter mit kurz gesprochenem und lang gesprochenem Vokal unterstrichen. Die Vokale, um die es geht, sind fett gedruckt.

- Lest diese Wörter laut vor und achtet genau auf die Betonung.
- Übertragt die folgende Tabelle in euer Heft und ordnet die Wörter richtig ein.
- Kennzeichnet den kurz gesprochenen Vokal mit einem Punkt und den lang gesprochenen Vokal mit einem Strich.

Wörter mit kurz gesprochenem Vokal	Wörter mit lang gesprochenem Vokal
Gegensatz	dient
? ? ? ? ? ? ? ? ? ?	? ? ? ? ? ? ? ? ? ?

4 Schaut nun noch einmal genau auf die Tiere, die man in Wildgehegen beobachten kann. Achtet bei den Tierbezeichnungen auf den betonten Vokal. Wird dieser lang oder kurz gesprochen? Ordnet die Wörter in die Tabelle oben ein.

5 Betrachtet nun die Schreibweise der Wörter mit lang und kurz gesprochenem Vokal genau. Was fällt euch auf? Sprecht in der Klasse darüber.

1 Die Schreibweise von Wörtern mit kurz gesprochenem Vokal

Doppelter Konsonant nach kurz gesprochenem Vokal

1 Schaut euch die Tierbilder an. Die gesuchten Begriffe enthalten immer einen doppelten Konsonanten nach kurz gesprochenem Vokal.

- Schreibt die gesuchten Tierbezeichnungen auf.
- Markiert jeweils den kurz gesprochenen Vokal mit einem Punkt.
  Beispiel: Bulle

2 Es gibt noch weitere Tierbezeichnungen mit doppeltem Konsonanten nach einem kurz gesprochenen Vokal. Überlegt gemeinsam und schreibt die Wörter auf.

3 Sucht zu den folgenden Verben und Nomen passende Reimwörter und schreibt lustige Paarreime auf.

Beispiel: Rollt der Kuchen aus der Pfanne,
lacht die Puppe in der Wanne.

rollen ▪ Sonne ▪ stellen ▪ Zelle ▪ Kamm ▪ Pfanne ▪ wippen ▪ summen ▪ Puppe

4 Bildet aus dem Wortstern so viele Wörter wie möglich. Schreibt sie anschließend nach Reimwörtern in Gruppen auf.

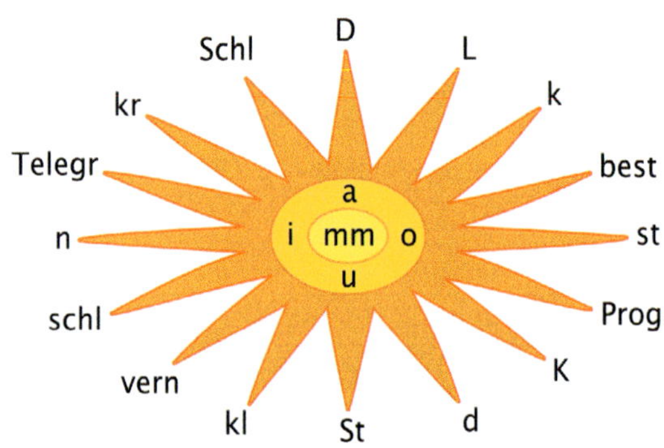

5 Auch bei dem folgenden Rätsel geht es um Wörter mit doppeltem Konsonanten. Schreibt die Wörter mit der richtigen Buchstabenfolge auf.

a) großes Gefäß: OTENN
b) Turnübung: RLOLE
c) nicht außen: NNINE
d) Jahreszeit: RESMOM
e) nicht getrennt: SZUENMMA
f) kein Balkon: STRESARE
g) beliebte Eissorte: LIVNALE
h) gehört zur Schraube: TUTMRE

6 Was passiert mit dem doppelt geschriebenen Konsonanten, wenn das Wort seine Form verändert? Schreibt zu den folgenden Infinitiven jeweils die 3. Person Singular Präsens auf:

Beispiel:
sich sonnen – er (sie oder es) sonnt sich

sich sonnen ▪ stellen ▪ fallen ▪ rennen ▪ brummen ▪ summen ▪ rollen ▪ sammeln

Ihr könnt euch verschiedene Wörter diktieren lassen, um weiter zu üben. **Audio und Lösung**

Regel

Wenn man nach einem kurz gesprochenen Vokal nur einen Konsonanten hört, wird dieser meistens verdoppelt.

Beispiele: stellen, Butter, Zelle

Diese Verdoppelung bleibt immer erhalten, auch wenn das Wort verändert wird.

Beispiele:
schütteln – er schüttelte – er hat geschüttelt
schlimm – schlimmer – am schlimmsten
Kamm – des Kamms – die Kämme

!

Die Laute *k* und *z* nach kurz gesprochenem Vokal

1 Die Zettel mit den Nomen und Verben sind auseinandergerissen worden. Setzt sie wieder richtig zusammen, schreibt die Wörter auf und markiert den kurzen Vokal mit einem Punkt.

2 Sucht zu den folgenden Verben möglichst viele Wörter aus der gleichen Wortfamilie.

Beispiel: decken: die Decke, gedeckt ...

schmecken ▪ hocken ▪ schlucken ▪ spucken ▪ backen

3 Welche Verben gehören zur gleichen Wortfamilie wie die folgenden Nomen? Schreibt sie in euer Heft.

Spritzwasser ▪ Sitz ▪ Kratzbürste ▪ Anspitzer ▪ Schmutz ▪ Putzmittel ▪ Verletzung ▪ Schutzmann ▪ Hitze

4 Setzt die Nomen aus Aufgabe 3 so zusammen, dass lustige Fantasiewörter entstehen.

Beispiel: Kratzbürstenschutzmann

Regel

Die Laute **k** und **z** werden in deutschen Wörtern nicht verdoppelt; nach kurz gesprochenem Vokal schreibt man fast immer **ck** und **tz**.

Beispiele: La**ck**, me**ck**ern, wa**ck**eln
Bli**tz**, Schu**tz**, pla**tz**en

5 Schaut euch die folgenden Wörter genau an. Was haben sie gemeinsam?

tanken ▪ blinken ▪ Falke ▪ Imker ▪ Park ▪ denken ▪ Herz ▪ zwanzig ▪ Walzer ▪ stolz ▪ kürzen ▪ Tanz

Regel

Vielleicht kennst du diesen Merkvers noch aus der Grundschule:

Nach **l**, **m**, **n**, **r**, das merke ja, steht nie **tz** und nie **ck**.

Beispiele: Ban**k**, Im**k**er, schlan**k**
Kran**z**, Ar**z**t, ran**z**ig

6 Schreibt die folgenden Wörter in euer Heft und setzt den passenden Buchstaben ein.

tan■en	blin■en
Plan■e	Win■el
kur■	wel■en
Schran■	Bal■en
Par■	kür■en
Im■er	star■
Wan■en	gan■
zwan■ig	stür■en
Her■	Tan■
win■en	Fal■e
Schmer■	stol■
Mär■	Wal■er
Mar■t	mel■en
schmin■en	Ar■t
kran■	den■en
Hol■	tan■en

7 **k** oder **ck**? Schreibt den folgenden Text in der richtigen Schreibweise in euer Heft.

Der Ku■u■ und der Fin■

Eines Tages im Par■ traf ein Ku■u■ einen weit gereisten Fin■en. Er wollte von ihm wissen, wie Tiere und Menschen über andere denken.
„Welche Meinung haben sie über den Da■el?", fragte er ihn.
„Mit seinem langen Bauch und den kurzen Beinen sieht er zwar ein bisschen ul■ig aus, aber alle finden ihn niedlich", antwortete der Fin■.
„Und wie redet man über den Na■tmull?"
„Er hat kein Fell und seine Zähne sind krumm, aber auch ihn mögen alle."
„Und über das Plan■ton, wie spricht man über diese Winzlinge?"
„Es ist sehr nützlich und wichtig für das Meer und die Tiere, die darin leben."
„Was aber sagt man über die Ze■e?", fragte der Ku■u■ weiter.

„Über sie ärgern sich die Menschen. Sie verste■t sich im Gras und in den He■en“, erwiderte der Fin■.
„Und nun“, fuhr der Ku■u■ fort, „sage mir auch noch, wie die anderen über mich reden.“
Da verstummte der Fin■, schaute in die Wol■en und dachte nach. „Wenn ich so überlege, kommst du in ihren Gesprächen überhaupt nicht vor“, erklärte er schließlich.
„Dann muss ich es eben selbst übernehmen, von mir und über mich zu reden“, erwiderte da der Ku■u■ und begann, immer wieder laut seinen Namen zu rufen.

8 Überprüft euer Wissen zur Schreibweise von Wörtern mit den Lauten **k** und **z**.

- Schreibt die folgenden Sätze in euer Heft und füllt die Lücken mit den Buchstaben **k/ck** oder **z/tz**.
- Erklärt, warum ihr euch für die jeweilige Schreibweise entschieden habt.

A) Beim Bä■er kaufe ich mir oft eine le■ere Zimtschne■e.

B) An der Gren■e werden manchmal Kontrollen durchgeführt.

C) In den Ferien faulen■en wir gerne und spielen mit der kleinen Ka■e.

D) Heute muss ich wir■lich zum Ar■t.

E) Zu Hause hängen wir unsere Ja■en und Mü■en immer an die Garderobe.

F) Mein Bruder erzählt gerne lustige Wi■e.

G) Ich habe ein Ti■et für ein Kon■ert bekommen.

H) In der Weihnachtszeit schmü■en wir unsere Wohnung mit einem Adventskran■.

Regeln kompakt

Wörter mit kurz gesprochenem Vokal richtig schreiben

- Hört man nach einem kurz gesprochenen Vokal nur einen Konsonanten, wird dieser meist verdoppelt (z. B. So**nn**e, Pu**pp**e, ro**ll**en)
- Die Laute **k** und **z** werden in deutschen Wörtern nicht verdoppelt; nach kurz gesprochenem Vokal schreibt man fast immer **ck** und **tz** (z. B. La**ck**, pla**tz**en). Nach **l**, **m**, **n** und **r** steht nie **tz** oder **ck** (z. B. Ba**nk**, Kra**nz**).

2 Die Schreibweise von Wörtern mit lang gesprochenem Vokal

Wörter mit lang gesprochenem Vokal ohne Dehnungszeichen

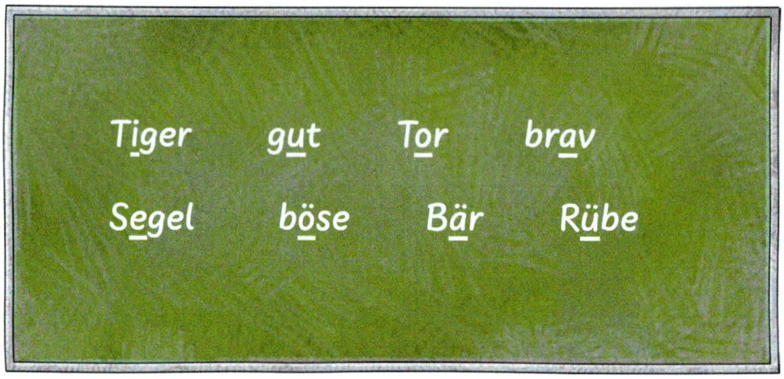

EMMA: Bei allen Wörtern, die an der Tafel stehen, wird der Vokal lang gesprochen.

NOAH: Woher wissen wir, wann ein solches Wort mit einfachem Vokal geschrieben wird?

HENRY: Ja, und wann folgt dem lang gesprochenen Vokal ein h und wann wird der Vokal verdoppelt?

FRAU DEWALD: Die meisten Wörter mit lang gesprochenem Vokal schreiben sich mit einfachen Buchstaben, wie z. B. Dose. Leider gibt es keine eindeutige Regel, die festlegt, wann nach einem lang gesprochenen Vokal ein Längenzeichen wie das h oder die Verdoppelung des Vokals folgt. Deshalb müsst ihr euch Wörter mit lang gesprochenem Vokal gut einprägen.

1 Ein lang gesprochener Vokal wird bei der Schreibung oft nicht weiter gekennzeichnet (z. B.: Blume, Honig). In der Wörterschlange sind 20 solcher Wörter mit lang gesprochenem Vokal versteckt. Sucht sie heraus.

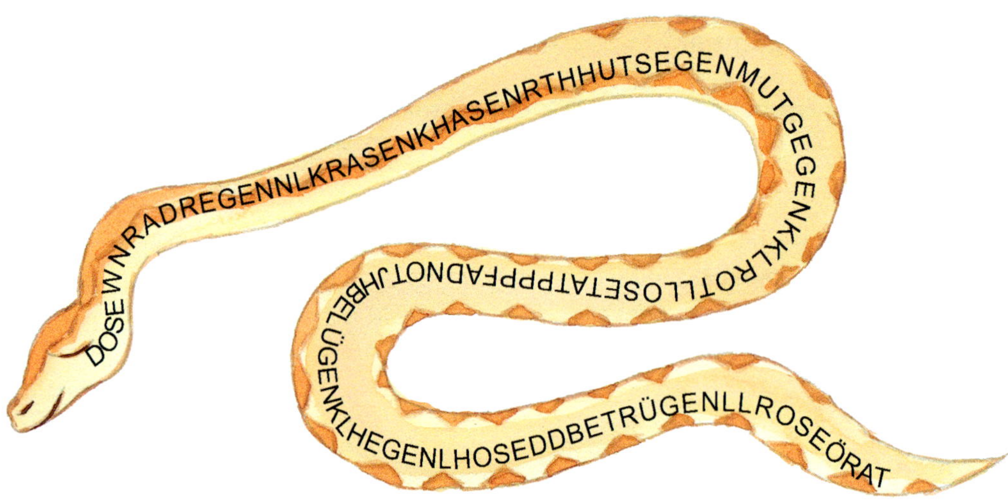

2 Aus den 20 Wörtern könnt ihr zehn Reimpaare bilden. Schreibt diese Reimpaare auf.

Löst ein Suchsel und findet noch mehr Wörter mit langem Vokal ohne Dehnungszeichen. Arbeitsblatt

3 Der lange i-Laut wird in einigen Wörtern mit einem einfachen **i** geschrieben. Diese Wörter müsst ihr euch merken. Beantwortet folgende Fragen und schreibt die Lösungswörter in euer Heft:

a) Wie heißt das Buch der Christen?
b) Wie heißt ein gefährliches Raubtier?
c) Wie nennt man die Tochter deines Onkels?
d) Wie lautet ein anderer Name für Orange?
e) Welcher Kraftstoff beginnt mit dem Buchstaben B?
f) Wie heißt ein pflanzlicher Brotaufstrich?
g) Was verändert sich gerade und beginnt mit dem Buchstaben *K*?
h) Wie heißt der Zeitpunkt einer Verabredung?
i) Welcher rote Edelstein beginnt mit dem Buchstaben R?
j) Womit unterstreicht man etwas?

Solltet ihr Probleme mit dem Finden eines Lösungswortes haben, dann könnt ihr die Hilfestellung hinzunehmen. **Hilfestellung**

4 Sortiert die Lösungswörter aus Aufgabe 3 nach dem Alphabet und schreibt sie entsprechend auf. Diktiert sie euch anschließend gegenseitig.

5 In den folgenden Wörtern im Wortspeicher sind die Buchstaben durcheinandergeraten. Sortiert die Buchstabenfolgen und schreibt die Wörter in euer Heft.

üsmeGe ▪ eVsa ▪ foePt ▪ rtooM ▪ gäifK ▪ mueBl ▪ iKmna ▪ iantimV ▪ hcSlue ▪ bSute ▪ erBbi ▪ pVrmai

Wörter mit Doppelvokal

Der Nationalpark Wattenm■r

Der Nationalpark Wattenm■r erstreckt sich entlang der Nords■küste und ist für seine einzigartige Landschaft und Artenvielfalt bekannt. Die als Weltnaturerbe bezeichnete Landschaft bietet eine Fülle von Ökosystemen, die von Wattflächen und Salzwiesen bis hin zu Dünen und offenem Wasser reichen.

Eine B■tsfahrt durch das Wattenm■r ist ein unvergessliches Erlebnis, das Besucherinnen und Besuchern die Möglichkeit bietet, die Schönheit und Vielfalt dieser einzigartigen Umgebung zu erleben. Während der Fahrt kann man oft die typischen S■hunde beobachten, die auf den Sandbänken sonnenbaden, oder zahlreiche Vogelarten, die über den flachen Gewässern kreisen.

Mittags kann man ein leckeres Fischbrötchen mit Matjes, Hering oder ■l genießen.

Für Naturliebhaber bietet der Nationalpark auch eine Fülle von Wander- und Fahrradrouten durch die weitläufigen Salzwiesen, entlang am malerischen M■r. An Sträuchern wachsen dort säuerliche B■ren, aus denen Gel■ und Saft hergestellt wird.

Nach einem erlebnisreichen Tag im Nationalpark kann man in einem gemütlichen Häuschen mit typischem R■tdach einen Kaff■ oder T■ genießen.

1 Würdet ihr auch gerne einmal an die Nordsee reisen oder wart ihr schon dort? Berichtet.

2 Im Text fehlen in einigen Wörtern Buchstaben. Schreibt diese Wörter mit den passenden Buchstaben in euer Heft. Was haben die Wörter gemeinsam?

3 Schreibt die folgenden Sätze in euer Heft und ersetzt dabei die kleinen Zeichnungen durch die richtigen Wörter.

a) Die Klasse macht einen Ausflug in den  .

b) Zu Weihnachten wünsche ich mir ein  selbstgestrickte Socken von meinem Opa.

c) Bei einer Erkältung trinkt man am besten viel  .

d) Die Kaninchen freuen sich über frisch gepflückten  .

e) Ein  legt in seinem Leben Tausende von Kilometern zurück.

4 Bildet mithilfe der Wortsterne möglichst viele Wörter.

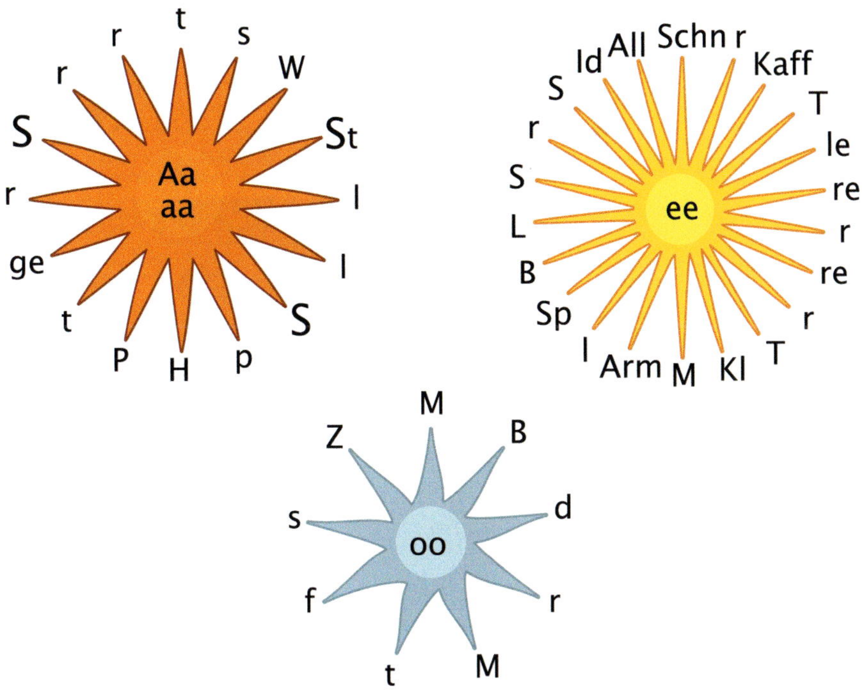

5 Entschlüsselt gemeinsam die Geheimschrift und schreibt die Wörter in euer Heft. Achtet auf die Groß- und Kleinschreibung.

Beispiel: 20/5/5/18/2/5/12/1/7
T e e r be l a g

a) 1/1/12/7/12/1/20/20

b) 19/1/1/20/7/21/20

c) 11/12/5/5/2/12/1/20/20

d) 13/5/5/18/19/1/12/26

e) 11/1/6/6/5/5/6/9/12/20/5/18

f) 8/1/1/18/19/16/1/12/20/5/18/5/9

g) 13/15/20/15/18/2/15/15/20

6 Die folgenden zusammengesetzten Wörter sind durcheinandergewürfelt worden. Sortiert sie und schreibt sie in euer Heft.

Speerlöwe ▪ Beetigel ▪ Seeumrandung ▪ Moosspitze ▪ Kaffeelauf ▪ Seesatz ▪ Leerboden ▪ Saatleiche ▪ Haargut ▪ Moorbeutel ▪ Teespange

Wörter mit Dehnungs-h

1 Oben sind zehn Gegenstände bzw. Lebewesen abgebildet. Schreibt die passenden Bezeichnungen auf. Welche Gemeinsamkeit besitzen die Wörter?

2 Mit der Wortmaschine unten könnt ihr viele Wörter bilden, in denen hinter dem lang gesprochenen Vokal ein **h** steht. Das nennt man Dehnungs-h. Ihr müsst dazu nur aus jedem Speicher einen Buchstaben oder eine Buchstabenkombination entnehmen.

Beispiel: **H** (Speicher 1) + **uh** (Speicher 2) + **n** (Speicher 3) = Huhn

- Bildet kleine Gruppen und versucht, in 15 Minuten möglichst viele Wörter mit einem Dehnungs-h zu finden.
- Schaut in einem Rechtschreibwörterbuch nach, wenn ihr euch unsicher seid.
- Für jedes richtige Wort erhaltet ihr einen Punkt. Für ein Lösungswort, das andere Gruppen nicht gefunden haben, erhaltet ihr zwei Punkte.

3 Sucht zu den Wortstämmen im Wortspeicher möglichst viele verwandte Wörter und Formen (z. B.: fahr- = fahren, Fahrzeug, Fahrer, Anfahrt ...). Arbeitet zu zweit oder in kleinen Gruppen.

droh- ▪ wohn- ▪ fahr- ▪ lehr- ▪ fühl- ▪ seh- ▪ zahl-/zähl-

4 Schreibt die folgenden Wörter ab und ordnet sie dabei in alphabetischer Reihenfolge.

Schuh ▪ Geweih ▪ Drohung ▪ Zeh ▪ Wohnung ▪ Wahl ▪ Strahl ▪ Zahlung ▪ Ehre ▪ Kühle ▪ Kehrblech ▪ Führung ▪ Aufnahme ▪ Befehl ▪ Lehrling ▪ Jahr ▪ Gefahr ▪ Gefühl ▪ Bahn ▪ Fehler ▪ Hohn ▪ Stahl ▪ Lohn ▪ Fahne ▪ Kohl ▪ Sahne

5 Bildet zu den folgenden Verbformen die entsprechenden Präteritumformen (Vergangenheitsformen).

Beispiel: ich fliehe – ich floh

sie nehmen ▪ er dehnt ▪ ich sehe ▪ du mähst ▪ ihr fehlt ▪ ich stehe ▪ wir fliehen

Welches Verb stellt in dieser Liste wegen seiner Schreibweise eine Ausnahme dar? Nennt es und begündet eure Vermutung.

Kennt ihr schon viele Wörter mit einem Dehnungs-h? Löst ein Rätsel und überprüft euer Wissen. **interaktive Aufgabe**

6 Bei den Personal- und Possessivpronomen *ihr, ihrer, ihrem, ihren, ihm, ihn* wird der lang ausgesprochene i-Laut mit **ih** geschrieben. Verbessert die Sätze, indem ihr passende Personal- oder Possessivpronomen einsetzt.

a) Lina gratuliert Kian zum Geburtstag und schenkt Kian ein Buch.
b) Mias Hund kommt, als Mia den Hund ruft.
c) Benno ist krank. Mayla besucht Benno im Krankenhaus.
d) Der Wärter gibt dem Elefanten Futter und wäscht den Elefanten.
e) Mateo füttert seine zwei Meerschweinchen mit einem Spezialfutter, damit das Fell von Mateos Meerschweinchen schön glänzt.
f) Die Schüler und Schülerinnen mögen ihren Mathematiklehrer, weil er den Schülern und Schülerinnen die Aufgaben genau erklärt.

7 Denkt euch eigene Sätze aus, bei denen man Wörter durch *ihr, ihm, ihnen ...* ersetzen kann. Gebt sie eurer Lernpartnerin oder eurem Lernpartner zum Verbessern und überarbeitet selbst die Beispiele, die sie oder er sich ausgedacht hat.

Wörter mit *ie*

Josef Guggenmos (1922 – 2003)

Wenn R■sen n■sen

S■ben R■sen,
d■ mit bloßen Füßen
über nasse W■sen
l■fen,
n■sen mit ihren
R■sennasen so
laut,
dass von d■sem
R■senn■sen
s■ben W■selkinder,
d■ in t■fen Zimmern
schl■fen,
aufwachten und
„Gesundheit!“
r■fen.

1 Vervollständigt das Gedicht und schreibt es in euer Heft.

2 Bei den Wörtern in der Schlange fehlen die Buchstaben **ie**. Versucht, alle 15 Wörter zu finden. Schreibt sie in euer Heft.

3 Im ersten Wortstern sind zehn Nomen, im zweiten zehn Verben und im dritten zehn Adjektive mit **ie** versteckt. Schreibt sie auf.

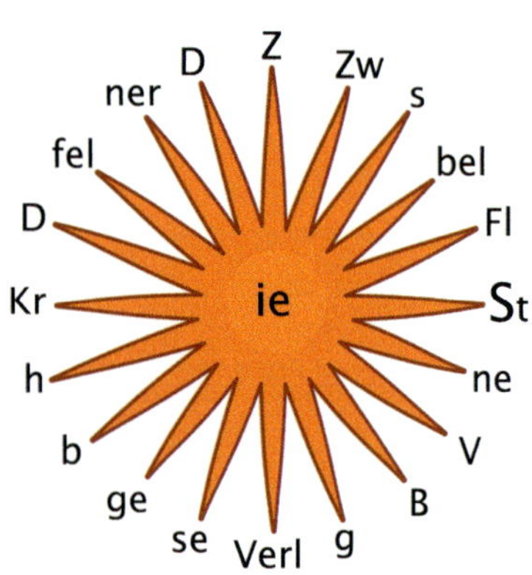

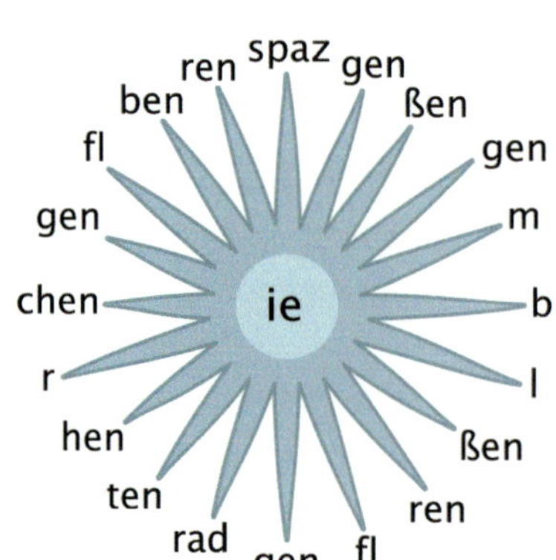

4 Bildet Reimpaare zu den „Sternwörtern" und verfasst kleine Unsinnsgedichte.

Beispiel: Muss der Riese heftig niesen,
fliegen Kühe über Wiesen.

5 Bildet zu den folgenden Infinitiven (Grundformen) die Formen des Präteritums (Vergangenheitsformen). Was fällt euch auf?

Beispiel: fallen: ich fiel, du fielst, er ...

fallen ▪ schreien ▪ rufen ▪ halten ▪ schlafen ▪ raten ▪ schreiben ▪ beweisen

6 Löst das folgende Rätsel und schreibt die Lösungswörter in euer Heft. Hilfe findet ihr im Wortspeicher unten. Diese Wörter werden gesucht:

a) Das geschieht mit einem Menschen, wenn es sehr kalt ist.
b) Daran befindet sich das Eis.
c) Ein anderes Verb für „geschehen"
d) So nennt man einen jungen Teil einer Pflanze.
e) Ein anderes Wort für Kurve
f) Darauf fährt ein Zug.
g) Eine Art, sich fortzubewegen
h) Auf diesem Material schreibt man.

b ▪ Bie ▪ chen ▪ frie ▪ gung ▪ krie ▪ l ▪ ne ▪ ren ▪ ren ▪ Pa ▪ pas ▪ pier ▪ Schie ▪ sie ▪ Stie ▪ Trie

Löst ein Rätsel zu den Wörtern mit **ie**. **interaktive Aufgabe**

Regeln kompakt

Wörter mit lang gesprochenem Vokal richtig schreiben

- Die **meisten Wörter mit lang gesprochenem Vokal** schreibt man mit **einfachen Buchstaben** (D**o**se, N**a**se).
- Bei einer kleineren Gruppe von Wörtern wird der lang gesprochene Vokal im Schriftbild verdoppelt (aa, ee, oo, uu). Es gibt jedoch keine feste Regel für die Kennzeichnung der lang gesprochenen Vokale durch die Verdoppelung.
- Bei einigen Wörtern wird der lang gesprochene Vokal durch ein **Dehnungs-h** gekennzeichnet. Doch auch hier gibt es keine feste Regel.
- Für die **Wörter mit lang gesprochenem i-Laut** kann man sich merken, dass die meisten dieser Wörter mit **ie** geschrieben werden. Nur bei einigen Wörtern, die aus anderen Sprachen stammen (z. B. Maschine), und einigen Pronomen (z. B. mir, dir, wir) schreibt man den i-Laut mit einfachem **i**.

3 Das habe ich gelernt, das kann ich

Lang und kurz gesprochene Vokale erkennen ▶ S. 209

1 Schreibe die Wörter aus dem Wortspeicher in dein Heft und untersuche ihre Aussprache.

- Lies sie laut vor oder höre sie dir an. **Audio**
- Wird der markierte Vokal kurz oder lang gesprochen? Markiere den Vokal mit einem Punkt für kurz oder mit einem Strich für lang.

L**ö**we ▪ Str**o**h ▪ T**i**pp ▪ W**i**tz ▪ r**e**tten ▪ M**u**tter ▪ w**o**llen ▪ T**a**l ▪ W**ie**se ▪ M**u**t ▪ W**o**lle ▪ B**e**sen ▪ fl**i**nk ▪ **A**cker ▪ S**aa**l

Die Schreibweise nach lang und kurz gesprochenen Vokalen erkennen und anwenden ▶ S. 210 ff.

2 Überprüfe zunächst, ob der Vokal in den folgenden Wörtern lang oder kurz gesprochen wird. Entscheide dich für die richtige Schreibweise und schreibe die Sätze in dein Heft.

a) Der Geist spu■t durch das Schloss. – Man sollte nicht einfach auf die Straße spu■en.
b) Das Haus sieht man in der Mi■e des Bildes. – Viele Menschen zahlen eine hohe M■te für ihre Wohnung.
c) Fledermäuse leben in Hö■len. – Angeblich lebt der Teufel in der Hö■e.
d) An einer Garderobe gibt es oft Ha■en. – Sie müssen noch das Holz ha■en.
e) Im Winter trägt man häufig einen Scha■. – Manche Flugzeuge fliegen schneller als der Scha■.
f) Nach dem Essen bin ich sehr sa■. – Der Gärtner verpflanzt die Sa■t ins Freiland.
g) Es gibt Blumen mit sehr langen Sti■len. – Auf einem Friedhof ist es meistens sehr sti■.

3 Kannst du die Rätsel lösen? Alle Lösungswörter hast du in diesem Kapitel gelernt.

a) Wenn du mich „der“ nennst, bin ich still und süß. Versuche, mich „die“ zu nennen, so werde ich groß und salzig werden.
b) Er steht still, wenn man sich still verhält, und er geht sofort weiter, wenn man sich bewegt.
c) Ich zeige dir das, was du mir zeigst, und wenn du lachst, lach ich zurück. Wenn du traurig bist, bin ich es auch, aber meine rechte Hand ist immer deine linke.
d) Wenn es draußen eiskalt ist, möchten deine Hände sie haben, aber ohne Hand sollst du sie lieber an den Füßen tragen.

4 Mit den folgenden Texten kannst du weiter üben. Schreibe die Texte in dein Heft oder lasse sie dir von einem Lernpartner oder einer Lernpartnerin diktieren. Wenn du allein üben willst, kannst du sie dir auch anhören. **Audio**

Der Waschbär

Der Waschbär, ein geschi■ter Kle■erer und Allesfre■er, kommt ■rsprünglich aus Nordamerika, lebt nun aber auch in Europa. Seine mar■ante Gesichtsmaske und sein buschiger Schwanz machen ihn leicht erke■bar. Er ist sehr neug■rig und anpa■ungsfähig, was für Bewohner städtischer Geb■te zunehmend zu einem Problem wird. Waschbären fre■en, was sie leicht zwischen die Pfoten bekommen, je nach Jahreszeit Fische, Krebse, Vogeleier, Insekten, Mäuse, Würmer, Früchte, Nü■e, Getreide, oder sie plündern Mü■tonnen.
(69 Wörter)

Der Luchs

Der Luchs, Europas drittgrößtes Raubt■r, bewohnt seit einigen Jahren wieder Wälder im Harz, Schwarzwald, Pfälzer Wald und Nordosten Bayerns. Vor circa 200 Ja■ren wurde er ausgero■et. Er ernä■rt sich von mi■elgroßen Huftieren und sorgt für Diskussionen unter Waldbesitzern. Mit 60 cm Schulterhö■e und bis zu 30 kg Gewicht sind Luchse die größten Ka■en des Kontinents.
(55 Wörter)

Die Nutria

Die Nutria, auch Sumpfb■ber oder B■berratte genannt, ist ein Naget■r aus Südamerika, das wegen seines Fe■s auch in Deutschland anges■delt wurde. Es hat sich seitdem stark verme■rt und ist besonders an Deichen zu einem Problem geworden, da es diese unterhö■lt. Mit ihrem runden Körper und dem breiten Schwanz ist die Nutria an das Leben am Wa■er angepa■t.
(57 Wörter)

Der Dachs

Der Dachs, bekannt für seine r■sigen Bauten, gehört zur Marderfamilie und ist ein hundeartiges Raubtier. Er fri■t Kleinsäuger, Pflanzen und wirbellose Tiere. In europäischen Wäldern lebt er in komplexen Hö■len, die von Generation zu Generation weiter ausgebaut werden. Die Dachsbauten bestehen aus za■lreichen Wohnkesseln, Tu■eln und Schächten zur Belüftung. Aufgrund seines bel■bten Fe■s ist der Dachs nach wie vor vom Menschen bedro■t.
(62 Wörter)

Du kannst dich selbst überprüfen. **Lösungen**

Medien – unsere „Fenster zur Welt“

Mediennutzung reflektieren und eine Nachrichtensendung untersuchen

In diesem Kapitel stehen die Medien im Mittelpunkt. Kaum ein Tag vergeht, an dem wir sie nicht nutzen, sodass Medien aus unserem Leben nicht mehr wegzudenken sind. Doch was versteht man eigentlich unter dem Begriff „Medien“? Was hilft uns dabei, sie besser zu verstehen? Und wie kann ein guter Umgang mit ihnen aussehen?

Im ersten Teil lernt ihr, welche Formen und Funktionen Medien haben und wozu wir sie verwenden.

Im zweiten Teil untersucht ihr mit der Nachrichtensendung „logo!“ ein Medienprodukt, das extra für euch gemacht wurde, und ihr werft einen Blick hinter die Kulissen der Sendung.

Im letzten Teil beschäftigt ihr euch mit eurem persönlichen Umgang mit Medien. Ihr lernt, wie man ein „Medientagebuch“ führt und auswertet. Daneben vergleicht ihr eure Mediennutzung mit der von anderen Kindern in eurer Altersklasse, indem ihr Diagramme untersucht. Ihr beleuchtet dabei auch die Chancen und Risiken der Nutzung von Handys.

1 Welche Medien kennt und nutzt ihr? Tauscht euch darüber aus.

2 Schaut euch die Bilder an, die die Vorläufer unserer heutigen modernen Medien abbilden. Stellt Vermutungen an, um welche Medien es sich jeweils handeln könnte und wie diese heute aussehen.

3 In den gelben Kästchen findet ihr Informationen zu einem bestimmten Medium, während die grünen Kästchen Informationen zu der jeweiligen Entstehung enthalten. Immer drei Bestandteile gehören also zusammen. Ordnet diese mithilfe der Zahlen, Großbuchstaben und Kleinbuchstaben einander richtig zu. Schreibt die Ergebnisse ins Heft.

4 Vergleicht die Ergebnisse in der Klasse. Legt dann einen Zeitstrahl an, auf dem die Entstehung der hier aufgeführten Medien verdeutlicht wird.

①

②

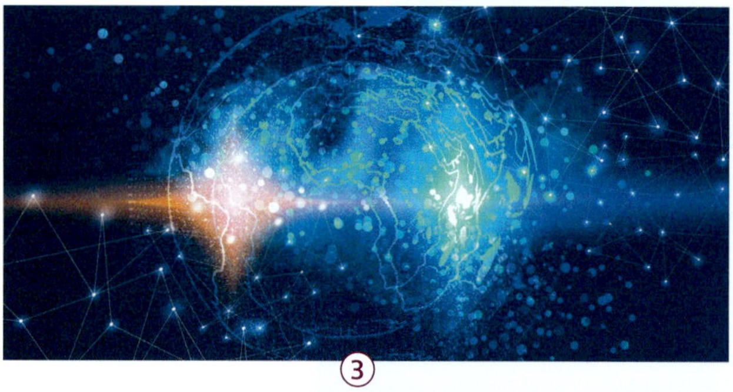
③

A
Schon in sehr frühen Zeiten nutzten Menschen Zahlensysteme und Rechenmethoden. In der Neuzeit werden die Berechnungen von dem Medium übernommen, das viele auch „Rechner" nennen.

B
Die Verbreitung dieses Mediums hängt eng mit einer Erfindung zum Druck von Schriftwerken zusammen. Diese mussten nicht mehr mit der Hand abgeschrieben werden.

C
Der Name des Mediums ist von „tele" (deutsch: fern) und „phonae" (deutsch: Ton, Stimme) abgeleitet. Die ersten Geräte wurden in Anlehnung an das menschliche Ohr gebaut.

D
Das Medium wird kurz „TV" (abgeleitet von „Television") genannt. Bewegte Bilder und Töne werden auf verschiedene Weise auf ein Empfangsgerät übertragen.

E
Der Begriff des Mediums steht für „interconnected networks", es beruht also auf der Technik, verschiedene Computer miteinander zu vernetzen. Das Medium ermöglicht die Verbreitung von allen Inhalten, die sich digitalisieren lassen.

F
Am Anfang wurde das Medium mit „Rundfunk" oder „Hörfunk" bezeichnet. Es wird über Kabel, Antenne, Satelliten oder Internet übertragen.

a
Im Jahr 1861 präsentierte der Physiklehrer Philipp Reis einen Apparat, der Sprache mithilfe von elektrischem Strom in die Ferne übertragen konnte. 1876 wurden in den USA die ersten Geräte beschrieben und gebaut. Alexander Graham Bell beantragte für diese Erfindung ein Patent.

b
Am 22. August 1931 zeigte der Hamburger Erfinder Manfred von Ardenne auf einer Berliner Funkausstellung das erste elektronische Gerät, das Bilder übertragen konnte.

c
Das bislang modernste Medium entstand durch eine ganze Kette von Erfindungen. In den 1960er-Jahren wurde in Amerika ein Netz angelegt, bei dem mehrere Computer miteinander verbunden wurden. Im Jahr 1990 hatte dann der Computer-Experte Tim Berners-Lee die Idee für das World Wide Web.

d
Johannes Gutenberg erfand 1450 in Mainz eine Maschine zum Druck mit beweglichen Lettern (Buchstaben).

e
Das Medium ist Anfang des 20. Jahrhunderts entstanden und gilt als ältestes der elektronischen Massenmedien, mit dem Hörbeiträge übertragen werden konnten.

f
Im Jahr 1941, also mitten im Zweiten Weltkrieg, baute Konrad Zuse die erste funktionstüchtige programmgesteuerte Rechenmaschine.

④

⑤

⑥

1 Was sind Medien?

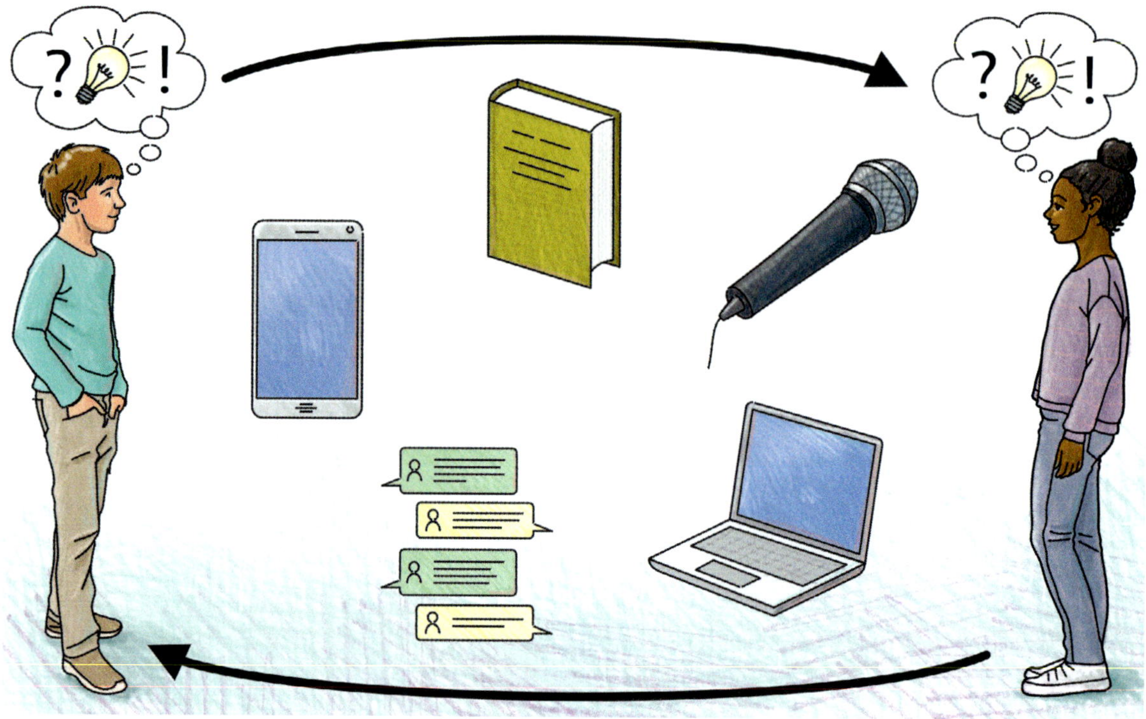

1 Beschreibt das Schaubild. Achtet dabei auf alle Einzelheiten und klärt dann, was sie bedeuten könnten.

2 Stellt heraus, welche Aussagen über „Medien" enthalten sind.

3 Sprecht darüber, wofür Medien wichtig sind und wofür wir sie benutzen.

4 Manche Menschen bezeichnen Medien auch als „Fenster zur Welt". Erklärt, was damit gemeint sein könnte.

Die Medien, die Welt und wir

Das Wort „Medium" stammt vom lateinischen Wort „medium" ab, was „Mitte" oder „Mittel" bedeutet. Unter einem Medium versteht man allgemein einen Vermittler von Inhalten. Dazu können neben sachlichen Informationen auch Ideen, Gefühle oder Gedanken gehören. Manche Menschen sehen deshalb auch die menschliche Sprache als ein Medium an, weil wir durch sie anderen vermitteln können, was in unserem Kopf vorgeht. Die meisten Menschen meinen aber die „Massenmedien", wenn sie den Begriff benutzen. Darunter versteht man Medien, die ein sehr großes Publikum – also eine „Masse“ an Menschen – erreichen. Bücher, Zeitungen, das Fernsehen, das Radio, das Internet und soziale Netzwerke sind hierfür Beispiele. Medien kann man nach drei Kategorien ordnen. Die Unterscheidung hat mit den menschlichen Sinnen zu tun: Die *visuellen* Medien werden über das Auge aufgenommen, die *auditiven* Medien über das Ohr und die *audiovisuellen* Medien werden über beide Sinne aufgenommen.

Medien haben viele Funktionen. Sie informieren uns über das Geschehen in der Welt, zum Beispiel durch Nachrichtensendungen oder Zeitungsartikel. Außerdem können sie uns unterhalten, sei es durch spannende Geschichten in Büchern oder lustige Videos im Internet. Wir können auch über Medien wie Internet oder Telefon mit anderen Menschen kommunizieren. Häufig dienen Medien dazu, uns Werbung für Produkte oder Veranstaltungen zu zeigen.

Medien sind aber nicht nur für jeden einzelnen Menschen oder für eine kleine Gruppe wichtig, sondern auch für unser ganzes Zusammenleben. In einer Demokratie wie der unsrigen sollen die Menschen sich selbst eine Meinung zu dem, was in der Welt passiert, bilden können. Daher dürfen die Medien grundsätzlich über alles berichten, damit die Bürgerinnen und Bürger gut informiert sind und an wichtigen Entscheidungen mitwirken können. Das ist nicht überall auf der Welt so.

Weil Medien aber auch eine große Macht über Menschen ausüben können, ist es wichtig, sie kritisch zu betrachten und zu hinterfragen, um zu verstehen, was wir denn eigentlich sehen, hören oder lesen. Dazu kann es hilfreich sein, zu schauen, wer hinter den Texten, Bildern, Videos oder Hörbeiträgen steht. Die Produzentinnen und Produzenten, die die Inhalte erstellen, können bestimmte Gründe oder Interessen haben, die ihre Berichterstattung beeinflussen. Deshalb ist es sinnvoll, sich zu fragen: Wer hat diese Informationen gemacht? Warum und auf welche Weise werden uns die Informationen präsentiert? Gibt es noch andere Meinungen dazu? Außerdem haben wir heute ein großes Angebot an Medien zur Verfügung. Daher ist es manchmal schwer, eine gute Wahl zu treffen.

1 Lest den Text und klärt im Gespräch mit einem Lernpartner oder einer Lernpartnerin, was ihr schon über „Medien“ wusstet und was für euch neu war.

2 Klärt, worum es in jedem Abschnitt des Textes geht. Bringt dafür die folgenden Überschriften in die richtige Reihenfolge:

a) Medien und Demokratie
b) Zum Begriff „Medien“
c) Umgang mit Medien
d) Funktionen von Medien

3 Benennt die Funktionen von Medien und erläutert sie, indem ihr Beispiele findet.

Weitere Erklärungen zu den Funktionen von Medien findet ihr auf einem Arbeitsblatt. **Arbeitsblatt**

Das Medium „Fernsehen“

①

②

③

④

⑤

1 Schaut euch die Screenshots von verschiedenen Formaten aus dem Medium „Fernsehen“ an. Stellt Vermutungen an, um welche Art von Sendung es sich hier jeweils handeln könnte.

2 Ordnet diese Formate den Funktionen von Medien zu. Begründet eure Einschätzung.

3 Benennt weitere Formate aus dem Fernsehprogramm für Kinder und Jugendliche, die ihr kennt. Sprecht darüber, inwiefern ihr auch diese den Funktionen von Medien zuordnen könnt. Haltet eure Ergebnisse in Form einer Tabelle fest.

Formate: Kinder- und Jugendfernsehen		
Informieren	**Unterhalten**	**Werbung**
? ? ? ? ? ? ? ? ? ?	? ? ? ? ? ? ? ? ? ?	? ? ? ? ? ? ? ? ? ?

4 Manchmal kann es vorkommen, dass bestimmte Formate des Mediums „Fernsehen“, aber auch anderer Medien, mehrere Funktionen erfüllen. Nennt Beispiele dafür und begründet, warum z. B. die Funktionen „Unterhalten“ und „Informieren“ miteinander verknüpft werden.

5 Begründet, warum es wichtig ist, über Medien und ihre Funktionen Bescheid zu wissen.

6 Vergleicht eure Überlegungen mit der folgenden Definition des Begriffs „Medienkompetenz".

Was heißt „Medienkompetenz"?

Medienkompetenz bedeutet, bewusst und vor allem verantwortungsvoll mit Medien umzugehen. Dazu gehört das Wissen, wie man seine Bedürfnisse nach Informationen und Unterhaltung mit Medien erfüllen kann, aber auch das Hinterfragen sowohl der Medien als auch des eigenen Medienkonsums.
Medienkompetenz im Internetzeitalter umfasst neben dem technischen Wissen, wie digitale Medien bedient werden, nach wie vor die Fähigkeit, gut lesen und schreiben zu können. Zudem bedeutet ein kompetenter Umgang mit digitalen Medien, vorsichtig mit persönlichen Daten im Internet zu sein, Informationen kritisch zu prüfen, allgemeine Umgangsregeln auch im Internet zu beachten und sich regelmäßig von digitalen Ablenkungen abzuschirmen.

7 Jetzt entscheidest du! Wähle aus:

A Finde für das Medium „Internet" zu jeder Funktion konkrete Beispiele, die du kennst. Erstelle dazu eine Tabelle, in die du deine Ergebnisse einträgst.

Internet			
Informieren	**Unterhalten**	**Kommunikation**	**Werbung**
Websites, z. B. zu bestimmten Urlaubsorten	Comedy auf Videoportalen	Messengerdienste	Influencer-Videos mit Schmink- oder Ernährungstipps
? ? ? ? ? ? ? ? ? ? ? ?	? ? ? ? ? ? ? ? ? ? ? ?	? ? ? ? ? ? ? ? ? ? ? ?	? ? ? ? ? ? ? ? ? ? ? ?

Begründe anschließend, welche der Funktionen des Internets für dich besonders wichtig ist bzw. sind und warum.

B Sammle weitere Informationen zu einem bestimmten Medium und erstelle dazu ein Lernplakat.

Wie man ein Plakat erstellt, erfährst du auf S. 395.

C Überlege, was dein „Lieblingsmedium" ist und warum du es besonders gern benutzt. Verfasse dann einen Text, in welchem du die Vorzüge des gewählten Mediums beschreibst.

2 „logo!“ – Eine Kindernachrichtensendung untersuchen

Nachrichtensendungen im Fernsehen

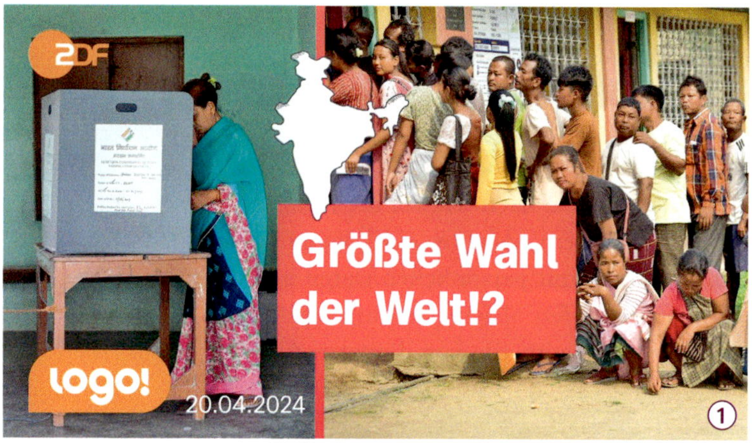

1 Die beiden Screenshots zeigen zwei verschiedene Nachrichtensendungen im Fernsehen. Sprecht darüber, ob ihr diese Sendungen schon kennt und was ihr über sie wisst. Welche der Sendungen würdet ihr lieber anschauen?

2 Die Sendungen sind an demselben Tag ausgestrahlt worden. Welche Erwartungen habt ihr an die „logo!“-Sendung im Vergleich zur „Tagesschau“? Stellt Vermutungen über Gemeinsamkeiten und Unterschiede an.

3 Kennt ihr die Nachrichtensendung „logo!“? Sie trug früher den Untertitel „Die Welt und ich“. Erklärt, was damit gemeint sein könnte. Sprecht auch darüber, warum es wichtig ist, Nachrichtensendungen zu schauen.

4 Schaut euch mehrere Folgen von „logo!“ an. Ihr findet sie im Internet unter „logo.de“ oder auf dem Fernsehsender KiKA. Stellt immer wiederkehrende Elemente der Sendung heraus, indem ihr folgende Fragen beantwortet:

a) Wie fängt die Sendung an? Welche Bestandteile sind immer gleich?
b) Wie werden schwierige Zusammenhänge dargestellt?
c) Wozu braucht man die Moderatoren und Moderatorinnen?
d) Was kommt zum Schluss?

Fünf Fakten zur Nachrichtensendung „logo!“ erfahrt ihr im Video. Video und Arbeitsblatt

Wie entstehen „logo!“-Nachrichten?

Nachrichten gehören zu den wichtigsten Formaten im Medium „Fernsehen“. Wenn man sie regelmäßig schaut, ist man über bedeutsame Ereignisse in der Welt informiert und kann mitreden, wenn es Diskussionen gibt. Außerdem entdeckt man viele Zusammenhänge, die auch in der Schule wichtig sind. In einer aktuellen Nachrichtensendung steckt viel Arbeit. Um sie zu bewältigen, sind viele verschiedene Personen mit jeweils eigenen Aufgabenfeldern daran beteiligt.

Die Planungsphase

In einer ersten Redaktionssitzung am Vormittag muss entschieden werden, welche Themen in der Sendung, die am selben Tag in den Abendstunden live ausgestrahlt wird, vorkommen sollen. Dazu wird zunächst eine gründliche Recherche über das aktuelle Tagesgeschehen durchgeführt – im Internet, aber auch in speziellen Nachrichten- und Bildagenturen. Aber nicht alles, was in den „Erwachsenennachrichten“ vorkommt, kommt auch in die Kindernachrichten. Die wichtigste Frage für die Auswahl lautet: Was sollen und wollen Kinder heute wissen?
Die Aufgabe der Redaktion besteht darin, Informationen zu sammeln und in eine für Kinder und Jugendliche passende und dem Konzept der „logo!“-Sendung entsprechende Form zu bringen. Bei dieser Arbeit müssen die Informationen und die Quellen sorgfältig überprüft werden, um sicherzustellen, dass es sich um korrekte Informationen bzw. Fakten handelt.
Für jede Sendung gibt es eine Schlussredakteurin oder einen Schlussredakteur, die oder der zuletzt auch die Verantwortung für alle Beiträge übernimmt und somit auch für eventuelle Fragen oder Kritik zuständig ist.

Die Erarbeitungsphase

Im „Schnitt“ werden die Bildbeiträge für Nachrichtensendungen zusammengestellt. Da nicht jeder deutsche Nachrichtensender überall im Ausland vertreten ist, gibt es große Agenturen, die vor Ort drehen und die Ergebnisse weltweit zur Verfügung stellen. Zuvor müssen die Redakteurinnen und Redakteure überlegen, welche der vorhandenen Filmsequenzen gut funktionieren, um dazu einen passenden Text über das Geschehen formulieren zu können. Das Bildmaterial, das zumeist passend geschnitten werden muss, bildet dann die „Bildspur“ des Nachrichtenbeitrags.
Es gibt daneben aber auch „Tonspuren“, die mit der „Bildspur“ zusammengefügt werden. Bei diesen Tonspuren handelt es sich um die Geräusche auf dem Filmmaterial (etwa bei einem Hurrikan Wind und Wellen) sowie den dazu eingesprochenen Text, manchmal auch noch Musik.

Das Konzept der „logo!“-Sendung

Im Unterschied zu den „Erwachsenen-Nachrichtensendungen“ ist es für die Nachrichten bei „logo!“ wichtig, dass die Themen auf die Interessen der Kinder und Jugendlichen zugeschnitten sind. Kinder und Jugendliche können sich auch an den Inhalten der Sendung beteiligen. So können sie z. B. ihre Fragen zu dem, was gerade in der Welt geschieht, an „logo!“ schicken und darum bitten, dass diese in der Sendung beantwortet werden. Oder sie können Vorschläge für die Witze der Wettertiere, die am Ende der Sendung stehen, einreichen.
Die eingesprochenen Texte bei den Nachrichten sind leicht verständlich formuliert. Inzwischen gehören zum Publikum von „logo!“ auch viele

Erwachsene, die das Gefühl haben, dass auch sie hier noch vieles lernen können.

Bei „logo!" gibt es auch Beiträge, bei denen Kinderreporter und -reporterinnen ihren Einsatz haben. In dieser Rolle interviewen sie berühmte Personen oder finden spannende Dinge heraus. Zu den regelmäßigen Beiträgen gehören neben diesen Interviews auch die sogenannten „Erklärstücke". Diese sind dazu gedacht, komplexe Themen mithilfe typischer „logo!"-Grafiken und realer Fotos verständlich zu machen. Auf dem sogenannten „Storyboard" werden die Grafiken und Fotos in die geplante Abfolge gebracht und später zu einem Video zusammengefügt.

Die Live-Sendung

Bevor die Sendung beginnt, geht die Moderatorin oder der Moderator, der an dem Tag dran ist, in die „Maske". Das Schminken soll verhindern, dass die Haut im Kameralicht glänzt. Bei „logo!" wird die Moderation, also z. B. die Begrüßung oder die Überleitungen zwischen den Beiträgen und die Verabschiedung, von der Person, die abends moderiert, selbst formuliert.

Während der Live-Sendung tragen die Moderatorinnen und die Moderatoren ein Mikrofon, damit sie gehört werden, und einen Knopf im Ohr, mit dem sie Anweisungen aus der Regie hören können. Im Studio gibt es mehrere Kameras. Manche lassen sich mit einer Fernbedienung steuern, weshalb man sie auch „Roboterkameras" nennt. Andere werden von einer Kamerafrau oder einem Kameramann bedient. Auf einem sogenannten „Teleprompter" in oder unter der Kamera wird der vorher geschriebene Text platziert und in der Sprechgeschwindigkeit des Moderators oder der Moderatorin abgerollt.

Das Studio hat einen grünen Hintergrund. Darauf können mit einem Computer Bilder oder Grafiken gelegt werden, ohne dass eine bestimmte „Kulisse" im Studio aufgebaut werden muss.

In der Regie sitzen während der Sendung viele Menschen: Manche bedienen die Roboterkameras, andere sind dafür zuständig, dass die Beiträge, die aus dem Schnitt bereits an die Regie gesendet wurden, zur passenden Zeit eingeblendet werden. Die Schlussredakteurin oder der Schlussredakteur ist ebenfalls anwesend, um zu überprüfen, ob alles wie geplant läuft. Nach der Sendung wird gemeinsam bewertet, was gut geklappt hat und wo es eventuell auch Probleme gegeben hat.

1 Lest den Text und ordnet die folgenden Fragen einem der vier Sinnabschnitte des Textes zu. Schreibt dazu die Zwischenüberschriften aus dem Text in euer Heft und ordnet dann die passenden Buchstaben zu. Tipp: Manchmal gibt es zwei Abschnitte, in denen ihr eine passende Antwort findet.

a) Was ist ein „Redakteur" bzw. eine „Redakteurin"? Welche Aufgaben übernimmt er oder sie?
b) Wer schreibt die Moderationstexte?
c) Was ist ein „Storyboard"? Wofür wird es gebraucht?
d) Was geschieht in der ersten Sitzung des Tages?
e) Was ist eine „Roboterkamera"?
f) Wonach wird entschieden, was ein „logo!"-Thema ist?
g) Wie entsteht ein Nachrichtenbeitrag?
h) Was geschieht in der „Maske"?
i) Woher kommen die Informationen für die „logo!"-Nachrichten?
j) Was ist ein „Teleprompter" und wie funktioniert er?
k) Was ist ein „Erklärstück" und welche Funktionen hat es?
l) Was sind „Bild- und Tonspuren"?
m) Warum ist das Studio grün?
n) Welche besondere Aufgabe hat die Schlussredakteurin oder der Schlussredakteur?
o) Von wem werden die Interviews geführt?

p) Was unterscheidet „logo!“ von den „Erwachsenen-Nachrichtensendungen“?
q) Warum gucken auch Erwachsene „logo!“?
r) Welche technischen Geräte haben die Moderatorinnen und Moderatoren bei sich?
s) Auf welche Weise können sich die Zuschauerinnen und Zuschauer an der Sendung beteiligen?

2 Stellt eurem Sitznachbarn oder eurer Sitznachbarin die Fragen zum ersten Sinnabschnitt und lasst sie von ihm oder ihr beantworten. Wechselt dann die Rollen und nehmt euch den nächsten Abschnitt vor. Verfahrt in dieser Weise, bis ihr den Inhalt des gesamten Textes geklärt habt.

Wenn ihr mehr darüber erfahren wollt, wie eine „logo!“-Sendung erstellt wird, könnt ihr euch ein Interview mit der Redaktionsleiterin anschauen. Video und Arbeitsblatt

3 Gestaltet in kleinen Gruppen ein Plakat mit der Überschrift „Wie Nachrichtensendungen gemacht werden“.

Wie man ein Plakat erstellt, erfahrt ihr auf S. 395.

4 Viele verschiedene Personen arbeiten einen ganzen Tag lang an der „logo!“-Sendung, die dann, wenn sie ausgestrahlt wird, etwa zehn Minuten dauert. Erklärt, warum es sinnvoll ist, so viel Aufwand für eine Nachrichtensendung wie „logo!“ zu betreiben.

„logo!“ –Die Aufbereitung einer Nachricht im Internet

Die Unternehmen, die Nachrichten produzieren, haben neben ihren Hauptnachrichten auch eine Website, auf der vertiefende Informationen zu den aktuellen Nachrichten stehen. Darin kann es um Hintergrundwissen gehen, aber manchmal auch um Meinungen zu den Ereignissen. Auf „logo.de“ gibt es außerdem noch andere Rubriken zu entdecken. Schaut euch doch einmal dort um.

Auf S. 234 findet ihr einen einzelnen Beitrag von der Website der Kindernachrichten „logo!“, mit dem ein Thema aus der 10-minütigen Nachrichtensendung vertieft wird. Darin geht es um die „größte Wahl der Welt“ in Indien.

1 Beschreibt den Aufbau der Website auf S. 234. Erklärt, welche Aufgaben die einzelnen Teile jeweils haben.

2 Tauscht euch darüber aus, welches Thema euch besonders interessiert.

Deborah Weber

Reise nach Indien - wer kommt mit?

20.04.2024

Hier geht's zur Startseite!
Noch mehr Nachrichten für euch.

- **Kontinent:** Asien
- **Einwohnerzahl:** mehr als 1,4 Milliarden
- **Fläche:** 3,3 Millionen km² (fast zehn Mal so groß wie Deutschland)
- **Hauptstadt:** Neu-Delhi
- **Sprachen:** Hindi, Englisch und viele weitere Sprachen (wie Urdu oder Tamil)
- **Geld:** Indische Rupie
- **Staatsoberhaupt:** Präsidentin Draupadi Murmu
- **So grüßt man:** Namasté!

Die meisten Menschen in Indien gehören der Religion Hinduismus an.
Quelle: ap

Auf ins Land der Gegensätze!

Knapp überholt!

Riiiiiesenstädte

Ganz arm ...

... und ganz reich

Von Wald bis hin zu Wüste

Mhhhh, lecker ...

Die größte Wahl der Welt

Diesen Text hat Debbie geschrieben.

Mehr zum Thema Indien

logo!
Hinduismus
Woran glauben Hindus und welche Regeln gibt es in dieser Religion?
ZDFtivi

logo!
Das Kastensystem in Indien
Das Ansehen eines Menschen hängt auch mit seiner Kaste zusammen.
ZDFtivi

logo!
Tag gegen Kinderarbeit
Weltweit müssen Millionen Kinder arbeiten: Darauf macht der 12. Juni ...
ZDFtivi

3 Wenn man die einzelnen Überschriften anklickt, bekommt man die folgenden Informationen (S. 235 f.). Lest diese und betrachtet dazu die Abbildungen.

Auf ins Land der Gegensätze!

Knapp überholt!

Indien liegt im Süden des asiatischen Kontinents und ist ein riesengroßes Land – das **siebtgrößte der Erde**! Jahrelang lieferte sich das Land ein Kopf-an-Kopf-Rennen mit China, wer die meisten Einwohnerinnen und Einwohner hat. Vor einem knappen Jahr hat Indien China überholt und ist nun das **bevölkerungsreichste Land der Welt**. Über 1,4 Milliarden Menschen leben dort – das sind mehr als 16 Mal so viele wie in Deutschland!

Riiiiiesenstädte!

Die Hauptstadt Indiens heißt **Neu-Delhi**. Dort wohnen fast 33 Millionen Menschen. Insgesamt hat das Land sehr viele Millionenstädte (in denen also mehr als eine Million Menschen leben), etwa die Stadt **Mumbai** mit über 20 Millionen Einwohnern. Diese riesigen Städte wachsen sehr schnell. Gerade dort gibt es immer mehr reiche Leute. Es gibt aber auch viele sehr arme Menschen. Viele von ihnen leben in den Elendsvierteln der Großstädte.

Ganz arm …

Viele Menschen in Indien sind so arm, dass sie mit umgerechnet **weniger als zwei Euro am Tag** auskommen müssen. Um überhaupt genug Geld zum Überleben zu haben, müssen in vielen indischen Familien auch die Kinder arbeiten. Das ist ein Problem: Ein Kind, das arbeiten muss, kann nicht zur Schule gehen – und auch nicht lesen und schreiben lernen.

… und ganz reich!

Aber: Nicht allen Menschen in dem Land geht es schlecht. Viele der reicheren Inderinnen und Inder sind supergut ausgebildet. Sie arbeiten beispielsweise in großen Firmen, die ihr Geld mit Programmen für Computer verdienen. Denn im **Computerbereich** zählt Indien zu den **besten Ländern der Welt**. Außerdem hat Indien eine **riesige Filmindustrie**.

Vom Wald bis hin zur Wüste

Noch etwas, das in Indien ganz unterschiedlich ist: die Landschaft. Im Norden liegt das **Himalaya-Gebirge**. Der höchste indische Berg ist der Kanchenjunga mit 8.598 Metern Höhe. Außerdem gibt es im Land **Wüsten und Regenwälder**. Wenn man alle Waldflächen nebeneinanderlegen würde, wäre die Fläche etwa doppelt so groß wie Deutschland! Außer im Hochgebirge ist das Klima in Indien tropisch-warm. Im Land leben Tiere wie Elefanten, Tiger, Affen, Leoparden, Löwen und Nashörner.

Mmmh, lecker!

Wart ihr schon mal in einem indischen Restaurant? Das Land ist bekannt für seine Küche – und für **Gewürze** wie Pfeffer, Koriander, Kurkuma und Ingwer. Diese Gewürze geben den typisch indischen Curry-Gerichten ihren Geschmack. Das sind Eintöpfe mit Fleisch, Fisch oder Gemüse, die mit Reis oder Brot gegessen werden. Auch indischer **Tee** ist eine echte Berühmtheit!

Die größte Wahl der Welt

Wenn in Deutschland ein neues Parlament gewählt wird, passiert das an einem Tag. Doch im Riesenland Indien dauern die Wahlen **sechs Wochen**, so lange wie die Sommerferien! Kein Wunder: Es sind schließlich unfassbar viele Menschen, die ihre Stimme abgeben. Und: Sie wohnen an abgelegenen Orten, vom Himalaya-Gebirge über Wüstenregionen bis hin zu Inseln im Meer. Damit alle abstimmen können, werden im ganzen Land Wahlurnen verteilt – teilweise mit Hubschraubern, Booten und sogar mit Elefanten.

4 Untersucht, wie die Informationen jeweils angeordnet werden. Überlegt dabei auch, warum z. B. die Informationen über die Wahl in Indien erst am Schluss präsentiert werden.

5 In den einzelnen Abschnitten steht vieles, was euch vielleicht neu ist. Überlegt euch zu jedem Abschnitt eine Frage, die darin beantwortet wird. Fragen zu den Texten findet ihr auch digital. **Hilfestellung**

6 „logo!“ wird für Kinder und Jugendliche gemacht. Diskutiert darüber, woran man merkt, dass diese das Zielpublikum für die Website sind.

Einen Vergleich zwischen dem Bericht von „logo!“ und einem Bericht für Erwachsene findet ihr auf einem Arbeitsblatt. Arbeitsblatt

7 Jetzt entscheidest du! Wähle aus:

A Erstelle selbst einen Text über ein anderes Land für eine Kindernachrichten-Website. Orientiere dich dabei an einer der Überschriften, die du in dem „logo!"- Beitrag kennengelernt hast, und suche ein passendes Bild dazu aus.

B Überlege, über welches Ereignis in deiner neuen Schule oder in deiner Stadt, z. B. über Aktionen zum Müllsammeln, man einen Beitrag für eine Kindernachrichten-Website produzieren sollte. Sammle Informationen über das Ereignis und verfasse dann einen Text.

C Häufig wird in den Nachrichten über negative Ereignisse berichtet. Aber es gibt auch so viele positive Dinge, über die man berichten kann. Beobachte in der nächsten Woche alles, was in deiner Familie, deiner Schule und deiner Stadt Gutes geschieht. Schreibe so viele „gute Nachrichten" wie möglich auf, wie z. B. über die große Familienfeier mit mehreren Generationen. Du kannst dazu z. B. Überschriften formulieren, wie du sie aus Zeitungen kennst, und diesen Überschriften kurze Erklärungen hinzufügen. Vielleicht kannst du deine Sammlung anschließend in der Klasse präsentieren?

3 Über Medien und ihre Nutzung nachdenken

Unsere Mediennutzung – Eine Umfrage in der Klasse

Wir nutzen jeden Tag Medien. Die Art und der Umfang der Mediennutzung jedoch verändern sich genauso, wie sich auch die Medienlandschaft ständig verändert. Weil man annimmt, dass unsere Mediennutzung uns sehr stark beeinflusst und prägt, untersuchen Medienforscherinnen und -forscher die Mediennutzung von Menschen unterschiedlichen Alters oder Geschlechts.

1 Führt eine Befragung über eure Mediennutzung in der Klasse durch, indem ihr die Fragen A bis E beantwortet. Einen Umfragebogen mit den Fragen findet ihr als Arbeitsblatt zum Ausfüllen. **Arbeitsblatt**

A) Welche Geräte (Fernseher, Smartphone bzw. Handy, PC/Laptop, Tablet, Spielkonsole) habt ihr bei euch zu Hause? Wie viele dieser Geräte gibt es in eurem Haushalt?

B) Besitzt du ein eigenes Handy? Wenn ja, wann hast du es bekommen?

C) Wie lange bist du jeden Tag im Internet?

D) Was machst du im Internet am häufigsten?

E) Hat es zu Hause schon einmal Streit um die Mediennutzung gegeben? Wenn ja, was waren die Kritikpunkte?

2 Haltet eure Ergebnisse schriftlich fest und vergleicht sie anschließend in der Klasse.

„Kinder und Medien" – Die Ergebnisse einer Studie auswerten

Das Internationale Zentralinstitut für das Jugend- und Bildungsfernsehen (IZI) hat die Ergebnisse mehrerer Medienforschungsprojekte zusammengestellt und veröffentlicht. Dabei ging es teilweise um dieselben Fragen, die ihr euch auch gestellt habt.

1 Beschreibt die Abbildung. Wie ist sie aufgebaut und welche Aufgaben haben die einzelnen Teile?

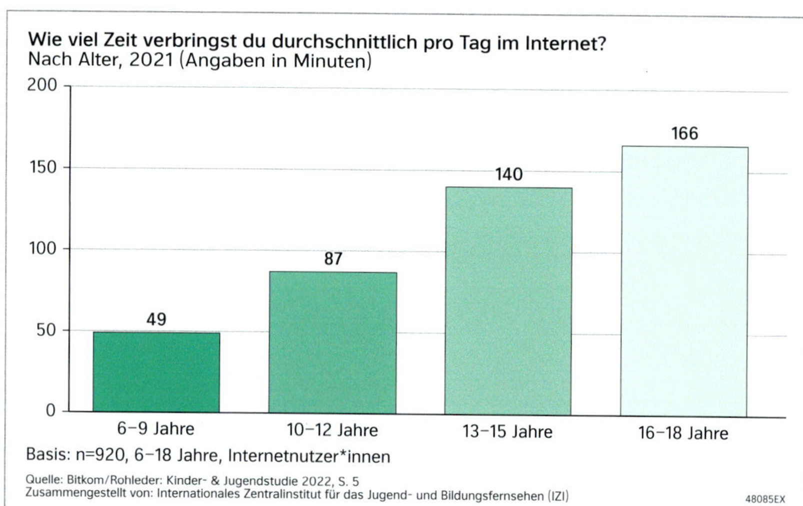

2 Es handelt sich hier um ein sogenanntes „Diagramm". Erklärt, was damit gemeint ist. Nehmt dabei die **Methodenbox** zu Hilfe.

Methode

Ein Diagramm auswerten

Ein Diagramm ist eine grafische Darstellung von Daten, Sachverhalten oder Informationen. Diagramme werden gerne benutzt, um viele Informationen auf einen Blick sichtbar zu machen. Das ist besonders praktisch, wenn es um Zahlen- oder Größenverhältnisse geht, die man durch Beobachtungen oder Befragungen gewonnen hat.

Es gibt sehr unterschiedliche Formen von Diagrammen. Die bekanntesten Formen sind das Säulendiagramm (1), das Balkendiagramm (2) und das Kreisdiagramm (3) (auch Tortendiagramm genannt).

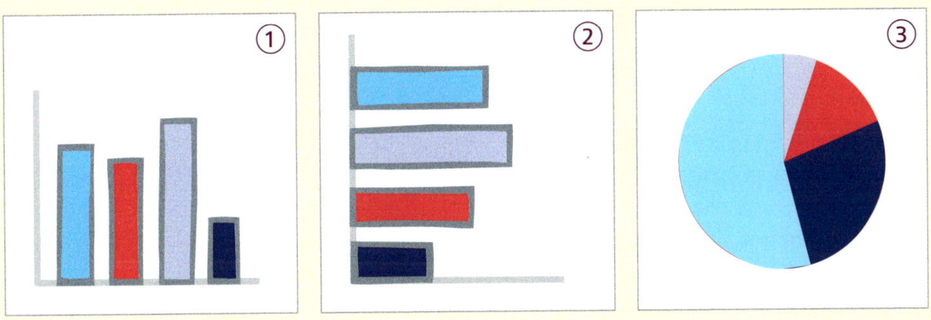

Wenn man Diagramme auswerten will, muss man verschiedene Fragen beantworten:
- Um welche Art von Diagramm handelt es sich (Säulen-, Balken- oder Kreisdiagramm)?
- Was ist das Thema des Diagramms?
- Was fällt auf den ersten Blick auf?
- Welche grafischen Elemente (z. B. die Achsen und die Balken/Säulen etc.) gibt es und was bedeuten sie?
- Welche Aussagen kann man dem Diagramm entnehmen?

Bei der Auswertung von Diagrammen sind Formulierungen hilfreich, mit denen man Mengen- oder Größenverhältnisse ausdrücken kann oder einzelne Angaben miteinander vergleichen kann, z. B.:
- „häufig/selten", „mehr/weniger", „größer/kleiner", „gestiegen/gesunken"
- „100 %, also alle Befragten, gaben an …", „im Vergleich zu …", „stieg … an", „zu den beliebtesten Medien gehören …"

3 Beschreibt das folgende Diagramm. Geht dabei auf Unterschiede und Gemeinsamkeiten im Vergleich mit dem Diagramm auf S. 238 ein.

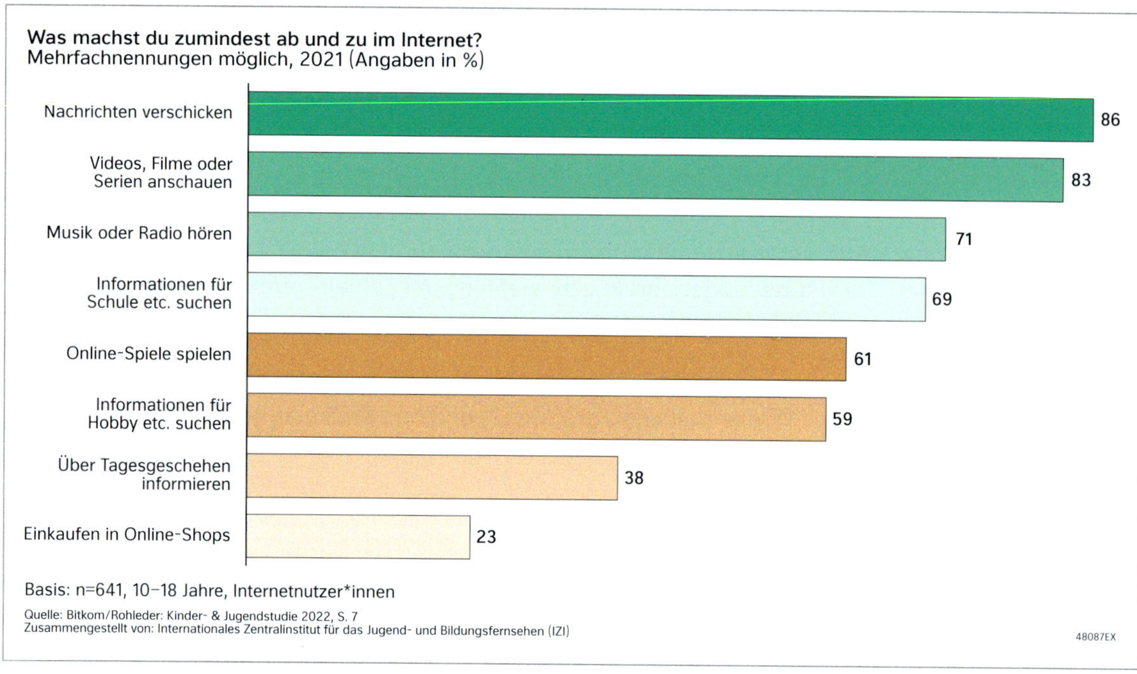

4 Bestimmt, welche Formen von Diagrammen auf der Seite 238 und oben jeweils verwendet werden. Formuliert auf dieser Grundlage Aussagen, die in den Diagrammen gemacht werden. Beginnt z. B. so:

Das erste Diagramm ist ein Säulendiagramm. Es befasst sich mit der Frage, … Befragt wurden … Alle Befragten, also 100 %, gaben an, dass …

Ihr könnt eine Hilfestellung zur Beschreibung von Diagrammen nutzen.
Hilfestellung

5 Nachdem man das Diagramm in seinen Einzelheiten beschrieben hat, kann man die Ergebnisse noch weiter deuten. Dazu vergleicht man die Angaben miteinander und zieht Schlussfolgerungen. Ein Beispiel für solche Schlussfolgerungen ist: „Die Zeit, die Kinder und Jugendliche im Internet verbringen, steigt immer stärker an, je älter sie werden.“
Formuliert weitere solche Schlussfolgerungen, die man aus den beiden Diagrammen zur Mediennutzung ziehen kann.

6 Vergleicht die Ergebnisse zu eurer eigenen Mediennutzung mit denen, die in den Diagrammen deutlich werden. Findet Gemeinsamkeiten und Unterschiede.

7 Führt eine Woche lang ein ehrliches „Medientagebuch“. Nutzt dafür eine Tabelle und tragt jedes Mal, wenn ihr ein Medium verwendet habt, die Zeiten und die Funktion des Mediums ein.
Eine Vorlage für ein Medientagebuch findet ihr auf einem Arbeitsblatt.
Arbeitsblatt

Mein „Medientagebuch“

	Funktion	Dauer
Buch	Lesen für die Schule (Information)	30 Minuten
Fernsehen	? ? ? ? ? ? ? ? ? ? ? ? ? ? ? ? ? ? ? ?	? ? ? ? ? ? ? ? ? ? ? ? ? ?
Handy	? ? ? ? ? ? ? ? ? ? ? ? ? ? ? ? ? ? ? ?	? ? ? ? ? ? ? ? ? ? ? ? ? ?
Radio	? ? ? ? ? ? ? ? ? ? ? ? ? ? ? ? ? ? ? ?	? ? ? ? ? ? ? ? ? ? ? ? ? ?
Internet	? ? ? ? ? ? ? ? ? ? ? ? ? ? ? ? ? ? ? ?	? ? ? ? ? ? ? ? ? ? ? ? ? ?
? ? ? ? ? ? ? ?	? ? ? ? ? ? ? ? ? ? ? ? ? ? ? ? ? ? ? ?	? ? ? ? ? ? ? ? ? ? ? ? ? ?

8 Addiert die Zeiten und stellt fest, wie lange ihr in der Woche mit Medien verbringt. Vergleicht die Ergebnisse mit denen eines Lernpartners oder einer Lernpartnerin.

9 Stellt euch vor, ihr seid eine Woche lang auf einer einsamen Insel, auf der es keine Medien gibt. Was würdet ihr am meisten vermissen? Begründet.

Licht und Schatten – Jugendliche und ihr Handy

Die folgenden drei Beiträge sind im Internet auf verschiedenen Seiten für Kinder erschienen. Sie alle befassen sich mit der Handynutzung. Dabei geht es um Chancen und Risiken, die dieses sehr beliebte und weit verbreitete Medium für die Nutzerinnen und Nutzer hat.

Text A

Handys – Die Vor- und Nachteile

Handys sind unter Jugendlichen beliebter als irgendein anderes Medium und werden von ihnen häufig und lange genutzt. Eltern sowie Lehrerinnen und Lehrer sehen diese Entwicklung mit Sorge. Doch was sagen die Jugendlichen eigentlich selbst? Wissen sie neben den Vorteilen auch über mögliche Nachteile Bescheid? Mittels einer Umfrage wollten Medienwissenschaftlerinnen und -wissenschaftler mehr darüber herausfinden.
Das wichtigste Ergebnis ist, dass junge Nutzerinnen und Nutzer ungefähr gleich viele Vorteile wie Nachteile der Handynutzung benannt haben. Zu den Vorteilen gehört aus ihrer Sicht die Möglichkeit, neben dem Telefonieren noch viele an-

dere Funktionen zu benutzen, z.B. Landkarten, Wetter-Apps oder Messenger-Dienste. Durch Nachrichten-Apps könne man außerdem immer auf dem Laufenden darüber sein, was gerade auf der Welt passiert. Besonders wichtig ist vielen Jugendlichen auch die Kamera, die sie verwenden, um sich an wichtige Ereignisse mithilfe von Fotos erinnern zu können oder diese mit ihren Freundinnen und Freunden zu teilen.

Die Nachteile, die in der Umfrage genannt wurden, lauten: Man sei durch das Handy ständig erreichbar. Das sei manchmal auch lästig, denn man werde von dem, was man gerade tut, abgelenkt. Das könne sich negativ auf das Lernen und die Konzentration auswirken. Auch meinen viele Jugendliche, sie müssten sofort auf eintreffende Textnachrichten antworten und fühlen sich dadurch gestresst. Manche haben auch davor Angst, ausspioniert zu werden. Einige junge Menschen machen sich auch Gedanken um die Umwelt, denn in den Handys sind wertvolle Materialien verbaut, die unter schlimmen Bedingungen abgebaut und dann, wenn man das Gerät nicht mehr braucht, nicht recycled werden. Ein weiterer Nachteil besteht laut den Befragten darin, dass besonders bei der Benutzung von Apps wie z.B. Spielen sich der Akku sehr schnell entlädt.

Text B

Kommentar zu einem Artikel „Pro/Kontra Handy“ auf einer Kinderwebsite

Lena sagt:
[...] Zunächst lässt sich sagen, dass sich der Kauf eines Handys lohnt, weil es meist nützlich ist. Man muss zwar etwas Geld dafür ausgeben, aber wenn man zum Beispiel lernen möchte, gibt es Apps zum Lernen und Wiederholen des Schulstoffs (z.B. Anton).
Für Handys spricht auch, dass man Geld sparen kann. Man muss nicht extra eine Kamera oder ein Navi kaufen, denn diese sind auf dem Handy schon enthalten. Außerdem kann es sein, dass dir etwas Schlimmes passiert, und oft dauert es ewig, bis jemand kommt, um dir zu helfen. Wenn du dagegen ein Handy hast, kannst du schnell jemanden kontaktieren, der dir zu Hilfe eilt.

Text C

Handyfrei in Frankreichs Schulen

In Frankreich sind ab September 2018 private Handys, Tablets und Smartwatches an öffentlichen Schulen verboten. Die Gründe dafür sind die gleichen wie in allen Ländern und Schulen: Die privaten Geräte der Unterhaltungselektronik haben ein großes Ablenkungspotenzial[1] und stören die Aufmerksamkeit im Unterricht. Haben Kinder und Jugendliche ihre Smartphones dabei, bewegen sie sich weniger in den Pausen. Die Kommunikation zwischen Schülern und Schülerinnen und Lehrern und Lehrerinnen leidet ebenso wie das Schulklima. Alle starren auf ihre Touchscreens.

[1] **Ablenkungspotenzial:** die Fähigkeit, von etwas abzulenken

1 Lest die Beiträge über Handys. Sprecht darüber, was ihr schon wusstet und welche Informationen für euch neu waren.

2 In den Texten geht es um die Chancen und Risiken der Handynutzung. Arbeitet heraus, welche Informationen jeweils für welche Seite genannt werden. Legt dazu eine Tabelle nach dem folgenden Muster an:

Handynutzung		
	Chancen	**Risiken**
Text A	? ? ? ? ? ? ? ? ? ? ? ? ? ?	? ? ? ? ? ? ? ? ? ? ? ? ? ?
Text B	? ? ? ? ? ? ? ? ? ? ? ? ? ?	? ? ? ? ? ? ? ? ? ? ? ? ? ?
Text C	? ? ? ? ? ? ? ? ? ? ? ? ? ?	? ? ? ? ? ? ? ? ? ? ? ? ? ?

Ihr könnt euch einen Filmbeitrag über die Nutzung des Smartphones ansehen und eure Tabelle ergänzen. **Video**

3 Beurteilt die Argumente für beide Seiten. Überwiegen für euch die Chancen oder die Risiken der Handynutzung? Diskutiert.

4 Wie ihr schon gelernt habt, bedeutet „Medienkompetenz", sinnvoll mit Medien umgehen zu können. Was bedeutet das konkret für den Umgang mit dem Handy? Formuliert Tipps, wie man „kompetent" das Handy nutzen kann.

5 Jetzt entscheidest du! Wähle aus:

A Die Mediennutzung hat sich sehr stark verändert. Finde heraus, wie Menschen früher Medien genutzt haben, indem du sie dazu befragst. Fasse deine Ergebnisse in einem kurzen Text zusammen. Präsentiere die Ergebnisse anschließend in deiner Klasse.

B Deine Schule denkt über neue Regeln für die Handynutzung nach. Entwickle einen Vorschlag für Regeln zum Umgang mit Handys in deiner Klasse und in der gesamten Schule.

C Stelle dir folgende Situation vor: Matteo ist neu in die 5. Klasse gekommen. Er wünscht sich eine Spielkonsole. Seine Eltern haben aber Bedenken. Formuliere ein Streitgespräch, in dem beide Seiten Argumente für und gegen die Anschaffung einer Spielkonsole vorbringen.

4 Das habe ich gelernt, das kann ich

Wissen über Medien testen ▶ S. 226 ff.

1 Finde die zutreffenden Aussagen über Medien und verbessere die Aussagen, die falsch sind:

a) „Medien“ sind immer technische Geräte. Man braucht Strom, um sie zu benutzen.
b) Medien werden von den menschlichen Sinnen aufgenommen.
c) Medien sind eigentlich nicht wichtig. Sie sind nur zur Unterhaltung da.
d) Medienkompetenz bedeutet, alle Geräte gut bedienen zu können.
e) Medien sind Vermittler.

Aufbau und Wirkung einer Kindernachrichtensendung erklären ▶ S. 230 ff.

ZDF-Nachrichten „logo!“ mit einem Preis geehrt

Die ZDF-Kindernachrichtensendung „logo!“ hat einen Preis für guten Journalismus bekommen. Die Jury stellte zur Begründung fest, dass es „logo!“ gelingt, auch komplizierte Sachverhalte klar zu erklären. Das Konzept der Sendung funktioniere so gut, dass inzwischen auch viele Erwachsene zusähen. Damit trage „logo!“ dazu bei, dass viele Menschen gut informiert seien, und setze somit das Recht auf Informationen auch für Kinder (§18 der Kinderrechtskonvention), das die Vereinten Nationen als ein besonders wichtiges Bildungsziel betrachten, um.

2 Lies den Artikel und stelle heraus, was du darin über die Gründe erfährst, warum „logo!“ einen Preis bekommen hat. Wähle dazu die Antworten aus, die im Text genannt werden.

a) Die Sendung „logo!“ ist schön kurz und wird live ausgestrahlt.
b) Die Moderatorinnen und Moderatoren der Sendung sind immer gut vorbereitet.
c) Komplizierte Sachverhalte werden besonders gut erklärt.
d) Kinder können selbst Vorschläge machen, welche Themen in der Sendung vorkommen sollen.
e) Die Wettertiere zum Schluss der Sendung tragen zur Unterhaltung bei.
f) Das Recht auf Information wird durch die Sendung umgesetzt.

Mediennutzung beschreiben und reflektieren ▶ S. 238 ff.

3 Beschreibe und deute das Diagramm. Beantworte dazu die folgenden Fragen:

a) Um welche Art von Diagramm handelt es sich?
b) Was ist das Thema des Diagramms?
c) Wer wurde befragt?
d) Was bedeutet die größte Säule?
e) Mit welchem Medium verbringen die Befragten die meiste Zeit am Tag?
f) Mit welchem Medium verbringen sie die wenigste Zeit?
g) Welche Aussagen lassen sich über die beiden „mittleren" Werte treffen?
h) Welche Schlussfolgerung könnte man ziehen?

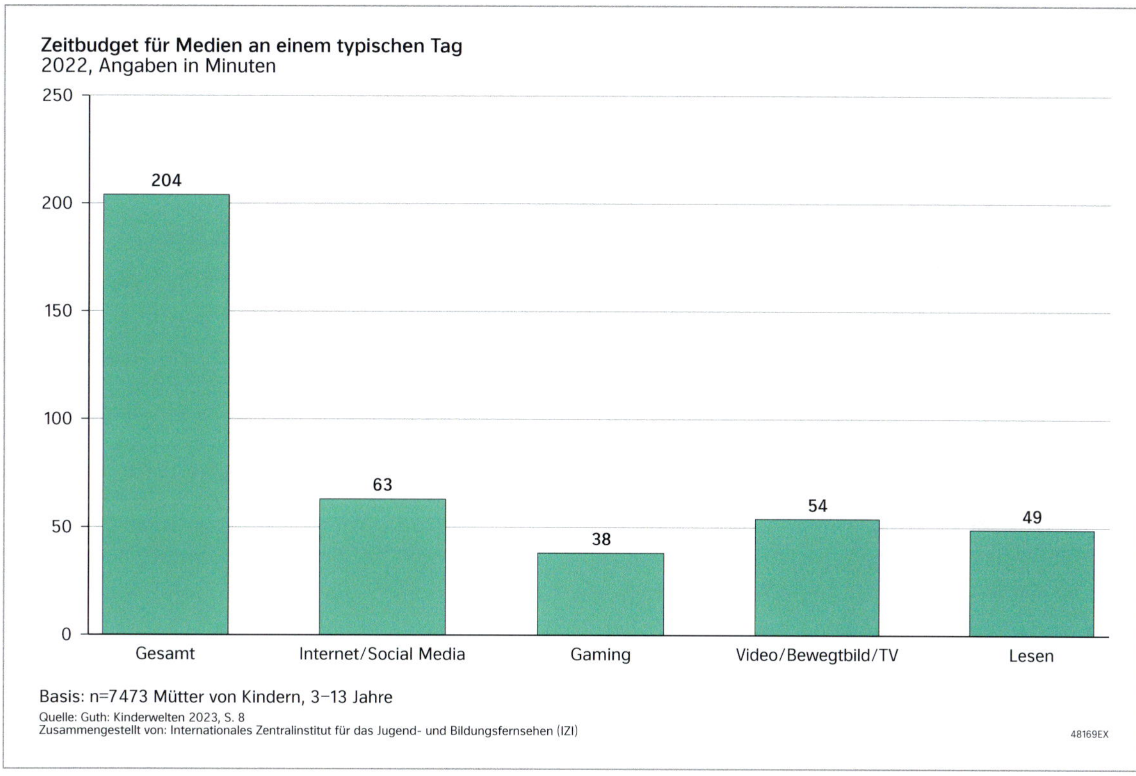

4 Stelle dir folgende Situation vor: Dein Cousin ist zehn Jahre alt und viele seiner Klassenkameraden und -kameradinnen haben schon ein eigenes Handy. Weil er überlegt, ob er sich auch eines zum Geburtstag wünschen soll, befragt er dich. Du erklärst ihm, was du über das Medium „Smartphone" und die Vor- und Nachteile der Nutzung weißt. Schreibe das Gespräch auf.

Du kannst dich selbst überprüfen. **Lösungen**

Freundschaft hat viele Gesichter

Literarische Texte lesen und Figuren in Jugendbüchern kennenlernen

Herzlich willkommen zu einem ganz besonderen Abenteuer: In diesem Kapitel dreht sich alles um Freundschaft. Gemeinsam entdeckt ihr mithilfe von Auszügen aus unterschiedlichen Jugendbüchern, was eine echte Freundschaft eigentlich ausmacht, wie Freundschaften entstehen und welche spannenden Momente man zusammen erleben kann. Es geht aber auch um die Frage, was passiert, wenn man sich doch einmal streitet. Aber auch solche Momente stehen echte Freundinnen und Freunde zusammen durch.

Daneben lernt ihr in diesem Kapitel, wie ihr euch in das erzählte Geschehen hineinversetzt: Wie fühlen sich die Figuren? Was bedeutet ihnen ihre Freundschaft? Zudem erfahrt ihr, wie man eine literarische Figur beschreibt und wie man die Spannung in einem Textauszug untersucht. Abschließend stellt ihr euch verschiedene Jugendbücher gegenseitig vor.

1 In den verschiedenen Jugendbüchern, die ihr in diesem Kapitel kennenlernt, wird es immer wieder um die Frage gehen, was Freundschaft ausmacht: Überlegt zunächst, was Freundschaft für euch bedeutet. Erstellt dazu in kleinen Gruppen ein Freundschafts-ABC. Beginnt zum Beispiel so:

A: Aufmerksamkeit schenken
B: ...
...
Z: zusammenhalten

2 Beschreibt die verschiedenen Buchcover, die ihr auf dieser Doppelseite sehen könnt. Welches Cover spricht euch besonders an? Begründet eure Meinung.

3 Schaut euch die Gestaltung der Cover genauer an. Arbeitet heraus, welche Gemeinsamkeiten ihr erkennen könnt. Welche Elemente machen euch neugierig auf das Buch? Welche Rolle spielt dabei der Titel des Buches?

4 Stellt Vermutungen an, worum es in den Büchern jeweils gehen könnte.

5 Kennt ihr andere Jugendbücher, in denen Freundschaft eine Rolle spielt? Berichtet davon.

6 Überlegt gemeinsam, wieso gerade Jugendbücher häufig von Freundschaft handeln.

1 Was ist Freundschaft?

1 Seht euch die verschiedenen Namen in den Sprechblasen an: Was haben diese Namen gemeinsam?

2 Wie nennen euch eure Freundinnen und Freunde? Sprecht in der Klasse darüber, welche Spitznamen ihr habt und wer euch diese gegeben hat.

3 Tauscht euch darüber aus, inwiefern es sich für euch anders anfühlt, wenn euch jemand bei eurem Spitznamen oder bei eurem Vornamen nennt.

4 Die Ich-Erzählerin des Romans „Hannas Regen", Josefin, hat keinen Spitznamen. Stellt Vermutungen an, wie es sich für sie anfühlen könnte, immer mit ihrem „richtigen" Namen angesprochen zu werden.

Susan Kreller (geb. 1977)

Hannas Regen (Auszug 1)

Die Handlung in dem Jugendbuch „Hannas Regen" beginnt damit, dass die Ich-Erzählerin Josefin ein Mädchen auf dem Weg zur Schule völlig durchnässt durch den Regen gehen sieht. Dieses Mädchen erweist sich als ihre neue Mitschülerin Hanna, die von ihrer Klassenlehrerin neben Josefin gesetzt wird.

Hanna setzt sich polternd neben mich, wühlt in ihrem Rucksack und zieht dann mit einem einzigen wütenden Ruck ein Buch heraus, ein zerfleddertes Taschenbuch, das sie vor sich auf den Tisch wirft, aber offenbar nicht lesen will, *Gotische Kirchen bei Lichte besehen*. Die Kirchen scheinen bequem zu sein, denn das Buch ist ein Kissen, auf das Hanna jetzt ihren triefend nassen Kopf legt, ihr Rücken schläft grau und krumm, das Regenwasser deckt sie zu.
Kein einziges Mal hat sie mich angesehen, und das ist besser als nichts, das ist fast, als wäre sie gar nicht da. [...]
Ich schäme mich, weil Hanna neben *mir* sitzen muss, dem langweiligsten Mädchen der ganzen Klasse, das es noch nicht mal zu einem Spitznamen gebracht hat.
Bei meinem Namen ist das besonders tragisch, einem Namen, der eigentlich nur dafür erfunden wurde, damit ihn andere behutsam in Spitznamen zerhacken, in Josi oder Finchen oder sonst irgendwas Liebevolles. Aber nicht mal meine Eltern nennen mich anders als Josefin, weil sie kurz vor meiner Geburt in einem Buch gelesen haben, dass Spitznamen ein Kind nur kleiner machen, nicht größer.

Bei meinem jüngeren Bruder Carlo, der eigentlich Carl heißt, haben sie das Buch vermutlich schon wieder vergessen, aus der Josefin-Nummer bin ich aber trotzdem nicht mehr rausgekommen, zu Hause und überall.
Ich bin eine von der Sorte *Ich verlass mich auf dich.*
Ich bin die, die man anruft, wenn sonst keiner Zeit hat.
Ich gehöre zu den seitlichen Menschen, die aus Versehen mitfotografiert werden.

1 Lest den ersten Absatz des Jugendbuchauszugs „Hannas Regen“ (Z. 1 – 10) und stellt Vermutungen an, worum es in dem weiteren Verlauf des Textauszugs gehen könnte.

2 Vergleicht eure Vermutungen mit denen einer Lernpartnerin bzw. eines Lernpartners.

3 Die Erzählerin Josefin beschreibt sich als „seitlichen Menschen“, der „aus Versehen mitfotografiert“ (Z. 36 f.) wird. Erklärt, was sie damit meinen könnte. Beschreibt dazu, was es bedeutet, wenn jemand nur seitlich auf einem Foto zu sehen ist.

4 Beschreibt das Bild und erklärt anschließend, wie es zur Geschichte passt.

Susan Kreller (geb. 1977)

Hannas Regen (Auszug 2)

Josefin hat schnell das Gefühl, dass mit Hanna etwas nicht stimmt. Im Unterricht wirkt sie oft abwesend, und dann wird sie eines Tages im Supermarkt verdächtigt, Nagellack gestohlen zu haben. Auch Hannas Eltern, die neu in die Stadt gezogen sind, wirken seltsam verschlossen. Josefins Mutter vermutet sogar, dass Hannas Familie womöglich in großer Gefahr schwebt und daher von der Polizei in einem Zeugenschutzprogramm aufgenommen wurde. Das würde bedeuten, dass alle drei Familienmitglieder unter falschem Namen und mit einer anderen Identität in der neuen Stadt „untergetaucht“ sind. Josefin ist sich nicht sicher, ob das stimmt. Sie freut sich aber, dass sie im Unterricht neben Hanna sitzen darf, obwohl diese sie nach wie vor nicht zu beachten scheint. An einem Tag geschieht im Chemieunterricht jedoch etwas Seltsames.

Hanna sitzt neben mir und trägt einen weißen Tarnkittel, die ganze Klasse trägt weiße Tarnkittel, kein Mensch könnte Hanna hier finden. Und das ist auch besser so, denn unser Chemielehrer, der explosive Herr Wittstock, könnte sie im Notfall gar nicht retten, denn er ist der stillste und harmloseste Lehrer der Schule.
Alles, was in ihm laut ist, seine geheime Wut und seine geheime Freude und seine geheimsten Sorgen, alles packt er in seine Experimente, wo es in Ruhe lärmen kann. Er würde sich gar nicht erst die Mühe machen, einen Versuch aufbauen zu lassen, wenn er nicht genau wüsste, dass es gegen Ende hin ordentlich knallt.
Hanna weiß noch nichts davon, und sie hat mit Sicherheit auch nicht mitgekriegt, welches Experiment wir heute machen. Ihren Kopf hat sie diesmal nicht auf den *Gotischen Kirchen* abgelegt, sondern hält ihn seitlich gedreht auf ihrem Hals. Trotzdem wirkt sie so fern wie immer, starrt an die Wand und tut so, als würde sie die Tafel mit

dem Periodensystem der Elemente[1] freiwillig auswendig lernen und wäre schon beim Quecksilber[2] angekommen.

Eigentlich braucht Hanna gar keinen Tarnkittel. Denn obwohl sie auch heute wieder Farben trägt, Jeansblau und Pulloverschwarz, sieht sie so aus, als würde sie stattdessen die durchsichtige Sorte Grau tragen und in ihre Umgebung übergehen. Sie ist ein Teil von allem, was es sonst noch gibt. Aber würde sie das im Notfall auch schützen, sie, die Zeugin?

Nein, keine Zeugin.

Nur Hanna.

Auf ihrer Seite vom Tisch liegen ein Paar Handschuhe und zwei Schutzbrillen, und ich frage: „Gibst du mir schon mal eine Zeugenschutzbrille?“, stumm frage ich es in mich hinein, und sage nie etwas zu ihr. Stattdessen beuge ich mich zu ihr hinüber und nehme mir die Brille selbst, Schutzbrillen und zusammengebundene Haare sind hier oberstes Gebot, das hat uns der explosive Herr Wittstock auch heute wieder in seiner einschläfernden Art erklärt.

Hanna lässt sich nichts anmerken. Sie lässt *sich selbst* nicht anmerken.

Und so verrückt ich die Geschichte meiner Mutter auch finde, kommt mir Hanna tatsächlich wie jemand vor, der die ganze Zeit versucht, sich in Sicherheit zu bringen. Der verschwindet, direkt vor meinen Augen, neben meinen Augen, immer. Der noch nicht mal so tut, als wäre er da.

Jemand, den es gar nicht richtig gibt. [...]

Herr Wittstock hat uns vorhin den Ablauf des Experiments erklärt und mit leuchtenden Augen angekündigt, dass es zum Schluss etwas lauter werden könnte, schließlich würden wir uns heute mit nichts Geringerem als mit Knallgas beschäftigen. Jetzt, mit seinem leicht wehenden Kittel, teilt er in aller Ruhe Protokollblätter aus, legt jeder Zweiergruppe eins auf den Tisch und

schüttelt fast unmerklich den Kopf, als er Hanna so abwesend sieht, oder woanders anwesend, mitten im Periodensystem der Elemente. [...]

Er kommt noch mal zu uns zurück, verschränkt unsicher die Arme und sagt: „Hanna?“, aber Hanna reagiert nicht, also versucht er es wieder und fragt gleich noch: „Das ist doch dein Name, oder?“ Hanna schreckt hoch, zuckt mit den Schultern und ballt ihre Hände so fest zu Fäusten, dass ihre eigenartigen Fingernägel ganz vergraben sind. Auf Herrn Wittstocks Frage scheint sie keine Antwort zu wissen.

Sie trägt heute keinen Nagellack, nur noch ein paar kleine blaue Reste, das ist mir vorhin aufgefallen, und Herr Wittstock versucht streng zu gucken, es gelingt ihm aber nicht. Mit seiner Strenge, die wie so oft auf halbem Weg stecken geblieben ist, sagt er zu Hanna und zu mir und zum Rest der Klasse: „Ihr könnt gleich alles holen, Materialien stehen im Protokoll, den Wasserstoff[3] händige ich aber selbst aus. Und vorher will ich euch noch etwas zeigen.“

Als er an seinem feuerfesten Lehrertisch angekommen und sein Blick längst wieder still und freundlich geworden ist, setzt Hanna so ruckartig ihre Schutzbrille auf, dass ich mich zu ihr drehe und sehe, dass sie hinter dieser Brille die Augen schließt, so wie neulich ihre Mutter im Marktleiterbüro, sie presst sie regelrecht zu.

Hanna ist jetzt endgültig untergetaucht.

[1] **Periodensystem der Elemente:** eine Übersichtstabelle, die man in der Chemie verwendet

[2] **Quecksilber:** ein chemisches Element

[3] **Wasserstoff:** ein sehr leichtes und brennbares Gas

Vorn steht Herr Wittstock und stellt eine große Konservendose auf den Tisch, mit dem Boden nach oben. Trotzdem kann man noch lesen, was auf dem Etikett steht, *Mildes Weinsauerkraut*, und sofort habe ich Mitleid mit meinem Chemielehrer, er ist kurz mein Verbündeter in unappetitlichen Essensangelegenheiten.

Zur Klasse sagt er jetzt: „Keine Sorge. Euer Experiment wird viel harmloser sein. Ihr nehmt Reagenzgläser und Teelichter. Ich zeige euch hier nur die Action-Version. Und ich weiß nicht, ob ich es schon erwähnt habe, meistens vergesse ich das leider, jedenfalls: Zum Schluss könnte es etwas lauter werden."

Ich schaue kurz zu Hanna, aber sie hält die Augen hinter ihrer Schutzbrille weiterhin geschlossen, auch wenn sie sie nicht mehr so fest zusammenpresst. Reglos sitzt sie da, als würde sie auf gar nichts mehr warten. Auch Herr Wittstock sieht zu ihr, aber er sagt nichts, weder zu den geschlossenen Augen noch zu der Brille, die sie jetzt noch gar nicht tragen müsste. Dann setzt er sich seine eigene Schutzbrille auf, zupft an seinem Kittel und füllt dann aus einer Gasflasche mit einem dünnen Schlauch Wasserstoff in die Dose.

Alles, was er tut, kommentiert er so mitreißend wie ein Live-Reporter bei der Schach-WM, aber man kann sogar hinter seiner Brille erkennen, wie vergnügt er gerade sein muss. Er nimmt den Bunsenbrenner[1] in die Hand und spricht in ihn hinein, als wäre er ein Mikrofon, geheimnisvoll sagt er: „Man nennt es auch die Knallgasprobe", und raunt dann noch hinzu: „die Knallgasprobe zum Nachweis von Wasserstoff".

Neben mir ist Hanna wahrscheinlich eingeschlafen, vorn hält Herr Wittstock den Bunsenbrenner an ein kleines Loch, das er vorher in den Dosenboden gebohrt hat, und entzündet dort eine kleine Flamme. Dann tritt er zwei große, zufriedene Schritte zur Seite, reibt sich die Hände, schaut uns an, nickt. Und während ich darüber nachdenke, ob man mit der Knallgasprobe zur Not auch ausgedachte Leben nachweisen könnte, explodiert vorn die Dose und geht wie eine illegale Silvesterrakete hoch, von wegen mildes Weinsauerkraut. Die ganze Dose pfeift darauf, mild zu sein, sie pfeift und knallt und zischt und schießt, alles gleichzeitig, sie macht einen unglaublichen Lärm, aber das Verrückte ist, dass keiner in der Klasse deshalb erschrickt.

Nicht deshalb.

Wir erschrecken aus einem anderen Grund.

Wir erschrecken, weil sich Hanna neben mir die Seele aus dem Schutzkittel brüllt. Aus ihrem sonst so stummen Mund kommt ein hoher, gellender, unendlich langer Schrei, der sogar den explosiven Herrn Wittstock aus der Ruhe bringt. Verzweifelt zieht er die fünf Kugelschreiber aus der Brusttasche seines Kittels, so als könnte er damit irgendjemanden retten.

Die meisten Schüler sitzen geduckt an ihren Plätzen, haben die Schultern nach vorn gezogen und den Kopf nach unten gerichtet. Ich merke, dass auch ich so dasitze. Voller Angst. Und als Hannas hoher, gellender, unendlich langer Schrei dann irgendwann doch endet, reißt sie sich die Schutzbrille vom Kopf, knallt sie auf den Tisch und brüllt wütend in meine Richtung: „Mann! Josef!"

Ich setze mich gerade hin.

Kopf hoch, Schultern runter.

Herz hoch.

Und obwohl *Josef* nach einem alten bayrischen Weißwursterfinder klingt und nach *Kannst du mal den kleinen Jesus halten?*, und auch wenn jetzt die halbe Klasse zu lachen und die andere Hälfte zu schimpfen anfängt, bin ich so froh wie lange nicht.

Denn ich habe etwas geschenkt bekommen.

Den ersten Spitznamen meines Lebens.

(2022)

[1] **Bunsenbrenner:** Gasbrenner, der für die Durchführung von Vesuchen verwendet wird

1 Beschreibt, wie Hanna sich während des Experiments verhält. Warum beginnt sie wohl plötzlich zu schreien (vgl. Z. 144 ff.)?

2 Tauscht euch darüber aus, was Josefin empfindet, als Hanna zu brüllen beginnt. Begründet, weshalb Josefin es als Geschenk ansieht, dass Hanna sie Josef ruft, und was der Spitzname für Josefin bedeutet.

3 Lest den Text erneut und beantwortet die folgenden Fragen:

a) Wo spielt die Geschichte?
b) Wer sind die Hauptfiguren?

4 Stellt euch vor, ihr möchtet einer Freundin oder einem Freund in einer Kurznachricht erklären, was in der Geschichte passiert. Formuliert diese Kurznachricht.

5 Um mit dem Text besser arbeiten zu können, ist es hilfreich, wenn ihr ihn gliedert.

- Unterteilt den Text in Sinnabschnitte. Ihr erkennt einen neuen Sinnabschnitt daran, dass etwas Neues passiert. Zum Beispiel könnte eine neue Person auftreten oder ein wichtiges Ereignis geschehen. Auch an einem Wechsel des Handlungsortes oder der Zeit kann man einen neuen Sinnabschnitt erkennen.
- Formuliert anschließend zu jedem Sinnabschnitt eine passende Überschrift. Nutzt dazu auch die Stellen, die ihr in Aufgabe 3 notiert habt. Ihr könnt zur Bearbeitung der Aufgabe eine Hilfestellung nutzen. **Hilfestellung**

Weitere Informationen dazu, wie man einen Text in Sinnabschnitte gliedert, findet ihr auf S. 37.

6 Untersucht, was ihr über die Eigenschaften und Besonderheiten von Hanna und Josefin in den Textauszügen erfahrt. Geht so vor:

- Teilt eure Klasse in zwei Gruppen auf. Eine Gruppe ist für Hanna, eine Gruppe für Josefin zuständig.
- Sucht passende Textstellen heraus. Legt dazu die folgende Tabelle an und denkt daran, auch die Zeilenangaben zu notieren.

Hanna		**Josefin**	
Textbeispiel	**Das erfährt man dadurch über Hanna**	**Textbeispiel**	**Das erfährt man dadurch über Josefin**
„als würde sie stattdessen die durchsichtige Sorte Grau tragen“ (Auszug 2, Z. 28 f.)	Hanna ist sehr zurückhaltend und versucht, nicht aufzufallen.	„Ich bin die, die man anruft, wenn sonst keiner Zeit hat.“ (Auszug 1, Z. 34 f.)	Josefin scheint sich als Person zu empfinden, die oft übersehen und nur als Notlösung wahrgenommen wird.
„Ihren Kopf hat sie diesmal nicht auf den *Gotischen Kirchen* abgelegt, sondern hält ihn seitlich gedreht auf ihrem Hals“ (Auszug 2, Z. 17 ff.)	? ? ? ? ? ? ? ? ? ? ? ?	„stumm frage ich es in mich hinein, und sage nie etwas zu ihr“ (Auszug 2, Z. 38 f.)	? ? ? ? ? ? ? ? ? ? ? ?
? ? ? ? ? ? ? ? ? ? ? ? ?	? ? ? ? ? ? ? ? ? ? ? ? ?	? ? ? ? ? ? ? ? ? ? ? ? ?	? ? ? ? ? ? ? ? ? ? ? ? ?

7 In den Textauszügen aus „Hannas Regen" finden sich viele ungewöhnliche Formulierungen, die dabei helfen, sich das Geschehen gut vorstellen zu können. So sagt Josefin zum Beispiel über ihren Lehrer, Herrn Wittstock: „Mit seiner Strenge, die wie so oft auf halbem Weg stecken geblieben ist" (Auszug 2, Z. 77 ff.). Auch denkt sie, er kommentiere das Experiment „so mitreißend wie ein Live-Reporter bei der Schach-WM" (Auszug 2, Z. 118)

- Beschreibt, was an diesen Formulierungen ungewöhnlich ist.
- Erklärt in eigenen Worten, was Josefin damit meint: Was denkt sie über Herrn Wittstock?

Ihr könnt eine Hilfestellung nutzen, um die sprachliche Gestaltung in den Textauszügen genauer zu untersuchen. **Hilfestellung**

8 Versucht, euch in Hanna hineinzuversetzen. Schreibt ihre Gedanken und Gefühle über ihre Erlebnisse mit Josefin, als sie zu Hause über die ersten Schultage nachdenkt, in Form eines inneren Monologs auf. So könnt ihr anfangen:

Eigentlich will ich mit dieser neuen Schule gar nichts zu tun haben. Mir ist das alles manchmal zu viel und die Leute sind mir egal – na ja, fast alle. Wenn ich an die Chemiestunde denke, fürchte ich nur, dass ich jetzt doch allen aufgefallen bin. Ich habe wohl nicht richtig aufgepasst, und da ist es dann passiert …

9 Besprecht, woran man erkennen kann, dass sich eine Freundschaft zwischen Hanna und Josefin anbahnt. Erinnert euch daran, was aus eurer Sicht eine gute Freundschaft ausmacht. Bezieht euch dabei auch auf euer Freundschafts-ABC von Seite 247.

Wenn ihr wissen wollt, wie es mit der Freundschaft von Hanna und Josefin weitergeht, könnt ihr einen weiteren Auszug aus „Hannas Regen" lesen. **Zusatzmaterial**

Methode

Einen inneren Monolog schreiben

Oft kannst du eine Figur besser verstehen, wenn du in sie hineinschlüpfst und versuchst, ihre **Gedanken**, **Gefühle** und **Wahrnehmungen** wiederzugeben. Spricht die Figur in einer bestimmten Situation zu sich selbst, nennt man dies einen inneren Monolog.

- Überlege dir, welche Gedanken und Gefühle die Figur in der Situation, zu der du einen inneren Monolog schreiben willst, haben könnte. Die Figur kann dabei auch Fragen an sich selbst stellen.
- Einen inneren Monolog verfasst du, indem du
  - in der Ich-Form schreibst (z. B.: Ich bin so unglücklich, weil …),
  - als Zeitform das Präsens (Gegenwart) verwendest.

2 Wie eine Freundschaft entsteht

Audio

Anne Becker (geb. 1975)

Luftmaschentage

Als Riccarda neu in die Klasse kommt, ist die schüchterne Matea die Einzige, die die „Neue" nicht sofort ablehnt. Riccarda wirkt ungepflegt, ist nachts viel zu lange draußen und lässt sich von ihren Lehrerinnen und Lehrern nichts sagen. Mateas Mutter möchte zuerst nicht, dass sich ihre Tochter mit Riccarda anfreundet, da sie fürchtet, sie könnte einen negativen Einfluss auf sie ausüben. Als Matea aber eines Tages wieder einmal von ihrer Mitschülerin Fabienne geärgert wird, kommt Riccarda ihr zu Hilfe. Sie nimmt Fabienne in den Schwitzkasten und lässt sie erst los, als diese verspricht, Matea zukünftig in Ruhe zu lassen. Zwar handelt sich Riccarda dadurch großen Ärger ein, aber zugleich kommt das fiese Verhalten Fabiennes ans Licht. Matea und Riccarda, die sich inzwischen bei ihren Spitznamen „Mats" und „Ricci" nennen, werden Freundinnen. Weil sie spürt, dass Riccarda ihrer Tochter guttut, gibt Mateas Mutter ihre anfängliche Skepsis auf.
Als die Mädchen in der Schule die Aufgabe bekommen, die Bedeutung ihres Namens zu recherchieren, weigert sich Riccarda und macht einen frechen Kommentar über die Lehrerin, Frau Kämpen. Sie wird daraufhin der Klasse verwiesen. Matea folgt ihr, um sie zu trösten, und nimmt sie mit zu sich nach Hause, wo ihre Eltern und ihr Bruder Aaron bereits mit dem Mittagessen fertig sind.

„Ihr seid früh dran", meinte meine Mutter und stellte einen riesigen Topf Schinkennudeln auf den Tisch. „Ist was ausgefallen?" Sie hielt Ricci den Löffel hin.
„Nicht wirklich", sagte ich.
„Nicht wirklich?", fragte Aaron und ließ sich auf einen Stuhl fallen. „Klingt verdächtig."
„Die Kämpen ist verdächtig", sagte Ricci und häufte sich den Teller voll.
„Ey", sagte Aaron. „Lass mir was übrig."
„Aaron!" Meine Mutter klapste ihm auf die Schulter.
„Was denn? Ich bin immer noch im Wachstum." Er zog den Topf zu sich. „Zurück zu euch." Er zeigte mit dem Löffel auf Ricci und mich und verteilte dabei Schinkennudeln auf dem Tisch. „Ihr habt Mist gebaut?"
„Quatsch!", sagte ich. Und gleichzeitig Ricci: „So sieht's aus."
Dann war es erst mal ziemlich still.
Dann seufzte meine Mutter. „Also. Was war los?"
„Die Kämpen macht bescheuerte Arbeitsblätter. Was geht's die an, warum ich heiße, wie ich heiße?", fauchte Ricci und spießte mit der Gabel ein paar Schinkenstücke auf.
„Vielleicht willst du das ja für dich selbst wissen?", meinte meine Mutter.
„Nein." Ricci schüttelte den Kopf.
„Matea bedeutet zum Beispiel ‚Geschenk Gottes'. Und genau das ist sie, für uns."
Ich wurde rot. Ich konnte es fühlen. Mein Gesicht stand in Flammen.
„Das seh ich anders", sagte Aaron. „Eher Plage Gottes." Er lachte. Ich boxte ihm auf den Arm.
„Ja super." Riccarda schaut auf ihren Teller und schob die letzten Nudeln hin und her. „Nach der Logik heißt Riccarda bestimmt so was wie ‚Unfall'. Jedenfalls wenn mein Vater den Namen ausgesucht hat."
Mein Bruder hörte auf, den Topf auszukratzen, und starrte Ricci an. Ich wollte auf einmal ganz schnell in mein Zimmer. Und ich wollte Ricci fest

in den Arm nehmen. Beides gleichzeitig. Also blieb ich wie versteinert sitzen.
„Weißt du“, sagte meine Mutter, „meine Eltern haben mich Elisabeth genannt, einfach, weil meine Großmutter so hieß.“ Sie stand auf und holte ihr Handy aus der Küchenzeile. „Aber“, sie tippte etwas in ihr Handy ein, „trotzdem passt der Name perfekt zu mir. Vor allem, weil ich Pfarrerin geworden bin.“ Sie schaute von ihrem Handy auf und lächelte. „Und ich habe das Gefühl, bei dir ist es genauso. Warum auch immer du Riccarda heißt – der Name passt zu dir.“ Meine Mutter deutete auf das Handy und las vor: „Riccarda ist ein weiblicher Vorname und eine Ableitung des männlichen Vornamens Richard. Bedeutung: die Kühne, die Starke.“

Ricci schaute kurz meine Mutter an und blinzelte. Die legte Ricci einmal kurz die Hand auf die Schulter, dann steckte sie ihr Handy in die Hosentasche und fing an, den Tisch abzuräumen. Das Besteck und die Teller klapperten laut in einer sonst stillen Küche.
„Yes!“, jubelte da plötzlich Aaron los und wedelte mit seinem Handy. „Danke, Mama! Danke, Papa! Ich wusste, dass ihr schon immer an mich geglaubt habt! Aaron – Erleuchteter, Kämpfer, Held.“
Ich nahm ihm sein Handy weg. „Bist du dir sicher, dass Mama und Papa nicht an das hier gedacht haben?“ Ich zeigte auf das Wort, das er bei den aufgezählten möglichen Bedeutungen ausgelassen hatte. „Bergmensch?“
„Tja“, lachte meine Mutter. „Das bleibt dann wohl unser Geheimnis.“

(2023)

1 In dem Text von Anne Becker geht es um ein besonderes Gespräch am Küchentisch von Mateas Familie. Lest den vorangestellten Text und erklärt euch gegenseitig, was ihr darin über die Vorgeschichte erfahrt.

2 Hört euch den Text an und lest ihn dann in verteilten Rollen. Haltet anschließend in jeweils einem Satz fest, welchen Eindruck ihr von Riccarda, Matea, Mateas Mutter und Aaron bekommt.

3 Stellt Vermutungen an, warum sich Riccarda wohl geweigert hat, die Aufgabe im Unterricht von Frau Kämpen zu erledigen.

4 Lest den Text nochmal und arbeitet heraus, wie das Gespräch am Küchentisch verläuft. Beschreibt dabei die Stimmung in verschiedenen Phasen des Gesprächs, indem ihr aus dem Wortspeicher passende Adjektive heraussucht. Begründet eure Einschätzung.

fröhlich ▪ ausgelassen ▪ ernst ▪ traurig ▪ offen ▪ freundlich ▪ schlecht ▪ aufgelockert

5 Stellt aus der Vorgeschichte und aus dem Text heraus, was die Freundschaft zwischen Matea und Riccarda ausmacht. Geht dabei auf die Frage ein, was Riccarda wohl an Matea und was umgekehrt Matea an Riccarda schätzt.

6 Untersucht das Verhalten von Mateas Mutter. Zeigt dabei auf, wie sie mit ihrer eigenen Tochter und mit Riccarda umgeht. Überlegt, warum sie wohl so handelt.

7 Auch in dieser Geschichte geht es um die Bedeutung von Namen. Sprecht darüber, was ihr über euren eigenen Namen wisst. Ihr könnt auch dazu recherchieren oder eure Eltern befragen.

Joanne K. Rowling (geb. 1965)

Harry Potter und der Stein der Weisen

Harry Potter steht wie schon in den vorangegangenen Jahren ein trostloser Geburtstag bei seinen lieblosen Stiefeltern bevor, als ihm eine Eule eine Einladung für das berühmte Zauberinternat Hogwarts überbringt. Langsam wird Harry klar, dass seine leiblichen Eltern berühmte Zauberer waren und auch er in Magierkreisen sehr bekannt zu sein scheint. So muss Harry erfahren, dass er in seiner frühen Kindheit ein Gefecht mit dem bösen Zauberer Lord Voldemort überlebt hat. Nur eine Narbe auf Harrys Stirn erinnert noch an den Kampf um Leben und Tod. Auf der Zugfahrt in das geheimnisumwitterte Internat zieht der neue Zauberlehrling schnell die Aufmerksamkeit seiner zukünftigen Mitschülerinnen und Mitschüler auf sich.

„Sitzt da jemand?“, fragte er und deutete auf den Sitz gegenüber von Harry. „Der ganze Zug ist nämlich voll.“

Harry schüttelte den Kopf und der Junge setzte sich. Er warf Harry einen schnellen Blick zu und sah dann schweigend aus dem Fenster. [...]

„He, Ron.“

Da waren die Zwillinge wieder.

„Hör mal, wir gehen weiter in die Mitte. Lee Jordan hat eine riesige Tarantel.“

„Macht nur“, murmelte Ron.

„Harry“, sagte der andere Zwilling, „haben wir uns eigentlich schon vorgestellt? Fred und George Weasley. Und das hier ist Ron, unser Bruder. Bis später dann.“

„Tschau“, sagten Harry und Ron. Die Zwillinge schoben die Abteiltür hinter sich zu.

„Bist du wirklich Harry Potter?“, kam es aus Ron hervorgesprudelt.

Harry nickte.

„Aah, gut, ich dachte, es wäre vielleicht wieder so ein Scherz von Fred und George“, sagte Ron. „Und hast du wirklich ... du weißt schon ...“ Er deutete auf Harrys Stirn.

Harry strich sich die Haare aus dem Gesicht und zeigte ihm die Blitznarbe. Ron machte große Augen.

„Also hier hat Du-weißt-schon-wer ...?“

„Ja“, sagte Harry, „aber ich kann mich nicht daran erinnern.“

„An nichts?“, fragte Ron neugierig.

„Na ja, ich erinnere mich noch, dass überall grünes Licht war, aber an sonst nichts.“

„Mensch“, sagte Ron. Er saß da, starrte Harry einige Zeit lang an und dann, als sei ihm plötzlich klar geworden, was er da tat, wandte er seine Augen rasch wieder aus dem Fenster.

„Sind alle in eurer Familie Zauberer?“, fragte Harry, der Ron genauso interessant fand wie Ron ihn.

„Ähm – ja, ich denke schon“, sagte Ron. „Ich glaube, Mum hat noch einen zweiten Vetter, der Buchhalter ist, aber wir reden nie über ihn.“

„Dann musst du schon viel vom Zaubern verstehen.“

Die Weasleys waren offensichtlich eine dieser alten Zaubererfamilien, von denen der blasse Junge in der Winkelgasse gesprochen hatte.

„Ich hab gehört, dass du bei den Muggeln gelebt hast“, sagte Ron. „Wie sind die?“

„Fürchterlich – na ja, nicht alle. Meine Tante, mein Onkel und mein Vetter jedenfalls. Ich wünschte, ich hätte auch drei Zaubererbrüder."

„Fünf", sagte Ron. Aus irgendeinem Grund verdüsterte sich seine Miene. „Ich bin der Sechste in unserer Familie, der nach Hogwarts geht. Und das heißt, in mich setzt man hohe Erwartungen. Bill und Charlie sind schon nicht mehr dort – Bill war Schulsprecher und Charlie war Kapitän der Quidditch-Mannschaft. Und Percy ist jetzt Vertrauensschüler. Fred und George machen zwar eine Menge Unsinn, aber sie haben trotzdem ganz gute Noten und sind beliebt. Alle erwarten von mir, dass ich so gut bin wie die anderen, aber wenn ich es schaffe, ist es keine große Sache, weil sie es schon vorgemacht haben. Außerdem kriegst du nie etwas Neues, wenn du fünf Brüder hast. Ich habe den alten Umhang von Bill, den alten Zauberstab von Charlie und die alte Ratte von Percy."

Ron schob die Hand in die Jacke und zog eine fette, graue, schlafende Ratte hervor.

„Ihr Name ist Krätze und sie ist nutzlos, sie pennt immer. Percy hat von meinem Dad eine Eule bekommen, weil er Vertrauensschüler wurde, aber sie konnten sich keine – ich meine, ich habe stattdessen Krätze bekommen."

Rons Ohren färbten sich rosa. Offenbar glaubte er, er habe jetzt zu viel gesagt, denn er sah jetzt wieder aus dem Fenster.

Harry fand es überhaupt nicht schlimm, wenn jemand sich keine Eule leisten konnte. Schließlich hatte er bis vor einem Monat keinen Penny gehabt, und er erzählte Ron auch, dass er immer Dudleys alte Klamotten tragen musste und nie ein richtiges Geburtstagsgeschenk bekommen hatte. Das schien Ron ein wenig aufzumuntern.

„... und bis Hagrid es mir gesagt hat, wusste ich überhaupt nicht, dass ich ein Zauberer bin, und auch nichts von meinen Eltern und Voldemort."

Ron stockte der Atem.

„Was ist?", fragte Harry.

„*Du hast Du-weißt-schon-wer beim Namen genannt!*", sagte Ron, entsetzt und beeindruckt zugleich. „Ich hätte nicht gedacht, dass ausgerechnet du –"

„Ich möchte nicht so tun, als ob ich besonders mutig wäre, wenn ich den Namen sage", antwortete Harry. „Ich habe einfach nie gewusst, dass man es nicht tun sollte. Verstehst du? Ich hab noch eine Menge zu lernen ... Ich wette", fuhr er fort und redete sich etwas von der Seele, das ihm seit Kurzem viel Sorge bereitete, „ich wette, ich bin der Schlechteste in der Klasse."

„Das glaube ich nicht. Es gibt eine Menge Leute aus Muggelfamilien[1] und sie lernen trotzdem schnell."

Während sie sich unterhielten, hatte der Zug London hinter sich gelassen. Wiesen mit Kühen und Schafen zogen nun schnell an ihnen vorbei. Eine Weile schwiegen sie und schauten hinaus auf Felder und Wege.

Um halb zwölf drang vom Gang ein lautes Geklirre und Geklapper herein, und eine Frau mit Grübchen in den Wangen schob die Tür auf und sagte lächelnd: „Eine Kleinigkeit vom Wagen gefällig, ihr Süßen?"

Harry, der nicht gefrühstückt hatte, sprang auf, doch Rons Ohren liefen wieder rosa an. Er habe Stullen dabei, nuschelte er. Harry trat hinaus in den Gang. [...]

Ron machte große Augen, als Harry mit all den Sachen ins Abteil zurückkam und sie auf einen leeren Sitz fallen ließ.

„Bist wohl ziemlich hungrig?"

„Ich verhungere gleich", sagte Harry und nahm einen großen Bissen von einer Kürbispastete.

Ron hatte ein klobiges Papierbündel herausgeholt und es aufgewickelt. Drin waren vier belegte Brote. Er zog eins davon auseinander und sagte: „Sie vergisst immer, dass ich kein Corned Beef mag."

„Ich tausch es für eine hiervon", sagte Harry und hielt eine Pastete hoch. „Na los -"

„Das Brot magst du sicher nicht, es ist ganz tro-

[1] **Muggel:** Als Muggel werden im Roman Menschen bezeichnet, die keine Magier sind.

cken", sagte Ron. „Sie hat nicht viel Zeit", fügte er rasch hinzu, „mit gleich fünfen von uns, du weißt ja."

„Ach, komm schon, nimm dir eine Pastete", sagte Harry, der noch nie etwas zu teilen gehabt hatte oder auch nur jemanden, mit dem er etwas hätte teilen können. Es war ein gutes Gefühl, hier mit Ron zu sitzen und sich durch all seine Pasteten und Kuchen zu futtern (die Stullen hatten sie längst vergessen).

[...]

„Für welche Quidditch-Mannschaft bist du eigentlich?", fragte Ron. „Ähm – ich kenne gar keine", gestand Harry.

„Was?" Ron sah ihn verdutzt an. „Ach, wart's nur ab, das ist das beste Spiel der Welt –" Und dann legte er los und erklärte alles über die vier Bälle und die Positionen der sieben Spieler, beschrieb berühmte Spiele, die er mit seinen Brüdern besucht hatte, und den Besen, den er gerne kaufen würde, wenn er das Geld dazu hätte. Gerade war er dabei, Harry in die raffinierteren Züge des Spiels einzuführen, als die Abteiltür wieder aufging. [...]

Drei Jungen traten ein und Harry erkannte sofort den mittleren von ihnen: Es war der blasse Junge aus Madam Malkins Laden. Er musterte Harry nun viel interessierter als in der Winkelgasse.

„Stimmt es?", sagte er. „Im ganzen Zug sagen sie, dass Harry Potter in diesem Abteil ist. Also du bist es?"

„Ja", sagte Harry. Er sah die anderen Jungen an. Beide waren stämmig und wirkten ziemlich fies. Wie sie da zur Rechten und zur Linken des blassen Jungen standen, sahen sie aus wie seine Leibwächter.

„Oh, das ist Crabbe und das ist Goyle", bemerkte der blasse Junge lässig, als er Harrys Blick folgte. „Und mein Name ist Malfoy. Draco Malfoy."

Von Ron kam ein leichtes Husten, das sich anhörte wie ein verdruckstes Kichern. Draco Malfoy sah ihn an.

„Meinst wohl, mein Name ist komisch, was? Wer du bist, muss man ja nicht erst fragen. Mein Vater hat mir gesagt, alle Weasleys haben rotes Haar, Sommersprossen und mehr Kinder, als sie sich leisten können."

Er wandte sich wieder Harry zu.

„Du wirst bald feststellen, dass einige Zaubererfamilien viel besser sind als andere, Potter. Und du wirst dich doch nicht etwa mit der falschen Sorte abgeben. Ich könnte dir behilflich sein."

Er streckte die Hand aus, doch Harry machte keine Anstalten, ihm die seine zu reichen.

„Ich denke, ich kann sehr gut selber entscheiden, wer zur falschen Sorte gehört", sagte er kühl.

Draco Malfoy wurde nicht rot, doch ein Hauch Rosa erschien auf seinen blassen Wangen.

„Ich an deiner Stelle würde mich vorsehen, Potter", sagte er langsam. „Wenn du nicht ein wenig höflicher bist, wird es dir genauso ergehen wie deinen Eltern. Die wussten auch nicht, was gut für sie war. Wenn du dich mit Gesindel wie den Weasleys und diesem Hagrid abgibst, wird das auf dich abfärben."

Harry und Ron erhoben sich. Rons Gesicht war nun so rot wie sein Haar.

„Sag das noch mal", sagte er.

„Oh, ihr wollt euch mit uns schlagen?", höhnte Malfoy.

„Außer ihr verschwindet sofort", sagte Harry, was mutiger klang, als er sich fühlte, denn Crabbe und Goyle waren viel kräftiger als er und Ron.

„Aber uns ist überhaupt nicht nach Gehen zumute, oder, Jungs? Wir haben alles aufgefuttert, was wir hatten, und bei euch gibt's offenbar noch was."

Goyle griff nach den Schokofröschen neben Ron. Ron machte einen Sprung nach vorn, doch bevor er Goyle auch nur berührt hatte, entfuhr diesem ein fürchterlicher Schrei.

Krätze, die Ratte, baumelte von Goyles Zeigefinger herab, ihre scharfen kleinen Zähne tief in seine Knöchel versenkt – Crabbe und Malfoy wichen zur Seite, als der jaulende Goyle Krätze weit im Kreis herumschwang. Als Krätze schließlich wegflog und gegen das Fenster klatschte, verschwanden alle drei auf der Stelle.

(1998)

1 Lest den Text sorgfältig und tauscht euch mit eurer Lernpartnerin oder eurem Lernpartner darüber aus. Geht dabei schrittweise vor:

- Versucht gemeinsam, unbekannte Wörter zu klären. Schaut gegebenenfalls in einem Wörterbuch nach oder erschließt die Bedeutung aus dem Textzusammenhang.
- Fasst zusammen, worum es inhaltlich geht: Wo findet die Handlung statt? Wer sind die Hauptfiguren? Was ereignet sich?
- Tauscht euch darüber aus, welchen Eindruck ihr von Ron und Harry habt.
- Überlegt, wie dieser Text zum Thema „Freundschaft" passt.

2 Wie kann man eine literarische Figur aus einem Roman möglichst genau beschreiben? Was könnte eine Leserin oder einen Leser, die oder der die Figur noch nicht kennt, besonders interessieren? Findet Fragen, die eine Leserin oder ein Leser stellen könnte, wenn er oder sie über eine literarische Figur informiert werden möchte. Beginnt zum Beispiel so:

a) Wie sieht die literarische Figur aus?
b) Was erfährt man über ihre Familie?
c) ...

3 Beantwortet die Fragen, die ihr in Aufgabe 2 gesammelt habt. Notiert dazu die Informationen, die ihr zur Beantwortung eurer Fragen im Textauszug über Ron und Harry erhaltet, stichwortartig. Gebt die Zeile an, in der ihr die Informationen findet.

4 Ordnet diese Informationen, indem ihr sie unter folgende Oberbegriffe schreibt. Übernehmt dazu die folgende Tabelle in euer Heft.

	Aussehen	**Herkunft/Familie**	**Typische Eigenschaften und Verhaltensweisen**
Harry	? ? ? ? ? ? ? ? ? ? ? ? ? ?	? ? ? ? ? ? ? ? ? ? ? ? ? ?	? ? ? ? ? ? ? ? ? ? ? ? ? ?
Ron	? ? ? ? ? ? ? ? ? ? ? ? ? ?	? ? ? ? ? ? ? ? ? ? ? ? ? ?	? ? ? ? ? ? ? ? ? ? ? ? ? ?

5 Die Schülerinnen und Schüler werden nach ihrer Ankunft in Hogwarts auf vier Häuser verteilt. Harry und Ron kommen gemeinsam in das Haus Gryffindor. Im Aufenthaltsraum sollen sich alle neuen Schülerinnen und Schüler mithilfe eines Steckbriefs vorstellen. Verwendet eure gesammelten Informationen, um je einen Steckbrief für Harry und Ron zu gestalten.

Methode

Einen Steckbrief zu einer literarischen Figur gestalten

Wenn du eine literarische Figur genau beschreiben möchtest, überlegst du dir zunächst, welche Informationen besonders wichtig sein könnten. Dies können zum Beispiel folgende Informationen sein:

- Personendaten (Name, Alter, Familie, Freunde, Herkunft ...)
- äußere Merkmale (Größe, Haarfarbe, Brille ...)
- Eigenschaften (Interessen, Hobbys ...)

Hierzu solltest du versuchen, möglichst viele Informationen in dem Text zu finden. Halte anschließend die wichtigsten Informationen auf deinem Steckbrief fest. Ergänze ggf. auch ein Foto oder eine Zeichnung der Figur.

6 Wählt eine der beiden literarischen Figuren aus und beschreibt sie in einem zusammenhängenden Text. Folgende Formulierungen helfen euch:

- Harry/Ron ist die Hauptfigur/eine der Hautfiguren aus dem Roman „Harry Potter", den Joanne K. Rowling geschrieben hat.
- Er stammt aus .../Zu seiner Familie gehören ...
- Auffällig an seinem Äußeren ist .../ Er hat ...
- Eine wichtige Eigenschaft von ihm ist, dass er .../Zu seinen Eigenschaften zählt, dass er ...
- Das erkennt die Leserin/der Leser daran, dass er ... Deutlich wird dies, als er ...
- Außerdem kann er/ist er ...
- Eine besondere Beziehung hat er zu ... Das sieht man daran, dass ...

Ein Beispiel für eine Beschreibung einer literarischen Figur findet ihr auf dem Arbeitsblatt. **Arbeitsblatt**

Methode

Eine literarische Figur beschreiben

Wenn du eine literarische Figur beschreibst, präsentierst du die wesentlichen Informationen zu einer Figur in einem zusammenhängenden Text. Stelle dir dazu eine interessierte Freundin oder einen interessierten Freund vor, der diese Figur noch nicht kennt. Gehe in deinem Text über den Steckbrief hinaus. Gehe dabei so vor:

- Benenne, welche literarische Figur du vorstellen willst und aus welchem Roman sie stammt.
- Beschreibe zunächst das **Äußere** der Figur. Gehe dann auf die **Eigenschaften** der Figur ein. Achte zum Beispiel darauf, wie sie sich **verhält** oder welche **Gedanken** und **Gefühle** sie hat. Berücksichtige dabei auch die **Beziehung** zu anderen Figuren, wie sie in dem Textauszug deutlich wird.
- Begründe abschließend kurz, ob du die Figur sympathisch findest.

7 Im Verlauf des Gesprächs werden Ron und Harry Freunde. Übertragt die folgende Tabelle in euer Heft und untersucht, wie sich diese Freundschaft langsam entwickelt. Beschreibt also die einzelnen Stationen. Die Textabschnitte sind bereits vorgegeben.

Abschnitte	**Inhalt des Gesprächs**	**Entwicklung der Freundschaft**
Zeile 1 – 17	Ein Junge, der von seinen Brüdern als Ron vorgestellt wird, fragt Harry, ob er sich zu ihm setzen darf, weil der Zug voll ist, was Harry akzeptiert.	Harry und Ron sind schüchtern und sprechen fast nicht miteinander. Sie nehmen auch nur jeweils kurz Blickkontakt zueinander auf.
Zeile 18 – 53	Harry und Ron unterhalten sich über ihre Vergangenheit und ihre Familien.	Beide haben Interesse an den Geschichten des anderen; Ron verliert zunehmend seine Scheu gegenüber der „Berühmtheit" Harry.
Zeile 54 – 92	? ? ? ? ? ? ? ? ? ? ? ? ? ? ? ? ? ? ? ?	? ? ? ? ? ? ? ? ? ? ? ? ? ? ? ? ? ? ? ?
Zeile 93 – 121	? ? ? ? ? ? ? ? ? ? ? ? ? ? ? ? ? ? ? ?	? ? ? ? ? ? ? ? ? ? ? ? ? ? ? ? ? ? ? ?
Zeile 122 – 222	? ? ? ? ? ? ? ? ? ? ? ? ? ? ? ? ? ? ? ?	? ? ? ? ? ? ? ? ? ? ? ? ? ? ? ? ? ? ? ?

8 Erklärt, warum es Harry und Ron gelingt, Freunde zu werden. Schaut euch zu diesem Zweck noch einmal die Eigenschaften und Verhaltensweisen der beiden an.

9 Jetzt entscheidest du! Wähle aus:

A Sammle alle Informationen über Draco Malfoy und stelle ihn, wie zuvor Ron und Harry, in einem zusammenhängenden Text vor.

B Nach der Ankunft in Hogwarts schreibt Ron seinen Eltern einen Brief, in dem er ihnen über seine Erlebnisse mit Harry Potter und Draco Malfoy erzählt. Schreibe diesen Brief aus Rons Sicht.

Wie man einen Brief schreibt, erfährst du auf S. 24.

C Schreibe auf, wie du das Verhalten von Harry gegenüber Draco bewertest, als dieser ihn auffordert, sich gegen Ron zu stellen. Folgende Formulierungen helfen dir:
- Ich bin der Meinung, dass ...
- Ich finde, dass ..., weil er nämlich ...

3 Freunde – so bunt wie das Leben

Tamara Bach (geb. 1976)

Wörter mit L

Paulines beste Freundin Natascha hat sich in Tristan, einen Jungen aus ihrer Klasse, verliebt und ihm dies in einem Brief gestanden. Doch Tristans Reaktion ist anders als erhofft, wie Pauline von Leonie, einer Mitschülerin, die sie gar nicht leiden kann, in einem Gespräch erfährt.

„Was haben die Jungs denn gesagt?", frag ich.
„Na, weißt schon", und auch das ist dämlich, wenn ich es nämlich wissen würde, würde ich ja nicht fragen. Aber so, wie Leonie jetzt rumdruckst und auf ihrer Unterlippe rumkaut, schindet die bestimmt nur Zeit. Jetzt will ich erst recht wissen, was die Jungs gesagt haben.
Alle gehen an uns vorbei ins Schulhaus.
„Los. Sag."
Leonie sagt dann also, dass sie am Freitag auf dem Weg nach Hause gehört hat, wie sich Oskar und Finn und noch einer aus der Sechsten mit Tristan unterhalten haben, und dass die blöde gelacht haben die ganze Zeit. Und Tristan gefragt haben, ob er denn jetzt mit Natascha zusammen ist, wann geheiratet wird und wann geknutscht und lauter so Kram. Und dann hätte Tristan gesagt „Gar nicht" und angeblich hat er sogar ausgespuckt.
„Das hast DU gehört oder wer?"
Leonie nickt. Ja. Sie ist hinter denen gegangen, und die Jungs hat das gar nicht interessiert, wer ihnen da zuhört.
Und es geht noch weiter.
Die Jungs haben blöde gelacht und Tristan ist gar nicht so trist oder traurig, der ist ein Arsch, der dann gesagt hat, dass Natascha sie ja wohl nicht mehr alle hat. Was die denn denkt. Dass er in sie verknallt ist, oder was, und wie scheiße er das findet (ich selbst fluche ja gar nicht so viel, aber Tristan hat das angeblich alles so gesagt, jedenfalls laut Leonie). Dann hat er noch ein paar sehr unschöne Wörter benutzt („unschön" ist eigentlich ein schönes Wort, das sollte ich öfter benutzen) und damit jedes Mal Natascha gemeint. Meine Natascha. Meine tolle und liebe und feine und lustige Freundin Natascha.
Leonie wird richtig rot. Jedes Mal, wenn sie ein Schimpfwort benutzt, wird ihre Stimme leiser und sie guckt zu Boden. Als hätte sie das alles über Natascha gesagt.
Inzwischen sind alle Kinder drin und nur noch die großen schlurfen an uns vorbei, die nehmen das nicht so ernst mit dem Pünktlichsein.
Leonie ist fertig und ich bin so was von sauer.
Ich glaub, mein Kopf platzt.

Da ist jetzt nicht nur der Mama-Stein-Kram[1] drin, jetzt ist da noch ein großer stinkender Müllcontainer mit Oskar, Tristan und Finn und irgendeinem aus der Sechsten.

„Tut mir leid", sagt Leonie.

Ich versteh Leonie nicht, was tut der denn jetzt leid? Die hat das doch alles gar nicht gesagt, die hat doch nur zuhören müssen.

(Manchmal denk ich, Leonie und ich sprechen nicht dieselbe Sprache. Das sind zwei Sprachen, die klingen zwar gleich, aber die bedeuten was ganz, ganz anderes.)

Aber warte mal.

„Hast du das Natascha denn erzählt?"

Leonie nickt. „Meinst du, Natascha kommt heute deswegen nicht?", fragt sie, und jetzt stehen wir schon allein auf dem Hof.

Ich zucke mit den Schultern.

Ach herrje. Echt jetzt.

Den ganzen Tag bin ich hibbelig, denke, vielleicht kommt Natascha ja noch. Oder wenn sie nicht kommt, dann ist sie vielleicht doch einfach nur krank. Ist ja auch Winter, da werden Menschen alle naselang krank.

In jeder Stunde starre ich Tristan in den Nacken, so hart, der kriegt bestimmt gleich Schmerzen oder einen Krampf oder Warzen davon.

Der Platz neben mir ist leer und bleibt leer.

Das ist doch dämlich.

Das ist alles selten dämlich.

Und jetzt fällt mir erst auf, dass ich gar nicht weiß, was genau in dem Brief gestanden hat.

Und ich frag mich, ob Tristan den überhaupt gelesen hat. Oder die Jungs.

Und warum ist das denn ein Problem? Sie hat ihm ja bestimmt nur nette Sachen geschrieben.

Ich versteh ja nicht, was sie an dem findet, aber der sollte sich ein Loch in den Bauch freuen, dass irgendwer ihn toll findet. Und nicht so tun, als hätte ihm jemand in die Lieblingsschuhe gespuckt.

Und überhaupt, warum muss denn Natascha jetzt zu Hause bleiben? Dann ist Tristan eben ein Depp. 'ne Luftpumpe. Die allerletzte Wurstbude. Der stinkt bestimmt. Immer. Aber dann muss Natascha doch nicht zu Hause bleiben. Dann soll der doch zu Hause bleiben.

Ich bin so sauer.

Ich bin so sauer und muss hier sitzen und daheim sitzt Natascha, weil der da vorne bescheuerte Sachen über sie gesagt hat. Dabei sollte sie hier neben mir sitzen, und dann würde ich sagen „Ey, der, den kannste doch an der Bushaltestelle vergessen."

Und dann sagt Natascha „Der, von dem kannste ja noch nicht mal Reli abschreiben".

Und ich sag „Der, der darf noch nicht mal Triangel spielen".

Und das machen wir die ganze Zeit, bis Tristan einfach nur noch irgendwer ist.

Und dann lacht Natascha. Und dann ist alles wieder gut.

So ist das doch sonst, wenn Natascha sich über irgendwen Doofes ärgert. Über ihren Bruder. Über ihre komische Nachbarin. So haben wir das doch immer gemacht.

Warum hat sie denn auch gar nichts gesagt?

Ich halte den ganzen Schultag durch, sieben Stunden keine Natascha, sieben Stunden Tristan in den Nacken starren, sieben Stunden nicht wissen, wie es Natascha geht. Sieben Stunden so tun, als würde ich zuhören und mitlesen und lernen und denken und mitarbeiten, dabei bin ich kurz davor überzukochen.

Nach der Schule schreibe ich Jette[2] schnell eine SMS, dass ich zu Natascha fahre, dass mein Akku aber gleich leer ist und ich von da aus noch mal anrufe.

Ich nehme den Bus, dann fahre ich acht Stationen, dann steig ich aus und laufe noch ein paar Hundert Meter und dann steh ich vor Nataschas Haus und dann klingel ich und dann noch mal und dann noch mal.

---

[1] **Mama-Stein-Kram:** Paulines Mutter hat einen neuen Mann kennengelernt, den Pauline nicht mag und nur als Stein bezeichnet.

[2] **Jette:** die neue Partnerin von Paulines Vater

Und irgendwann ist sie endlich an der Gegensprechanlage und hat eine ganz müde Stimme, als sie „Jaaa?" sagt.

„Ich bin's, mach auf!"

Und das Türöffnerbrummen, das dann kommt, hat auch noch nie so traurig und müde und schlapp geklungen.

Dann renn ich die Stufen hoch und sag schnell „Hallo", geh zum Telefon, rufe zu Hause an, Jette geht ran, ich sage „Jette, ich bin jetzt bei Natascha, ich komm später. Tschüs!"

Und lege auf, bevor sie mir was verbietet oder so.

Und dann gucke ich Natascha an. Die hat ihren Snoopy-Schlafanzug an.

„Bist du doch krank?", frag ich.

Natascha steht da und schaut mich nicht an. Sie zuckt mit den Schultern, und dann geht sie in ihr Zimmer. Da legt sie sich in ihr Bett und dreht sich zur Wand.

Liegt da einfach nur rum. Als wäre ich gar nicht hier.

Also geh ich zu ihr, zum Bett, setz mich an den Rand und schubse ihren Hintern mit meinem Hintern ein bisschen zur Seite. Umdrehen tut sie sich immer noch nicht.

Aber ich glaub, sie weint auch nicht. Ich leg mich trotzdem mal dazu und schubs sie noch ein bisschen weiter, weil das Bett nicht so superbreit ist.

Und dann bin ich der große Löffel für die Suppe und Natascha der kleine für den Nachtisch.

Ich hab den Arm um sie gelegt und wir liegen einfach da.

Und ich warte.

Und warte.

Bis ich mich irgendwann frage, ob sie eingeschlafen ist.

Aber dann tut sie so einen schweren verstolperten Atemstoß, der klingt ein bisschen sehr wach und ein bisschen sehr traurig.

Ich drück sie so gut, wie das im Löffelchen geht (dass man nie weiß, was man mit dem anderen Arm machen soll, schlimm ist das. Das könnte sonst sehr nett sein).

Und dann sag ich „Hey".

Kommt nichts.

Und dann sag ich „Du".

Und warte.

Und dann dreht sie sich halb um, liegt jetzt auf dem Rücken und schaut zur Decke. Sie hat die Hände auf den Bauch gelegt.

Dann macht sie noch so ein tiefes Atemseufzgeräusch und steht auf.

Dann macht sie Musik an. Aber nicht Radio, sondern eine CD.

Und dann setzt sie sich aufs Bett neben mich (ich sitze jetzt nämlich wieder) und legt ihren Kopf auf meine Schulter.

Was sagt man denn jetzt?

Fang ich jetzt an auf die Jungs zu schimpfen? In den Filmen, die Jette gerne guckt, machen das die Frauen. Erst schimpfen sie auf die Jungs, und später seufzen sie die wieder an.

Oder einfach still sein und trösten. Still trösten. Schweigend.

Oder aufheitern? Witze erzählen? Oder ganz ablenken und was vollkommen anderes erzählen?

Und dann knurrt mein Magen, weil es ja Mittag ist und der denkt, dass ich jetzt am Mittagstisch sitze und was zu essen bekomme.

Ganz laut mault es aus meinem Bauch, als hätte der plötzlich Stimmbänder und wollte uns mal was vorsingen.

Ich lach ein bisschen, weil es echt laaaange knurrt, und sag dann „Sorry“, weil das bestimmt nicht angebracht war.

Aber das ist okay, weil Natascha auch ein bisschen lacht, und dann sag ich „Toast time?“.

(2019)

1 „Wörter mit L“ ist der Titel des Jugendbuchs, aus dem der Auszug oben stammt. Aber um welche Wörter könnte es gehen?

- Notiert drei Begriffe, die mit dem Buchstaben „L“ beginnen und die aus eurer Sicht zum Textauszug passen.
- Sammelt eure Wörter in der Klasse. Nennt dazu jeweils ein Wort, das ihr euch überlegt habt, und begründet kurz, warum ihr es gewählt habt. Wertet eure Überlegungen anschließend aus: Welche Gemeinsamkeiten stellt ihr fest?

2 Pauline weiß nicht so recht, wie sie damit umgehen soll, dass ihre beste Freundin nicht mehr zur Schule kommen möchte. Nach dem Besuch bei Natascha spricht sie mit Jette, der Freundin ihres Vaters, über die Situation. Schreibt das Gespräch auf und erklärt darin, was der Grund dafür ist, dass Natascha sich nicht traut, zur Schule zu gehen, und wie sich Pauline fühlt. Ihr könnt zum Beispiel so beginnen:

PAULINE: Hi Jette, da bin ich wieder. Sorry, dass ich erst jetzt da bin, aber es war wichtig.
JETTE: Hallo Pauli, schön, dass du wieder da bist. Was ist denn los? Geht es Natascha nicht gut?
PAULINE: Nein, aber irgendwie ist das auch einfach kompliziert.
JETTE: Das klingt aber gar nicht gut. Magst du mir vielleicht erzählen, was passiert ist?
PAULINE: …

Spielt anschließend das Gespräch der Klasse vor.

3 Pauline versucht, Natascha nach ihrem Erlebnis mit Tristan zu trösten. Arbeitet heraus, auf welche Art und Weise sie dies probiert und wie erfolgreich sie damit ist. Gebt Textstellen an, an denen ihr dies erkennen könnt. **Hilfestellung**

4 Kennt ihr noch weitere Möglichkeiten, mit denen man andere trösten kann? Setzt euch in Gruppen zusammen und erstellt gemeinsam eine Liste mit fünf Ideen, die bei euch besonders gut funktionieren.

5 Erklärt, warum es gerade in schwierigen Situationen wichtig sein kann, Freundinnen und Freunde zu haben.

6 Jetzt entscheidest du! Wähle aus:

A Versetze dich in die Lage von Natascha, die am nächsten Morgen wieder auf dem Weg zur Schule ist. Schreibe ihre Gedanken und Gefühle in Form eines inneren Monologs auf. Gib vor allem wieder, welche Bedeutung sie Pauline in dieser Situation beimisst.

Wie man einen inneren Monolog schreibt, kannst du auf S. 253 nachlesen.

B Pauline ist für ihre Freundin Natascha da und versucht, dafür zu sorgen, dass es ihr besser geht. In welchen weiteren Situationen könnten Menschen Trost brauchen? Schreibe eine eigene Trostgeschichte, in der Freundinnen und Freunde füreinander da sind.

C Stelle dir vor, Pauline begegnet am nächsten Tag Tristan. Sie stellt ihn zur Rede, weil sie wütend darüber ist, wie er mit seinen Freunden über Natascha geredet hat. Schreibe ein Gespräch zwischen Pauline und Tristan auf.

Andreas Steinhöfel (geb. 1962)

Rico, Oskar und die Tieferschatten

Rico ist ein Junge, der mit seiner Mutter in Berlin lebt. Gerade hat er Schulferien und ist dabei, Fundsachen von der Straße zu sammeln. Da lernt er auf der Straße zufällig einen Jungen namens Oskar kennen.

Ich ging langsam über den Gehsteig, den Blick auf die grauen Pflastersteine am Boden gerichtet, ich sah ein zerknülltes Duplo-Papierchen. Ich sah ein paar Scherben, die vor den großen Altglascontainern lagen, und eine ausgetretene alte Zigarettenkippe. Dann sah ich zwei kleine Füße mit hellen Strümpfen in offenen Sandalen.

Ich hob den Kopf. Der Junge, der da vor mir stand, reichte mir gerade so bis an die Brust. Das heißt, sein dunkelblauer Sturzhelm reichte mir bis an die Brust. Es war ein Sturzhelm, wie ihn Motorradfahrer tragen. Ich hatte gar nicht gewusst, dass es die auch für Kinder gibt. Es sah völlig beknackt aus, das Durchguckding vom Helm war hochgeklappt. [...]

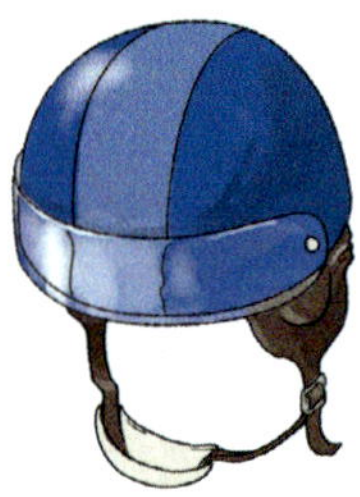

„Was machst du da?", sagte der Junge. Seine Zähne waren riesig. Sie sahen so aus, als könnte er damit ganze Stücke aus großen Tieren rausreißen, einem Pferd oder einer Giraffe oder dergleichen.

„Ich suche was."

„Wenn du mir sagst, was, kann ich dir helfen."

„Eine Nudel."

Er guckte sich ein bisschen auf dem Gehsteig um. Als er den Kopf senkte, brach sich spiegelnd und blendend Sonnenlicht auf seinem Helm. An seinem kurzärmligen Hemd, bemerkte ich, war ein winziges knallrotes Flugzeug befestigt wie eine Brosche. Eine Flügelspitze war abgebrochen. Zuletzt guckte der kleine Junge kurz zwischen die Büsche vor dem Zaun vom Spielplatz, eine Idee, auf die ich noch gar nicht gekommen war.

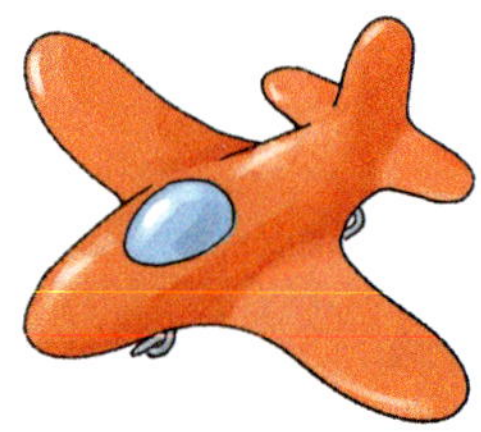

„Was für eine Nudel ist es denn?", sagte er.

„Auf jeden Fall eine Fundnudel. Eine Rigatoni, aber nur vielleicht. Genau kann man das erst sagen, wenn man sie gefunden hat, sonst wäre es keine Fundnudel, ist doch wohl logisch, oder?"

„Hm ..." Er legte den Kopf leicht schräg. Der Mund mit den großen Zähnen drin klappte wieder auf. „Kann es sein, dass du ein bisschen doof bist?"

Also echt!

„Ich bin ein tiefbegabtes Kind."

„Tatsache?" Jetzt sah er wirklich interessiert aus.

„Ich bin hochbegabt."

Nun war ich auch interessiert, obwohl der Junge viel kleiner war als ich, kam er mir plötzlich viel größer vor. [...]

„Ich muss jetzt weiter", sagte ich endlich zu dem Jungen. „Bevor es dunkel wird. Sonst verlaufe ich mich womöglich."

„Wo wohnst du denn?"

„Da vorn, das gelbe Haus. Die 93. Rechts."

Ich ärgerte mich im selben Moment, dass ich rechts gesagt hatte. Erstens wusste ich nicht wirklich, ob es rechts war oder nicht doch eher links, und zweitens liegt gegenüber der Häuserzeile das alte Urban-Krankenhaus, lang gestreckt wie eine schlafende Katze, und man erkennt sofort, dass das kein Wohnhaus ist.

Der Junge schaute an meinem ausgestreckten Arm entlang. Als er die 93 sah, rutschte seine Stirn erst rauf, als wäre ihm gerade eine tolle Erleuchtung gekommen oder so was, und dann wieder runter, als würde er gründlich über etwas nachdenken.

Zuletzt wurde seine Stirn wieder ganz glatt und er grinste. „Du bist wirklich doof, oder? Wenn man etwas direkt vor Augen hat und nur geradeaus gehen muss, kann man sich unmöglich verlaufen." Immerhin stimmte die Straßenseite. Trotzdem wurde ich langsam sauer. „Ach ja? Ich kann das. Und wenn du wirklich so schlau wärst, wie du behauptest, wüsstest du, dass es Leute gibt, die das können. [...] Ich hab mir nicht ausgesucht, dass aus meinem Gehirn manchmal was rausfällt! Ich bin nicht freiwillig dumm oder weil ich nicht lerne!"

„Hey, ich –"

„Aber du bist ja wohl eins von den Superhirnen, die alles wissen und dauernd mit irgendwas angeben müssen, weil sich nämlich sonst keiner für sie interessiert [...]."

Es ist total peinlich, aber wenn ich mich heftig über etwas aufrege, zum Beispiel Ungerechtigkeit, fange ich an zu heulen. Ich kann überhaupt nichts dagegen machen. Der Junge kriegte ganz erschreckte Augen unter seinem Sturzhelm.

„Jetzt wein doch nicht! Ich hab das gar nicht so –" [...]

Jetzt sagte der Junge gar nichts mehr. Er guckte runter auf seine Sandalen. Dann guckte er wieder hoch. Seine Lippen waren ganz dünn geworden. Er streckte seine Hand aus. Sie war so klein, dass sie doppelt in meine passte.

„Ich heiße Oskar", sagte er. „Und ich möchte mich aufrichtig bei dir entschuldigen. Ich hätte mich nicht über dich lustig machen dürfen. Das war arrogant."

Ich hatte keine Ahnung, was er mit dem letzten Wort meinte, aber die Entschuldigung hatte ich verstanden. [...]

Man muss nett sein, wenn jemand sich entschuldigt. Wenn einer nur so tut als ob, kann man ruhig weiter sauer sein, aber Oskar meinte es aufrichtig. Hatte er ja gesagt.

„Ich heiße Rico", sagte ich und schüttelte seine Hand. „Mein Vater war nämlich Italiener."

„Ist er tot?"

„Logisch. Sonst hätte ich ja nicht war gesagt." [...]

„Tut mir leid. Wie ist er denn gestorben?"

Ich gab keine Antwort. Ich habe noch nie jemandem davon erzählt, wie Papa gestorben ist. Das geht keinen was an. Es ist eine sehr traurige Geschichte. Ich zog die Nase hoch, guckte über den Zaun auf den Spielplatz und versuchte, an was anderes zu denken. Zum Beispiel, ob dort auch Schippen und Förmchen und Siebe und so weiter vergraben waren, und wenn ja, wie viele und in welchen Farben. Bestimmt waren es hunderte. [...]

Oskar druckste ein bisschen herum, als er merkte, dass da nichts mehr kam: Irgendwann nickte er endlich und sagte: „Ich muss jetzt nach Hause."

„Ich auch." [...]

Ich ging und nahm mir vor, mich kein einziges Mal umzudrehen. Der sollte bloß nicht denken, dass ich ihn toll fand mit seinem Sturzhelm und den Monsterzähnen. Dann drehte ich mich doch um und sah ihn in die andere Richtung verschwinden. Von Weitem sah er aus wie ein sehr kleines Kind mit einem sehr großen blauen Kopf.

Erst als ich wieder zu Hause war, die Butter in den Kühlschrank geräumt hatte und anfing, mit einem Messer das Eisfach auszukratzen, fiel mir ein, dass ich Oskar gar nicht gefragt hatte, was er mutterseelenallein hier im Kiez[1] zu suchen

---

[1] **Kiez:** Stadtbezirk

hatte. Oder was das kleine knallrote Flugzeug an seinem Hemd bedeutete. Und warum er einen Sturzhelm für Motorradfahrer trug, obwohl er zu Fuß unterwegs war.

(2008)

1 Rico und Oskar begegnen sich zum ersten Mal. Tauscht euch darüber aus, was an dieser ersten Begegnung ungewöhnlich ist.

2 Rico sucht eine „Fundnudel“ (Z. 33). Erklärt, wie dies auf Oskar wirkt.

3 Erklärt, wie Oskar darauf kommt, dass Rico „ein bisschen doof“ (Z. 39) ist.

An einer anderen Stelle des Buches versucht Rico, eine Erklärung dafür zu geben, was er meint, wenn er sich selbst als „tiefbegabt“ beschreibt:

„Ich sollte an dieser Stelle wohl erklären, dass ich Rico heiße und ein tiefbegabtes Kind bin. Das bedeutet, ich kann zwar sehr viel denken, aber das dauert meistens etwas länger als bei anderen Leuten. [...] Außerdem kann ich mich nicht immer gut konzentrieren, wenn ich etwas erzähle. Meistens verliere ich dann den roten Faden [...].“

4 Vergleicht Ricos Erklärung des Wortes „tiefbegabt“ mit eurer Erklärung von Oskars Aussage. Welche Gemeinsamkeiten und Unterschiede könnt ihr feststellen?

5 Rico wird während des Gesprächs mit Oskar „sauer“ (Z. 70). Zeigt mithilfe entsprechender Textstellen, warum Rico so verärgert ist und was er Oskar vorwirft.

6 Haltet in einer Tabelle alle Informationen fest, die ihr in dem Romanauszug über Rico und Oskar erhaltet. Notiert auch die Textstellen, in denen ihr diese Informationen finden könnt.

Rico	Oskar
– deutlich größer als Oskar (Z. 8 f.) – sucht gerne Fundsachen (Z. 20) – ...	– trägt einen dunkelblauen Sturzhelm (Z. 10) – ist neugierig (Z. 16) – ...

Ihr könnt auch für Rico und Oskar einen Steckbrief erstellen. Nutzt dazu das Arbeitsblatt.
Arbeitsblatt

7 Stellt Vermutungen darüber an, ob aus Rico und Oskar nach dieser Begegnung gute Freunde werden können. Begründet.

8 Während der Ferien führt Oskar ein „Ferientagebuch“ und hält darin alle Ereignisse fest. Verfasst einen Tagebucheintrag Oskars über das Treffen mit Rico. Geht dabei darauf ein, was Oskar erlebt hat, was er über Rico denkt und was er gern noch von ihm wissen möchte. So könnt ihr beginnen:

Liebes Tagebuch,
was war das heute nur für ein Tag? Ich habe einen Jungen kennengelernt, den ich zuerst etwas doof fand, der mich aber dann wirklich beeindruckt hat. Er heißt Rico und wohnt im Haus mit der Nummer 93. Er sagt von sich selbst, er sei tiefbegabt …

Audio

Astrid Lindgren (1907 – 2002)

Ronja Räubertochter

Die Handlung in dem Jugendbuch „Ronja Räubertochter" beginnt mit einem furchtbaren Unwetter: Zuckende Blitze über der Mattisburg, ein Donnerschlag und die Burg bricht mitten entzwei. In diesem Moment wird Ronja geboren, die Tochter von Lovis und dem Räuberhauptmann Mattis. Etwa elf Jahre später darf Ronja endlich hinaus in die Welt, aber sie soll sich vor dem Fluss hüten, vor Wilddruden und Graugnomen, Dunkeltrollen und Rumpelwichten und vor allem vor Borka und seiner Bande, den Erzfeinden der Mattisräuber. Auf ihren Streifzügen untersucht Ronja eines Tages entgegen dem Verbot ihres Vaters den tiefen „Höllenschlund", die Kluft, die die Mattisburg seit Ronjas Geburt teilt ...

Ein wenig entfernt, jenseits der Kluft, saß jemand. Jemand, der etwa so groß war wie sie selber, und er baumelte mit den Beinen über dem Höllenschlund.

Ronja wusste, dass sie nicht das einzige Kind auf der Welt war. Nur auf der Mattisburg war sie es und im Mattiswald. [...]

Noch hatte er sie nicht entdeckt. Ronja schaute ihn sich an, wie er dort saß, und sie lachte leise, weil es ihn gab.

Da sah er sie und lachte auch.

„Ich weiß, wer du bist", sagte er. „Du bist die Räubertochter, die immer im Wald rumrennt. Ich hab dich da mal gesehen."

„Wer bist du denn?", fragte Ronja. „Und wie um alles in der Welt bist du hierhergekommen?"

„Ich bin Birk Borkasohn und ich wohne hier. Wir sind heute Nacht hier eingezogen."

Ronja starrte ihn an.

„Wer wir?"

„Borka und Undis und ich und unsere zwölf Räuber."

Es dauerte eine Weile, bis sie das Unerhörte begriff, das er da gesagt hatte. Schließlich sagte sie: „Willst du etwa behaupten, dass die ganze Nordburg voller Hosenschisser ist?"

Er lachte.

„Nein, hier gibt es nur rechtschaffene Borkaräuber. Aber da drüben, wo du wohnst, da ist es knüppelvoll von Hosenschissern, das hat man ja immer gehört."

So, also das hatte man immer gehört! Was für eine unglaubliche Unverschämtheit! Es begann in ihr zu kochen. Aber es sollte noch schlimmer kommen.

„Im Übrigen", sagte Birk, „ist das hier nicht länger eine Nordburg. Von heute Nacht an heißt sie die Borkafeste. Versuch, dir das zu merken!"

Ronja schnappte nach Luft, so fuchsteufelswild war sie. Die Borkafeste! Das war doch wahrhaftig, um daran zu ersticken! Was für Schurken sie waren, diese Borkaräuber! Und dieser Lümmel, der dort saß und grinste, war einer von ihnen!

„Potz Pestilenz!", rief sie. „Wart nur, bis das Mattis zu Ohren kommt, dann fahren alle Borkaräuber mit einem Furz zum Donnerdrummel!"

„Das glaubst du!", sagte Birk.

Aber Ronja dachte an Mattis und ihr grauste. Sie hatte ihn schon vor Wut ganz von Sinnen erlebt und wusste, wie das war. Doch diesmal würde die Mattisburg wohl noch einmal zerbersten, das war ihr klar. Und sie wimmerte bei dem Gedanken daran.

„Was ist los mit dir?", fragte Birk. „Geht's dir nicht gut?"

Ronja antwortete nicht. Sie hatte jetzt genug,

genug von dem Lümmelgeschwätz und den Frechheiten. Jetzt musste gehandelt werden. Bald würden die Mattisräuber heimkommen und dann, potz Pestilenz, würde auch der letzte kleine Hosenschisser von einem Borkaräuber schneller aus der Mattisburg verschwinden, als er reingekommen war!

Sie stand auf und wollte gehen. Doch da sah sie, was Birk vorhatte.

Wirklich und wahrhaftig, dieser Lümmel machte Anstalten, über den Höllenschlund zu springen! Er stand dort ihr gegenüber auf der anderen Seite und jetzt nahm er einen Anlauf. Da schrie sie: „Kommst du her, dann hau ich dir eins aufs Maul, dass dir die Nase abfliegt!“

„Haha!“, rief Birk und mit einem Satz war er über die Kluft hinweg. „Mach's nach, wenn du's kannst“, sagte er mit einem kleinen Grinsen.

Das hätte er nicht sagen dürfen, das war zu viel. Es reichte, dass er und seine Hosenschisser sich eine Feste in der Mattisburg verschafft hatten, aber kein Borkaräuber sollte hier irgendwelche Sprünge machen, die ein Mattisräuber nicht nachmachen konnte!

Und sie tat es. Sie wusste selbst nicht recht, wie es zuging, aber plötzlich flog sie über den Höllenschlund und landete auf der anderen Seite.

„Du bist gar nicht so ungelenk“, sagte Birk und sprang ihr sofort nach. Aber Ronja wartete nicht auf ihn. Mit einem neuen Sprung flog sie zurück über die Kluft. Da konnte er stehen und ihr nachglotzen, so viel er wollte!

„Du wolltest mir doch eins aufs Maul hauen, warum tust du es denn nicht?“, rief Birk. „Jetzt komme ich!“

„Das sehe ich“, sagte Ronja. Und er kam wirklich. Aber auch diesmal wartete sie nicht auf ihn. Wieder sprang sie, und springen würde sie, um ihm zu entkommen, so lange, bis ihr der Atem ausging.

Danach sagte keiner von beiden mehr etwas. Sie sprangen nur. Verbissen und wie besessen sprangen sie über den Höllenschlund hin und her. Außer ihrem Keuchen war nichts zu hören. Nur die Krähen, die auf den Zinnen[1] hockten, krächzten ab und zu. Sonst war alles schauervoll still. Es war, als halte die ganze Mattisburg auf ihrem Berg den Atem an vor etwas Grauenvollem und Entsetzlichem, das gleich geschehen würde.

Ja, gleich landen wir wohl im Höllenschlund, wir beide, dachte Ronja. Aber dann hat dieses ewige Gehopse wenigstens ein Ende!

Wieder kam Birk ihr über die Schlucht entgegengeflogen und wieder setzte auch sie zum Sprung an. Zum wievielten Mal, wusste sie nicht. Ihr war, als hätte sie nie etwas anderes getan als über Abgründe springen, um Borkalümmeln zu entkommen.

Da sah sie, wie Birk, gerade als er aufsetzte, auf einem Stein ausrutschte, der lose am Rande lag. Und sie hörte seinen Aufschrei, bevor er in der Tiefe verschwand.

Danach hörte sie nur noch die Krähen. Sie schloss die Augen und wünschte, diesen Tag hätte es nie gegeben. Sie wünschte, diesen Birk hätte es nie gegeben! Und sie wünschte, dass sie beide nie gesprungen wären.

Schließlich kroch sie bäuchlings bis an den Rand vor und spähte hinab in die Schlucht. Und da sah sie Birk. Er stand unmittelbar unter ihr auf einem Stein oder Balken oder was es nun war, das aus der geborstenen Mauer ragte. Nur gerade so weit, dass seine Füße dort Platz fanden, aber auch nicht mehr. Dort stand er, den tiefen Höllenschlund unter sich, und seine Hände suchten verzweifelt nach einem Halt, nach irgendetwas, woran er sich festhalten konnte, etwas, das ihn davor bewahrte, in den Abgrund zu stürzen. Und er wusste und auch Ronja wusste es, dass er ohne Hilfe nicht herauskommen konnte. Er würde dort stehen müssen, bis seine Kräfte versagten, das wussten beide, und danach würde es keinen Birk Borkasohn mehr geben.

---

1 **Zinnen:** eine Art kleiner Türmchen, die sich oben auf einer Mauer einer Burg befinden

„Bleib da stehen!", rief Ronja und er antwortete mit einem kleinen Grinsen:

„Ja, was anderes kann man hier schlecht tun!" Aber Angst hatte er, das sah sie ihm an.

Ronja riss sich den geflochtenen Lederriemen ab, den sie stets zu einem Knäuel zusammengerollt am Gürtel trug. Er hatte ihr in ihrem Waldleben bei allem Klettern und Hangeln oft gute Dienste getan. Jetzt machte sie eine große Schlinge in das eine Ende des Riemens und knotete sich das andere um den Leib. Danach ließ sie den Riemen zu Birk hinab und sie sah es in seinen Augen aufleuchten, als die Schlinge zu ihm hinuntergebaumelt kam. Ja, der Riemen reichte gerade so weit, wie es nötig war, stellte sie fest, und das war ein rechtes Glück für diesen Borkalümmel.

„Streif dir die Schlinge über, wenn du kannst", sagte sie. „Aber klettere erst los, wenn ich rufe! Nicht früher!"

Der Blitz, der in jener Nacht ihrer Geburt eingeschlagen hatte, hatte auch einen Steinblock aus der Mauerkrone gerissen. Nun lag dieser Brocken recht günstig nur ein kleines Stück vom Rand der Schlucht entfernt. Ronja warf sich dahinter platt auf den Bauch.

„Los jetzt!"

Gleich darauf spürte sie, wie sich der Riemen um ihren Bauch schnürte. Es tat weh. Jeder Ruck am Riemen, wenn Birk höherkletterte, ließ sie aufstöhnen.

Bald breche ich wohl mittendurch wie die Mattisburg, dachte sie und biss die Zähne zusammen, um nicht zu schreien.

Plötzlich ließ der Druck nach und da stand Birk und sah auf sie hinunter. Sie war liegen geblieben, um auszuprobieren, ob sie noch atmen konnte. Er sagte: „Aha, hier liegst du also!"

„Ja, hier liege ich", sagte Ronja. „Bist du jetzt fertig mit dem Gehopse?"

„Nein, einmal muss ich noch springen. Um auf die richtige Seite zu kommen. Ich muss ja heim in die Borkafeste, ist doch klar!"

„Nimm aber erst meinen Lederriemen ab", sagte Ronja und sprang auf. „Mit dir will ich nicht länger als unbedingt nötig zusammengebunden sein."

Er schlüpfte aus der Schlinge.

„Nein, versteht sich", sagte er. „Aber von jetzt an bin ich vielleicht trotzdem an dich gebunden. Auch ohne Riemen."

„Rutsch mir doch den Buckel runter!", schrie Ronja. „Du mitsamt deiner Borkafeste! Scher dich zum Donnerdrummel!"

Sie ballte die Faust und schlug zu, genau auf seine Nase. Er lächelte.

„Mach das nicht noch mal, das rat ich dir! Aber dass du mir das Leben gerettet hast, war nett von dir. Nimm dafür meinen Dank!"

„Scher dich zum Donnerdrummel, hab ich gesagt!", schrie Ronja und lief davon, ohne sich umzuschauen. Doch gerade als sie an der Steintreppe angekommen war, die von der Mauerkrone zur Mattisburg hinabführte, hörte sie Birk rufen: „Du, Räubertochter, wir sehen uns wohl mal wieder!"

Sie drehte den Kopf und sah, wie er einen Anlauf zu seinem letzten Sprung nahm. Da schrie sie: „Hoffentlich fällst du wieder rein, du Hosenschisser!"

(1981)

1 Beschreibt eure ersten Leseeindrücke: Wie wirkt die Begegnung von Ronja und Birk auf euch?

2 Erklärt, welchen ersten Eindruck Ronja und Birk voneinander gewinnen. Nennt Textstellen, mit denen ihr eure Einschätzung begründen könnt.

3 Stellt Vermutungen an, ob Ronja und Birk sich wiedersehen werden.

4 Untersucht, wie Ronja über Birk und die Borkaräuber spricht und denkt. Nennt dabei auch die möglichen Gründe für ihr Verhalten. Belegt eure Aussagen am Text.

5 Vergleicht Ronjas Verhalten mit dem von Birk. Übernehmt dazu die folgende Tabelle in euer Heft. Seht euch die sechs Textstellen genauer an und notiert in der rechten Spalte jeweils eure Vermutung, was Birk in der Situation empfindet und wie er sich Ronja gegenüber verhält.

Textstelle	**Birks Empfindungen und Verhalten**
Z. 28ff.: „Nein, hier gibt es nur rechtschaffene Borkaräuber. Aber da drüben, wo du wohnst, da ist es knüppelvoll von Hosenschissern, das hat man ja immer gehört."	Birk fühlt sich Ronja überlegen und äußert sich abwertend gegenüber ihrem Umfeld. Er hält sie für feige und ängstlich.
Z. 54ff: ? ? ? ? ? ? ? ? ?	? ? ? ? ? ? ? ? ? ? ?
Z. 72ff.: ? ? ? ? ? ? ? ? ?	? ? ? ? ? ? ? ? ? ? ?
Z. 140ff.: ? ? ? ? ? ? ? ?	? ? ? ? ? ? ? ? ? ? ?
Z. 187f.: ? ? ? ? ? ? ? ?	? ? ? ? ? ? ? ? ? ? ?
Z. 195ff.: ? ? ? ? ? ? ? ?	? ? ? ? ? ? ? ? ? ? ?

6 Wie verändert sich das Verhältnis der beiden zueinander im Verlauf der Handlung? Unterteilt den Text in Sinnabschnitte und beschreibt für jeden Abschnitt das Verhältnis der beiden. Begründet und belegt eure Meinung mithilfe eurer Ergebnisse aus den Aufgaben 3 und 4. Sprecht auch darüber, welche Bedeutung der Riemen haben könnte, mit dem Ronja Birk rettet. **Hilfestellung**

7 Abends vor dem Einschlafen gehen Ronja ihre Erlebnisse des Tages noch einmal durch den Kopf. Beschreibt ihre Gefühle und Gedanken über das Vergangene in Form eines inneren Monologs. Ihr könnt wie folgt beginnen:

Ich weiß wirklich nicht, was ich von dem Borkajungen halten soll …

Wie man einen inneren Monolog schreibt, könnt ihr auf S. 253 nachlesen.

8 Ihr habt in diesem Kapitel Auszüge aus verschiedenen Jugendbüchern kennengelernt.

- Vergleicht diese miteinander: Welche Geschichte hat euch am meisten angesprochen?
- Überlegt, was die Geschichte aus eurer Sicht besonders ansprechend gemacht hat.
- Sammelt Ideen, was euch bei der Auswahl eines guten Jugendbuchs helfen kann.
- Diskutiert, welches Jugendbuch, das ihr kennt, ihr gerne gemeinsam mit der Klasse lesen würdet.

9 **Jetzt entscheidest du! Wähle aus:**

A Sieh dir dein Freundschafts-ABC von Seite 247 noch einmal an: Welches Wort ist für dich besonders bedeutsam, wenn es um Freundschaft geht? Gestalte ein Bild, in dem du dieses Wort unterbringst.

B Stelle dir vor, die Figuren aus den verschiedenen Jugendbüchern würden sich kennenlernen. Wähle zwei oder drei Figuren aus und schreibe ein Gespräch, in dem sie sich über ihre Erlebnisse und ihre Gedanken zum Thema Freundschaft unterhalten.

C Schreibe eine eigene Freundschaftsgeschichte, in der deine Figur in der Zeit reist. In welche Zeit könnte deine Figur reisen? Was für eine Freundschaft könnte entstehen?

Projekt Jugendbücher zum Thema „Freundschaft“ vorstellen

Ihr habt in diesem Kapitel einige Jugendbücher kennengelernt, in denen es um das Thema „Freundschaft“ geht. Sicherlich sind dabei noch viele Fragen offengeblieben, z. B., ob aus den Figuren echte Freunde werden und wie die Geschichten ausgehen. Um diese und andere Fragen zu beantworten, können einige von euch die Bücher ausleihen und der Klasse vorstellen. Die anderen können weitere Jugendbücher zum Thema „Freundschaft“ lesen und diese ebenfalls präsentieren. Vielleicht ist eure Deutschlehrerin oder euer Deutschlehrer damit einverstanden, wenn über das ganze Schuljahr verteilt immer wieder einmal ein Buch vorgestellt wird.

- Wählt zunächst ein Buch aus, in dem es um das Thema „Freundschaft“ geht, und lest es. Vielleicht steht bei euch zu Hause im Regal eines oder ihr lasst euch eines schenken. Ansonsten könnt ihr euch auch in einer Bücherei erkundigen.

  Wie man sich in einer Bibliothek zurechtfindet, könnt ihr auf den Seiten 377 ff. nachlesen.

- Auf dem Arbeitsblatt findet ihr drei Vorschläge, wie man ein Buch kreativ vorstellen kann. Seht sie euch an und entscheidet euch für einen der Vorschläge. **Arbeitsblatt**
- Wenn ihr euer Buch vorgestellt habt, solltet ihr den anderen mitteilen, warum ihr gerade diesen Vorschlag ausgewählt habt und wie ihr mögliche Probleme bei der Vorbereitung gelöst habt.
- Natürlich sollen die anderen euch auch Rückmeldungen geben, was ihnen besonders gut gefallen hat. Nutzt dazu die Feedbackbögen. **Feedbackbögen**

Viel Spaß!

4 Das habe ich gelernt, das kann ich

Einen Text gliedern ▶ S. 252

1 Nenne vier Merkmale, an denen man erkennen kann, dass in einem Text ein neuer Sinnabschnitt beginnt, und schreibe sie in dein Heft.

Einen inneren Monolog verfassen ▶ S. 253

2 Harry Potter lässt sich am Abend seiner Ankunft in Hogwarts das erste Kennenlernen mit Ron und das Erlebnis mit Draco im Zug noch einmal durch den Kopf gehen. Schreibe Harrys Gedanken, Wünsche und Ängste in dieser Situation in Form eines inneren Monologs auf.

Einen Steckbrief für eine literarische Figur erstellen ▶ S. 260

3 Die Aspekte, die in einen Steckbrief für eine literarische Figur gehören, sind hier durcheinandergeraten. Bringe die einzelnen Teile wieder in die richtige Reihenfolge und schreibe sie in dein Heft. Achtung: Zwei Punkte gehören nicht in einen Steckbrief.

In einen Steckbrief für eine literarische Figur gehört/gehören …

a) Größe, Haarfarbe, besondere äußere Merkmale
b) Personendaten
c) meine Meinung über die Figur
d) typische Eigenschaften
e) ein Foto oder eine Zeichnung der Figur
f) Verhaltensweisen
g) auch Informationen, die nicht im Text stehen

4 Gestalte einen Steckbrief für Ronja aus dem Roman „Ronja Räubertochter".

Eine literarische Figur beschreiben ▶ S. 260

5 In den folgenden Rätseln sind jeweils Begriffe gesucht, die bei der Beschreibung einer literarischen Figur eine Rolle spielen. Löse die Rätsel und schreibe die gesuchten Begriffe in dein Heft.

a) Gesucht ist das, was zwischen zwei Figuren besteht. Das kann z. B. Freundschaft, Verwandtschaft oder auch Liebe sein.

b) Gesucht ist das, was Figuren kennzeichnet. Es ist ein Oberbegriff für Worte wie z. B. „mutig“, „boshaft“ oder „witzig“.
c) Gesucht ist ein Wort für das, was man von einer Figur sagen kann, wenn man sie nicht genauer kennt. Es handelt sich um einen Oberbegriff für Worte wie z. B. „klein“, „glatzköpfig“, „schmal“ oder „unscheinbar“.
d) Gesucht ist ein Oberbegriff für das, was eine Figur tut und was z. B. mit Wörtern wie „kämpfen“, „beobachten“, „fliehen“ beschrieben wird.

6 Verfasse mithilfe der Angaben auf den Notizzetteln eine zusammenhängende Beschreibung Josefins, der Erzählerin aus dem Jugendbuch „Hannas Regen“. Aber Vorsicht! Einige der Aussagen sind falsch. Nutze für deine Beschreibung nur die richtigen Hinweise. Beziehe für deine Figurenbeschreibung auch das mit ein, was du sonst noch über Josefin weißt.

A *Sie hat zusammengebundene Haare und eine Schutzbrille.*

B *Sie hat das Gefühl, dass niemand sie wirklich wahrnimmt.*

C *Sie wirkt unsicher und ist in ihre Gedanken versunken.*

D *Sie interessiert sich stark für das Fach Chemie.*

E *Sie beobachtet das Geschehen in der Klasse sehr genau.*

F *Sie bekommt durch Hanna ihren ersten Spitznamen.*

G *Sie hat Angst, etwas falsch zu machen.*

H *Sie trägt Jeans und einen schwarzen Pullover.*

Du kannst dich selbst überprüfen. **Lösungen**

Im „Haus der Sprache“ – Satzglieder entdecken

Satzglieder und ihre Aufgaben im Satz kennenlernen

- Satzglieder werden oft als „Bausteine des Satzes“ bezeichnet. Wie man sie erkennt und wie man sie erfragen kann, erfahrt ihr in diesem Kapitel.
- Ihr findet viele Übungen zu den Satzgliedern auf den folgenden Seiten.
- Mit dem Wissen über die Satzglieder erlangt ihr ein besseres Verständnis über unsere Sprache und lernt, euch besser auszudrücken.

Nora und Louis sitzen wieder an ihren Deutsch-Hausaufgaben. Sie sollen Satzpuzzle lösen und kommen nicht weiter.
Sie erinnern sich immer noch gerne an die Fee Aven, die ihnen schon einmal dabei geholfen hat, den Geheimnissen der Sprache auf den Grund zu gehen.
„Wollen wir fragen, ob sie Zeit für uns und unsere Hausaufgaben hat?“, fragt Louis. „Sie hat uns ja beim Abschied eingeladen, sie jederzeit besuchen zu kommen, wenn wir wieder einmal ihre Hilfe brauchen.“ Nora stimmt ihm zu und so machen die beiden sich auf den Weg zum geheimnisvollen „Haus der Sprache“, in dem Aven wohnt. Sie klopfen an die große, schwere Tür.

Die Tür öffnet sich wie von Zauberhand, die Kinder betreten das Haus und stehen in einer riesigen Eingangshalle. Es ist etwas dunkel und der alte Holzboden knarrt, es liegt jedoch ein Schimmer in der Luft. Plötzlich hören sie ein leises Hauchen und vor ihren Augen setzt sich die Fee aus tausend Lichtpunkten zusammen. Sie begrüßt die Kinder fröhlich: „Oh, wie schön, dass ihr mich besucht! Ich habe seit unserer ersten Begegnung gehofft, euch wiederzusehen." Nora und Louis wollen wissen, was Aven im „Haus der Sprache" alles macht. „Ich sammle und ordne Wörter. Außerdem schreibe ich Regeln auf, nach denen unsere Sprache und insbesondere unsere Sätze funktionieren. Und natürlich helfe ich auch, wenn jemand einen Rat braucht. Gerade ordne ich Wörter zu möglichen Sätzen. Möchtet ihr mehr darüber erfahren?"

1 Löst das Satzpuzzle, indem ihr die Teile zu einem Satz zusammensetzt.

stürmen	laut jubelnd	auf den Schulhof	die aufgeregten Kinder

2 Vielleicht habt ihr unterschiedliche Lösungen gefunden, die alle richtig sind. Sprecht darüber.

3 Tauscht euch darüber aus, was ihr bereits über Satzglieder wisst.

1 Satzglieder als Bausteine des Satzes

Aven will mit Louis und Nora eine kleine Wette abschließen. Sie behauptet, dass man aus den Wortstreifen auf dem Boden sechs verschiedene Aussagesätze legen kann, die alle denselben Sinn haben.

1 Probiert es aus. Schreibt die verschiedenen Möglichkeiten in euer Heft. Denkt daran, die Satzanfänge großzuschreiben.

2 Vergleicht die Sätze miteinander. Was fällt euch auf?

3 Bei allen Umstellungen sind einige Wörter immer zusammengeblieben. Macht dies deutlich, indem ihr diese Wortgruppen in unterschiedlichen Farben markiert.

Die Fee erklärt den Kindern, dass die Wörter, die beim Umstellen des Satzes immer zusammenbleiben, die Bausteine des Satzes sind.

| Die beiden Kinder | | lauschen | | aufmerksam | | der glitzernden Fee | .

Merkwissen

Satzglieder I

Die Bausteine eines Satzes nennt man **Satzglieder**. Man findet sie heraus, indem man versucht, den Satz (möglichst oft) umzustellen, ohne seinen Inhalt zu verändern. Man nennt das die **Umstellprobe**.

4 Im Folgenden findet ihr vier Fragen. Beantwortet diese jeweils mit dem ganzen Satz und betont dabei das passende Satzglied.

a) Wer lauscht der glitzernden Fee aufmerksam?
b) Wie lauschen die beiden Kinder der glitzernden Fee?
c) Wem lauschen die beiden Kinder aufmerksam?
d) Was tun die beiden Kinder?

Aven hat noch einen wichtigen Tipp für die Kinder. Sie schlägt vor, das betonte Satzglied jeweils an den Anfang zu stellen.

5 Probiert diesen Tipp an dem folgenden Satz aus. Geht so vor:

- Sprecht ihn mehrmals so, dass ihr jeweils ein anderes Satzglied betont.
- Stellt nun die Satzglieder so um, dass jedes Mal ein anderes Satzglied am Anfang steht.
- Schreibt anschließend wie in Aufgabe 4 drei Fragen auf und sprecht die Antwortsätze noch einmal mit den passenden Betonungen.

[Nora] [schreibt] [ihre Erlebnisse] [in ihr Tagebuch].

6 Bestimmt habt ihr gemerkt, dass sich ein Satzglied nicht umstellen lässt, solange der Satz ein Aussagesatz bleibt. An welcher Stelle steht es und aus welcher Wortart wird es gebildet?

7 Übt die Umstellprobe mit den folgenden Sätzen.

- Schreibt die verschiedenen Möglichkeiten in euer Heft und umrandet die Wortgruppen, die immer zusammenbleiben, also ein Satzglied bilden.
- Lest die unterschiedlichen Fassungen laut in der Klasse vor und vergleicht, was sich durch das Umstellen verändert hat.

a) Nora und Aven lesen eine Geschichte.
b) Die Kinder entdecken viele Räume im Haus der Sprache.
c) Louis gibt seiner Schwester ein Buch mit Witzen.

Wenn ihr Hilfe benötigt, findet ihr diese hier. **Hilfestellung**

Merkwissen

Satzglieder II

Wenn du einen Satz sprichst, hast du die Möglichkeit, bestimmte Satzglieder besonders zu betonen. Das ist z. B. dann der Fall, wenn du eine Antwort auf eine Frage gibst.

Beispiel: Die Kinder helfen ihrem Vater.
Wem helfen die Kinder?
Sie helfen **ihrem Vater**.

Oft wird in gesprochenen Sätzen das betonte Satzglied auch an den Anfang gestellt:
Ihrem Vater helfen die Kinder.

Das zweite Satzglied in einem **Aussagesatz** wird immer durch ein Verb gebildet. Dieses Satzglied heißt **Prädikat**. Es ist ein besonderes Satzglied, weil es z. B. nicht verschoben werden kann.

Informationen zum „Verb“ findet ihr auf S. 103 ff.
Das „Prädikat“ lernt ihr auf S. 281 ff. kennen.

Ihr findet weitere Übungen zu den Satzgliedern digital. **interaktive Aufgabe**

Die Kinder schauen sich die Eingangshalle an und entdecken, dass einige Gegenstände anders aussehen, als sie es kennen. Sie scheinen verzaubert zu sein.

8 Überlegt gemeinsam, welche magischen Gegenstände es in der Eingangshalle geben könnte. Lest dann den Text „Magische Gegenstände“ und vergleicht ihn mit euren Ideen.

Magische Gegenstände

In der Eingangshalle des „Hauses der Sprache“ leuchtet es überall. In dem Raum verändern sich die Farben ständig. Schillernde Lampenschirme befinden sich an der Decke. Die Lampenschirme schweben über den Köpfen der Besucherinnen und Besucher. Die Lampenschirme bewegen sich mit, wenn man die lange Halle durchschreitet. Funkelnde Schlüssel hängen am Schlüsselbrett. Die Schlüssel wirken manchmal golden und manchmal silbern. Die funkelnden Schlüssel können jede Tür öffnen. Die Schlüssel funktionieren nur, wenn die Besitzerin oder der Besitzer Gutes im Sinn hat. Man kann noch viele weitere magische Dinge entdecken.

9 Lest den Text „Magische Gegenstände“ erneut und tauscht euch darüber aus, an welchen Stellen man die Geschichte durch das Umstellen von Satzgliedern sprachlich verbessern könnte. Probiert es aus.

Puh, manchmal fällt es mir noch echt schwer, herauszufinden, was alles zu einem Satzglied gehört.

Louis

Nora

Hilft dir die Umstellprobe nicht?

Meistens schon, aber manchmal sind die Sätze so lang. Wie machst du das denn?

Louis

Nora

Wenn die Sätze so lang sind, versuche ich, Teile davon zu ersetzen. Das nennt man Ersatzprobe. Ich zeige es dir:

In allen Räumen	entdeckt	die interessierte Nora	mysteriöse Gegenstände.

Überall entdeckt die interessierte Nora mysteriöse Gegenstände.

10 Ersetzt auch die übrigen Satzglieder des Satzes durch andere passende Ausdrücke.

Ein schöner Teppich, der vor dem großen Spiegel in der Eingangshalle liegt, hat es den Kindern besonders angetan. Auch seine Farben scheinen sich zu ändern, mal ist er blau, mal grün, mal golden. Aven erzählt ihnen, was es damit auf sich hat. Dabei drückt sie sich seltsam aus, da sie den Kindern etwas zeigen möchte.

Der magische Teppich

Der Teppich ist besonders. Der Teppich ist magisch, weil er Gedanken und Ideen verbildlichen kann. Um die Gedanken und Ideen sichtbar zu machen, muss man sich auf den magischen Teppich stellen. Der Teppich fängt dann an zu schimmern. Wenn der magische Teppich schimmert, muss man sich konzentrieren. Ein Bild erscheint dann über dem Teppich.

11 Verbessert den Text „Der magische Teppich“ sprachlich, indem ihr die unterstrichenen Wörter durch die Wörter im Wortspeicher ersetzt (Ersatzprobe). Schreibt eure verbesserten Fassungen in euer Heft und vergleicht sie miteinander.

er ▪ er ▪ diese ▪ diesem

2 Das Prädikat

„Wenn ihr mehr über die einzelnen Satzglieder erfahren wollt, kommt mit auf einen Rundgang durch mein Haus. In jedem Raum gibt es etwas Neues zu entdecken!" Begeistert stimmen die Kinder zu.

Bei ihrem Rundgang zeigt Aven den Kindern als Erstes das Teezimmer. Dort stehen viele schöne alte Möbel, eine gemütliche Sitzecke vor einem kleinen Esstisch, Vitrinen, gefüllt mit interessanten Büchern und Schriftrollen, und vieles mehr. Nora entdeckt auf einem dunklen Holztisch vor dem Fenster eine alte Schreibmaschine. Plötzlich beginnt die Schreibmaschine zu klappern und wie von Zauberhand etwas über die Erfindung der Schrift zu schreiben. Aven reicht den Kindern den von der Schreibmaschine geschriebenen Text und fordert sie auf, diesen zu lesen. Sie weist aber auch darauf hin, dass darin einige wichtige Wörter fehlen.

Die Anfänge der Schrift

Vor vielen Tausend Jahren ??? es keine Schrift, so wie wir sie heute kennen. Die Menschen ??? Bilder. Später ??? sie Zeichen, um wichtige Dinge über ihr Leben festzuhalten. Die ersten Schriften ??? beim Handeln. Menschen ??? so zum Beispiel ihre Waren und ??? wichtige Informationen. Nach und nach ??? sie Alphabete und Schriften. So ??? sie Geschichten und Wissen an andere.

1 Beschreibt, was in den Sätzen jeweils fehlt.

Plötzlich erscheinen neben dem Text in leuchtenden Buchstaben viele Wörter, aus denen die Kinder die passenden heraussuchen und in der richtigen Form in den Satz einfügen sollen.

2 Schreibt den Text über „Die Anfänge der Schrift“ in euer Heft und setzt passende Wörter aus dem Wortspeicher ein. Vorsicht: Nur bestimmte Wörter eignen sich zum Einsetzen.

> Buchstaben ▪ entwickelten ▪ zählten ▪ lang ▪ Menschen ▪ malten ▪ gab ▪ Papier ▪ erfanden ▪ Stift ▪ sammelten ▪ Geschichte ▪ wichtig ▪ unfreundlich ▪ überlieferten ▪ alt ▪ halfen

3 Nennt die Wortart, zu der die eingesetzten Wörter gehören.

Merkwissen

Das Prädikat

Das **Prädikat** drückt aus, was jemand tut, was mit jemandem oder einem Gegenstand geschieht oder was etwas ist. Es besteht immer aus einem Verb oder einer Verbgruppe.
Es gibt Antwort auf die Fragen:
Was geschieht? Was tut jemand? Was ist etwas?

Beispiel:
Die Menschen benutzten zunächst Bilder und Symbole.
Was taten die Menschen?
Sie **benutzten** zunächst Bilder und Symbole.
Prädikat = benutzten

Aven bietet den Kindern einen Tee an und sie machen es sich in der Sitzecke bequem. Sie schwebt zu einer Vitrine und kommt mit einem prächtig verzierten Buch, das in einem dicken Ledereinband steckt, zurück. Die Fee setzt sich zu Nora und Louis und erklärt: „Dieses Buch beinhaltet viele Erzählungen über den Ursprung unserer Sprache. Ich lese euch gerne daraus vor."

Die Verbreitung von Geschichten

Menschen haben schon immer Geschichten erzählt. Sie saßen zusammen am Feuer, gaben die Erzählungen weiter und wandelten sie dabei oft ab. Irgendwann schrieben die Menschen die Geschichten auf, da sie sie bewahren wollten. Mit der Schrift konnten Geschichten auch weit entfernte Orte erreichen. Sie gingen nun nicht mehr so schnell verloren, dann man gab sie von Generation zu Generation weiter. Durch das Schreiben blieben sie über viele Jahrhunderte hinweg erhalten.

4 Bestimmt in diesem Text die Prädikate. Findet heraus, welche Besonderheit viele der Prädikate aufweisen.

5 Schreibt fünf Sätze eurer Wahl auf und unterstreicht in diesen die Prädikate. Achtet darauf, dass Prädikate aus mehreren Teilen bestehen können.

Merkwissen

Die Prädikatsklammer

Das **Prädikat** kann auch aus zwei Teilen bestehen.

Beispiel:
Menschen **haben** schon immer Geschichten **erzählt**.

Irgendwann **schrieben** die Menschen die Geschichten **auf**.

Man spricht in diesen Fällen von einer **Prädikatsklammer**.

6 Schreibt eigene Sätze auf, in denen das Prädikat eine Prädikatsklammer bildet. Tauscht eure Sätze mit einer Lernpartnerin oder einem Lernpartner aus, unterstreicht die Prädikate und zeichnet die Klammer.

Eine weitere Übung zur Prädikatsklammer findet ihr digital. **interaktive Aufgabe**

7 Jetzt entscheidest du! Wähle aus:

A Nora hat in der Zeitung einen Text darüber gefunden, warum Menschen verschiedene Sprachen sprechen. Schreibe den folgenden Text in dein Heft und unterstreiche in jedem Satz das Prädikat. Denke daran, dass das Prädikat häufig aus zwei Teilen besteht.

Warum sprechen Menschen verschiedene Sprachen?

Es gibt mehr als 7000 Sprachen auf der Welt. Manche Sprachen werden von sehr vielen Menschen gesprochen – Englisch zum Beispiel. Andere Sprachen haben nur wenige Sprecher. Jeden Tag erfinden Menschen neue Wörter. Vor 150 Jahren gab es z. B. das Wort „Ampelmännchen" noch nicht. Damals gab es auch noch keine Ampeln.
Aber woher kommen unsere Sprachen? Manche Wissenschaftler sprechen von einer Ursprache. Aus dieser Sprache haben sich nach dieser Theorie die anderen Sprachen entwickelt. Das kann man jedoch nicht beweisen. Andere Fachleute sagen: Die verschiedenen Sprachen haben sich einfach zufällig entwickelt. In neuen Lebensumgebungen sind zuerst Dialekte und dann neue Sprachen entstanden. Deswegen sind Sprachen so unterschiedlich.

B Schreibe die folgenden Witze in dein Heft und unterstreiche in jedem Satz das Prädikat. Denke daran, dass das Prädikat häufig aus zwei Teilen besteht.

Das nette Gespenst

Eines Nachts streift ein müder Gast in einem alten schottischen Schloss umher. Im Korridor trifft er plötzlich auf ein Gespenst. Dieses berichtet ihm traurig: „Ich mag Gesellschaft sehr! Ich bin nun schon seit über vierhundert Jahren hier ..."
Der Gast unterbricht das Gespenst: „Ah, das passt gut. Dann können Sie mir sicherlich weiterhelfen. Wo sind denn hier die Toiletten?"

Spukt es hier?

Ein Millionär möchte ein altes Schloss in Schottland kaufen. Es kursieren einige Schauermärchen über das Schloss. Deshalb sagt er besorgt zum Schlossbesitzer: „Ich bin unsicher, denn ich habe von Spuk in diesem Schloss gehört." „Das ist Unsinn! Das müsste ich doch wissen! Ich habe im Schloss noch nie ein Gespenst gesehen. Und ich wohne schließlich schon seit über 250 Jahren hier!"

C Schreibe eine kurze Geschichte, in der es um eine Zeitreise geht. Du kannst Ort und Zeit frei wählen. Nutze alle vorgegebenen Verben und unterstreiche die Prädikate in der fertigen Geschichte.

verschwinden ▪ auftauchen ▪ flüchten ▪ erschrecken ▪ bewundern ▪ entdecken ▪ wiederkehren ▪ erkunden ▪ mitbringen

3 Das Subjekt

Aven führt die Kinder als Nächstes in die Bibliothek. Louis und Nora staunen über die deckenhohen Regale, die in doppelter Reihe mit Büchern gefüllt sind. Neugierig schauen sie sich um. Da entdeckt Louis einen Buchrücken, der ihm bekannt vorkommt. Es handelt sich um „Igraine Ohnefurcht“ von Cornelia Funke.

Louis erzählt: „Das Buch ist sehr spannend. Das Mädchen Igraine lebt mit ihren Eltern und ihrem Bruder auf einer Burg. Die Burg ist verzaubert und kann sich selbst verteidigen. Alle Familienmitglieder beherrschen die Kunst des Zauberns, aber Igraine möchte lieber Ritterin werden. An Igraines zwölftem Geburtstag verwandeln ihre Eltern sich mithilfe eines Zaubers versehentlich in Schweine. Die verzauberten Eltern benötigen eine bestimmte Zutat. Nur so können sie den Zauber rückgängig machen. So beginnt ein Abenteuer. Igraine macht sich auf den Weg. Sie muss Haare eines Riesen besorgen, um ihren Eltern zu helfen.“

Nora kennt das Buch, von dem Louis erzählt hat, noch gar nicht. Da er so aufgeregt und schnell erzählt hat, fragt sie noch einmal genau nach:

Wer oder was lebt mit ihren Eltern und ihrem Bruder auf einer Burg?
Wer oder was ist verzaubert?
Wer oder was beherrscht die Kunst des Zauberns?

Aven erklärt: „Das Satzglied, mit dem man auf diese Fragen antwortet, nennt man Subjekt.“

1 Beantwortet die Fragen von Nora.

2 Sucht alle anderen Subjekte aus der Zusammenfassung von Louis zu „Igraine Ohnefurcht“ heraus. Schreibt sie mit den zugehörigen Fragen in euer Heft.
Wenn ihr Hilfe benötigt, findet ihr diese digital. **Hilfestellung**

Merkwissen

Das Subjekt

Satzglieder kann man durch bestimmte Fragen bestimmen. Das Satzglied, das auf die Frage **Wer oder Was …?** antwortet, heißt **Subjekt**.
Das Subjekt steht immer im 1. Fall (Nominativ).

Beispiel:
Die Burg ist verzaubert.
Wer oder was ist verzaubert?
Die Burg.

Oft besteht das Subjekt aus mehreren Wörtern.

Beispiel:
Die verzauberten Eltern benötigen eine bestimmte Zutat.

Nora möchte unbedingt noch mehr hören. Vor allem die Burg interessiert sie. Und so erzählt Louis weiter:

„Die Burg ist nicht sehr groß. Ein schiefer Turm ragt in die Höhe. Aus diesem steigt bunter Rauch, wenn gezaubert wird. Um die Burg herum läuft ein Burggraben. Wasserschlangen leben in dem Wasser. Das Burgtor bewachen zwei steinerne Löwen. Unheimliche Fratzen auf den Mauern ziehen jedem Fremden furchterregende Grimassen. Ihre breiten Münder können Geschosse schlucken. Die Fratzen und die Löwen bewachen die Burg.“

3 Schreibt alle Subjekte aus der Schilderung der Burg heraus. Wendet dabei die Subjektfrage an (Wer oder was ...?).
Denkt daran, dass das Subjekt meist aus mehreren Wörtern besteht. Ihr könnt auch die Umstellprobe oder die Ersatzprobe nutzen.

Aven möchte Nora und Louis eines ihrer Lieblingsbücher vorstellen. Sie erzählt ihnen, worum es in der Geschichte „Die goldene Schreibmaschine“ von Carsten Henn geht.

??? liest oft in der Bibliothek ihrer Großmutter. Eines Tages entdeckt sie dort eine geheime Tür. Hinter dieser Tür findet ??? eine verborgene Bibliothek. In dieser Bibliothek stehen ???. Sie findet eine goldene Schreibmaschine. Emily erfährt, dass diese Schreibmaschine Geschichten in den Büchern verändern kann. Diese Änderungen beeinflussen auch die echte Welt. Emily erkennt die große Macht der Schreibmaschine. Doch ??? will die Schreibmaschine für böse Pläne nutzen. Emily muss ihn aufhalten, um die Welt zu schützen.

4 In der Zusammenfassung von „Die goldene Schreibmaschine“ fehlen einige Subjekte. Schreibt den Text in euer Heft und setzt die fehlenden Subjekte aus dem Wortspeicher ein.

Emily ▪ alle Bücher der Welt ▪ ihr Lehrer ▪ sie

5 Lest die Zusammenfassung erneut und überlegt gemeinsam, wie es weitergehen könnte.

Aven möchte den Kindern noch etwas Wichtiges über Subjekte erzählen. Sie lässt ein schweres Buch heranschweben, das sich vor den Augen der Kinder öffnet. Auf den leeren Seiten erscheinen Sätze.

6 Setzt die Subjekte in den folgenden Sätzen in den Plural (Mehrzahl). Beschreibt, wie sich die Prädikate dadurch verändern müssen.

a) Der reisende Sänger wird vom König eingeladen.
b) Der König möchte das neue Lied des Sängers hören.
c) Das Lied klingt geheimnisvoll und schön.
d) Außerdem erzählt der Sänger eine neue Geschichte.
e) Das Königskind hört sich gerne spannende Geschichten an.

Merkwissen

Subjekt und Prädikat

Zu einem grammatisch vollständigen Satz gehören Subjekt und Prädikat. Sie sind eng miteinander verbunden. Daher müssen sie in Person (1., 2., 3. Person) und Numerus (Singular, Plural) übereinstimmen.

Beispiel:
Der Sänger reist durch das Land.
Die Sänger reisen durch das Land.

7 Jetzt entscheidest du! Wähle aus:

A Erstelle fünf Lückensätze, in denen immer das Subjekt fehlt. Tausche deine Sätze mit einem Lernpartner oder einer Lernpartnerin und vervollständigt die Sätze gegenseitig.
Beispiel: **???** spielen im Garten.

B Klammere die einzelnen Satzglieder ein. Stelle sie dazu zunächst einmal schriftlich um. Formuliere anschließend die Subjektfrage (Wer oder was ...?) und beantworte sie.
a) Die Blätter fallen von den Bäumen.
b) Am Strand liegt eine Muschel.
c) Nachts ist der Wald besonders dunkel.
d) Am Himmel leuchtet der Mond.
e) Leise schleicht der schwarze Kater durch die Nacht.

C Ordne die Satzpuzzle so, dass die Subjekte immer an erster Stelle stehen und der Satz grammatikalisch korrekt ist. Achte darauf, die Satzanfänge groß zu schreiben.
a) liest / das Kind / ein spannendes Buch
b) in der Mondnacht / gleitet / über das Feld / eine Eule
c) die Kinder / Geschichten / hören
d) blühen / im Garten / am Morgen / bunte Blumen
e) im See / zwei weiße Schwäne / miteinander / schwimmen

4 Die Objekte

Das Akkusativobjekt

Auf einmal ist die Fee nicht mehr in der Bibliothek zu sehen. Louis und Nora verlassen den Raum, um nach ihr zu suchen, und stehen plötzlich in einem riesigen Wohnzimmer. Dort hängen viele Bilderrahmen, in denen jeweils Satzrätsel zu sehen sind. In diesen Rätseln wurden einige Satzglieder durch Zeichnungen ersetzt.

Die Kinder besuchen  .

In der Eingangshalle entdecken sie  .

Louis hat  aus dem Regal genommen.

Die Hüterin der Sprache findet  besonders interessant.

Gemeinsam mit den Kindern schaut sie sich  an.

1 Es ist immer ein Satzglied durch eine Zeichnung ersetzt. Stellt jeweils eine Frage, um das fehlende Satzglied zu erfragen.

2 Ersetzt die Bilder durch passende Ausdrücke und schreibt die Sätze in euer Heft.

Merkwissen

Das Akkusativobjekt

Das Satzglied, das auf die Frage **Wen oder was?** antwortet, heißt **Akkusativobjekt**.

Beispiel:
Sie schreibt **einen Brief**.
Wen oder was schreibt sie?
Einen Brief.

Als Nora und Louis gerade mit dem Rätsel fertig sind, kommt Aven herbeigeschwebt: „Kinder, wie schön, dass ihr schon da seid, ich sehe, ihr habt meine Rätsel gefunden und etwas über ein weiteres Satzglied erfahren! Ich möchte euch jetzt meine liebste Drachengeschichte zeigen.

Der schüchterne himmelblaue Drache

Ein kleiner Drache hatte einen sehnlichen Wunsch. Er wollte unbedingt unsichtbar sein. Diesen Wunsch konnte ihm keiner erfüllen. So besuchte er die Traumfee. „Ich möchte blau sein. Himmelblau! Hilfst du mir?“, bat er sie. Die Traumfee warnte ihn: „Warum wünschst du dir ein himmelblaues Drachenkleid? Man kann dich damit doch gar nicht am Himmel fliegen sehen.“ Doch der Drache meinte: „Man kann mich nur an Blauhimmeltagen nicht sehen. Man kann mich sehen, wenn ich nicht gerade über den Himmel fliege. Ich bin sichtbar, wenn ich über eine Wiese laufe oder Kinder besuche.“ Die Traumfee schloss für einen Moment die Augen und stellte sich den fröhlichen, himmelblauen Drachen vor. Sie fand, dass die Farbe gut zu ihm passte: „Die himmelblaue Farbe ist genau die richtige Farbe für einen kleinen, schüchternen Drachen.“ So bemalte sie ihn himmelblau und fügte einen kleinen, hellroten Punkt in Herzform auf seinem Bauch hinzu. Wenn du also ein kleines rotes Herz am Himmel siehst, weißt du, dass es der schüchterne himmelblaue Drache ist.

3 Lest die Geschichte „Der schüchterne himmelblaue Drache“ und sucht alle Akkusativobjekte heraus.

- Schreibt die Akkusativobjekte heraus, indem ihr zunächst wie im Beispiel die entsprechende Satzgliedfrage formuliert.
- Unterstreicht die Akkusativobjekte.

Beispiel:
Wen oder was hatte ein kleiner Drache?
Einen sehnlichen Wunsch hatte ein kleiner Drache.

Hilfe findet ihr digital. **Hilfestellung**

4 In den folgenden Sätzen fehlen die Akkusativobjekte. Schreibt die Sätze ab und setzt die Akkusativobjekte aus dem Wortspeicher darunter ein.

a) Die tapfere Ritterin verteidigt ??? gegen den bösen Drachen.
b) Der König schickt ??? zu dem geheimen Versteck des Schatzes.
c) Am Morgen entdeckt sie ??? im tiefen Wald.
d) In dieser Höhle findet sie ??? .
e) Die Pferde transportieren ??? zur Burg.
f) Der König belohnt ??? mit einem wertvollen Schwert.
g) Der Magier verwandelt ??? in Gold.

eine versteckte Höhle ▪ die Burg ▪ den kostbaren Schatz ▪ die edle Ritterin ▪ die Edelsteine und Diamanten ▪ sie ▪ das Schwert

5 Jetzt entscheidest du! Wähle aus.

A Entwirf fünf Satzrätsel wie auf S. 288, indem du die Akkusativobjekte durch kleine Zeichnungen ersetzt.

B Ergänze in den folgenden Sätzen die Akkusativobjekte. Schreibe sie in dein Heft und unterstreiche das Akkusativobjekt.
a) Der Forscher entdeckt ??? .
b) Er zeichnet ??? .
c) Wir haben gestern ??? gesehen.
d) Sie gaben ihm ??? .
e) Die Kinder beobachten ??? .

C Schau dir das Bild des Drachennestes an und verfasse mindestens fünf Sätze dazu, in denen jeweils ein Akkusativobjekt vorkommt.
Beispiel:
Im dunklen Drachenwald findet man Drachennester.

Das Dativobjekt

Aven bittet die Kinder, es sich auf einem großen Sofa gemütlich zu machen, und reicht ihnen Kekse. Als sie anfangen, die Kekse zu essen, erscheinen auf dem Teller plötzlich die folgenden Sätze:

Nora gibt das Buch.
Aven hilft.
Sie schenkt eine Uhr.

1 Erklärt, warum die Sätze sich merkwürdig anhören.

2 Ergänzt die Sätze durch ein weiteres Satzglied, sodass sie sich vollständig anhören. Probiert aus, auf welche Frage eure Ergänzungen antworten.

Merkwissen

Das Dativobjekt

Das Satzglied, das auf die Frage **Wem?** antwortet, heißt **Dativobjekt.**

Beispiel: Der Hund bringt **der Frau** den Ball.
Wem bringt der Hund den Ball?
Der Frau.

Die Fee setzt sich zu den Kindern auf das Sofa und liest ihnen eine Geschichte vor, die im Zauberwald spielt. Sie machen es sich gemütlich und lauschen aufmerksam.

3 Lest die Geschichte „Ein Besuch im Zauberwald“ gemeinsam.

Ein Besuch im Zauberwald

Eines Tages schlichen sich die Zauberlehrlinge Mia und Leo aus der Zauberschule. Mia wollte ihrem Freund Leo die geheimen Pfade des Zauberwaldes zeigen und den Wegen bis zur großen Lichtung folgen. Unterwegs verliefen sie sich jedoch, bis sie endlich einer sprechenden Eule begegneten. Der Eule taten die Kinder leid und sie wollte ihnen helfen. Sie gab ihnen eine Karte, auf der alle Zauberpfade eingezeichnet waren. Mia dankte der Eule und die Kinder folgten den Zauberpfaden. Tiefer im Wald kam ihnen ein freundlicher Elf entgegen. Es war ein Schutzelf, der den Kindern magische Amulette schenkte. Mithilfe der Karte und unter dem Schutz der Amulette fanden die Zauberlehrlinge bald den Weg zu der großen Lichtung. Wieder in der Schule angekommen, berichteten sie ihren neugierigen Klassenkameraden von dem Abenteuer. Zum Glück hatte niemand bemerkt, dass sie weg waren.

4 Schreibt die Sätze aus der Geschichte in euer Heft und unterstreicht die Dativobjekte. Tipp: Es sind elf Dativobjekte. Hilfe findet ihr digital. **Hilfestellung**

5 Formuliert anschließend mündlich die Satzgliedfrage mit dem Fragewort **Wem?** wie im Beispiel und beantwortet sie. Ihr könnt euch gegenseitig fragen.

Beispiel: **Wem** wollte Mia die geheimen Pfade des Zauberwaldes zeigen?
Ihrem Freund Leo.

Aven möchte das Wissen der Kinder über das Dativobjekt testen. Sie hat ihnen dafür Sätze aufgeschrieben, die aus ihren liebsten Zaubergeschichten stammen.

6 Schreibt die Sätze ab und setzt dabei die fehlenden Dativobjekte aus dem Wortspeicher darunter ein. Ihr müsst sie noch in den richtigen Kasus setzen. Unterschiedliche Lösungen sind möglich.

a) Der Zauberer gibt **???** einen goldenen Schlüssel.
b) Die Elfe zeigt **???** den verborgenen Weg im Wald.
c) Der Hexenmeister schenkt **???** ein verzaubertes Schwert.
d) Der sprechende Baum erzählt **???** von einem geheimen Ort.
e) Die Fee hilft **???** beim Entzünden des magischen Feuers.
f) Der Adler bringt **???** eine alte Schriftrolle.
g) Die Zauberin vertraut **???** einen mächtigen Zauber an.

der Drache ▪ der Krieger ▪ der Ritter ▪ die Mäuse ▪ der König ▪ das Mädchen ▪ die Kinder

Das Genitivobjekt

Aven hat bemerkt, dass die Kinder sich offenbar sehr für Geschichten über Ritter interessieren. Darum holt sie aus der Bibliothek ein Buch. Sie fordert die Kinder auf, genau zuzuhören, und beginnt, daraus vorzulesen:

Der räuberische Ritter

Ritter Kunibert hatte sich durch einen überraschenden Angriff einer feindlichen Burg bemächtigt. Selbstgefällig rühmte er sich seines Sieges. Dabei gedachte er nicht der vielen Verwundeten. Die Menschen beschuldigten ihn des Raubes, doch vorerst konnten sie sich seiner Gewalt nicht erwehren.

1 Lest den Text über den räuberischen Ritter Kunibert noch einmal laut vor. Sprecht darüber, warum der Text merkwürdig klingt.

Louis hat eine Idee: „Hm ... In dem Text kommen Wörter vor, die sich veraltet anhören. Man benutzt sie kaum noch.“
Nora ergänzt: „Ja, und die Sätze hören sich irgendwie komisch an. Wenn ich eine Geschichte erzählen würde, würde ich anders erzählen.“

Aven erklärt den Kindern: „In der Geschichte von Ritter Kunibert kommen viele Genitivobjekte vor. Man benutzt Genitivobjekte heute nur noch selten.“

Merkwissen

Das Genitivobjekt

Das Satzglied, das auf die Frage **Wessen?** antwortet, heißt **Genitivobjekt**.
Das **Genitivobjekt** ist ein Satzglied, das im heutigen Sprachgebrauch als veraltet gilt und nicht mehr so oft gebraucht wird.

Beispiel: Die Hexe bedient sich **der schwarzen Magie.**
Wessen bedient sich die Hexe?
Der schwarzen Magie.

2 Schreibt die Sätze aus der Geschichte in euer Heft und unterstreicht die Genitivobjekte.

- Formuliert anschließend die Satzgliedfrage **Wessen?** wie im Beispiel und beantwortet sie.
- Unterstreicht auch in der Antwort das Genitivobjekt.

Beispiel: Ritter Kunibert hatte sich durch einen überraschenden Angriff einer feindlichen Burg bemächtigt.
Wessen hatte sich Ritter Kunibert bemächtigt? Er hatte sich einer feindlichen Burg bemächtigt.

3 Ähnlich wie Nora würdet wohl auch ihr die Geschichte anders erzählen und euch anders ausdrücken.

- Schreibt die Geschichte „Der räuberische Ritter" neu und setzt Formulierungen ein, die euch vertraut sind.
- Beschreibt, was ihr dabei mit dem Genitivobjekt gemacht habt.

So könntet ihr beginnen:

Ritter Kunibert hatte durch einen überraschenden Angriff die feindliche Burg erobert. …

Das Präpositionalobjekt

Aven möchte den Kindern noch den Dachboden des Hauses der Sprache zeigen. Louis und Nora folgen der Fee, die sie eine geschwungene Holztreppe hinaufführt. Oben angekommen, fällt ihnen sofort das große runde Fenster auf, von dem aus man wirklich einen atemberaubenden Blick hat. Während sie dort stehen und hinausschauen, erscheinen plötzlich Sätze an der beschlagenen Fensterscheibe.

1 Überlegt, was die folgenden Sätze gemeinsam haben.

a) Die Kinder träumen *von* Burgen und Rittern.
b) Aven kümmert sich *um* das Essen für ihre Besucher.
c) Die Kinder bereiten sich *auf* die nächste Klassenarbeit vor.

Merkwissen

Das Präpositionalobjekt

Einige Verben werden fast immer zusammen mit einer Präposition gebraucht, z. B. *warten auf, denken an, sich kümmern um, danken für, zweifeln an, sich verlieben in, achten auf* etc.
Das Satzglied, das mit einer solchen Präposition beginnt, heißt **Präpositionalobjekt**. Man erfragt es mithilfe einer Präposition und einer W-Frage.

Beispiel: Sie verstecken sich **vor den wilden Tieren**.
Vor wem verstecken sie sich?
Vor den wilden Tieren.

Mehr über die Wortart „Präposition" erfahrt ihr auf S. 123.

Aven kramt in einer alten Holzkiste und liest den Kindern den Klappentext einer anderen Abenteuergeschichte, „Die Schule der magischen Tiere“, vor.

2 Kennt ihr die Buchreihe „Die Schule der magischen Tiere“? Berichtet davon und lest den Klappentext.

In der neuen Schule fühlt sich Ida gar nicht wohl. Doch dann erzählt ihnen die Lehrerin Miss Cornfield von der magischen Zoohandlung – und Ida erhält ein magisches Tier: den hilfsbereiten Fuchs Rabbat. Auch Benni ist gespannt. Wie gern hätte er ein wildes Raubtier an seiner Seite! Dann würden ihn die anderen endlich einmal ernst nehmen ...

DIE SCHULE DER MAGISCHEN TIERE: Diese Schule birgt ein Geheimnis: Wer Glück hat, findet hier den besten Freund, den es auf der Welt gibt. Ein magisches Tier. Ein Tier, das sprechen kann. Wenn es zu dir gehört.

3 In den unten stehenden Sätzen erfahrt ihr einiges über „Die Schule der magischen Tiere“. Es fehlen jedoch die Präpositionalobjekte. In der Klammer findet ihr das Nomen, mit dem es gebildet werden soll.

- Ergänzt die fehlenden Präpositionalobjekte und schreibt die Sätze in euer Heft.
- Unterstreicht in den Sätzen die Präpositionalobjekte.

Beispiel: Die Kinder träumen von der Schule der magischen Tiere.

a) Benni erfährt etwas ??? (magische Tiere).
b) Er wundert sich ??? (Fähigkeiten der Tiere).
c) Ida freut sich ??? (Fuchs Rabbat).
d) Als Benni eine geheime Nachricht bekommt, interessieren sich seine Eltern ??? (Brief).
e) Ida weiß nicht, wie sie ihren neuen magischen Freund pflegen soll, also bittet sie Miss Cornfield ??? (Hilfe).
f) Ida bedankt sich bei ihrem Fuchs Rabbat ??? (Rat).
g) Die Kinder lachen laut ??? (Kunststück der Schildkröte Henrietta).

Eine weitere Übung zum Präpositionalobjekt findet ihr digital. interaktive Aufgabe

5 Adverbiale Bestimmungen

Aven möchte den Kindern noch ihren Garten zeigen. Auf dem Weg dorthin erzählt sie Nora und Louis von den zauberhaften Bewohnern des Gartens.

1 Lest den Text über den magischen Garten und sprecht darüber, ob ihr diesen Ort gerne besuchen würdet.

Der magische Garten

In meinem Zaubergarten gibt es viele Wunder. Jeden Morgen glitzert das Gras silbrig im ersten Licht der Sonne. Kleine Kobolde klettern in den Büschen und lachen. In der Mitte des Gartens steht ein uralter Baum, der mit seiner tiefen Stimme zu mir und den Tieren spricht. Die Tiere kommen oft wegen seines guten Rats zu ihm. Sie vertrauen auf seine weisen Worte. Meine Katze Mio liegt oft auf der Bank. Abends strahlen die Blüten der zauberhaften Blumen sanft schimmernd im letzten Licht des Tages. Nachts sehe ich den Sternenhimmel über meinem Garten glühen. Dann freue ich mich über dieses Paradies und bin glücklich.

2 Erklärt euch gegenseitig, welche Aufgabe die unterstrichenen Ausdrücke haben. Was würde passieren, wenn diese Ausdrücke fehlen würden?

3 Auf welche Fragen geben die unterstrichenen Ausdrücke Antworten? Stellt die Fragen mithilfe der Sätze und beantwortet sie schriftlich in eurem Heft.

Beispiel: **In meinem Zaubergarten** gibt es viele Wunder.
Wo gibt es viele Wunder?
In meinem Zaubergarten.

4 Weist mithilfe der Umstellprobe nach, dass es sich bei den unterstrichenen Ausdrücken um Satzglieder handelt.

Merkwissen

Die adverbiale Bestimmung

Adverbiale Bestimmungen sind Satzglieder, mit denen **die näheren Umstände eines Geschehens** (Zeit, Ort, Grund, Art und Weise) gekennzeichnet werden. Deshalb nennt man sie auch **Umstandsbestimmungen**.

Wie alle anderen Satzglieder können adverbiale Bestimmungen auch erfragt werden. Man unterscheidet z. B. folgende adverbiale Bestimmungen:

1. **Adverbiale Bestimmung der Zeit (Temporaladverbiale)**
   Frage: Wann? Wie lange? Wie oft?
   Beispiel: **Wann** glitzert das Gras silbrig im ersten Licht der Sonne?
   Jeden Morgen glitzert das Gras silbrig im ersten Licht der Sonne.
2. **Adverbiale Bestimmung des Ortes (Lokaladverbiale)**
   Frage: Wo? Wohin? Woher?
   Beispiel: **Wo** gibt es viele Wunder?
   In meinem Zaubergarten gibt es viele Wunder.
3. **Adverbiale Bestimmung des Grundes (Kausaladverbiale)**
   Frage: Warum? Weshalb?
   Beispiel: **Warum** kommen die Tiere oft zu ihm?
   Wegen seines guten Rats kommen sie oft zu ihm.
4. **Adverbiale Bestimmung der Art und Weise (Modaladverbiale)**
   Frage: Wie? Auf welche Art und Weise?
   Beispiel: **Wie** glitzert das Gras im ersten Licht der Sonne?
   Silbrig glitzert das Gras im ersten Licht der Sonne.

5 Übernehmt die folgende Tabelle in euer Heft.

- Ordnet die unterstrichenen Satzglieder aus der Geschichte „Der magische Garten“ in die entsprechenden Spalten ein.
- Stellt zu den adverbialen Bestimmungen jeweils die passenden Fragen.

Ihr findet die Tabelle auch als Arbeitsblatt. **Arbeitsblatt**

Ort	Zeit	Grund	Art und Weise
? ? ? ? ? ? ? ? ? ?	? ? ? ? ? ? ? ? ? ?	? ? ? ? ? ? ? ? ? ?	? ? ? ? ? ? ? ? ? ?

Aven gibt Nora und Louis eine Schriftrolle, auf der weitere Sätze geschrieben sind, mit denen sie die adverbialen Bestimmungen üben können.

6 Lest die folgenden Sätze und führt die Umstellprobe durch. Schreibt die Sätze anschließend in euer Heft und unterstreicht die adverbialen Bestimmungen. Nehmt für die unterschiedlichen adverbialen Bestimmungen jeweils eine andere Farbe.

a) Die Kinder spielen fröhlich im Garten.
b) Am Samstag gehen wir wegen des sonnigen Wetters ins Schwimmbad.
c) Ein Hase hoppelt schnell über das Feld.
d) Gestern haben die Pflanzen wegen des Regens genug Wasser bekommen.
e) Die Katze schläft gemütlich auf der Gartenbank.

7 Verfasst eigene Sätze, in denen möglichst viele unterschiedliche adverbiale Bestimmungen vorkommen.

Digital findet ihr eine weitere Übung zu den adverbialen Bestimmungen. interaktive Aufgabe

Die Fee Aven verabschiedet sich von den Kindern und sagt: „Nora, Louis, es war mir eine Freude, euch das Haus der Sprache zu zeigen und euch beim Entdecken der Satzglieder zu helfen! Erzählt euren Freundinnen und Freunden von meinem Haus und kommt jederzeit wieder!"

Merkwissen kompakt

Satzglieder

Erklärvideo

- Jeder Satz besteht aus einzelnen Satzgliedern. Diese sind die Bausteine des Satzes. Mit der Umstellprobe oder der Ersatzprobe kann man herausfinden, welche Wörter ein Satzglied bilden.
- Das **Subjekt** antwortet auf die Frage: Wer oder was? Das Subjekt gibt an: Wer oder was tut etwas oder wer oder was ist etwas?
- Das **Prädikat** sagt aus: Was tut jemand (das Subjekt), was geschieht?
- Die **Objekte** sind Ergänzungen im Satz.
  Das **Akkusativobjekt** antwortet auf die Frage: Wen oder was?
  Das **Dativobjekt** antwortet auf die Frage: Wem?
  Das **Genitivobjekt** antwortet auf die Frage: Wessen?
  Das **Präpositionalobjekt** wird mit einer Präposition eingeleitet (über, auf, mit, für ...), die eng mit dem Verb verbunden ist, und antwortet entsprechend auf die Fragen: Über was? Auf was? Für wen? Etc.
- Mit **adverbialen Bestimmungen** werden die Umstände eines Geschehens näher beschrieben:
  adverbiale Bestimmung der Zeit (Temporaladverbiale) → Wann? Wie lange? Wie oft?
  adverbiale Bestimmung des Ortes (Lokaladverbiale) → Wo? Wohin? Woher?
  adverbiale Bestimmung des Grundes (Kausaladverbiale) → Warum? Weshalb?
  adverbiale Bestimmung der Art und Weise (Modaladverbiale) → Wie? Auf welche Art und Weise?

5 Das habe ich gelernt, das kann ich

Subjekte und Prädikate bestimmen ▶ S. 285, 282

1 Übernimm die folgenden Sätze in dein Heft. Unterstreiche die Subjekte und die Prädikate in unterschiedlichen Farben. Denke daran, dass Prädikate manchmal aus zwei Teilen bestehen können (Prädikatsklammer). Verbinde in diesen Fällen die beiden Teile miteinander.

a) Die alte Burg thront düster auf einem nebelverhangenen Hügel.
b) Sie wirkt wie aus einer längst vergangenen Zeit.
c) Früher haben dort viele Menschen zusammengelebt.
d) Durch die zerbrochenen Fenster der hohen Türme pfeift kalter Wind.
e) Kleine Gespenster huschen lautlos über die knarrenden Holzplanken.
f) Eines schwebt durch die verlassene Eingangshalle in den Rittersaal.
g) Dort flackern Kerzen in der Dunkelheit.
h) Plötzlich schaukelt ein schwerer Kronleuchter.
i) Er schwingt quer durch den Raum.
j) Zwei der Gespenster nutzen ihn als Schaukel.
k) Sie haben großen Spaß.
l) Beim ersten Sonnenstrahl sind die kleinen Gespenster spurlos verschwunden.

Objekte unterscheiden und bestimmen ▶ S. 288 ff.

2 Schreibe die folgenden Sätze ab und unterstreiche die **Akkusativ-** und **Dativobjekte** in verschiedenen Farben.

a) Die Prinzessinnen Elise und Safia lebten zusammen in einem großen Schloss und halfen den Menschen im Dorf.
b) Eines Tages zeigte ein alter Bauer ihnen einen verborgenen Weg.
c) Auf dem Weg entdeckten sie eine Höhle.
d) In der Höhle fanden sie einen goldenen Drachen.
e) Der Drache erzählte den mutigen Prinzessinnen von seinem verschütteten Schatz.
f) Ein Erdrutsch hatte den Durchgang verkleinert.
g) Die Prinzessinnen halfen dem Drachen.
h) Sie holten ihm den Schatz zurück.
i) Der Drache war den Mädchen sehr dankbar.
j) Er schenkte ihrem Dorf einen großen Teil des Schatzes.

3 Wenn ein Objekt durch eine Präposition eingeleitet wird, die ganz eng mit dem Verb verbunden ist, spricht man von einem Präpositionalobjekt. Ergänze die folgenden Sätze in deinem Heft, indem du passende Präpositionalobjekte einsetzt. Unterstreiche in deinem Heft jeweils das vollständige Präpositionalobjekt.

a) Igraine wartete schon drei Stunden auf ??? .
b) Ihr Bruder bemühte sich schon lange um ??? .
c) Benni und Ida regen sich über ??? auf.
d) Immer wieder streiten sie sich um ??? .
e) Nora und Louis danken Aven für ??? .

Aus Satzgliedern Sätze bilden ▶ S. 297

4 Bilde aus den Satzgliedern, die sich in den Truhen befinden, Sätze. Es dürfen auch Unsinnssätze darunter sein.

Satzglieder unterscheiden ▶ S. 297

5 Bestimmt hast du die Geschichten aus dem Kapitel noch gut im Kopf. Schreibe die Fragen mit den richtigen Antworten in dein Heft. Schreibe hinter die Antworten, welches Satzglied jeweils erfragt wird.

a) Wer oder was wohnt im Haus der Sprache?
b) Wen oder was entdecken Nora und Louis in der Eingangshalle?
c) Wohin geht Aven als Erstes mit den Kindern?
d) Wen oder was erfanden die Menschen, um wichtige Informationen und Geschichten festzuhalten?
e) Wo lebt Igraine Ohnefurcht mit ihren Eltern und ihrem Bruder?
f) Wem muss Igraine helfen?
g) Wen oder was trafen die Zauberlehrlinge Mia und Leo im Zauberwald?
h) Über wen oder was freut sich Ida aus der Schule der magischen Tiere?
i) Was können die Tiere aus der Schule der magischen Tiere?

Du kannst dich selbst überprüfen. **Lösungen**

Eine Reise durch die Jahreszeiten

Gedichte untersuchen, vortragen und gestalten

- In diesem Kapitel bekommt ihr einen Einblick in eine Literaturform, die man Lyrik nennt und die euch in Büchern, bei Familienfeiern oder in Form von Songtexten („lyrics") immer wieder begegnet.
- Im ersten Teil des Kapitels findet ihr kurze Gedichte. Ihr probiert auch selbst aus, solche Gedichte zu schreiben.
- Im zweiten Teil des Kapitels lernt ihr, welche Besonderheiten Gedichte haben.
- Im dritten Teilkapitel begegnen euch Gedichte zu den vier Jahreszeiten. Ihr lernt das Faszinierende an der Sprache von Gedichten kennen.
- Ihr erhaltet auch die Gelegenheit, euch kreativ mit Gedichten auseinanderzusetzen.

1 Schaut euch die Fotos an. Um welche Jahreszeit geht es jeweils? Erzählt euch gegenseitig von Erlebnissen, die ihr mit den Jahreszeiten verbindet.

2 Sammelt Gedanken zu den vier Jahreszeiten. Schreibt die Themen auf, die euch in Gedichten zu den Jahreszeiten erwarten könnten. Erstellt eine Mindmap, z. B. für den Winter.

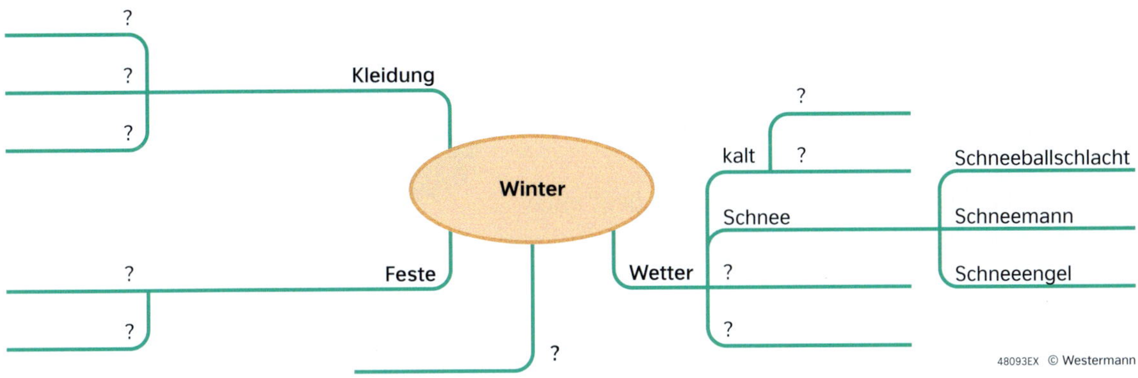

Wie ihr eine Mindmap erstellt, könnt ihr auf S. 386 nachlesen.

Die folgenden Gedichtausschnitte stammen von dem bekannten Schriftsteller Erich Kästner (1899 – 1974). Es handelt sich um Gedichte aus dem Band „Die dreizehn Monate".

A

Und schon hoppeln die Hasen,
mit Pinseln und Tuben
und schnuppernden Nasen,
aus Höhlen und Gruben
durch Gärten und Straßen
und über den Rasen
in Ställe und Stuben[1].

B

Auf den Wegen, in den Wiesen
leuchten, wie auf grünen Fliesen,
Bäume bunt und blumenschön.
Sind's Buketts[2] für sanfte Riesen?
Geh nur weiter. Bleib nicht stehn.

C

Das Jahr ist klein und liegt noch in der Wiege.
Der Weihnachtsmann ging heim in seinen Wald.
Doch riecht es noch nach Krapfen[3] auf der Stiege[4].
Das Jahr ist klein und liegt noch in der Wiege.

D

Stockrosen stehen hinterm Zaun
in ihren alten, brüchigseidnen Trachten[5].
Die Sonnenblumen, üppig, blond und braun,
mit Schleiern vorm Gesicht, schaun aus wie Frau'n,
die eine Reise in die Hauptstadt machten.

[1] **Stuben:** Wohnzimmer – [2] **Bukett:** großer, gebundener Blumenstrauß – [3] **Krapfen:** Berliner Pfannkuchen – [4] **Stiege:** Treppe – [5] **brüchigseidnen Trachten:** Kleider aus brüchiger Seide, also zerschlissene Kleider

3 Lest die Auszüge aus den Gedichten von Erich Kästner zu den verschiedenen Jahreszeiten und ordnet ihnen eines der Bilder zu. Tauscht euch darüber aus, welcher Auszug euch am besten gefällt.

1 Kurze Gedichte lesen und eigene entwerfen

Elfchen und Haikus über die Natur

A
Grau
Der Nebel
Er erstickt alles
Ich höre nur Stille
Allein

B
Blau
Das Meer
Es umschließt mich
Ich schwebe im Wasser
Schwerelos

C
Schwarz
Schwere Regentropfen
Verzischen auf Straßen
Ich atme tief ein
Sommergewitter

D
Flüstern im Walde
Blätter wiegen sanft im Wind
Der Morgen erwacht

E
Wolken häufen sich
Weiß und Blau werden zu Grau
Muster hoch oben

1 Lest die Gedichte gemeinsam und beschreibt die Empfindungen, die beim Lesen entstehen.

2 Welche Naturvorgänge werden in den Gedichten beschrieben? Findet weitere Naturerlebnisse, die man in einem Gedicht beschreiben kann.

3 Vielleicht kennt ihr aus der Grundschule die Gedichtformen Elfchen und Haiku. Tragt zusammen, nach welchen Regeln die Gedichtformen aufgebaut sind. Ihr findet zu den Gedichtformen auch eine digitale Hilfestellung. **Hilfestellung**

4 Einigt euch in der Klasse auf ein gemeinsames Thema (Natur, Jahreszeiten ...). Verfasst ein Elfchen oder ein Haiku dazu. Berücksichtigt dabei den Aufbau der jeweiligen Gedichtform.

5 Gestaltet eure Gedichte, indem ihr sie sorgfältig aufschreibt und Bilder dazu malt. Macht eine Ausstellung in der Klasse.

6 Erklärt euch gegenseitig, warum man bei einem Elfchen und einem Haiku von einem Gedicht spricht.

2 Gedichte haben eine Form

Der Vers

1 Lest beide Fassungen des Textes „Im Märzen die Flocken“ laut vor. Welche Unterschiede stellt ihr fest?

2 Überlegt, wie die Gestaltung auch die Art und Weise des Vorlesens verändert.

Hans-Peter Kraus (geb. 1965)

Im Märzen die Flocken

Schneeflocken sie fallen und fallen und fallen und keine ist wie eine andere
am Boden die Flocken sie schmelzen sie schmelzen und das war alles

Schneeflocken
sie fallen
und fallen
und fallen
und keine
ist wie eine
andere

am Boden
die Flocken
sie schmelzen
sie schmelzen
und das
war alles

3 Was ist das Besondere an Schneeflocken? Erklärt, indem ihr auch Verse aus dem Gedicht nennt.

Merkwissen

Verse

Ein Vers ist die einzelne Zeile eines Gedichts. Normalerweise besteht ein Gedicht aus mehreren Versen. Sie geben einem Gedicht eine besondere Form. Diese Form führt auch dazu, dass man Gedichte ganz genau liest, weil einzelne Wörter oder Sätze besonders hervorgehoben werden.

Josef Guggenmos (1922 – 2003)

Schneekristall

Ein Schneekristall lag mir auf der Hand, ewig schön, eine Sekunde.

1 Lest gemeinsam den Satz „Ein Schneekristall ...“. Versetzt euch in die Lage einer Schneeflocke und beschreibt ihren Weg vom Himmel bis zum Landen auf der Hand.
So könnt ihr beginnen:

Gemeinsam mit meinen tausend Geschwistern schwebe ich los. Zunächst ...

2 Die Formulierungen „ewig schön“ und „eine Sekunde“ klingen wie ein Widerspruch. Sprecht darüber, wie ihr die Aussage in dem Satz „Ein Schneekristall ...“ von Josef Guggenmos versteht. Die Abbildung kann euch dabei helfen.

3 Formt den Satz so in Verse um, dass die einzelnen Verszeilen euer Verständnis des Textes verdeutlichen. Vergleicht eure Fassungen und sprecht über die Unterschiede.

Reim und Strophe

Christian Morgenstern (1871 – 1914) Audio

Die drei Spatzen

In einem leeren Haselstrauch
da sitzen drei Spatzen, Bauch an *Schulter*.

Der Erich rechts und links der Franz
und mitten drin der freche *Hansi*.

Sie haben die Augen zu, ganz zu,
und obendrüber, da schneit es, *heißa!*

Sie rücken zusammen dicht an dicht.
So warm wie der Hans hat's niemand *nimmer*.

Sie hören alle drei ihrer Herzlein Gepoch.
Und wenn sie nicht weg sind, so sitzen sie *weiter*.

Heinz Erhardt (1909 – 1979)

Der Spatz

Es war einmal ein grauer Spatz,
der saß ganz oben auf dem Dache,
und unten hielt die Mietzekatz
schon *Wache* seit geraumer Weile.
Da sagte sich das Spätzlein keck:
„Mich kann das Biest nicht überlisten!“
Bums, *um die Eck* kam ein Habicht
und holte sich den Optimisten[1]. –
So kann es allen denen gehn,
die glauben, nur sie wär'n die Schlauen.
Man darf nicht nur *sehn* nach unten,
man muss auch mal *schauen* nach oben!

[1] **Optimist:** jemand, der immer glaubt, dass alles gut ausgeht

1 Lest die beiden Gedichte. Könnt ihr hören, welche Fehler sich eingeschlichen haben? Wie müssen die Gedichte richtig lauten? Schreibt sie in korrekter Form ins Heft. Ihr könnt die Gedichte zur Kontrolle auch auf Seite 398 f. nachlesen.

2 Lest die korrigierten Gedichte erneut. Erklärt euch gegenseitig, was in den beiden Gedichten passiert.

- Sprecht darüber, warum Hans als „frech“ bezeichnet wird.
- Erklärt, welchen Fehler der Spatz im gleichnamigen Gedicht von Heinz Erhardt begeht.

3 Häufig treffen wir in Gedichten auf Reime. Ergänzt in beiden Gedichten mithilfe der Buchstabenfolge a, b, c ... die Reimordnung. Nutzt dazu das **Merkwissen**. Schreibt in euer Heft. Ihr könnt auch das Arbeitsblatt benutzen. **Arbeitsblatt**

Beispiel:		
	In einem leeren Haselstrauch	a
	Da sitzen drei Spatzen, Bauch an Bauch	a
	Der Erich rechts und links der Franz	b
	...	

4 Überlegt, warum Dichterinnen und Dichter häufig Reime verwenden.

5 Beschreibt, worin sich die Reihenfolge der Reime in beiden Gedichten unterscheidet.

6 Das Gedicht „Der Spatz" kann man auch in Strophen unterteilen. Nehmt eine Unterteilung vor und begründet eure Entscheidung. Nutzt dazu das **Merkwissen**.

Merkwissen

Die Form von Gedichten

Erklärvideo

Verse: Ein Vers ist eine einzelne Zeile eines Gedichts. Normalerweise besteht ein Gedicht aus mehreren Versen. Sie geben einem Gedicht eine besondere Form. Diese Form unterstützt den Inhalt, da durch sie einzelne Wörter oder Sätze hervorgehoben werden.

Strophen: Wenn mehrere Verse zu einem Abschnitt zusammengefasst sind, ergeben sie eine Strophe. Die einzelnen Strophen werden im Druck durch eine Leerzeile voneinander getrennt.

Reime: Für den klanglichen Zusammenhalt in einem Gedicht sorgen oft Reime. Zwei Wörter reimen sich, wenn sie vom letzten betonten Vokal an gleich klingen: Kátze – Tátze, Fénster – Gespénster.

Reimordnungen: Häufig wechseln sich die Reime in einem Gedicht regelmäßig ab. Wenn man diese Reihenfolge der Reime in einem Gedicht beschreiben will, kann man sie mit einem Kleinbuchstaben bezeichnen. Die häufigsten Reimordnungen sind:

Paarreim		**Kreuzreim**		**umarmender Reim**	
... Katze	a	... Katze	a	... Katze	a
... Tatze	a	... Fenster	b	... Fenster	b
... Fenster	b	... Tatze	a	... Gespenster	b
... Gespenster	b	... Gespenster	b	... Tatze	a

1 Viele Menschen mögen den Regen nicht. Wie geht es euch?

Mascha Kaléko (1907 – 1975)

Es regnet

Es regnet Blümchen auf die Felder,
Es regnet Frösche in den Bach.
Es regnet Pilze in die ???,
Es regnet alle Beeren ???!
Der Regen singt vor deiner Türe,
Komm an das Fenster rasch und sieh:
Der Himmel schüttet Perlenschnüre
Aus seinem wolkigen Etui.
Vom Regen duften selbst die Föhren[1]
Nach Flieder und nach Ananas.
Und wer fein zuhört, kann das Gras
Im Garten leise wachsen ???.

---

[1] **Föhre:** Kiefer, Nadelbaum

2 Lest das Gedicht und beschreibt die Wirkung, die der Regen auf die Natur hat.

3 Schreibt das Gedicht mit passenden Reimwörtern in euer Heft und bestimmt die Reimordnung, indem ihr die richtige Buchstabenreihenfolge notiert.

4 Nehmt eine Einteilung des Gedichts in Strophen vor und begründet eure Entscheidung. Zur Überprüfung findet ihr die Originalfassung des Gedichts im Anhang des Buches auf Seite 399.

5 Welche Überschriften könnten noch zu dem Gedicht von Mascha Kaléko passen? Denkt euch Überschriften aus und begründet eure Wahl.

James Krüss (1926 – 1997)

Gewitterlied

Schwarz sind die Wolken.
Ein erster Blitz.
Die Hähne krähen
so schrill und spitz.
Die Vögel zittern
und sind so stumm.
Da rollt der Donner: Rummbumm, rummbumm!
Mit Blitz und Regen und Wolken schwer
braust das Gewitter von Westen her.

6 Beschreibt, wie sich das Gewitter in dem Gedicht „Gewitterlied" in der Natur ankündigt. Nennt Verse, in denen dies deutlich wird.

7 Bestimmt die Reimordnung des Gedichts. Was fällt euch auf? Tauscht euch darüber aus.

8 Vermutet, warum das Gedicht den Titel „Gewitterlied" trägt.

9 Jetzt entscheidest du! Wähle aus:

A Vergleiche, wie das Wetter in den beiden Gedichten „Es regnet“ und „Gewitterlied“ dargestellt wird. Erstelle jeweils eine Mindmap zu beiden Gedichten. So könnt ihr die Mindmaps anlegen:

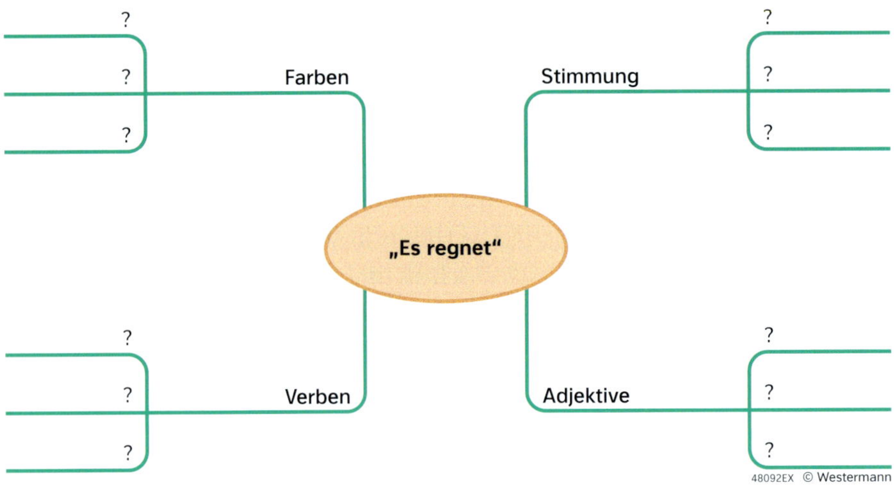

B Wähle eines der bereits besprochenen Gedichte aus und stelle die Geräusche, die in diesem beschrieben werden, dar. Hierzu kannst du verschiedene Gegenstände nutzen: Töpfe, knisterndes Papier, Pfeifgeräusche, deine Hände oder vieles mehr.

C Mache oder suche passende Fotos zu einem der Gedichte und erstelle eine „Fotostory“. Dabei ist es wichtig, dass du dir vorher Gedanken zu folgenden Fragen machst:
- Was soll dargestellt werden?
- Wie viele Fotos braucht man?
- Was soll auf den einzelnen Fotos zu sehen sein?

Du kannst digital auch ein Gedichtpuzzle lösen. **interaktive Aufgabe**

Ein Gedicht vortragen

1 Hört euch eine „Geräuschkulisse“ an. Äußert spontan eure Gedanken dazu.
Audio

Erwin Moser (1954 – 2017)

Gewitter

Der Himmel ist blau
Der Himmel wird grau
Wind fegt herbei
Vogelgeschrei
Wolken fast schwarz
Lauf, weiße Katz!
Blitz durch die Stille
Donnergebrülle
Zwei Tropfen auf Staub
Dann Prasseln auf Laub
Regenwand
Verschwommenes Land
Blitze tollen
Donner rollen
Es plitschert und platscht
Es trommelt und klatscht
Es rauscht und klopft
Es braust und tropft
Eine Stunde lang
Herrlich bang
Dann Donner schon fern
Kaum noch zu hörn
Regen ganz fein
Luft frisch und rein
Himmel noch grau
Himmel bald blau!

2 Was empfindet ihr beim Hören der Geräuschkulisse und Lesen des Gedichts? Tauscht euch aus.

3 Sucht aus dem Gedicht alle Farbadjektive und Verben heraus, die die Stimmung in dem Gedicht unterstützen. Notiert diese mit Versangaben wie z. B. in den beiden „Wortwolken“.

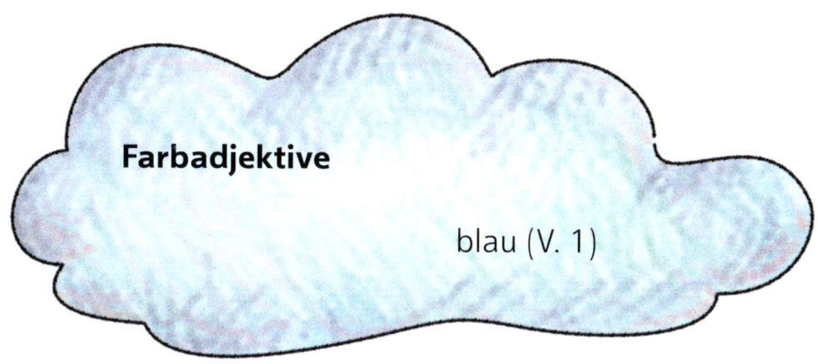

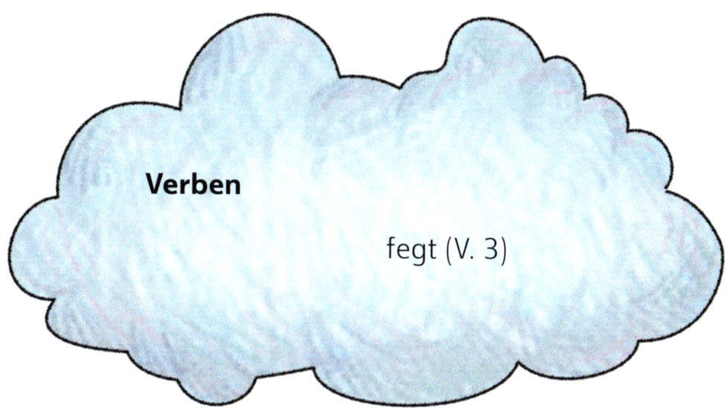

Genaueres zu den Wortarten „Adjektiv“ und „Verb“ findet ihr auf den Seiten 118 und 115.

4 Untersucht die Reimordnung und überlegt, wie diese zu dem Gewitterwetter passt.

5 Bereitet das Gedicht in Partnerarbeit für einen Vortrag vor. Lest euch das Gedicht gegenseitig vor und überlegt, welche Wörter wie betont werden sollen. Nutzt die Methode „Ein Gedicht vortragen".

Ihr findet das Gedicht auch digital auf einem Arbeitsblatt und könnt es dort für euren Vortrag markieren. **Arbeitsblatt**

Methode

Ein Gedicht vortragen

Mit einem Gedichtvortrag kannst du Zuhörerinnen und Zuhörern Freude bereiten. Deshalb solltest du den Vortrag gut vorbereiten und einüben. Dabei helfen dir die folgenden **Tipps**:

- **Genau lesen:** Schreibe das Gedicht sorgfältig und gut lesbar auf ein Blatt Papier oder nutze ein Tablet oder einen Laptop. Lies das Gedicht anschließend mehrfach genau durch. Versuche, den Inhalt und den Sinn des Gedichts zu verstehen.
- **Markieren und Unterstreichen:** Bereite das Gedicht mit Markierungen und Unterstreichungen vor, damit du es beim Vortrag sinnvoll betonst. Setze zu diesem Zweck Betonungs- und Pausenzeichen:
  ___ : Betonung eines Wortes
  / : längere Sprechpause
  → : kürzere Sprechpause, bei der die Stimme oben gelassen wird (denn der Satz ist unterbrochen und geht im nächsten Vers weiter)
- **Allein üben:** Lies dir das Gedicht mehrmals laut vor und beachte dabei die Markierungen. Probiere verschiedene Vortragsweisen (langsam – schnell, leise – laut, fröhlich – traurig ...) aus und achte auf die Stimmung, die du durch deinen Vortrag vermitteln möchtest.
- **Vor Publikum üben:** Trage das Gedicht mehrmals jemandem (z. B. deinen Eltern oder einem Mitschüler, einer Mitschülerin) vor.
- **Körper einsetzen:** Verdeutliche den Inhalt des Gedichts auch mit Gesichtsausdruck (Mimik) und Körpersprache (Gestik).

Betont, unbetont? – Das Metrum bestimmen

Neben dem Reim gibt es bei der sprachlichen Gestaltung vieler Gedichte die Besonderheit, dass sich betonte und unbetonte Silben ganz regelmäßig abwechseln. Man spricht dabei von dem Metrum (von griechisch *métron*, das „Maß“ bedeutet), dem Versmaß des Gedichts. Jedes Wort wird auf seine Weise betont. Dabei werden die betonten Silben etwas lauter ausgesprochen als die unbetonten, man hebt dazu die Stimme etwas an.

1 Probiert dies an Vornamen aus, die aus mehr als einer Silbe bestehen, indem ihr sie laut aussprecht und dazu klatscht oder klopft:

Mi-lé-na   Jó-nas   Ta-bé-a   Lí-sa

Versucht auch, die Vornamen mit falscher Betonung auszusprechen:

Mí-le-na   Jo-nás   Tá-be-a   Li-sá

2 Schreibt die korrekte Betonung einzelner Namen auf, indem ihr die Silben wie in der vorherigen Aufgabe mit einem Bindestrich trennt und die betonte Silbe mit einem Akzent über der Silbe verseht.

3 Schreibt die folgenden Wörter in euer Heft und markiert die betonten Silben wie in den Aufgaben 1 und 2.

Schule ▪ gelernt ▪ Versuch ▪ Lehrer ▪ Tafel ▪ Gespräch ▪ Pausenbrot ▪ Tasche ▪ Zeugnis ▪ besprechen ▪ losen

4 In Abzählversen kann man den Wechsel von betonten und unbetonten Silben besonders gut hören. Lest den folgenden Abzählvers laut und betont vor. Schreibt dann den Text ab und zeichnet anschließend die betonten und unbetonten Silben der Wörter daneben. Lest dazu die Methode unten.

Ich und du,
Müllers Kuh,
Müllers Esel,
der bist du!

Methode

Betonte und unbetonte Silben bestimmen

Betonungsmuster lassen sich mithilfe von Zeichen darstellen. Für jede unbetonte Silbe zeichnet man ein x, für jede betonte Silbe ein x́. Wenn du dir unsicher bist, ob eine Silbe betont oder unbetont gesprochen wird, probiere beide Möglichkeiten aus und entscheide dich dann.

Beispiele:	Milena	x x́ x
	Lisa	x́ x
	Sonne	x́ x
	Lehrerzimmer	x́ x x́ x
	Mittagspause	x́ x x́ x

5 Jetzt entscheidest du! Wähle aus:

A Kennst du weitere Abzählverse? Recherchiere, stelle sie deiner Klasse vor und achte beim Vortragen auf die Betonung.

B Kennzeichne das Metrum des folgenden Kinderreims. Notiere dazu die betonten und unbetonten Silben, wie es in der **Methodenbox** (S. 311) beschrieben wird.

Backe, backe Kuchen,
der Bäcker hat gerufen:
Wer will guten Kuchen backen,
der muss haben sieben Sachen.

C Ordne das folgende Metrum einem der Kinderreime unten zu. Begründe deine Wahl.

x́xx́xx́x
x́xx́xx́x
x́xx́xx́xx́
x́xx́xx́xx́

I Ri ra rutsch,
wir fahren mit der Kutsch,
wir fahren mit der Schneckenpost,
wo es keinen Pfennig kost.

II Ringel rangel Rosen,
schöne Aprikosen
Veilchen blau, Vergissmeinnicht,
alle Kinder setzen sich.

Hanna Johansen (1939 – 2023)

Ein Baum

An einer Straße steht ein Baum.
Der Baum ist groß und leise.
Sieht aus, als atmete er kaum,
und ist doch grün und weise.

Der Baum ist nie für sich allein.
Er summt und brummt und knistert.
In seinem Schatten bist du klein
und hörst ihn, wie er flüstert.

Es wehn die Blätter hin und her,
sein Atem aus und ein,
denn ohne Atem könnte er
nicht groß geworden sein.

1 Der Baum in dem Gedicht von Hanna Johansen hat verschiedene Eigenschaften. Benennt diese.

2 Ihr werdet in den Versen 7 und 8 als Leser und Leserinnen angesprochen.

- Welche Adjektive beschreiben eure Gefühle an diesem Ort am besten? Wählt aus oder nennt weitere:

harmonisch ▪ chaotisch ▪ bedrohlich ▪ glücklich ▪ lebendig ▪ abenteuerlustig ▪ ängstlich

- Stellt euch vor, ihr sitzt im Schatten des Baums. Was seht ihr? Was hört ihr? Wie fühlt ihr euch dabei? Schreibt eure Gedanken auf.

3 Sprecht mit eurer Lernpartnerin oder eurem Lernpartner darüber, welche Gemeinsamkeiten zwischen uns Menschen und Bäumen in der dritten Strophe angesprochen werden. Was erfahrt ihr in dem Gedicht noch über uns Menschen?

4 Bereitet einen Vortrag des Gedichts vor. Nutzt bei Bedarf für euren Vortrag die **Methode** auf S. 310.
Was passiert, wenn ihr beim Vortrag des Gedichts nur auf das Metrum achtet?

5 Sicherlich sind euch beim Vortragen des Gedichts „Ein Baum“ die regelmäßigen betonten und unbetonten Silben aufgefallen.

- Bestimmt das Metrum der ersten Strophe. Nutzt dazu die **Methode** „Das Metrum eines Gedichts bestimmen“ unten.
  So könnt ihr beginnen:
  x x́ x x́ x x́ x x́
  An einer Straße steht ein Baum.
- Bestimmt anschließend auch die Reimordnung der ersten Strophe.

Auf einem Arbeitsblatt könnt ihr die Markierungen eintragen. **Arbeitsblatt**

Ihr könnt das Bestimmen des Metrums auch digital üben. **interaktive Aufgabe**

Methode

Das Metrum eines Gedichts bestimmen

Erklärvideo

In vielen Gedichten wechseln sich betonte Silben und unbetonte Silben regelmäßig ab. Das ergibt ein Betonungsmuster, das man Versmaß oder **Metrum** nennt.

Wie ermittelt man das Metrum?
- Lies die Verse so vor, dass man die betonten Silben gut heraushören kann.
- Klatsche oder klopfe zusätzlich bei den betonten Silben mit.

Wie stellt man das Metrum dar?
- Notiere zunächst für jede Silbe ein x.
- Markiere jede betonte Silbe mit einem Akzent: x́ steht also für eine betonte Silbe.
- x steht somit für eine unbetonte Silbe.
  Beispiel: x x́ x x́ x x́ x x́
  An einer Straße steht ein Baum.

3 Jahreszeitengedichte entschlüsseln

Frühling

1 Sprecht über die Frühlingserlebnisse, die auf den Fotos dargestellt sind.

2 Was verbindet ihr mit dem Frühling?

- Schreibt auf, was euch zu dieser Jahreszeit einfällt. Ihr könnt auch Frühlingsfotos und selbst gemalte Bilder in den Unterricht mitbringen.
- Bildet Kleingruppen und vergleicht eure Frühlingseindrücke. Einigt euch auf wesentliche Aspekte, zeichnet eine Blüte in euer Heft und tragt diese Aspekte in die Blütenblätter ein. Ihr könnt eure Bilder auch um die Blume herum kleben.

Audio

Edith Linvers (geb. 1940)

Frühlingsahnung

Kreuz und quer über knackende Äste
durch Wälder, über Hänge flitzen
Den Kopf der Märzensonne entgegenstrecken
An gar nichts denken
Die Arme ausgebreitet zum Himmel recken
Unbeschwert, ganz wie einst als Kind
Fast übermütig mit einem Stock
Namen noch in die gefrorene Erde kritzeln
Dir, dem ersten Grün,
den schon blühenden Weidekätzchen
verliebte Blicke schenken
Vogelstimmen ringsherum
Mein Herz macht Freudensprünge
Ich schnappe nach Luft
Glückselig –
Kann den Frühling ahnen

1 Hört euch die Aufnahme des Gedichts „Frühlingsahnung“ an. Beschreibt eure ersten Gedanken nach dem Hören.

2 Was erlebt das lyrische Ich dieses Gedichts? Erzählt euch gegenseitig davon.

3 Wie fühlt sich das lyrische Ich des Gedichts? Findet Stellen im Gedicht, an denen diese Gefühle deutlich werden. Schreibt den Vers und das Gefühl auf. Ihr könnt Begriffe aus dem Wortspeicher nutzen.

gedankenlos ▪ übermütig ▪ fröhlich ▪ unbeschwert ▪ verliebt ▪ sorglos ▪ ausgelassen ▪ heiter ▪ beschwingt ▪ froh

4 Sprecht über die Wirkung des Gedichts.

- Ersetzt die Wörter „knackende“ (V. 1), „flitzen“ (V. 2), „ausgebreitet“ (V. 5), „verliebte“ (V. 11), „Freudensprünge“ (V. 13) und „Glückselig“ (V. 15) durch andere Wörter derselben Wortart.
- Beschreibt, wie eure neuen Wörter die Wirkung des Gedichts verändern.

5 Benennt Erlebnisse, die ihr mit der Jahreszeit „Frühling“ verbindet und vergleicht sie mit denen des lyrischen Ichs in dem Gedicht.

Merkwissen

Wer spricht im Gedicht?

Bei Gedichten unterscheidet man zwischen der Autorin/dem Autor und dem **Sprecher** im Gedicht, der sich darin äußert. Wenn der Sprecher **in der Ich-Form** in Erscheinung tritt, nennt man ihn **lyrisches Ich**.

Audio

Christine Busta (1915 – 1987)

Die Frühlingssonne

Unhörbar wie eine Katze
kommt sie über die Dächer,
springt in die Gassen hinunter,
läuft durch Wiesen und Wald.

Oh, sie ist hungrig! Aus jedem
verborgenen Winkel schleckt sie
mit ihrer goldenen Zunge den Schnee.

Er schwindet dahin wie Milch
in einer Katzenschüssel.
Bald ist die Erde wieder blank.

Die Zwiebelchen unter dem Gras
spüren die Wärme ihrer Pfoten
und beginnen neugierig zu sprießen.

Eins nach dem andern blüht auf:
Schneeglöckchen, Krokus und Tulpe,
weiß, gelb, lila und rot.
Die zufriedene Katze strahlt.

1 Hört euch das Gedicht „Die Frühlingssonne“ an. Beschreibt, welche Stimmung das Gedicht in euch auslöst.

2 Manche Verse lassen Bilder und Vorstellungen in unseren Köpfen entstehen. Nennt Beispiele aus dem Gedicht und erklärt euch den Inhalt.

3 Schreibt Verse heraus, in denen die Frühlingssonne beschrieben wird. Ein Beispiel hierfür ist der erste Vers: „Unhörbar wie eine Katze“.

- Benennt die sprachlichen Bilder, die zur Beschreibung der Frühlingssonne genutzt werden. Nutzt das Merkwissen zu sprachlichen Bildern als Hilfe.
- Erklärt diese Textstellen. Ihr findet digital auch eine Hilfestellung. **Hilfestellung**

Merkwissen

Sprachliche Bilder

Oft „malen“ Dichter mit Worten. Manche Formulierungen lassen in deinem Kopf Bilder und anschauliche Vorstellungen entstehen. Diese Formulierungen nennt man **sprachliche Bilder**, weil in ihnen mit Sprache „gemalt“ wird. Dazu gehören:

- **Vergleiche** (z. B.: „Augen wie Feuer“): Bei einem Vergleich wird mithilfe von Vergleichswörtern (z. B. *wie, als ob* oder *so wie*) etwas (z. B. das Verhalten, die Eigenschaften oder das Aussehen von jemandem) bildlich beschrieben.
- **Personifikationen** (z. B.: „Die Sonne lacht“): Bei Personifikationen erhalten Gegenstände oder Begriffe menschliche Eigenschaften. Dadurch wird ein Gedicht lebendig und anschaulich, manchmal auch witzig.

4 Sucht im Internet oder in Zeitschriften nach Fotos und erstellt in Partnerarbeit eine Collage zu dem Gedicht.

5 Hängt eure Collagen im Klassenzimmer aus und macht einen „Galeriegang".

- Welche Darstellungen gefallen euch besonders?
- Vergleicht eure Collagen mit den bildlichen Darstellungen in dem Gedicht.

Ihr findet digital noch weitere Übungsaufgaben zu den Personifikationen und Vergleichen. **interaktive Aufgabe**

Sommer

Vincent van Gogh (1853 – 1890): Blühender Garten mit Pfad

1 Schließt die Augen und stellt euch vor, ihr sitzt mitten im blühenden Garten, den Vincent van Gogh gemalt hat. Was seht, riecht und hört ihr? Beschreibt eure Wahrnehmung.

Karl Krolow (1915 – 1999)

Schlaflied im Sommer

Nun träumen im Kleefeld die Hasen
und spitzen im Schlafe ihr Ohr.
Im Dunkel duftet der Rasen.
Es spüren mit feinen Nasen
die Füchse am Gartentor.

Nun redet im Walnussbaume
vorm Fenster der nächtliche Wind.
Nun atmen Birne und Pflaume
und wollen reifen. Im Traume
mit Händen greift sie mein Kind.

Es rufen die Uhren die Stunde
durchs schlafende Sommerhaus.
Im Hofe knurren die Hunde.
Mein Kind ruht, die Fäustchen am Munde.
Ich lösche die Lampen aus.

2 Lest das Gedicht „Schlaflied im Sommer" von Karl Krolow.

- Vergleicht eure Wahrnehmungen eines blühenden Gartens mit den Eindrücken, die ihr durch das Gedicht erhaltet.
- Schaut euch das Gedicht genauer an. Was erfahrt ihr von den Tieren, Pflanzen und Menschen? Berichtet.

3 Beim Lesen des Gedichts fällt folgender Satz auf: „Nun redet im Walnussbaume / vorm Fenster der nächtliche Wind." (V. 6 – 7)

- Benennt das sprachliche Bild, das hier verwendet wird.
- Tauscht euch mit eurer Lernpartnerin oder eurem Lernpartner aus: Worüber könnte der Wind reden?
- Sucht nach weiteren Stellen im Gedicht, bei denen Gegenstände oder Pflanzen menschliche Eigenschaften erhalten. Beschreibt deren Wirkung und benennt die entsprechenden Verse.

4 Erklärt die Bedeutung des Titels „Schlaflied im Sommer".

Audio

Arno Holz (1863 – 1929)

Mählich durchbrechende Sonne

Schönes,
grünes, weiches
Gras.

Drin
liege ich.

Inmitten goldgelber
Butterblumen!

Über mir … warm … der Himmel.

Ein
weites, schütteres,
lichtwühlig, lichtblendig, lichtwogig
zitterndes
Weiß,
das mir die
Augen
langsam … ganz … langsam
schließt.

Wehende … Luft … kaum merklich
ein Duft, ein
zartes … Summen.

Nun bin ich fern
von jeder Welt,
ein sanftes Rot erfüllt mich ganz,
und
deutlich … spüre ich … wie die
Sonne
mir durchs Blut
rinnt.

Minutenlang.

Versunken
alles … Nur noch
ich.
Selig!

(1898)

1 Lest das Gedicht „Mählich durchbrechende Sonne“ von Arno Holz laut. Wenn sich die Gelegenheit bietet, probiert einmal aus, euch dabei auf eine Wiese in die Sonne zu legen.

2 Wie erlebt das lyrische Ich des Gedichts die Sonne? Untersucht, welche Nomen und Adjektive besonders dazu beitragen, seine Stimmung zu verdeutlichen.

Zu Nomen und Adjektiven kannst du dich auf den Seiten 102 und 118 genauer informieren.

3 Sprecht darüber, wie die Wörter in dem Gedicht angeordnet sind. Wie wirkt das Gedicht dadurch? Tauscht euch in der Klasse über mögliche Erklärungen aus.

4 Das Wort „Selig“ aus dem letzten Vers klingt etwas veraltet. Sprecht mit eurer Lernpartnerin oder eurem Lernpartner über die Bedeutung des Wortes und darüber, warum es wohl gerade am Ende des Gedichts steht. Ersetzt das Wort anschließend durch unterschiedliche modernere Alternativen.

5 Diskutiert, ob das Gedicht von Arno Holz ein Sommergedicht ist.

6 Vergleicht die beiden Gedichte von Karl Krolow und Arno Holz.

- Nennt die unterschiedlichen Erfahrungen und Erlebnisse, die in den Gedichten deutlich werden.
- Zu welchem Sommergedicht passt eurer Meinung nach das Bild von Vincent van Gogh besser? Begründet eure Meinung.

Ein Arbeitsblatt mit einem weiteren Sommergedicht findet ihr digital. Arbeitsblatt

7 Jetzt entscheidest du! Wähle aus:

A Übe, eines der besprochenen Sommergedichte so vorzutragen, dass die darin vermittelte Stimmung deutlich wird. Bereite dich darauf so vor, wie es in der Methode auf Seite 310 empfohlen wird.

B Wähle eines der besprochenen Sommergedichte aus und halte die Eindrücke, die du gewonnen hast, in einem Bild fest.

C Schreibe selbst ein Sommergedicht.

- Mache dir zunächst Notizen: Überlege dir, welche Erlebnisse und Gefühle du ausdrücken möchtest.
- Plane die Form deines Gedichts: Wie viele Strophen soll es haben? Wie viele Verse haben die Strophen? Gibt es eine Reimordnung?
- Überlege, ob du sprachliche Mittel einsetzen möchtest.
- Finde zum Schluss einen passenden Titel für dein Gedicht.

Herbst

1 Was mögt ihr am Herbst? Tauscht euch darüber aus.

Peter Hacks (1928 – 2003)

Der Herbst steht auf der Leiter

Der Herbst steht auf der Leiter
Und malt die Blätter an,
Ein lustiger Waldarbeiter,
Ein froher Malersmann.

Er kleckst und pinselt fleißig
Auf jedes Blattgewächs,
Und kommt ein frecher Zeisig[1],
Schwupp, kriegt der auch 'nen Klecks.

Die Tanne spricht zum Herbste:
Das ist ja fürchterlich,
Die andern Bäume färbste,
Was färbste nicht mal mich?

Die Blätter flattern munter
Und finden sich so schön.
Sie werden immer bunter.
Am Ende fall'n sie runter.

[1] **Zeisig:** Vogelart mit graugrünem bis gelbem Gefieder

2 Lest das Gedicht von Peter Hacks.

- Erklärt, warum die Tanne sich beim Herbst beschwert.
- Verfasst eine Antwort des Herbstes an die Tanne.

3 Der Herbst verhält sich wie ein Mensch. Er wird personifiziert. Nennt Verse, in denen das deutlich wird, und beschreibt die Wirkung, die durch die Personifikationen entsteht.

4 Schreibt die Reimwörter heraus und bestimmt, welche Reimordnung die Strophen besitzen. An einer Stelle wird die Reimordnung unterbrochen. Findet die Stelle und überlegt, warum es hier keinen Reim gibt.

5 Ihr könnt das Gedicht auch nachspielen. Überlegt euch in Gruppen, wer welche Rolle übernimmt. Probiert verschiedene Möglichkeiten aus, die Handlung weitgehend stumm und nur mithilfe von Bewegungen und Gesichtsausdrücken darzustellen.

6 Beschreibt die Stimmung, die in dem Gedicht vermittelt wird. Berücksichtigt dabei auch die Umgangssprache der Tanne (vgl. V. 11 f.), wie sie für Berlin typisch ist.

Audio

Eduard Mörike (1804 – 1875)

Septembermorgen

Im Nebel ruhet noch die Welt
noch träumen Wald und Wiesen;
bald siehst du, wenn der Schleier fällt,
den blauen Himmel unverstellt
herbstkräftig die gedämpfte Welt
in warmem Golde fließen.

(1827)

Karoline Kono

Septembermorgen

Und wieder jagt der Sturm den Regen,
peitscht ihn der Birke ins Geäst,
und hetzt die Blätter auf den Wegen,
er hat heut ganz auf Sieg gesetzt!
Rüttelt das Dach als wilder Reiter!
Ich seh kurz raus – und schlafe weiter.

1 Lest die beiden Gedichte. Das Gedicht „Septembermorgen" von Eduard Mörike könnt ihr euch auch anhören.

- Stellt euch vor: Ihr habt einen dieser Septembermorgen selbst erlebt. Schreibt eine kurze Textnachricht oder nehmt eine Sprachnachricht auf, um eurem Freund oder eurer Freundin davon zu berichten.
- Stellt die Ergebnisse in der Klasse vor und vergleicht die verschiedenen „Septembermorgen".

2 Untersucht, welche Verben in den Gedichten die verschiedenen Herbsterlebnisse besonders anschaulich ausdrücken. Schreibt sie heraus und erläutert eure Wahl.

Wetterbericht des Deutschen Wetterdienstes Essen vom 26.9.

Nach Auflösung von Frühnebel heute viel Sonne. Höchsttemperaturen um die 21 °C. Leichter, gegen Abend etwas auffrischender Wind aus Südwest. In der kommenden Nacht ist erneut mit Nebelbildung zu rechnen.

3 Hätte man auch das Gedicht von Eduard Mörike anstelle des Wetterberichts nehmen können? Vergleicht die beiden Texte, indem ihr auf den Inhalt, die Aufgabe der Texte sowie ihre Wirkung auf den Leser bzw. die Leserin eingeht.

4 Welches der beiden Septembergedichte gefällt euch besser? Begründet eure Wahl.

Ihr könnt ein weiteres Gedicht über den September untersuchen. **Arbeitsblatt**

Winter

1 Schaut euch die beiden Bilder zum Winter an und beschreibt eure Gefühle, die ihr beim Betrachten der Bilder habt.

2 Ob der Winter allen Menschen auf dem Bild von van Valckenborch gefällt? Begründet eure Meinung.

Lucas van Valckenborch (1535 – 1597): Winterlandschaft

Eugène Lavieille (1820 – 1889): Das Dorf Barbizon unter dem Schnee

Audio

Josef Guggenmos (1922 – 2003)

Ich male mir den Winter

Ich male ein Bild,
ein schönes Bild,
ich male mir den Winter.
Weiß ist das Land,
schwarz ist der Baum,
grau ist der Himmel dahinter.

Sonst ist da nichts
da ist nirgends was,
da ist weit und breit nichts zu sehen.
Nur auf dem Baum,
auf dem schwarzen Baum
hocken zwei schwarze Krähen.

Aber die Krähen,
was tun die zwei,
was tun die dort auf den Zweigen?
Sie sitzen dort
und fliegen nicht fort.
Sie frieren nur und schweigen.

Wer mein Bild besieht,
wie's da Winter ist,
wird den Winter durch
und durch spüren.
Der zieht einen dicken Pullover an
vor lauter Zittern und Frieren.

1 Das lyrische Ich in Guggenmos' Gedicht bezeichnet sich als Maler. Geht die ersten drei Strophen durch und stellt in Stichworten zusammen, was auf seinem „Bild" zu sehen ist.

2 Sprecht darüber, welche Wirkung das im Text beschriebene Winterbild auf seinen Betrachter hat (vgl. V. 19 – 24). Nennt Gründe, warum dies so ist.

3 Vergleicht das Gedicht mit van Valckenborchs Gemälde „Winterlandschaft": Worin stimmen Maler und Dichter in ihrer Beschreibung des Winters überein, worin unterscheiden sie sich?
Achtet dazu vor allem auf die verwendeten bzw. angesprochenen Farben sowie auf die Darstellung von Landschaft, Tieren und Menschen. Eine Hilfe findet ihr digital. **Hilfestellung**

4 Malt selbst das Bild des Winters, das im Gedicht von Josef Guggenmos zum Ausdruck kommt. Vergleicht die Bilder anschließend in der Klasse und besprecht Gemeinsamkeiten und Unterschiede.

Audio

Joseph von Eichendorff (1788 – 1857)

Winternacht

Verschneit liegt rings die ganze Welt,
Ich hab' nichts, was mich freuet,
Verlassen steht der Baum im Feld,
Hat längst sein Laub verstreuet.

Der Wind nur geht bei stiller Nacht
Und rüttelt an dem Baume,
Da rührt er seinen Wipfel sacht
Und redet wie im Traume.

Er träumt von künft'ger Frühlingszeit,
Von Grün und Quellenrauschen,
Wo er im neuen Blütenkleid
Zu Gottes Lob wird rauschen.

(1839)

1 Lest das Gedicht von Joseph von Eichendorff gemeinsam oder hört es euch an. Verfasst weitere passende Titel zum Gedicht. Begründet eure Titelwahl.

2 Fasst den Inhalt des Gedichts zusammen, indem ihr jeder Strophe eine Überschrift gebt.

3 Beschreibt die Form des Gedichts. Geht dabei auf die Anzahl der Strophen und Verse sowie die Reimordnung ein. Bestimmt das Metrum für die erste Strophe.

4 Benennt einzelne sprachliche Bilder im Gedicht (siehe das **Merkwissen** auf S. 316) und erklärt, was sie bedeuten könnten. Denkt dabei daran, was im lyrischen Ich vor sich geht.

5 In der dritten Strophe wird vom Traum des Baums geschrieben. Notiert Interviewfragen an den Baum und beantwortet sie.

Mascha Kaléko (1907 – 1975)

Der Winter

Die Pelzkappe voll mit schneeigen Tupfen,
behäng' ich die Bäume mit hellem Kristall.
Ich bringe die Weihnacht und bringe den Schnupfen,
Silvester und Halsweh und Karneval.
Ich komme mit Schlitten aus Nord und Nord-Ost.
Gestatten Sie: Winter.
Mit Vornamen: Frost.

6 Beschreibt, wie der Winter in dem Gedicht von Mascha Kaléko dargestellt wird.

7 Gestaltet ein Bild zu dem Gedicht, auf dem der Winter als Person dargestellt ist.

8 Ein Schüler behauptet: „Das ganze Gedicht ist eine Personifikation." Stimmt ihr ihm zu? Begründet.

9 Es ist schön, zu bestimmten Anlässen Gedichte auswendig vorzutragen. Probiert es mit dem Gedicht „Der Winter“ aus, indem ihr es einübt.

10 **Jetzt entscheidest du! Wähle aus:**

A Schreibe selbst ein Gedicht zum Thema „Winter“. Überlege vorab,
- wie du den Winter darstellen willst,
- wie viele Strophen, Verse und welche Reimordnung das Gedicht haben soll
- und welche sprachlichen Bilder du verwenden möchtest.

Gestalte das Gedicht anschließend schön auf einem Blatt Papier oder digital.

B Übe, eines der Gedichte zum Winter so vorzutragen, dass der Vortrag zum Inhalt passt. Die **Methode** auf Seite 310 gibt dir Hilfestellungen.
Gestalte ein Video des Gedichtvortrags. Denke daran, dass für Aufnahmen von Mitschülerinnen und Mitschülern eine Einverständniserklärung der Eltern benötigt wird.

C Schreibe ein Streitgespräch, in dem die Jahreszeiten aufeinandertreffen und darüber diskutieren, wessen Zeit die schönste ist. Du kannst das Gespräch auch in Gruppen spielen.

Methode

Ein Gedicht auswendig lernen

Es macht Freude, ein Gedicht auswendig vortragen zu können. Da es aber nicht ganz einfach ist, einen Text auswendig zu lernen, findest du im Folgenden einige **Tipps:**

- **Einteilen:** Lerne nicht alles auf einmal, sondern teile dir das Gedicht in Portionen ein. Präge dir das Gedicht abschnittsweise, z. B. Strophe für Strophe, ein.
- **Laut lesen:** Wenn du dir Gehörtes leicht merken kannst, dann lies dir das Gedicht immer wieder abschnittsweise laut und deutlich vor.
- **Aufnehmen:** Nimm das Gedicht mit einem Aufnahmegerät auf und höre es dir immer wieder an.
- **Abschreiben:** Es hilft dir auch, wenn du das Gedicht fehlerfrei und sauber abschreibst oder abtippst.
- **Markieren:** Es ist sinnvoll, Auffälligkeiten oder wichtige Wörter des Gedichts farbig zu markieren. Wenn du deine Augen kurz schließt und dir jede Strophe als Bild vorstellst, kannst du später deine Gedanken-Bilder wie einen Film ablaufen lassen.
- **Spickzettel:** Schreibe auf ein Blatt Strophenanfänge, Reimwörter oder wichtige Wörter des Gedichts. Benutze diesen Spickzettel als Hilfe bei einem Vortrag des Gedichts.
- **Körper einsetzen:** Lass bei einzelnen Versen den Körper mitsprechen. Übe Bewegungen der Arme und Hände, Veränderungen des Gesichtsausdrucks und der Körperhaltung ein, die den Inhalt des Gedichts unterstreichen.

Projekt Kreativ mit Gedichten arbeiten

Vorschlag 1
Ein Video zu einem Gedicht erstellen

Ihr könnt euch kreativ mit Gedichten auseinandersetzen, indem ihr zum Beispiel ein Video zu einem Gedicht erstellt. Mithilfe eines Smartphones oder eines Tablets könnt ihr leicht einen kleinen Film drehen.

- Dreht ein Video zu einem Gedicht, das ihr in diesem Kapitel kennengelernt habt.

Methode

Ein Video zu einem Gedicht drehen

- Überlege dir zunächst, worum es in dem Gedicht geht, welche „Geschichte" dieses erzählt. Mache dir Notizen dazu.
- Plane, was genau du in wie vielen Videoabschnitten zeigen willst. Du kannst z. B. strophenweise vorgehen.
- Überlege dir auch, welche **Materialien** du benutzen möchtest. Du kannst selbst in dem Video auftreten, gemalte Bilder, Bausteine, Spielfiguren oder andere Materialien verwenden.
- Entscheide dich für eine bestimmte **Position** (z. B. von oben oder unten), aus der man im Film Gegenstände oder Personen sehen soll. Nutze ein Stativ, um die Position beizubehalten.
- Sprich das Gedicht während des Filmens ein.
- **Probe** ruhig einige Male, bevor du anfängst zu filmen.
- Denke daran, dass du eine **Einverständniserklärung** brauchst, wenn Personen im Bild zu sehen sind.

Vorschlag 2
Eine Parallelstrophe oder ein Parallelgedicht verfassen

Ihr könnt euch kreativ mit Gedichten beschäftigen, indem ihr eine Parallelstrophe oder ein Parallelgedicht verfasst. Ein Parallelgedicht ist ein Gedicht, das nach dem Muster eines Ausgangsgedichts geschrieben wird. Die Form des Gedichts und auch das Grundthema werden beibehalten.

- Probiert dies anhand des Gedichts „Sommer“ von Ilse Kleberger (S. 329) aus.

Methode

Eine Parallelstrophe oder ein Parallelgedicht verfassen

- Wählt ein Gedicht aus, zu dem ihr eine Parallelstrophe oder ein Parallelgedicht verfassen wollt.
- Entscheidet, worum es in eurer Strophe oder eurem Gedicht gehen soll. Geht es in dem Ausgangsgedicht z. B. um Schnee, könnte es in eurem Gedicht um Regen oder Sonnenschein gehen. Ist das Ausgangsgedicht eher fröhlich, könnte euer Gedicht z. B. traurig sein.
- Wenn ihr ein Parallelgedicht schreibt, achtet darauf, die Form des Ausgangsgedichts beizubehalten. Es sollen also gleich viele Strophen und Verse sein. Auch sprachliche Mittel können aufgenommen werden. Gibt es in dem Gedicht viele Personifikationen, nutzt auch ihr Personifikationen in eurem Gedicht.
- Sucht passende Reimwörter für euer Gedicht.

1. Lest das Gedicht von Ilse Kleberger aufmerksam.
2. Benennt das Thema des Gedichts. Lest euch gegenseitig eure Lieblingsstelle vor.
3. Notiert, was der Sprecher im Gedicht mit seinen Sinnen wahrnimmt.
4. Schreibt eine weitere Strophe als Parallelstrophe: „Weißt du, wie der Sommer aussieht / wie er denkt / wie er fühlt?“ Alternativ könnt ihr auch ein Parallelgedicht mit dem Titel „Winter“ verfassen.
5. Veranstaltet mit euren Texten eine Gedichtlesung in eurer Klasse.

Ilse Kleberger (1921 – 2012)

Sommer

Weißt du, wie der Sommer riecht?
Nach Birnen und nach Nelken,
nach Äpfeln und Vergissmeinnicht,
die in der Sonne welken,
nach heißem Sand und kühler See
und nassen Badehosen,
nach Wasserball und Sonnenkrem,
nach Straßenstaub und Rosen.

Weißt du, wie der Sommer schmeckt?
Nach gelben Aprikosen
und Walderdbeeren, halb versteckt
zwischen Gras und Moosen,
nach Himbeereis, Vanilleeis
und Eis aus Schokolade,
nach Sauerklee vom Wiesenrand
und Brauselimonade.

Weißt du, wie der Sommer klingt?
Nach einer Flötenweise,
die durch die Mittagsstille dringt:
Ein Vogel zwitschert leise,
dumpf fällt ein Apfel in das Gras,
der Wind rauscht in den Bäumen.
Ein Kind lacht hell, dann schweigt es schnell
und möchte lieber träumen.

4 Das habe ich gelernt, das kann ich

Die Form von Gedichten beschreiben ▶ S. 303 ff.

1 Schreibe eine kurze Erklärung zu den Begriffen „Strophe" und „Vers".

2 Schreibe Merkmale auf, an denen man erkennen kann, dass ein Text ein Gedicht ist.

3 Welche Reimordnung (Paar-, Kreuz- oder umarmender Reim) ist durch die Kleinbuchstaben dargestellt? Notiere die Lösung.

a a b b a b b a a b a b

4 Was versteht man unter einem Metrum? Schreibe eine kurze Erklärung.

Ludwig Christoph Heinrich Hölty (1748 – 1776)

Frühlingslied

Die Luft ist blau, das Tal ist grün,
die kleinen Maienglocken blühn
Und Schlüsselblumen drunter;
Der Wiesengrund
Ist schon so bunt,
Und malt sich täglich bunter.

Drum komme, wem der Mai gefällt,
Und schaue froh die schöne Welt
Und Gottes Vatergüte,
Die solche Pracht
Hervorgebracht,
Den Baum und seine Blüte.

(1783)

Ludwig Christoph Heinrich Hölty

5 Fasse kurz inhaltlich zusammen, wie der Frühling in Höltys Gedicht beschrieben wird.

6 Ermittle mithilfe der **Methode** auf S. 313 das Metrum der ersten Strophe.

7 Bestimme die Reimordnung der zweiten Strophe mithilfe des **Merkwissens** auf S. 306.

8 Welche Aussage über die Stimmung, die im Gedicht zum Ausdruck kommt, trifft deiner Meinung nach zu? Schreibe die richtige Aussage in dein Heft.

a) Der Sprecher des Gedichts ist traurig, dass der Frühling kommt.
b) Der Sprecher des Gedichts sehnt sich nach dem Winter.
c) Der Sprecher des Gedichts ist froh, dass es Frühling ist.

Begründe deine Meinung, indem du Textbeispiele anführst.

Sprachliche Bilder in Gedichten erkennen und erklären ▶ S. 316

Audio

Eduard Mörike (1804 – 1875)

Er ist's

Frühling lässt sein blaues Band
Wieder flattern durch die Lüfte;
Süße, wohl bekannte Düfte
Streifen ahnungsvoll das Land.
Veilchen träumen schon,
Wollen balde kommen.
– Horch, von fern ein leiser Harfenton!
Frühling, ja du bist's!
Dich hab ich vernommen!

(1832)

9 In dem Gedicht „Er ist's" von Eduard Mörike findet man an mehreren Stellen ein besonderes sprachliches Bild, das du schon kennengelernt hast. Benenne es und schreibe Beispiele mit Versangaben aus dem Gedicht heraus.

10 Wie wirkt der Frühling im Gedicht? Stelle Vermutungen an, welche Funktion das sprachliche Bild hat.

Du kannst dich selbst überprüfen. **Lösungen**

Komm mit in eine zauberhafte Welt

Die Textsorte „Märchen“ untersuchen

Märchen gibt es schon sehr lange. Seit Jahrhunderten faszinieren diese ungewöhnlichen Geschichten Jung und Alt in aller Welt. Auch für euch ist das Thema „Märchen“ natürlich nicht neu. In diesem Kapitel werdet ihr daher vielleicht auf Märchen treffen, die ihr schon kennt, aber sicher auch auf solche, die euch noch unbekannt sind.

Im ersten Teilkapitel lernt ihr, was typisch für Märchen ist: Wie sind sie aufgebaut, welche Merkmale haben sie und welche Charaktereigenschaften zeichnen die Märchenfiguren aus? Ihr lernt auch ein Märchen aus Lateinamerika kennen.

Im zweiten Teil geht es um die Frage, wie man Märchen selbst erzählend ausgestalten kann.

Im letzten Teil trefft ihr auf moderne Märchentexte und deren Verfilmungen, die alte Märchenelemente aufnehmen und verändern.

1 In welchen Märchen kommen die Figuren vor, die ihr auf dem Bild seht? Erzählt euch davon.

2 Könnt ihr die Gegenstände auf dem Bild den Märchenfiguren zuordnen?
Wenn ihr sie richtig zuordnet, ergibt sich ein Lösungswort. Die Zahl sagt euch, an welcher Stelle (von 1 – 14) der entsprechende Buchstabe im Lösungswort steht.

3 Erzählt aus eurer Erinnerung, welche Bedeutung die Gegenstände in dem entsprechenden Märchen haben.

1 Märchen hier und anderswo

Brüder Grimm Audio

Jorinde und Joringel

Es war einmal ein altes Schloss mitten in einem großen, dicken Wald, darinnen wohnte eine alte Frau ganz allein, das war eine Erzzauberin[1]. Am Tage machte sie sich zur Katze oder zur Nachteule, des Abends aber wurde sie wieder ordentlich wie ein Mensch gestaltet. Sie konnte das Wild und die Vögel herbeilocken, und dann schlachtete sie, kochte und briet es. Wenn jemand auf hundert Schritte dem Schloss nahe kam, so musste er stillestehen und konnte sich nicht von der Stelle bewegen, bis sie ihn lossprach; wenn aber eine keusche Jungfrau[2] in diesen Kreis kam, so verwandelte sie dieselbe in einen Vogel und sperrte sie dann in einen Korb ein und trug den Korb in eine Kammer des Schlosses. Sie hatte wohl siebentausend solcher Körbe mit so raren Vögeln im Schlosse.

Nun war einmal eine Jungfrau, die hieß Jorinde; sie war schöner als alle anderen Mädchen. Die und dann ein gar schöner Jüngling namens Joringel hatten sich zusammen versprochen. Sie waren in den Brauttagen[3], und sie hatten ihr größtes Vergnügen eins am andern. Damit sie nun einsmalen vertraut zusammen reden könnten, gingen sie in den Wald spazieren. „Hüte dich", sagte Joringel, „dass du nicht so nahe ans Schloss kommst." Es war ein schöner Abend, die Sonne schien zwischen den Stämmen der Bäume hell ins dunkle Grün des Waldes, und die Turteltaube sang kläglich auf den alten Maibuchen.

Jorinde weinte zuweilen, setzte sich hin im Sonnenschein und klagte; Joringel klagte auch. Sie waren so bestürzt, als wenn sie hätten sterben sollen; sie sahen sich um, waren irre und wussten nicht, wohin sie nach Hause gehen sollten. Noch halb stand die Sonne über dem Berg, und halb war sie unter. Joringel sah durchs Gebüsch und sah die alte Mauer des Schlosses nah bei sich; er erschrak und wurde todbang[4]. Jorinde sang:

„Mein Vöglein mit dem Ringlein rot
singt Leide, Leide, Leide;
es singt dem Täubelein seinen Tod,
singt Leide, Lei – zicküth, zicküth, zicküth."

Joringel sah nach Jorinde. Jorinde war in eine Nachtigall verwandelt, die sang zicküth, zicküth. Eine Nachteule mit glühenden Augen flog dreimal um sie herum und schrie dreimal schu, hu, hu, hu. Joringel konnte sich nicht regen. Er stand da wie ein Stein, konnte nicht weinen, nicht reden, nicht Hand noch Fuß regen. Nun war die Sonne unter; die Eule flog in einen Strauch, und gleich darauf kam eine alte krumme Frau aus diesem hervor, gelb und mager: große, rote Augen, krum-

[1] **Erzzauberin:** eine besonders erfahrene, bedeutende Zauberin
[2] **keusche Jungfrau:** unverheiratete Frau
[3] **Brauttage:** Tage kurz vor der Hochzeit
[4] **todbang:** zu Tode verängstigt

me Nase, die mit der Spitze ans Kinn reichte. Sie murmelte, fing die Nachtigall und trug sie auf der Hand fort. Joringel konnte nichts sagen, nicht von der Stelle kommen; die Nachtigall war fort. Endlich kam das Weib wieder und sagte mit dumpfer Stimme: „Grüß dich, Zachiel[1], wenn's Möndel[2] ins Körbel scheint, bind lose, Zachiel, zu guter Stund.“ Da wurde Joringel los. Er fiel vor dem Weib auf die Knie und bat, sie möchte ihm seine Jorinde wiedergeben, aber sie sagte, er sollte sie nie wiederhaben, und ging fort. Er rief, er weinte, er jammerte, aber alles umsonst. „Uu, was soll mir geschehen?“ Joringel ging fort und kam endlich in ein fremdes Dorf, da hütete er die Schafe lange Zeit. Oft ging er rund um das Schloss herum, aber nicht zu nahe dabei. Endlich träumte er einmal des Nachts, er fände eine blutrote Blume, in deren Mitte eine schöne große Perle war. Die Blume brach er ab, ging damit zum Schlosse: Alles, was er mit der Blume berührte, ward von der Zauberei frei; auch träumte er, er hätte seine Jorinde dadurch wiederbekommen. Des Morgens, als er erwachte, fing er an, durch Berg und Tal zu suchen, ob er eine solche Blume fände; er suchte bis an den neunten Tag, da fand er die blutrote Blume am Morgen früh. In der Mitte war ein großer Tautropfen, so groß wie die schönste Perle. Diese Blume trug er Tag und Nacht bis zum Schloss. Wie er auf hundert Schritt nahe bis zum Schloss kam, da ward er nicht fest, sondern ging fort bis ans Tor. Joringel freute sich hoch, berührte die Pforte mit der Blume, und sie sprang auf. Er ging hinein, durch den Hof, horchte, wo er die vielen Vögel vernähme; endlich hörte er's. Er ging und fand den Saal, darauf war die Zauberin und fütterte die Vögel in den siebentausend Körben. Wie sie den Joringel sah, ward sie bös, sehr bös, schalt, spie Gift und Galle[3] gegen ihn aus, aber sie konnte auf zwei Schritte nicht an ihn kommen. Er kehrte sich nicht an sie und ging, besah die Körbe mit den Vögeln; da waren aber viele Hundert Nachtigallen, wie sollte er nun seine Jorinde wiederfinden? Indem er so zusah, merkte er, dass die Alte heimlich ein Körbchen mit einem Vogel wegnahm und damit nach der Türe ging. Flugs sprang er hinzu, berührte das Körbchen mit der Blume und auch das alte Weib – nun konnte sie nichts mehr zaubern, und Jorinde stand da, hatte ihn um den Hals gefasst, so schön, wie sie ehemals war. Da machte er auch alle die andern Vögel wieder zu Jungfrauen, und da ging er mit seiner Jorinde nach Hause, und sie lebten lange vergnügt zusammen.

[1] **Zachiel:** Vermutlich ist damit der Engel Zachariel gemeint.
[2] **Möndel:** hier: Mond

[3] **Gift und Galle speien:** besonders wütend sein

1 Klärt in der Klasse, ob ihr das Märchen verstanden habt. Gebt dazu die wichtigsten Ereignisse mit eigenen Worten wieder. Gibt es noch Wörter, die euch unbekannt sind? Versucht, sie aus dem Textzusammenhang zu erklären. Ihr könnt auch interaktiv überprüfen, ob ihr das Märchen verstanden habt.
interaktive Aufgabe

2 Malt Figuren und Gegenstände, die ihr in diesem Märchen besonders wichtig findet, oder eine kleine „Szene“ aus dem Märchen. Ihr könnt die Bilder in eurer Klasse aufhängen. Stellt euch die Bilder anschließend gegenseitig vor.

3 In dem Märchen geschehen Dinge, die in der Wirklichkeit nicht passieren können. Welche Ereignisse erscheinen euch besonders märchenhaft und unrealistisch? Benennt sie.

4 Kennzeichnet die Figuren dieses Märchens genauer. Welche Eigenschaften haben Jorinde und Joringel? Wie verhält sich die Zauberin? Vergleicht sie mit Jorinde und Joringel. Legt dazu eine Tabelle an:

Jorinde und Joringel	**Die Erzzauberin**
besonders schön (Z. 19, 20, 102)	hässlich (Z. 52 ff.)
? ? ? ? ? ? ? ? ? ? ? ? ? ? ? ? ? ? ? ?	? ? ? ? ? ? ? ? ? ? ? ? ? ? ? ? ? ? ? ?

Falls ihr Hilfen benötigt, könnt ihr einen Wortspeicher mit weiteren Adjektiven nutzen. **Hilfestellung**

5 An zwei Stellen des Märchens kommen Zaubersprüche vor. Findet sie und erklärt ihre Bedeutung.

6 Auf welche Stelle im Märchen bezieht sich das Bild auf S. 334? Überlegt, was Joringel in diesem Moment durch den Kopf gehen könnte, und notiert einige seiner Gedanken in der Ich-Form.

7 Am Ende des Märchens heißt es: „[...] und sie lebten lange vergnügt zusammen." (Z. 105 f.)

- Erklärt, wie Jorinde und Joringel zu ihrem Märchenglück kommen.
- Wie ergeht es der bösen Zauberin?
- Vergleicht den Märchenschluss mit anderen euch bekannten Märchen und erläutert, inwiefern er typisch für ein Märchen ist.

Brüder Grimm

Die Bienenkönigin

Zwei Königssöhne gingen einmal auf Abenteuer und gerieten in ein wildes, wüstes Leben, sodass sie gar nicht wieder nach Haus kamen. Der jüngste, welcher der Dummling hieß, machte sich auf und suchte seine Brüder. Aber wie er sie endlich fand, verspotteten sie ihn, dass er mit seiner Einfalt sich durch die Welt schlagen wollte, und sie zwei könnten nicht durchkommen und wären doch viel klüger.

Sie zogen alle drei miteinander fort und kamen an einen Ameisenhaufen. Die zwei ältesten wollten ihn aufwühlen und sehen, wie die kleinen Ameisen in der Angst herumkröchen und ihre Eier forttrügen, aber der Dummling sagte: „Lasst die Tiere in Frieden, ich leid's nicht, dass ihr sie stört!"

Da gingen sie weiter und kamen an einen See, auf dem schwammen viele, viele Enten. Die zwei Brüder wollten ein paar fangen und braten, aber der Dummling ließ es nicht zu und sprach: „???" Endlich kamen sie an ein Bienennest, darin war so viel Honig, dass er am Stamm herunterlief. Die zwei wollten Feuer unter den Baum legen und die Bienen ersticken, damit sie den Honig wegnehmen könnten. Der Dummling hielt sie aber wieder ab und sprach: „???"

Endlich kamen die drei Brüder in ein Schloss, wo in den Ställen lauter steinerne Pferde standen, auch war kein Mensch zu sehen, und sie gingen durch alle Ställe, bis sie vor eine Türe ganz am Ende kamen, davor hingen drei Schlösser; es war aber mitten in der Türe ein Lädlein[1], dadurch konnte man in die Stube sehen. Da sahen sie ein graues Männchen, das an einem Tisch saß. Sie riefen es an, einmal, zweimal, aber es hörte nicht. Endlich riefen sie zum dritten Mal; da stand es auf, öffnete die Schlösser und kam heraus. Es sprach aber kein Wort, sondern führte sie zu einem reichbesetzten Tisch; und als sie gegessen und getrunken hatten, brachte es einen jeglichen in sein eigenes Schlafgemach.

Am andern Morgen kam das graue Männchen zu dem ältesten, winkte und leitete ihn zu einer steinernen Tafel, darauf standen drei Aufgaben geschrieben, wodurch das Schloss erlöst werden könnte. Die erste war: In dem Wald unter dem Moos lagen die Perlen der Königstochter, tausend an der Zahl; die mussten aufgesucht werden, und wenn vor Sonnenuntergang noch eine einzige fehlte, so ward der, welcher gesucht hatte, zu Stein. Der älteste ging hin und suchte den ganzen Tag, als aber der Tag zu Ende war, hatte er erst hundert gefunden; es geschah, wie auf der Tafel stand: Er ward ??? Am folgenden Tage unternahm der zweite Bruder das Abenteuer; es ging ihm aber nicht viel besser als dem ältesten, er fand nicht mehr als zweihundert Perlen und ward ???. Endlich kam auch an den Dummling die Reihe, der suchte im Moos; es war aber so schwer, die Perlen zu finden, und ging so langsam. Da setzte er sich auf einen Stein und weinte. Und wie er so saß, kam der Ameisenkönig, dem er einmal das Leben erhalten hatte, mit fünftausend Ameisen, und es währte gar nicht lange, so hatten die kleinen Tiere die Perlen miteinander gefunden und auf einen Haufen getragen.

Die zweite Aufgabe aber war, den Schlüssel zu der Schlafkammer der Königstochter aus dem See zu holen. Wie der Dummling zum See kam, schwammen die Enten, die er einmal gerettet hatte, heran, tauchten unter und holten den Schlüssel aus der Tiefe.

Die dritte Aufgabe aber war die schwerste: Von den drei schlafenden Töchtern des Königs sollte die jüngste und die liebste herausgesucht werden. Sie glichen sich aber vollkommen und waren durch nichts verschieden, als dass sie, bevor sie eingeschlafen waren, verschiedene Süßigkeiten gegessen hatten, die älteste ein Stück Zucker, die zweite ein wenig Sirup, die jüngste einen Löffel Honig. Da kam die Bienenkönigin von den Bienen, die der Dummling vor dem Feuer geschützt hatte, und versuchte den Mund von allen dreien, zuletzt blieb sie auf dem Mund sitzen, der Honig gegessen hatte, und so erkannte der Königssohn die Rechte.

Da war der Zauber vorbei, alles war aus dem Schlaf erlöst, und wer von Stein war, erhielt seine menschliche Gestalt wieder. Und der Dummling vermählte sich mit der jüngsten und liebsten und ward König nach ihres Vaters Tod, seine zwei Brüder aber erhielten die beiden andern Schwestern.

[1] **Lädlein:** hier: ein kleines Türfenster

1 Dieses Märchen der Brüder Grimm ist nicht ganz vollständig. Einige Sätze fehlen. Lest den Text und vervollständigt die Sätze nach eurer Vorstellung. Achtet darauf, dass sie zum weiteren Verlauf des Märchens passen. Vergleicht im Anschluss eure Ideen und diskutiert, ob sie schlüssig sind.

2 Worum geht es in dem Märchen? Arbeitet mit einem Lernpartner oder einer Lernpartnerin und erklärt euch gegenseitig den Inhalt.

3 Die zwei älteren Königssöhne halten sich für klüger als ihren jüngsten Bruder, den Dummling. Wie denkt ihr darüber?

- Sucht im Text nach Aussagen über die beiden älteren Brüder.
- Überlegt dann gemeinsam, mithilfe welcher Adjektive aus dem Wortspeicher ihr die beiden älteren Brüder am treffendsten beschreiben könnt.
- Stellt sie in einem kurzen Text vor.

Beispiel: Die beiden älteren Brüder sind brutal, weil sie die Bienen absichtlich ersticken. Das sieht man in Z. 22 ff.

freundlich ▪ hartherzig ▪ besonnen ▪ bescheiden ▪ boshaft ▪ hemmungslos ▪ brutal ▪ aggressiv ▪ rücksichtsvoll ▪ egoistisch ▪ gedankenlos ▪ liebevoll ▪ ehrgeizig ▪ mitleidig ▪ gehässig ▪ arrogant

4 Ein Schüler sagt: „Der Dummling ist gar nicht so dumm. Nicht nur für Kinder ist er ein Vorbild, weil er uns zeigt, wie man sich als Mensch gegenüber unseren tierischen Mitgeschöpfen verhalten sollte." Erklärt das Zitat und nehmt selbst Stellung.

5 Untersucht den Aufbau des Märchens. Benennt dafür die Notlage bzw. das Problem am Anfang, die Suche nach der Lösung im Mittelteil sowie die Lösung im Schlussteil. Ihr könnt dazu auch eine Hilfestellung nutzen. **Hilfestellung**

6 An welchen Stellen des Märchens kommt die Zahl Drei vor?

- Notiert die entsprechenden Textstellen mit Zeilenangaben in eurem Heft.
- Lest dann die folgende Info-Box zur Bedeutung der Zahl Drei im Märchen. Notiert in einer Tabelle in der linken Spalte, welche Rolle die Zahl Drei in Märchen spielt, und überprüft in der rechten Spalte, ob und inwiefern dieser allgemeine Aspekt auch im Märchen „Die Bienenkönigin“ vorkommt.

Die Bedeutung der Zahl Drei im Märchen	**Bezug zum Märchen „Die Bienenkönigin“**
Häufig kommen drei Brüder vor.	Der Dummling hat zwei ältere Brüder, die, wie er selbst, Königssöhne sind. (Vgl. Z. 1 ff.)
? ?	? ?

Info **Die Bedeutung der Zahl Drei im Märchen**

In vielen Märchen gilt die Zahl Drei (neben der Zwölf und der Sieben) als besondere Zahl. Diese besondere Bedeutung entstammt noch viel älteren Geschichten, sogenannten Mythen, und wurde später häufig von den Märchenerzählerinnen und -erzählern übernommen.

- So teilen sich z. B. in der griechischen Mythologie die Götter Zeus, Poseidon und Hades die Herrschaft über die Menschen.
- Im Christentum besteht die heilige Familie aus Maria, Josef und Jesus, die von drei Weisen aus dem Morgenland besucht werden, und die Auferstehung Jesu feiern Christen drei Tage nach seiner Kreuzigung. Als göttliche Eigenschaften zählen für Christen Glaube, Hoffnung und Liebe.
- Vermutlich aus dem Mittelalter stammt die Formulierung „Aller guten Dinge sind drei“.

Die Zahl Drei tritt im Märchen meist in drei Grundmustern auf: drei Brüder oder Schwestern, drei Wünsche und drei zu bestehende Prüfungen. Wenn der Held oder die Heldin drei Wünsche frei hat, ist meist der letzte besonders wichtig, während die beiden ersten häufig auf unkluge Art und Weise vergeudet werden. Oft muss der Märchenheld oder die Märchenheldin drei Prüfungen bestehen oder Aufgaben lösen. Dabei wird er oder sie gerne von drei Helfern oder Helferinnen sowie von Zaubergegenständen unterstützt.

7 Eine Schülerin sagt: „Mir gefällt das Ende dieses Märchens nicht so gut. Die beiden Brüder sollten für ihr Verhalten bestraft werden.“ Nehmt Stellung zu dieser Aussage.

Die Brüder Grimm – Wir informieren uns

Die Märchen „Jorinde und Joringel“ und „Die Bienenkönigin“ stammen von den Brüdern Grimm. Jacob (1785 – 1863) und Wilhelm Grimm (1786 – 1859), meistens „Brüder Grimm“ genannt, lebten und arbeiteten ihr ganzes Leben lang gemeinsam.

Ihr besonderes Interesse galt den alten Märchen, die sie erst einmal rasch aufschrieben, so wie sie ihnen mündlich erzählt worden waren. Dazu besuchten sie Erzählerinnen, zum Beispiel Dorothea Viehmann, die in einem kleinen Dorf bei Kassel lebte. Später überarbeiteten sie die Märchen dann noch einmal. Daher gibt es von vielen Märchen mehrere Fassungen.

Das berühmt gewordene Buch der Brüder Grimm heißt „Kinder- und Hausmärchen“. Das Sammeln und Aufschreiben von Märchen war nur ein kleiner Teil des gewaltigen Lebenswerkes der Brüder Grimm. Sie schrieben auch Bücher zur deutschen Grammatik und Geschichte. Ihre Märchen gehören auch heute noch zu den bekanntesten Geschichten in der ganzen Welt.

Die Abbildung zeigt Dorothea Viehmann (Mitte), die den Brüdern Grimm Märchen erzählt.

Weitere Informationen über Märchen und ihre Geschichte findet ihr auch auf S. 358.

1 Jacob und Wilhelm Grimm waren nicht die Einzigen, die Märchen gesammelt und aufgeschrieben haben.

- Kennt ihr noch andere Märchensammlungen? Informiert euch darüber und stellt der Klasse eure Ergebnisse vor.
- Ihr könnt euch auch in der Bibliothek Märchenbücher ausleihen und eine Märchen-Lesestunde veranstalten.

Märchen

Märchen sind uralte Geschichten. Wir kennen sie heute, weil sie über viele Jahrhunderte hinweg von Erzählerinnen und Erzählern mündlich weitererzählt und deshalb nicht vergessen wurden. Erst im Laufe der Zeit wurden sie schriftlich festgehalten. So entstanden vor über 200 Jahren die berühmten „Kinder- und Hausmärchen“ der Brüder Grimm, ein Buch, in dem die sogenannten Volksmärchen so gesammelt wurden, wie wir sie heute kennen.

Das wohl wichtigste Merkmal des Märchens ist die Aufhebung der Trennung von Wirklichkeit und Wunderwelt. Im Märchen geht vieles ineinander über. So greifen zum Beispiel Zaubergestalten oder übernatürliche Kräfte in das Geschehen ein. Menschen können sich mit Tieren unterhalten und ihre Sprache verstehen. Die Naturgesetze sind oftmals außer Kraft gesetzt. Auch gibt es meist keinen bestimmen Zeitpunkt, zu dem das Märchen spielt, die Handlung ist in einem Irgendwo und Irgendwann angesiedelt: „Es war einmal ...“ Meist tragen die Märchengestalten keinen individuellen Namen. Die Spannung im Märchen entsteht häufig dadurch, dass die Welt in Gut und Böse eingeteilt ist. Dazwischen gibt es nichts. Das spiegelt sich auch in Gegenüberstellungen wie arm und reich oder faul und fleißig.

Märchen sind bei Kindern beliebt, weil am Ende meist das Gute siegt und das Böse bestraft wird. Dabei helfen der Heldin oder dem Helden meistens überirdische Kräfte. Zwar gibt es zu Beginn des Märchens oft auch Leid und Unglück, ein guter Ausgang ist aber gewiss. Am Ende kommt die Welt also wieder in Ordnung.

Die typisch dreigliedrige Struktur des Volksmärchens

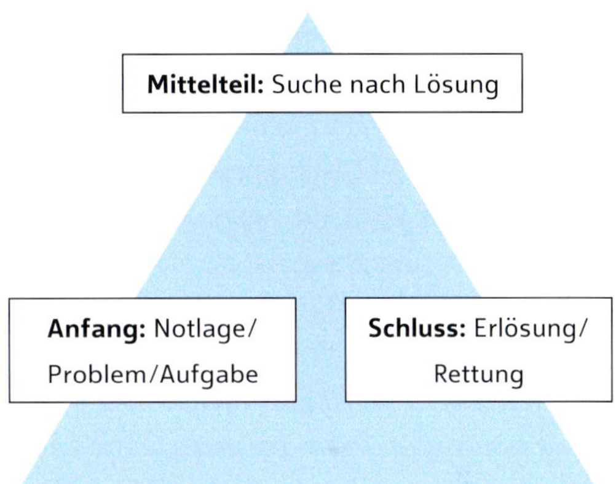

2 In dem Text werden einige schwierige Begriffe verwendet: „übernatürliche Kräfte“ (Z. 16), „Naturgesetze“ (Z. 19), „individuelle Namen“ (Z. 25). Erklärt mit eigenen Worten die Bedeutung dieser Begriffe. Schlagt sie gegebenenfalls in einem Lexikon nach.

3 Auf welche Fragen gibt euch der Text Auskunft? Formuliert fünf Fragen, die mit den Informationen aus dem Text beantwortet werden können. Notiert die Antworten und stellt die Fragen euren Lernpartnerinnen und Lernpartnern als Quizfragen.

4 Überprüft an den zwei vorherigen Märchen („Jorinde und Joringel“, „Die Bienenkönigin“), ob die im Lexikonartikel genannten Kennzeichen zutreffen. **Hilfestellung**

Audio

„Mani“ – Ein Märchen aus Südamerika

Zu jener Zeit, als die Menschen noch die Tiere und die Pflanzen verstanden, gab es am Rande des Urwaldes ein Dorf. Alle Menschen, die dort wohnten, lebten wie in einer großen Familie. Doch eines Morgens geschah etwas Außergewöhnliches. Wie vom Himmel gefallen, stand zur dritten Morgenstunde ein unbekanntes Mädchen im Dorf, dessen Haut weiß war. Als das Mädchen einige Zeit brav und bescheiden im Dorf gelebt hatte, nahmen die Bewohner es wie ihr eigenes Kind auf und gaben ihm den Namen Mani. Mani wuchs schnell heran, ungewöhnlich aber war, dass sie nie ein Stück Obst oder Fleisch von der Beute aß, die die Jäger heimbrachten.

Wenn aber den Jägern kein Glück beschieden war und die Dorfbewohner nichts zu essen hatten, buk Mani für sie wohlschmeckende Plätzchen. Immer drei an der Zahl, die, wenn man sie brach, für das ganze Dorf reichten. Doch niemand wusste, woraus sie zubereitet waren. „Esst meine Gabe, sie soll euch munden und nähren“, sprach sie. An solchen Tagen sah Mani bleich und schmal aus, und wenn die Jäger mehrere Tage nichts erlegt hatten, schwankte Mani vor Schwäche.

Eines Morgens nun erschütterte ein furchtbares Erdbeben das Land. Drei Tage und drei Nächte zitterte und bebte der Boden. Die riesigen Bäume des Urwaldes fielen zur Erde und die Tiere flohen entsetzt in alle Richtungen. Nur die Menschen blieben in ihrem Dorf und keiner erlitt einen Schaden. Aus Furcht aber wollte nicht einer mehr auf die Jagd gehen und so zog großer Hunger in das Dorf ein.

Doch auch der Urwald war verwaist[1], kein Tier erfreute sich dort seines Lebens und keine Frucht hing mehr verlockend an Bäumen. Drei Monde lang sättigte Mani die Hungrigen mit ihren Plätzchen. Doch Tag für Tag wurde sie bleicher und schmaler. Zuletzt konnte sie sich kaum noch auf ihren Füßen halten. Doch immer, wenn es Abend wurde, verteilte sie ihre Plätzchen und sprach: „Esst meine Gabe, sie soll euch munden und nähren.“ Anschließend sah sie den Indianern[2] zu, wie die Speise ihnen Kraft und Mut gab. „Ich weiß nicht, wie lange ich noch die Möglichkeit habe, euch weiter zu ernähren. Ihr solltet besser wieder auf die Jagd gehen und euer Glück im Urwald versuchen. Kommt ihr mit leeren Händen heim, seid ihr gern meine Gäste“, sagte sie leise und schloss die Augen.

Die ganze Nacht bat der Schamane[3] die Geister der Jagd um eine gute Beute, und kaum hatte das Morgengrauen die Nacht verdrängt, begaben sich die Jäger in den Urwald. Aber Glück war ihnen nicht beschieden, nicht einmal ein kleines Tier konnten sie erlegen. Und so gingen sie abends wieder zu Mani, um sich Plätzchen zu erbitten. Die Hütte aber war leer, nur dort, wo das Mädchen gelegen hatte, wuchs aus dem rissigen Lehmboden ein unbekannter Strauch. Der Schamane erklärte traurig, dass Mani von ihnen gegangen sei, und er befahl, den Strauch zu gießen.

Am nächsten Tag staunten die Indianer sehr. Aus der kleinen Pflanze war ein mächtiger, grüner Strauch mit dicken Wurzeln geworden. Der Schamane schnitt mit einer Sichel eine der spindelförmigen Wurzelknollen ab, die die Frauen aus dem Dorf schälten und zu Mehl verarbeiteten. Anschließend buken sie daraus Plätzchen, die so wohlschmeckend wie die Plätzchen von Mani waren. Im Dorf achtete man fortan sehr darauf, den Strauch täglich zu gießen. Seit diesem Tag hatten die Indianer des Dorfes immer genug zu essen und mussten nie mehr Hunger leiden. Das hatten sie Mani zu verdanken.

---

1 **verwaist:** hier: verlassen

2 **Indianer:** Angehörige der in zahlreiche Stämme verzweigten Ureinwohner Amerikas; heute spricht man eher von „indigener Bevölkerung“.

3 **Schamane:** (bei bestimmten Naturvölkern) mit magischen Fähigkeiten, besonders der Fähigkeit, mit Geistern in Verbindung zu treten, ausgestattete Person (z. B. ein Priester oder ein Medizinmann)

1 Dieses Märchen von der geheimnisvollen Mani ist bei Kindern in vielen lateinamerikanischen Ländern sehr beliebt. Mögt ihr es auch? Begründet, warum dieses Märchen wohl so gerne erzählt wird. Nutzt dafür auch die Informationen zur Maniok-Pflanze.

Info **Maniok – die Kartoffeln der Inka**

Manioks sind die Wurzeln des Cassavestrauchs; sie können bis zu 1 m lang und 20 cm dick werden. Als Nahrungsmittel werden hauptsächlich die Wurzelknollen verwendet. Sie werden gekocht und dann gebraten, gemahlen oder zur Gewinnung von Stärke weiterverarbeitet. Die uralte Kulturpflanze wird seit über 4000 Jahren angebaut. Die stärkehaltige Knolle dient der indigenen Bevölkerung aber schon seit etwa 10000 Jahren als Nahrungsquelle.

2 Wer ist Mani? Fertigt eine kleine Zeichnung von ihr in der Mitte eures Deutschheftes an, so wie ihr sie euch vorstellt.
Beschreibt dann das Aussehen und die Eigenschaften der Hauptfigur des Märchens, indem ihr passende Adjektive um die Figur herum notiert. Begründet eure Ideen am Text.

3 Mani taucht urplötzlich auf und dann verschwindet sie wieder. Stellt Vermutungen zu den folgenden Fragen an:

- Woher könnte sie kommen?
- Wer könnte sie geschickt haben?
- Warum kommt Mani wohl in das Dorf am Rande des Urwalds?
- Und wohin könnte sie verschwunden sein?

4 Auf welche Weise hilft Mani den Dorfbewohnern und welche Folgen hat diese Hilfe für sie selbst? Lest dafür noch einmal genau im Märchen nach.
Wenn ihr nicht wisst, wie ihr die Aufgabe lösen könnt, nutzt die Hilfestellung.
Hilfestellung

5 Wie in dem Märchen „Die Bienenkönigin“ spielen auch hier Zahlen eine besondere Rolle. Lest noch einmal die Informationen zur Bedeutung von Zahlen in Märchen (vgl. S. 339) und untersucht dann das Märchen von Mani im Hinblick darauf. Haltet eure Ergebnisse in Stichworten fest.

6 Jetzt entscheidest du! Wähle aus:

A Marie diskutiert mit Paul und Theo. Sie fühlt sich bei „Mani" an das Märchen „Rapunzel" erinnert, Paul an „Sterntaler" und Theo fühlt sich an Jesus erinnert. Wem stimmst du am ehesten zu? Verfasse einen kurzen Text. Falls du dafür weitere Informationen benötigst, nutze das Zusatzmaterial. **Zusatzmaterial**

B Überlege, auf welche Fragen das Märchen von Mani keine Antworten gibt. Sieh dir dafür auch noch einmal den Anfang und das Ende des Textes an. Schreibe dann aus der Sicht eines dankbaren Dorfbewohners oder einer Dorfbewohnerin einen persönlichen Brief an das unbekannte Mädchen. Stelle darin interessante Fragen und berichte von seinen oder ihren Erinnerungen an Mani.

Informationen darüber, wie du einen persönlichen Brief schreibst, findest du auf Seite 23 ff.

C Mit welchen Märchen seid ihr in euren Familien großgeworden? Aus welchen Kulturen stammen sie? Vergleicht Märchen aus anderen Kulturkreisen mit den deutschen Märchen. Ihr könnt sie auch mitbringen und den anderen vorlesen.

Merkwissen

Märchen

Märchen sind uralte Geschichten, die seit Jahrtausenden von allen Völkern der Erde mündlich weitererzählt werden. Sie sind oft sehr ähnlich aufgebaut:

- Am Anfang steht meist eine Notlage oder Aufgabe, die von der Heldin oder dem Helden gelöst werden muss.
- Häufig stehen sich gegensätzliche Figuren gegenüber: gut – böse, tapfer – feige, schön – hässlich, klug – dumm, arm – reich. Diese Eigenschaften behalten die Figuren bei, denn Märchenfiguren verändern sich in aller Regel nicht.
- Die Trennung von Wirklichkeit und Fantasiewelt wird oft aufgehoben: Vielfach kommen Märchenfiguren wie Zauberer, Feen, Hexen oder sprechende Tiere vor.
- Eine besondere Rolle spielen die Zahlen (*drei* Brüder, *drei* Federn, *sieben* Geißlein usw.) sowie häufig wiederkehrende Zauberformeln und Sprüche („Knusper, knusper, Knäuschen[1] – wer knuspert an meinem Häuschen?", „Es war einmal ...", „Und wenn sie nicht gestorben sind, dann leben sie noch heute.").
- Am Ende behält das Gute die Oberhand, das Böse wird besiegt und meist auch bestraft.

[1] **Knäuschen:** Brotkanten, Endstück eines Brotes

2 Ein Märchen schreiben

Märchen sind auf der ganzen Welt verbreitet. Oft haben sie einen ähnlichen oder sogar den gleichen Inhalt. Einzelne Elemente, die sich häufig wiederholen, heißen Märchenmotive. Wie Bausteine finden sie sich in allen Märchen der Welt wieder.

1 Den folgenden Märchenanfang könnt ihr leicht weitererzählen, indem ihr bekannte Märchenmotive verwendet. Sammelt zunächst eure Ideen und stellt sie vor.

Einer zieht in die Welt

Es waren einmal ein Mann und eine Frau. Sie hatten nur einen einzigen Sohn, der war immer rechtschaffen, freundlich und zu allen Menschen hilfsbereit, eine Freude seiner Eltern. Als aber die Mutter gestorben war, da sprach der Sohn zu seinem Vater: „Lieber Vater, lass mich in die Welt hinausziehen. Habe ich mein Glück gefunden, so will ich dich daran teilhaben lassen."
[...]

2 Erstellt euren Erzählplan zum Märchen „Einer zieht in die Welt". Notiert eure Ideen in einer Tabelle. Eine Vorlage für den Erzählplan findet ihr auch auf einem Arbeitsblatt.
Arbeitsblatt

Methode

Einen Erzählplan erstellen **Erklärvideo**

Wenn du selbst ein Märchen erzählst oder einen Erzählanfang weitererzählen willst, musst du zuvor einige Entscheidungen treffen:

- Überlege dir, mit welcher Notlage oder Aufgabe das Märchen beginnen soll.
- Lege die Personen fest, die in dem Märchen vorkommen sollen (dazu gehören auch besondere Wesen wie Hexen, Zauberer, sprechende Tiere usw.).
- Entscheide, welche Aufgabe der Märchenheld/die Märchenheldin bewältigen soll und mit welchen Mitteln das gelingen soll (z. B. mithilfe von Zaubersprüchen).
- Überlege genau, wie das Märchen enden soll: Wird es z. B. eine glückliche Rückkehr und eine Belohnung geben?

Anfang/ Ausgangslage	Märchengestalten	Aufgaben/ Gefahren	Zaubersprüche	Schluss/Lösung
Mutter stirbt; Sohn zieht in die Welt hinaus, um sein Glück zu suchen.	z. B.: Zauberer, hilfsbereite Tiere	z. B.: Kampf gegen einen Drachen	z. B.: „Spieglein, Spieglein an der Wand ..."	z. B.: Belohnung mit Gold

3 Erzählt anhand eures Erzählplans das Märchen weiter.

4 Auch im folgenden Märchen aus den Pyrenäen sind bekannte Motive enthalten. Allerdings fehlen der Anfang und das Ende des Märchens.

- Schreibt den Beginn des Märchens mit der Ausgangslage.
- Erfindet auch einen passenden Schluss.
- Sucht am Ende eine treffende, d. h. aussagekräftige Überschrift, die die Lesenden neugierig auf das Märchen macht.

[...]
Am Abend saß der Köhler[1] mit seiner Frau am Feuer. Sie dachten nach. „Was sollen wir uns wünschen?", fragten sie sich. Plötzlich, beim Anblick der kleinen Holzscheite, die lustig knisterten, rief die gute Frau, ohne im Geringsten daran zu denken, dass sie einen Wunsch äußerte: „Ganz gleich, eine Elle[2] Blutwurst auf dieser guten Kohlenglut, das wäre eine Wohltat!"
Augenblicklich fiel eine Elle[2] Blutwurst aus dem Kamin mitten in die Kohlenglut hinein. Der Mann wurde zornig. „Bist du verrückt, altes Weib? Ist das dein Wunsch? Ich möchte wahrhaftig, dass diese Elle Blutwurst sich an deine Nase hänge!"
Sofort geschah, was er sagte. Die Blutwurst hängte sich an die Nasenspitze der alten Frau. Beide, der Köhler wie seine Frau in ihrer Feuerecke, waren höchst betrübt.
„Jetzt haben wir nur noch einen Wunsch." Sie überlegten lange, lange, und die Blutwurst hing immer weiter an der Nase der unglücklichen Frau. [...]

---

[1] **Köhler:** stellt Holzkohle her
[2] **Elle:** Längenmaßeinheit, abgeleitet von der Länge des Unterarms

5 Jetzt entscheidest du! Wähle aus:

A Der Künstler Frank Flöthmann hat zu dem Märchen „Der Froschkönig" der Brüder Grimm einen Comic ohne Text gezeichnet. Einige von euch kennen das Märchen bestimmt. Erzähle es mithilfe der Comicbilder nach. Gehe so vor:

- Bestimme die Ausgangssituation, die Hauptfiguren des Märchens sowie die Prüfungen bzw. Aufgaben, die bewältigt werden müssen.
- Schreibe dann das Märchen auf und verwende typische Merkmale dieser besonderen Textsorte. Nutze auch die wörtliche Rede.

Auf Seite 77 kannst du noch einmal die unterschiedlichen Formen der wörtlichen Rede nachlesen.
Den Comic sowie den Märchentext findest du zum Nachlesen auch als Zusatzmaterial. **Zusatzmaterial**

B Suche dir aus den folgenden Motivketten eine aus und verbinde die drei Motive zu einer eigenen Märchenerzählung. Erstelle zunächst wieder einen Erzählplan und schreibe dann dein eigenes Märchen.

- eine Höhle – eine große Schlange – ein Diamant
- eine goldene Kugel – ein kleines graues Männchen – ein verwunschener Prinz
- eine Quelle – ein Riese – ein schönes Schloss
- zwei Stiefschwestern – ein Zauberwald – ein Bär

C Du zeichnest selbst sehr gerne Comics? Entwirf eigene Comic-Bilder, zum Beispiel im Manga-Stil, zu dem Märchen „Frau Holle“. Den Text findest du als Zusatzmaterial. Du kannst dafür auch mit einem Zeichenprogramm auf dem Tablet arbeiten. **Zusatzmaterial**

Egal, für welche Aufgabe du dich entscheidest: Überprüfe am Ende dein selbst geschriebenes oder gezeichnetes Märchen mithilfe der folgenden Checkliste.
Arbeitsblatt

Checkliste für Märchen, die ihr selbst verfasst habt:

überprüfte Aspekte	ja	teil-weise	nein	Verbesserungsvorschlag
Ist das Märchen erkennbar gegliedert in Einleitung, Hauptteil und Schluss?	???	???	???	?????????????????
Gibt es märchentypische Formulierungen für die Einleitung und den Schluss?	???	???	???	?????????????????
Sind Ort und Zeit unbestimmt?	???	???	???	?????????????????
Kommen gute und böse Figuren vor?	???	???	???	?????????????????
Wird der Hauptfigur eine Aufgabe gestellt, die sie lösen muss?	???	???	???	?????????????????
Kommen magische Kräfte und/oder märchenhafte Wesen (z. B. sprechende Tiere) in dem Märchen vor?	???	???	???	?????????????????
Kommt wörtliche Rede vor?	???	???	???	?????????????????
Spielen magische Zahlen wie die Drei oder die Sieben eine Rolle?	???	???	???	?????????????????
Wird am Ende das Böse besiegt und erhält die Hauptfigur eine Belohnung?	???	???	???	?????????????????
Hat das Märchen eine passende Überschrift?	???	???	???	?????????????????
Kommen Zaubersprüche vor?	???	???	???	?????????????????
Stimmt die Zeitform (Präteritum)?	???	???	???	?????????????????

3 Alte Märchen – anders erzählt

Audio

Paul Maar (geb. 1937)

Die Geschichte vom bösen Hänsel, der bösen Gretel und der Hexe

In dem Buch „Der tätowierte Hund" von Paul Maar erzählen sich ein Hund und ein Löwe gegenseitig Geschichten. Die folgende Geschichte hat der Löwe von einer Hexe gehört.

Es war einmal eine alte Hexe, die hatte ihr ganzes Leben lang gearbeitet, hatte gezaubert vom frühen Morgen bis zum späten Abend, hatte gehext und Zaubersprüche aufgesagt jeden Tag und war nun in das Alter gekommen, wo ihre Zauberkraft nachließ und ihre Kräfte langsam schwanden. Sie wurde aber nicht böse und giftig darüber wie manche andere Hexen, wenn sie so alt werden, sondern sagte sich: „Mit meiner Zauberkraft geht es zu Ende. Da will ich mir eine andere Beschäftigung suchen, damit ich nicht faulenzen muss und auf trübe Gedanken komme. Ich werde mein Haus zum schönsten Hexenhaus weit und breit machen!" Und schon am nächsten Tag begann sie, ihr Häuschen aufs Wunderlichste zu schmücken. Auf die Dachziegel legte sie Lebkuchen, die Wände verkleidete sie mit Brot und Kuchen, verziert mit Mandeln und Nüssen, ihre Glasfenster hängte sie aus und hängte neue ein, ganz aus weißem Zucker. Das dauerte viele Wochen; jeden Tag musste die alte Frau in der Küche stehen und backen. Aber sie arbeitete unermüdlich, und endlich war das Häuschen fertig. Da war die Hexe stolz auf ihr Haus! Jeden Abend saß sie auf der Bank neben der Haustür, betrachtete die bunten Mauern, hexte mit ihrer versiegenden[1] Zauberkraft mühsam noch einen roten Zuckerguss auf einen Kuchen oder verzierte einen Lebkuchen mit einer Nuss, wischte Staub und rieb dann die Zuckerscheiben glänzend. Und wenn irgendein Tier an ihrem Haus vorbeikam, staunend stehen blieb und schließlich sagte: „So ein schönes Haus habe ich noch nie gesehen", wurde sie grün vor Stolz.

Eines Tages stand die Hexe gerade vor ihrem Backofen und wollte einen Lebkuchen backen, weil der Wind in der Nacht einen vom Dach geweht hatte. Da war es ihr, als knuspere draußen jemand an ihrem schönen Haus und breche ganze Stücke ab. Ängstlich rief sie: „Knusper, knusper, kneuschen – wer knuspert an meinem Häuschen?" Von draußen antwortete ein dünnes Stimmchen: „Der Wind, der Wind, das himmlische Kind!" „Da bin ich beruhigt", seufzte die Hexe erleichtert. „Es ist nur der Wind, der da draußen lärmt. Und ich hatte schon Angst, jemand wolle mein Häuschen zerstören."

Wie sie das gerade sagte, zersprang ihre schöne Fensterscheibe, an der sie drei Wochen gearbeitet hatte, ein Mädchen griff nach den Splittern und aß sie auf! Die Hexe humpelte nach draußen, um zu sehen, wer der Störenfried sei. Vor dem Haus standen zwei Kinder, das Mädchen und außerdem ein Junge, rissen die Dachziegel herunter, um sie aufzuessen, zerbrachen die Wand und zersplit-

[1] **versiegen:** nachlassen; aufhören, zu fließen

terten die weißen Zuckerfenster. Da war die Hexe traurig und wütend zugleich.

„Wer seid ihr?“, fragte sie. „Und warum zerstört ihr mein liebes Haus, an dem ich so lange gebaut habe?“ Die Kinder antworteten, sie hießen Hänsel und Gretel und hätten aus Hunger von dem Haus gegessen. „Warum habt ihr aber gelogen und gesagt, ihr wäret der Wind?“, forschte die Alte weiter. „Hättet ihr an meine Tür geklopft und um Essen gebeten, so hätte ich es euch nicht verwehrt!“ Da blickten die beiden Kinder beschämt zu Boden.

Aber weil sie der alten Hexe trotz allem leidtaten, sagte sie: „Kommt nur herein und bleibt bei mir, es geschieht euch kein Leid!“ Und sie fasste beide an der Hand und führte sie in ihr Häuschen. Da ward gutes Essen aufgetragen, Milch und Pfannkuchen mit Zucker und Äpfeln und Nüssen. Hernach[1] wurden zwei schöne Bettlein weiß gedeckt, und Hänsel und Gretel legten sich hinein und meinten, sie wären im Himmel. Als sie so friedlich schliefen, betrachtete die Hexe sie und sagte: „Sie waren sehr böse zu mir, haben gelogen und mein schönes Häuslein zerstört. Aber vielleicht sind sie nicht ganz verderbt. Ich will sie dabehalten, ihnen zu essen geben und versuchen, sie zu bessern.“ Am nächsten Morgen gab sie den beiden eine leichte Arbeit zu tun und rührte dann einen Teig an, denn sie wollte den Schaden an ihrem Haus wieder ausbessern. Aber Hänsel, der naschhaft war und dem die süßen Lebkuchen auf dem Dach besser schienen als das Frühstück, ging hinaus und begann leise vom Haus zu essen. Als das die Hexe merkte, wurde sie sehr zornig. „Ich habe dich nicht bestraft für deine Lügen und deine bösen Taten von gestern, sondern dir und deiner Schwester sogar zu essen und ein Bett zum Schlafen gegeben!“, schalt sie. „Und du ungezogenes Kind lohnst es mir, indem du den Schaden an meinem Haus noch ärger machst!“ Und zur Strafe und damit er nicht noch mehr Unheil anrichten konnte, sperrte sie ihn in einen Stall neben dem Haus. Damit er es aber gut hatte in seinem Gefängnis und nicht zu hungern brauchte, fragte sie ihn oft durch das Gitter: „Bist du auch satt, bekommst du genügend zu essen? Streck deinen Finger heraus!“ Hänsel hatte sehr viel zu essen bekommen, aber da er sehr gefräßig war, täuschte er die alte Frau, die schon nicht mehr richtig sehen konnte, durch eine arge List, um noch mehr zu erhalten: Er streckte ein abgenagtes Knöchlein durch das Gitter und sagte mit kläglicher Stimme: „Meine Schwester gibt mir so wenig Mahlzeiten, ich bin schon ganz mager.“ Die Alte betastete das Knöchlein und sagte: „Fürwahr, er ist ganz mager! Gretel, er muss mehr zu essen bekommen!“ Die Gretel aber, die ein faules Mädchen war, maulte und sagte, sie könne nicht kochen. „Dann musst du eben backen!“, rief die Hexe und heizte den Backofen an, um für den Hänsel eigens ein großes Brot zu backen. Als sie aber das Feuer angeschürt hatte und gerade nachsehen wollte, ob recht eingeheizt sei, da gab ihr die arglistige Gretel von hinten einen Stoß, dass die Hexe weit hineinfuhr, machte die eiserne Tür zu, schob den Riegel vor, und die Alte musste elendiglich verbrennen. Dann befreite das böse Mädchen ihren Hänsel aus dem Stall, wo er seine Strafe absitzen sollte, und sie durchwühlten gemeinsam das ganze Hexenhaus. In einer Ecke hatte die Hexe eine Kiste mit Perlen und Edelsteinen stehen, die ein Erbstück von ihrem Vater war, einem großen Hexenmeister.

Die raubten die beiden Kinder, stopften sich die Taschen voll mit Schmuck und Geschmeide und liefen schnell aus dem Wald. „Und weißt du, was sie hinterher den Leuten erzählten?“, fragte der Löwe den Hund. „Was denn?“, fragte der mit großen Augen. „Sie haben doch wahrhaftig behauptet, die Hexe hätte sie aufessen wollen! Diese bösen Kinder!“ „Ich muss sagen“, entgegnete der Hund, „ich habe die Geschichte nicht so erzählt bekommen. Da hörte sich alles ganz anders an, obwohl das Gleiche geschah!“ „Aha!“, machte der Löwe. „Da sieht man es wieder: Die Leute glauben viel lieber die Unwahrheit als die Wahrheit und erzählen dann ohne schlechtes Gewissen

[1] **hernach:** danach (veraltet)

die Lügengeschichten weiter! Denn die Geschichte hat sich so zugetragen, wie ich sie dir mitgeteilt habe, das weiß ich von jener Hexe, die sie mir anvertraut hat.“ „Wenn das so ist“, überlegte der Hund, „dann möchte ich gerne einmal ‚Rotkäppchen‘ von einem Wolf erzählt bekommen!“

1 Arbeitet heraus, wie in der Geschichte, die der Löwe erzählt, Hänsel und Gretel und die Hexe dargestellt werden.

- Legt dazu eine Tabelle an, in die ihr die Eigenschaften der Hexe bzw. die von Hänsel und Gretel eintragt.

Hexe	Hänsel und Gretel
– arbeitsam (z. B. Z. 1 – 2) – fleißig (z. B. Z. 2 – 4) – ? ? ? ? ? ? ? ? ? ? ?	– verlogen (Z. 40 – 43) – ? ? ? ? ? ? ? ? ? ? ?

- Vergleicht nun diese Darstellung mit dem Märchen der Brüder Grimm.

Falls euch das Märchen nicht mehr in Erinnerung ist oder ihr es gar nicht kennt, findet ihr den Text digital. **Zusatzmaterial**

2 Beurteilt, ob der Hund recht hat, wenn er sagt: „Da hörte sich alles ganz anders an, obwohl das Gleiche geschah!“ (Z. 137 f.)

3 Erklärt, was den Kinderbuchautor Paul Maar bewogen haben könnte, das alte Märchen neu zu erzählen.

4 Der Hund sagt am Schluss, er möchte gerne einmal „Rotkäppchen“ von einem Wolf erzählt bekommen (vgl. Z. 145 ff.). Versucht, das Grimm'sche Märchen aus der Sicht eines Wolfes neu zu erzählen. Überlegt zuvor, welche Eigenschaften jetzt der Wolf und Rotkäppchen haben müssen.

Elke Kahlert

Jetzt rede ich. Endlich die Wahrheit über die sieben Geißlein

(Unser fliegender Reporter Ronald Eichelhäher sprach mit Herrn Wolf.)

REPORTER: Herr Wolf, wir freuen uns, dass Sie sich bereit erklärt haben zu reden. Die Geschichte hat ja damals viel Staub aufgewirbelt. Nun endlich sollen unsere Leser die volle Wahrheit über Sie und die sieben Geißlein erfahren. Also, Herr Wolf, wie war es wirklich?

WOLF: An der dummen Geschichte ist ja eigentlich überhaupt nichts dran. Es gab damals zwei Reporter, die mich schwer verleumdet haben. Sie wissen es vielleicht, es handelt sich um zwei Brüder, Grimm hießen sie. Den Namen werde ich mein Lebtag nicht vergessen, denn die haben mir die ganze Sache eingebrockt. Es war alles reine Sensationsmache, denn dass ich versucht haben soll, sieben Geißlein zu ermorden, also, ich bitte Sie, Herr Eichelhäher, sehe ich wie ein Mörder aus?

REPORTER: Nein, nein, Herr Wolf, aber bitte sprechen Sie weiter.

WOLF: …

1 Auch in diesem Text wird mit einer Märchenvorlage „gespielt“. Sicher habt ihr sofort erkannt, welches Märchen verändert worden ist. Wodurch unterscheidet sich der Text vor allem von seiner Vorlage?
Achtet besonders darauf, wie sich der Wolf in dem Gespräch selbst darstellt.

Falls euch das Märchen nicht mehr in Erinnerung ist oder ihr es gar nicht kennt, findet ihr den Text digital. **Zusatzmaterial**

2 Erläutert, wie Ronald Eichelhäher dem Wolf begegnet. Welche Absicht verfolgt der Wolf mit seiner Antwort?

3 Wie könnte das Interview weitergehen?

- Sammelt zunächst Fragen des Reporters und denkt euch mögliche Antworten des Wolfs aus.
- Spielt das Interview in verteilten Rollen und präsentiert es der Klasse

Josef Reding (1929 – 2020)

Mädchen, pfeif auf den Prinzen!

Es kommt kein Prinz, der dich erlöst,
wenn du die Jahre blöd verdöst,
wenn du den Verstand nicht übst,
das Denken stets auf morgen schiebst.

Es kommt kein Prinz, der dich umfängt,
von nun an deine Schritte lenkt.
Befrei dich selbst vom Dauerschlaf,
sonst bleibst du nur ein armes Schaf.

Es kommt kein Prinz mit einem Kuss,
macht nicht mit deinen Sorgen Schluss;
es bringt dich auch kein Königssohn
vom Kochtopf auf den Herrscherthron.

Du kannst dir selbst dein Leben bauen,
musst allen deinen Kräften trauen.
Mach noch heute den Versuch
Und pfeif auf den Prinzen im Märchenbuch.

1 Erprobt eine Lesung des Gedichts von Josef Reding. Wie wirkt es auf euch?

Wie ihr ein Gedicht vortragt, könnt ihr auf S. 310 nachlesen.

2 Erklärt den Titel. Bestimmt, was der Sprecher in dem Gedicht kritisiert.

3 Beschreibt das Bild. Überlegt dann zusammen: Was hat diese Szene aus dem Disney-Film „Rapunzel – Neu verföhnt“ (USA, 2010) mit dem Gedicht gemein? Welche Eigenschaften Rapunzels werden hier betont?

4 Diskutiert, welche der folgenden Aussagen auf die Botschaft des Gedichts zutreffen.

a) Das Gedicht wendet sich an Mädchen.
b) Das Gedicht wendet sich an jeden jungen Menschen.
c) Der Text ist märchenkritisch.
d) Der Autor möchte, dass man keine Märchen mehr liest.
e) Das Gedicht zeigt die Gefahren des Faulenzens, Abwartens und der Zeitvergeudung.
f) Der Autor möchte, dass sich heutige Mädchen wie Dornröschen verhalten.

Projekt Kreativ mit Märchen arbeiten

Wenn ihr euch noch intensiver und eigenständiger mit dem Thema „Märchen" beschäftigen wollt, könnt ihr einen der folgenden Projektvorschläge auswählen und bearbeiten.

Vorschlag 1

Die Autoren des gleichnamigen Disney-Films haben das Märchen „Rapunzel" umgeschrieben. Sucht euch ein Märchen aus, in dem die passive, bescheidene oder demütige Heldin von einem schönen, starken oder reichen Prinzen aus ihrer schlechten Situation erlöst wird. Schreibt nun dieses Märchen an einer entscheidenden Stelle so um, dass die Heldin sich selbst durch eigene mutige und kluge Taten rettet. Lasst sie also emanzipiert auftreten!

Tipp: Mögliche Märchen für eure Modernisierungen wären zum Beispiel „Schneewittchen", „Dornröschen", „Rapunzel" oder auch „Aschenputtel". Den Schlussteil des berühmten Märchens von „Dornröschen" findet ihr als Zusatzmaterial. Hierzu könntet ihr einen neuen und modernen Schluss schreiben. **Zusatzmaterial**

Vorschlag 2

Ihr kennt bestimmt das moderne Märchen von der Eiskönigin Elsa und ihrer mutigen Schwester Anna, die gemeinsam viele aufregende Abenteuer bestehen. Schreibt eine Fortsetzung dieses Märchens, in dem auch der Naturbursche Kristoff, der lustige Schneemann Olaf und das Rentier Sven auftauchen dürfen.

Szenenbild aus „Die Eiskönigin II" (USA, 2019)

Vorschlag 3

Wenn ihr mehr über die berühmte Märchenerzählerin Dorothea Viehmann erfahren möchtet, leiht euch am besten das Buch „Die Märchenfrau – Wie die Brüder Grimm zu ihren Märchen kamen“ in eurer Stadtbücherei aus. Lest das Buch und erstellt ein Plakat, um eure Mitschülerinnen und Mitschüler zu informieren.

Vorschlag 4

Ihr mögt die Disney-Bösewichte wie die böse Königin aus „Schneewittchen“, Käpt’n Hook aus „Peter Pan“, Malefiz aus „Dornröschen“ oder Cruella de Vil aus „101 Dalmatiner“?

Recherchiert im Internet oder leiht euch in der Bücherei ein Buch zu eurem Lieblingsbösewicht aus. Ihr könnt eine Collage erstellen und eure Figur auf diese künstlerische Weise in der Klasse vorstellen. Alternativ könnt ihr zu den Märchenfiguren ein Bilderrätsel oder ein Quiz, wie ihr es auf der ersten Seite kennengelernt habt, erstellen.

Vorschlag 5

Die Leseratten unter euch kennen vielleicht bereits die märchenhaft-fantastische Abenteuerreihe „Land of Stories“ von Chris Colfer. Hier erhalten Alex und ihr Zwillingsbruder Conner mithilfe eines alten Zauberbuchs Einlass in ein magisches Reich. In dieser fantastischen Märchenwelt gibt es nicht nur gute Feen und verwunschene Prinzen, sondern auch ein böses Wolfsrudel und eine richtig böse Königin, gegen die nicht so leicht anzukommen ist. Auch haben einige der zauberhaften Märchenwesen einige Marotten entwickelt, was dazu führt, dass Alex und ihr Bruder in so manche verzwickte Lage geraten. Und auch der Weg zurück in die Menschenwelt ist kompliziert, denn dafür benötigen die zwei ein geheimnisvolles Tagebuch, hinter dem leider auch die böse Königin her ist. Leiht euch das Buch zur Reihe aus, lest es und formuliert vor der Klasse eine Leseempfehlung.

4 Das habe ich gelernt, das kann ich

Den Aufbau eines Märchens erarbeiten ▶ S. 341

Brüder Grimm

Der süße Brei

Es war einmal ein armes, frommes Mädchen, das lebte mit seiner Mutter allein, und sie hatten nichts mehr zu essen. Da ging das Kind hinaus in den Wald, und es begegnete ihm da eine alte Frau, die wusste seinen Jammer schon und schenkte ihm ein Töpfchen, zu dem sollt es sagen: „Töpfchen, koche", so kochte es guten, süßen Hirsebrei, und wenn es sagte: „Töpfchen, steh", so hörte es wieder auf zu kochen. Das Mädchen brachte den Topf seiner Mutter heim, und nun waren sie ihrer Armut und ihres Hungers ledig und aßen süßen Brei, sooft sie wollten. Auf eine Zeit war das Mädchen ausgegangen, da sprach die Mutter: „Töpfchen, koche", da kocht es, und sie isst sich satt; nun will sie, dass das Töpfchen wieder aufhören soll, aber sie weiß das Wort nicht. Also kocht es fort, und der Brei steigt über den Rand hinaus und kocht immerzu, die Küche und das ganze Haus voll und das zweite Haus und dann die Straße, als wollt's die ganze Welt satt machen, und ist die größte Not, und kein Mensch weiß sich da zu helfen. Endlich, wie nur noch ein einziges Haus übrig ist, da kommt das Kind heim und spricht nur: „Töpfchen, steh", da steht es und hört auf zu kochen, und wer wieder in die Stadt wollte, der musste sich durchessen.

1 Erarbeite den Aufbau des Märchens, indem du die folgende Tabelle in dein Heft übernimmst und vervollständigst.

Textabschnitt	Überschrift	Inhalt
Z. 1 – 3	Ausgangssituation; eine Notlage	Ein armes, frommes Mädchen lebt allein mit seiner Mutter. Sie haben nichts mehr zu essen.
Z. 3 – 13	? ? ? ? ? ? ? ? ? ? ? ? ? ? ? ? ?	? ? ? ? ? ? ? ? ? ? ? ? ? ? ? ? ?
? ? ? ? ? ? ? ?	? ? ? ? ? ? ? ? ? ? ? ? ? ? ? ? ?	? ? ? ? ? ? ? ? ? ? ? ? ? ? ? ? ?

Märchenmerkmale überprüfen ▶ S. 344

2 Gib an, welche Märchenmerkmale du in dem Märchen „Der süße Brei" entdecken kannst, und nenne die Zeilen dazu:

a) Zaubergestalten und übernatürliche Kräfte greifen in das Geschehen ein.
b) Menschen unterhalten sich mit Tieren wie mit ihresgleichen.
c) Die Naturgesetze sind außer Kraft gesetzt.
d) Die Handlung ist in einem Irgendwann und Irgendwo angesetzt.
e) Die Märchengestalten haben keine individuellen Namen.
f) Die Welt ist klar in Gut und Böse aufgeteilt.
g) Das Gute wird belohnt, das Böse wird bestraft.
h) In vielen Märchen spiegelt sich die Sehnsucht und die Hoffnung der armen Leute, dass es ihnen einmal besser gehen wird und sie wie die Reichen leben werden.

3 Bei dem folgenden Märchen sind die Ausgangssituation und der Schluss schon vorgegeben. Ergänze den Hauptteil so, dass er zur Ausgangssituation und zu dem Schluss passt.

Brüder Grimm

Prinzessin Mäusehaut

Ein König hatte drei Töchter; da wollte er wissen, welche ihn am liebsten hätte, ließ sie vor sich kommen und fragte sie. Die älteste sprach, sie habe ihn lieber als das ganze Königreich; die zweite, als alle Edelsteine und Perlen auf der Welt; die dritte aber sagte, sie habe ihn lieber als das Salz. Der König ward aufgebracht, dass sie ihre Liebe zu ihm mit einer so geringen Sache vergleiche, übergab sie einem Diener und befahl, er solle sie in den Wald führen und töten.

Wie sie in den Wald gekommen waren, bat die Prinzessin den Diener um ihr Leben; dieser war ihr treu und würde sie doch nicht getötet haben, er sagte auch, er wolle mit ihr gehen und ganz nach ihren Befehlen tun. Die Prinzessin verlangte aber nichts als ein Kleid von Mausehaut, und als er ihr das geholt, wickelte sie sich hinein und ging fort. Sie ging geradezu an den Hof eines benachbarten Königs, gab sich für einen Mann aus und bat den König, dass er sie in seine Dienste nehme. Der König sagte es zu, und sie solle bei ihm die Aufwartung[1] haben. [...]

Zu der Hochzeit wurde auch der Vater der Mausehaut eingeladen, der glaubte, seine Tochter sei schon längst tot, und erkannte sie nicht wieder. Auf der Tafel aber waren alle Speisen, die ihm vorgesetzt wurden, ungesalzen, da ward er ärgerlich und sagte: „Ich will lieber nicht leben als solche Speise essen!" Wie er das Wort ausgesagt, sprach die Königin zu ihm: „Jetzt wollt Ihr nicht leben ohne Salz, und doch habt Ihr mich einmal wollen töten lassen, weil ich sagte, ich hätte Euch lieber als Salz!" Da erkannte er seine Tochter und küsste sie und bat sie um Verzeihung, und es war ihm lieber als sein Königreich und alle Edelsteine der Welt, dass er sie wiedergefunden.

[1] **Aufwartung:** für ihn als Dienerin arbeiten dürfen

Du kannst dich selbst überprüfen. Lösungen

Von Riesen, Prinzessinnen, Geißlein und sonderbaren Märchenwesen

s-Laute richtig schreiben

- s-Laute sind häufig in unserer Sprache zu finden, manche klingen unterschiedlich, wie etwa in den Wörtern *reisen* und *reißen*, andere klingen gleich (du *liest*, sie *gießt*) und werden dennoch unterschiedlich geschrieben.
- In diesem Kapitel beschäftigt ihr euch mit unterschiedlichen s-Lauten und ihr erfahrt, wie man sie am Klang unterscheiden kann.
- Anschließend lernt ihr, wie ihr mithilfe von Regeln die s-Laute richtig schreiben könnt.
- Um zu prüfen, ob ihr in der Anwendung eures Wissens sicher seid, könnt ihr den Übungsteil nutzen. Dabei habt ihr die Möglichkeit, allein oder mit einem Lernpartner oder einer Lernpartnerin zu arbeiten oder auch Bereiche, die euch noch besondere Schwierigkeiten bereiten, zu üben. Dann beherrscht ihr die Schreibweise der s-Laute schon ziemlich sicher.

1 Betrachtet das Wimmelbild genau und beschreibt, was ihr sehen könnt. Wie viele Wörter mit s-Lauten sind im Bild zu finden?

2 Im Deutschen gibt es zwei unterschiedliche s-Laute, die sich im Klang unterscheiden. Wegen ihres Klangs werden sie auch Schlangen-s (z. B. in dem Wort *Wasser*) und Bienen-s (z. B. in dem Worte *Rose*) genannt. Erklärt, wieso diese Bezeichnungen passend sind.

3 Sprecht in der Klasse die folgenden Wörter gemeinsam laut. Betont dabei den s-Laut besonders und besprecht anschließend, ob die Klasse bei dem Wort jeweils zum „Bienenkorb“ oder zum „Schlangennest“ wurde.

Nase ▪ Großmutter ▪ Hase ▪ Fluss

1 Was du hören kannst – gesummt oder gezischt

„Es war einmal …"

Wenn man heute in einem Märchenbuch liest, kann man viel über die Träume und Wünsche der Menschen aus vergangenen Zeiten erfahren. Früher wurden Märchen vor allem während der Winterzeit im Haus erzählt, wenn es draußen nass und eisig war. Die Familie saß dann gemeinsam in der warmen Küche und erledigte die Hausarbeiten. Es wurde z.B. Wolle gesponnen oder es wurde gestrickt. Dabei erzählten sich die Menschen Geschichten, in denen Wünsche in Erfüllung gingen oder Wunder geschahen. Es kamen Riesen, böse Wölfe, Prinzen, Feen und alle die Gestalten vor, die wir heute so gut kennen. Märchen wurden und werden überall auf der Welt erzählt. Du kennst bestimmt nicht nur die Märchen der Brüder Grimm, sondern auch noch weitere Märchen, wie z.B. die „Märchen aus Tausendundeiner Nacht", die aus arabischen Ländern stammen. Märchen wurden früher mündlich überliefert und erst später durch sogenannte Märchensammler aufgeschrieben. So blieben die Märchen bis heute erhalten.

In den Märchen, die häufig mit „Es war einmal" beginnen, müssen die Hauptfiguren schwierige Aufgaben lösen oder gegen das Böse kämpfen. Die bösen Kräfte werden immer besiegt. Das Gute wird dagegen mit köstlichen Speisen, Reichtum, einem Schloss, ewiger Schönheit oder Glück belohnt. Viele Märchen enden mit dem Satz „Und wenn sie nicht gestorben sind, dann leben sie noch heute". Auf diese Weise bleiben die Zuhörer oder Leser auch über das Ende der Handlung hinaus in der wunderbaren oder zauberhaften Welt des Märchens.

Die Menschen, die sich die Märchen erzählten, lebten jedoch in einer völlig anderen Welt. Viele waren arm, litten große Not und mussten um ihr Überleben bangen. Da konnte es schon eine große Hilfe sein, in einer Geschichte das zu erleben, was in der Wirklichkeit nicht erlebt werden konnte.

1 Erschließt euch den Text über Märchen, indem ihr fünf Fragen aufschreibt, auf die der Text eine Antwort gibt. Beispiel: Worüber kann man etwas erfahren, wenn man in einem Märchenbuch liest? Lasst eure Lernpartnerin oder euren Lernpartner die Fragen beantworten und kontrolliert ihre oder seine Antworten.

2 Sprecht darüber, was das Besondere an Märchen ist.

3 Wer liest heute noch Märchen? Wann und warum werden sie gelesen? Vergleicht dies mit der damaligen Zeit.

4 Im Text heißt es, die Märchen seien früher besonders in der Winterzeit erzählt worden, wenn es draußen nass und eisig war (vgl. Z. 4 ff.). Stellt euch einmal hin und legt die flache Hand auf euren Kehlkopf. Sprecht nun die beiden Wörter *nass* und *eisig* laut und deutlich aus. Was fällt euch auf? Tauscht euch darüber aus.

5 Lest den Text laut und versucht, ganz deutlich zu sprechen. Achtet dabei besonders auf die s-Laute. Ordnet Beispiele aus dem Text der **Methodenbox** zu.

Methode

s-Laute voneinander unterscheiden

Gesummter s-Laut
Man kann den s-Laut **gesummt** sprechen wie z. B. in *eisig*. Wenn du deine Hand beim Sprechen auf deinen Kehlkopf legst, kannst du das Summen fühlen (Bienen-s).

Gezischter s-Laut
Man kann den s-Laut **gezischt** sprechen wie z. B. in *draußen*. Das kannst du nur hören und nicht fühlen (Schlangen-s).

Diese Unterscheidung in der Aussprache ist auch für die Rechtschreibung wichtig.

6 Sucht aus dem ersten Abschnitt des Textes alle Wörter mit einem s-Laut heraus und sprecht sie zunächst laut. Schreibt anschließend aus dem gesamten Text alle Wörter mit einem s-Laut auf und ordnet sie dabei nach gesummtem und gezischtem s-Laut.
Legt dafür eine Tabelle in eurem Heft an:

gesummter s-Laut	gezischter s-Laut
– eisig	– liest
– ...	– ...

7 Wie viele verschiedene Schreibweisen könnt ihr für das gesummte **s** finden? Wie viele Schreibweisen entdeckt ihr für das gezischte **s**?

Regel

Schreibweisen für s-Laute

Für den **gesummt** ausgesprochenen s-Laut gibt es nur eine Schreibweise. Er wird immer mit einem einfachen **s** geschrieben.

Für den **gezischt** ausgesprochenen s-Laut gibt es drei Schreibweisen: mit **s**, mit **ss** und mit **ß**.

Riesengeschichte

Bartolo ist ein Riese. Er ist sehr groß und stark, er hat Riesenfüße und Riesenhände, eine Riesennase, Riesenohren und einen Riesenschnurrbart, der wie ein Besen aussieht. Aber sein Herz ist wie ein Hasenherz, ein richtiger Angsthase ist er. Bartolo fürchtet sich nicht nur vor Spinnen und Wespen, wie du und ich. Nein, er fürchtet sich auch vor Löwen und Tigern und Drachen. Dabei hat in unserem Wald seit urewigen Zeiten niemand auch nur die Schwanzspitze von einem Löwen oder Tiger oder Drachen gesehen. Und er fürchtet sich auch vor den Nachteulen mit ihren großen runden Augen, vor den Füchsen mit ihren messerscharfen Zähnen, vor den Katzen mit ihren spitzen Krallen. Es gibt nichts, wovor er sich nicht fürchtet.

1 Was ist das Besondere an dem Riesen Bartolo? Tauscht euch darüber aus.

2 Lest den Text gründlich und ordnet anschließend in eurem Heft alle Wörter mit s-Lauten in eine Tabelle ein.

gesummter s-Laut	**gezischter s-Laut**		
geschrieben: **s**	geschrieben: **s**	geschrieben: **ss**	geschrieben: **ß**
? ? ? ? ? ? ?	? ? ? ? ? ? ?	? ? ? ? ? ? ?	? ? ? ? ? ? ?

3 Habt ihr eine Idee, wie Bartolo seine Angst besiegen könnte? Tauscht euch über eure Ideen aus.

2 Der gesummte s-Laut: s

Der Wolf mit den drei goldenen Haaren

Hinter den ??? Bergen bei den ??? Zwergen lebte an einem ??? ??? ein Wolf. Er war ein ungewöhnlicher Wolf, denn auf seinem Kopf wuchsen drei goldene Haare und seine ??? wurde immer länger, wenn er nicht die Wahrheit ??? . Eines Tages wollte der Wolf ??? kranke Großmutter ??? , die hinter dem Wald in einem der Hochhäuser lebte. Sie hatte ??? und lag mit ??? hohem Fieber im Bett. Er ??? sich auf sein Motorrad, packte süßen Kuchen, ??? , ??? , Wein und Brot zur Stärkung für die Großmutter in seinen Korb und brauste los. Unterwegs begegnete er ??? und Gretel, die mit Inline-Skates auf dem Weg zum Lebkuchenhaus waren, um zu ??? , wie es der alten Hexe ging, die nach ihrem letzten Ausflug mit dem ??? eine Erkältung bekommen hatte und ständig ??? und husten musste.

1 Versucht, diesen Text zu zweit zu lesen. Füllt dafür die Lücken mit den Wörtern, die sich im Korb des Wolfs befinden.

2 Welche bekannten Märchen verbergen sich in dem Text über den Wolf? Schreibt die Titel auf.

3 Tauscht euch darüber aus, was euch an den Wörtern auffällt, die ihr in den Text eingesetzt habt.

4 Schreibt den Text in euer Heft.

- Setzt die passenden Wörter aus dem Korb in die Lücken ein.
- Markiert alle gesummten s-Laute.

Alternativ könnt ihr die Lücken auch digital ausfüllen. **interaktive Aufgabe**

5 Auch hier könnt ihr noch einmal die Aussprache und Schreibweise des gesummten s-Lautes üben. Lest die Wörter laut. Schreibt sie anschließend in der Abc-Ordnung in euer Heft und setzt den fehlenden Buchstaben ein.

Ha■e, Brem■e, sau■en, E■el, Ho■e, Na■e, tau■end, Ra■en, Kä■e. Am■el, die■er, le■en, Do■e, Gemü■e, Ro■e, rei■en, Pau■e, Be■en, lei■e, Ei■en, al■o, Amei■e, bö■e

6 Sucht aus den Wörtern einige heraus, die sich reimen, und bildet mit ihnen lustige Paarreime.
Beispiel: Die Hexe fliegt auf ihrem Besen,
sie hat im Zauberbuch gelesen.

7 Betrachtet die Wörter mit gesummtem s-Laut noch einmal genau und formuliert dann eine Regel zur Schreibweise. Wenn ihr möchtet, könnt ihr die Rechtschreibregel als Reim anlegen, da man sich diesen besonders gut merken kann. So könnt ihr beginnen:

Das gesummte s …

Der versteckte gesummte s-Laut: Maus – Mäuse

1 In der Märchenburg sind viele Wörter enthalten. Benennt Gemeinsamkeiten.

2 Alle Wörter enthalten einen einfach geschriebenen s-Laut. Gilt die von euch aufgestellte Regel für das gesummte **s** auch für diese Wörter? Erklärt.

Methode

Den gesummten s-Laut hören

Vor einem Konsonanten oder am Wortende wird der gesummte s-Laut zu einem gezischten s-Laut. Wenn du dir beim Schreiben unsicher bist, suche nach verwandten Wortformen, bei denen der gezischte s-Laut wieder zu einem gesummten wird. Vielleicht kennst du auch den Reim „Verlängere das Wort und du hörst es sofort".

Beispiele: Maus – Mäuse
er rast – rasen
Haus – Häuser
sie niest – niesen

3 Schreibt die Wörter aus der Burg untereinander in euer Heft, markiert die s-Laute und findet zu allen eine Verlängerung. Bildet z. B. zu den Verben die passenden Infinitive und zu den Nomen die Pluralformen.
Beispiel: er saust – sausen

4 Markiert die s-Laute in den Verlängerungen. Was fällt euch auf?

5 Schreibt das folgende Gedicht in euer Heft, tragt die fehlenden Buchstaben ein und begründet eure Entscheidungen.

Johannes Diekhans

Die Leseratte zum Bücherwurm

Die Le■eratte zum Bücherwurm:
„Lie■ mir ein Buch vor!
Eines, in dem der Rie■e nie■t.
Eines, in dem der Wind blä■t.
Eines, in dem der Sturm sau■t.
Eines, in dem das Schaf gra■t.
Eines, in dem wir uns treffen.
Du und ich.
Eines, das du noch nicht verspei■t hast."

6 Schreibt das Märchen von dem Wolf mit den drei goldenen Haaren (s. S. 361) weiter. Benutzt dabei die folgenden Nomen und Verben:

Glas ▪ lesen ▪ rasen ▪ Maus ▪ speisen ▪ Gans ▪ beweisen ▪ verreisen ▪ Haus

7 Kennzeichnet anschließend in eurer Geschichte zehn s-Laute durch Markieren und überprüft die Schreibweise.

3 Der gezischte s-Laut: ss und ß

1 Lest die in der Märchenkiste abgebildeten Wörter laut. Was fällt euch auf?

2 Ordnet diese gezischten s-Laute in einer Tabelle in eurem Heft nach **ss** und **ß**. Markiert die s-Laute und versucht, ihre unterschiedliche Schreibweise zu begründen.

Regel

Schreibweisen des gezischten s-Lautes

Der **gezischte s-Laut** wird nach langem, betontem Vokal oder Doppellaut (z. B. au, eu) mit **ß** geschrieben.
Beispiele: Soße, draußen, beißen, Füße, genießen

Der **gezischte s-Laut** wird nach kurzem, betontem Vokal oft mit **ss** geschrieben.
Beispiele: Klasse, fassen, Masse, essen

!

3 Nutzt die Wörter aus der Märchenkiste, um lustige Sätze zu schreiben, in denen Märchenfiguren auftreten. Markiert die Wörter mit einem s-Laut und überprüft noch einmal die Schreibweise.

Mit den Aufgaben 4 – 8 könnt ihr die Schreibweise der gezischten s-Laute noch einmal üben.

4 In den folgenden Wörtern fehlt der gezischte s-Laut. Schreibt die Wörter in euer Heft und setzt **ß** oder **ss** ein. Lest die Wörter deutlich und achtet auf die Vokale. Kennzeichnet den langen Vokal oder den Doppellaut durch einen Strich und den kurzen Vokal durch einen Punkt.

Beispiel: Fuß, Gasse, beißen

Grü■e	genie■en	Fischflo■e
Ka■e	Flu■	Wei■brot
Schlü■el	Kla■e	vermi■en
Stra■e	Blö■e	Hei■hunger
pre■en	zerrei■en	zusammenfa■en
Spa■	flie■en	
me■en	verschlo■en	

5 Bildet zu jedem der folgenden Wörter eine Reimkette. Findet mindestens zwei neue Reimwörter. Vielleicht fallen euch auch noch mehr ein.
Beispiel: lassen – fassen, passen

a) Floß – ...
b) Tasse – ...
c) gießen – ...

6 Löst die folgenden Rätsel und schreibt die Wörter in euer Heft.

A) Eine ■a■■■ ist ein Ge■■■, aus dem man trinken kann.

B) Ein ■a■■ ist ein Dokument, das du manchmal brauchst, um in ein anderes Land einzureisen.

C) Eiwei■ benötigt man oft zum Backen.

D) Der Rhein ist ein großer ■■■■■.

E) Man darf das Gummiband nicht zu stark spannen, sonst kann es r■■■■■.

F) In vielen Ländern b■■■■■■■ und verabschieden sich Menschen mit einem ■u■■.

G) Um einen Fluss zu überqueren, kann man anstatt eines Bootes auch ein Fl■■ benutzen.

H) Mit Inline-Skates darf man nicht auf der ■■r■■■ fahren, sondern man muss den Bürgersteig benutzen.

I) Ein edles Pferd bezeichnet man auch als ■o■■.

J) Man benutzt einen ■■m■■■■, um die Himmelsrichtung zu bestimmen.

7 Löst das Bilderrätsel. Schreibt die Wörter in euer Heft und findet das Lösungswort.

Die Rätsel der Aufgaben 6 und 7 könnt ihr auch digital lösen. **interaktive Aufgabe**

8 Bildet mithilfe der Wortsterne möglichst viele Wörter und schreibt sie in euer Heft.

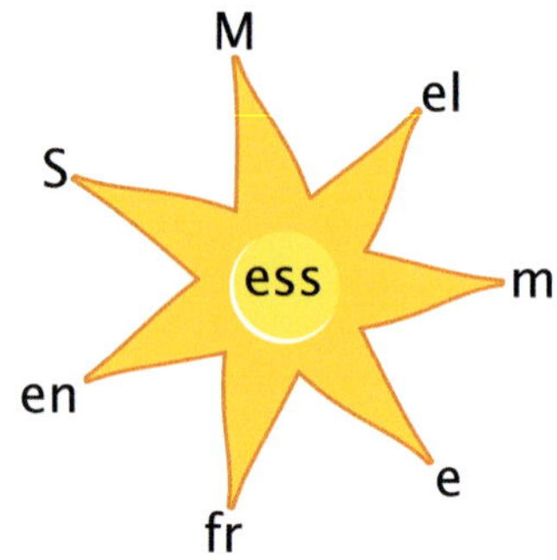

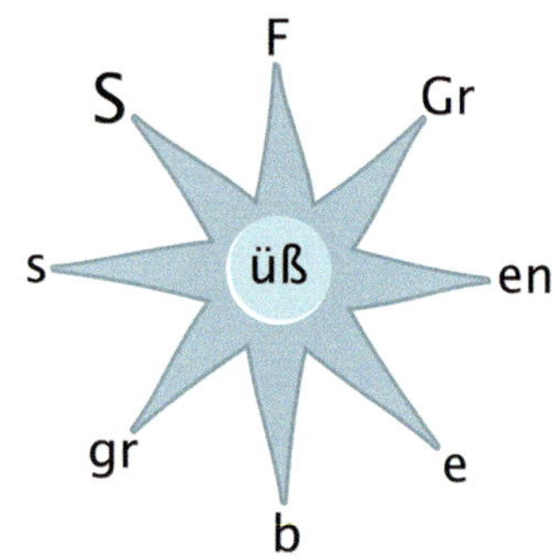

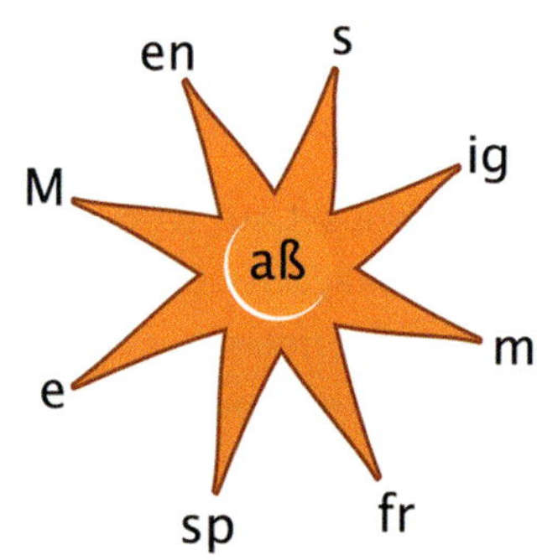

ss/ß – mal so, mal so

1 Übertragt die folgenden Wörter in euer Heft und bildet die Personalformen wie im Beispiel. Setzt ein: **ss** oder **ß**?

Beispiel: genießen – ich genieße, ich genoss

a) schießen – ...
b) zerreißen – ...
c) gießen – ...
d) essen – ...
e) vergessen – ...
f) wissen – ...

2 Was fällt euch auf, wenn ihr die Infinitive in die Personalformen setzt? Begründet die Veränderung der Schreibweise und denkt dabei an die Rechtschreibregeln (vgl. S. 363).

3 Mithilfe der folgenden Übung könnt ihr euch die Veränderung der s-Laute noch einmal einprägen. Setzt in eurem Heft jeweils die fehlenden Formen in die Tabelle ein.

Ihr könnt ein Arbeitsblatt mit der Tabelle und weiteren Verben nutzen. **Arbeitsblatt**

Verb im Infinitiv	1. Person Singular Präsens	3. Person Singular Präteritum
beißen	? ? ? ? ? ? ? ? ? ? ? ? ? ? ? ? ?	? ? ? ? ? ? ? ? ? ? ? ? ? ? ? ? ?
? ? ? ? ? ? ? ? ?	? ? ? ? ? ? ? ? ? ? ? ? ? ? ? ? ?	es fraß
? ? ? ? ? ? ? ? ?	ich messe	? ? ? ? ? ? ? ? ? ? ? ? ? ? ? ? ?
? ? ? ? ? ? ? ? ?	? ? ? ? ? ? ? ? ? ? ? ? ? ? ? ? ?	es floss
essen	? ? ? ? ? ? ? ? ? ? ? ? ? ? ? ? ?	? ? ? ? ? ? ? ? ? ? ? ? ? ? ? ? ?
? ? ? ? ? ? ? ? ?	ich reiße	? ? ? ? ? ? ? ? ? ? ? ? ? ? ? ? ?
? ? ? ? ? ? ? ? ?	? ? ? ? ? ? ? ? ? ? ? ? ? ? ? ? ?	sie verließ

Die folgenden Übungen helfen euch, beim Umgang mit den gezischten s-Lauten sicherer zu werden.

4 Die Texte stammen aus verschiedenen Märchen. Wie heißen die Märchen? (Die Lösungen findet ihr in Spiegelschrift auf S. 366.) Arbeitet anschließend zu zweit und diktiert euch jeweils zwei der kurzen Texte.

A) Deine weißen Kleider, deine Perlen und großen Edelsteine und deine goldene Krone mag ich nicht. Wenn du mich aber lieb haben willst und ich dein Spielkamerad sein, an deinem Tisch neben dir sitzen, von deinem goldenen Teller essen, aus deiner Tasse trinken und in deinem Bett schlafen darf, so will ich hinuntersteigen und dir die goldene Kugel wieder hinaufholen.

B) Eine Witwe hatte zwei Töchter, davon war die eine schön und fleißig, die andere hässlich und faul. Sie hatte aber die hässliche und faule Tochter viel lieber und die andere musste die gesamte Arbeit tun. Das arme Mädchen musste sich täglich auf die große Straße an einen Brunnen setzen und so viel spinnen, sodass ihm die Finger bluteten.

C) Eine sehr arme Witwe lebte in einer einsamen Hütte. In ihrem Garten standen zwei Rosenbäumchen, das eine hatte weiße, das andere rote Rosen. Ihre zwei Kinder glichen diesen beiden Rosenbäumchen.

D) Die Frau hatte zwei Töchter mit ins Haus gebracht, die sehr hübsch waren, die aber ein böses Wesen hatten. Da fing eine schlimme Zeit für das arme Stiefkind an. „Soll die dumme Gans bei uns in der Küche sitzen“, sprachen sie, „wer Brot essen will, muss es sich verdienen; hinaus mit der Küchenmagd!“ Sie nahmen ihm seine schönen Kleider weg, zogen ihm einen grauen Kittel an und gaben ihm hölzerne Schuhe.

(Der Froschkönig, Frau Holle, Schneeweißchen und Rosenrot, Aschenputtel)

5 Findet zu den folgenden Wörtern die passenden Formen aus der Wortfamilie: das Nomen, den Infinitiv, das Verb in der dritten Person Singular Präsens oder in der dritten Person Singular Präteritum. Übertragt die Tabelle dazu in euer Heft.

Ihr könnt ein Arbeitsblatt mit der Tabelle und weiteren Verben nutzen.
Arbeitsblatt

Nomen	**Verb im Infinitiv**	**3. Person Singular Präsens**	**3. Person Singular Präteritum**
Hass	hassen	er hasst	er hasste
Pass	? ? ? ? ? ? ? ? ? ? ? ?	? ? ? ? ? ? ? ? ? ? ? ?	? ? ? ? ? ? ? ? ? ? ? ?
? ? ? ? ? ? ? ? ? ? ? ?	? ? ? ? ? ? ? ? ? ? ? ?	? ? ? ? ? ? ? ? ? ? ? ?	er fasste
? ? ? ? ? ? ? ? ? ? ? ?	küssen	? ? ? ? ? ? ? ? ? ? ? ?	? ? ? ? ? ? ? ? ? ? ? ?

6 Schreibt aus dem folgenden Wortspeicher die Wörter heraus, die sich reimen, und bildet anschließend lustige Paarreime zum Thema „Märchen“. Vielleicht gelingt euch auch ein ganzes Gedicht.

Beispiel: Will der Wolf sein Mahl genießen,
sollte er die Türe schließen.

genießen ▪ Maus ▪ Grüße ▪ Haus ▪ groß ▪ zerreißen ▪ schließen ▪ weiß ▪ Füße ▪ Laus ▪ Floß ▪ heiß ▪ fließen ▪ Fuß ▪ beißen ▪ Gruß ▪ gießen

4 Übung macht den Meister

Mithilfe dieser Übungen könnt ihr euer Wissen anwenden und sichern. Entscheidet, in welcher Reihenfolge ihr vorgehen möchtet und wie ihr arbeiten wollt, allein oder mit einem Lernpartner oder einer Lernpartnerin. Natürlich müsst ihr die Übungen über einen längeren Zeitraum verteilen.

Fünf-Minuten-Diktate

1 Arbeitet zu zweit. Diktiert euch jeweils einen der drei Texte und besprecht anschließend eventuelle Fehler.

A) Viele Menschen lesen gerne Märchen, da am Ende stets das Gute siegt und das Böse bestraft wird. Die Hexe und der große Bösewicht stehen schließlich als Verlierer da, während das leise und zurückhaltende Mädchen nach vielen Anstrengungen für Fleiß und Zuverlässigkeit mit Reichtum und einem sorglosen Leben belohnt wird.
(49 Wörter)

B) Stelle dir einmal vor, du wärst wie die Prinzessin auf der Erbse. Jede kleine Unebenheit käme durch die Kleidung hindurch einem Felsen gleich und der Stuhl, auf dem du gerade sitzt, wäre eine riesige Herausforderung. Doch jeder weiß, wie du dir helfen könntest: Ein Kissenturm auf dem Stuhl in der Klasse wäre angemessen, um es dir bequem zu machen.
(59 Wörter)

C) Tiere sind beliebte Märchenfiguren. Geißlein, Esel, Wolf und der gestiefelte Kater reisen durch unsere Köpfe und hinterlassen ihre Spuren. Aber auch Fantasiewesen kommen massenhaft vor. Wir begleiten Wassermänner und Hexen, Riesen und Gespenster auf ihren Wegen und lassen uns von ihren Geschichten verzaubern.
(43 Wörter)

Schleichdiktate

2 Legt das Buch etwas entfernt von eurem Platz hin. Lest aus dem folgenden Diktattext immer einen Satz oder einen Teil des Satzes gründlich. Prägt ihn euch ein, schleicht leise an euren Platz zurück und schreibt den Satz in euer Heft. Wenn ihr mit dem Text fertig seid, vergleicht ihr ihn mit der Vorlage.

Das Schloss im Silberwald

Im tiefen Silberwald stand ein sagenhaftes Schloss, das im Sonnenlicht funkelte. Dort lebte eine Prinzessin, die für ihre Weisheit und Sanftmut bekannt war. Eines Tages hörte sie von einem großen Schatz, der im Wald versteckt sein sollte.

Mit leisen Schritten schlich sie durch das dichte Gras, während sanfte Brisen die Blätter zum Flüstern brachten. Plötzlich sah sie auf einer Lichtung einen silbernen Schlüssel, der im Gras glänzte. Sie wusste sofort, dass dieser Schlüssel sie zum Schatz führen würde.

Vorsichtig folgte sie einem schmalen Pfad, der sich durch das Dickicht schlängelte, bis sie schließlich vor einer alten Truhe stand. Mit dem Schlüssel öffnete sie die Truhe und fand darin funkelnde Edelsteine und glänzende Münzen. Doch die Prinzessin wusste, dass der wahre Schatz die Erlebnisse und Geschichten waren, die sie auf ihrer Suche gesammelt hatte. (132 Wörter)

Verwürfelte Wörter

3 Löst die folgenden verwürfelten Wörter auf. Ihr könnt auch zu zweit oder zu dritt knobeln und sehen, wer am schnellsten ist. Diktiert euch anschließend gegenseitig die Wörter.

ÜRSELS	SLUSCHS	SIERE	LORSWAS	RESAWS	SEIWE
ESAKS	ULAS	SOLFES	DEBOSSERN	SORE	ESILE
ESAN	EMIESA	NASER	EISER	SANS	SÜSNEK

s, ss oder ß?

4 Schreibt den Text in euer Heft und ergänzt die fehlenden Buchstaben. Sprecht die Wörter so deutlich, dass ihr hört, welcher s-Laut jeweils eingesetzt werden muss. Ihr könnt die Übung auch interaktiv bearbeiten. **interaktive Aufgabe**

Immer missverstanden

Was soll ich sagen? Schon seit Anbeginn der Zeit wird mir stets nachge■agt, ich sei ein Bö■ewicht und man mü■e aufpa■en, wenn man mir über den Weg läuft. Man begegnet mir mit Ha■ und es hei■t sogar, ich wolle kleine Mädchen verspei■en und ihre Gro■mütter fre■en. Doch das alles sind haltlo■e Anschuldigungen. Tat■ächlich bin ich doch nur ein ein■ames und verla■enes Rudeltier und suche Ge■ellschaft und ein paar freundliche Ge■ellen, mit denen ich Spa■ haben kann.

5 Auch in dem folgenden Text fehlen Buchstaben. Setzt die s-Laute ein und schreibt den Text in euer Heft. Ihr könnt die Aufgabe auch interaktiv bearbeiten.
interaktive Aufgabe

Ein■am im Wa■er

Ach, ich bin ein armes We■en. In der Tiefe mu■ ich sitzen, ein■am und verla■en. Jeden Tag warte ich auf die Prinze■in, die an hei■en Tagen an den Brunnen kommt und nichts von mir wei■. Doch ich habe einen Plan gefa■t. Schon bald werde ich gemein■am mit der Königsfamilie von goldenen Tellern e■en und jeden Luxus genie■en, den das Schlo■ zu bieten hat. Und handle ich wei■e und gela■en, wird schlie■lich ein Ku■ die er■ehnte Belohnung für die gro■e Ausdauer sein.

6 Was haben die beiden Abschreibtexte gemeinsam? Wer spricht hier? Benennt die Märchenfiguren, die sprechen.

7 Erstellt eigene Texte, in denen ihr Märchenfiguren sprechen lasst. Überprüft anschließend, ob ihr die s-Laute richtig geschrieben habt. Nutzt dafür die Regeln, die ihr in diesem Kapitel gelernt habt, und schlagt bei Bedarf in einem Wörterbuch nach. Ihr könnt euch die Texte anschließend gegenseitig diktieren oder in der Klasse vorlesen. Kann die Klasse erraten, welche Märchenfigur jeweils spricht?

Hinweise zum Umgang mit dem Wörterbuch findet ihr auf S. 170f.

Partnerdiktate

8 Diktiert euch zu zweit die folgenden Texte und besprecht im Anschluss eventuell aufgetretene Fehler.

Wenn ihr in Ruhe allein üben wollt, könnt ihr euch die Texte diktieren lassen.
Audio

Moderne Märchenversionen

Märchen sind auch heute noch sehr beliebt, wie der große Erfolg der *Eiskönigin* beweist.
Elsa lebt zunächst einsam und zurückgezogen, um niemanden mit Eiseskälte und Frost zu gefährden.
Doch ihre besondere Fähigkeit erweist sich schließlich als Stärke und sie wird zur großherzigen Heldin.
(43 Wörter)

Märchenstunde am Tag der offenen Tür

Die Klasse 5b hat sich für den nächsten Tag der offenen Tür etwas Besonderes ausgedacht. Die Kinder haben Lesevorträge zu ihren Lieblingsmärchen vorbereitet und werden diese in ihrem Klassenraum präsentieren. Natürlich wird auch dafür gesorgt, dass Kekse und Kakao genossen werden können. Außerdem können die Besucherinnen und Besucher ihre Kunstwerke zum Thema bewundern und Rätsel lösen oder sich Märchen aus anderen Ländern vorstellen lassen. (64 Wörter)

Theater-AG beschließt Neufassung des gestiefelten Katers

Der gestiefelte Kater kehrt auf die Bühne zurück, dieses Mal jedoch in Jeanshose und mit modernster Technik. Die Jahrgangsstufen 5 bis 7 des Gebrüder Grimm Gymnasiums wollen dem alten Klassiker einen neuen Anstrich verleihen und haben eine überaus interessante Version des beliebten Märchens verfasst. Neben Spaß und Spannung soll es auch einige Überraschungen für die Zuschauerinnen und Zuschauer geben. Das Publikum muss sich aber noch etwas gedulden, denn nun heißt es zunächst einmal proben, bis die Theater-AG dann im kommenden Herbst die Besucherinnen und Besucher auf der großen Bühne in der Aula begrüßen darf. (94 Wörter)

Regeln kompakt

Die Schreibung der s-Laute

Erklärvideo

Du kannst den s-Laut gesummt sprechen, wie z. B. in *lesen*, oder gezischt sprechen, wie z. B. in *Klasse*.

- Für den gesummt ausgesprochenen s-Laut gibt es nur eine Schreibweise. Er wird mit einfachem **s** geschrieben.
  Beispiele: Brause, leise
- Für den gezischt ausgesprochenen s-Laut gibt es drei Schreibweisen: mit **s**, **ss** und **ß**.
  Beispiele: Haus, Pass, Grüße
  - Wenn es zu einem Wort mit einem gezischten s-Laut verwandte Wörter mit einem gesummten s-Laut gibt, schreibt man ein einfaches **s**.
    Hier hilft es dir, wenn du das Wort verlängerst.
    Beispiele: er liest – lesen; Haus – Häuser
  - Der gezischte s-Laut wird nach langem, betontem Vokal oder Doppellaut mit **ß** geschrieben.
    Beispiele: reißen, Kloß, Ruß
  - Der gezischte s-Laut wird nach kurzem, betontem Vokal oft mit **ss** geschrieben.
    Beispiele: Rasse, müssen, Kresse, Biss

5 Das habe ich gelernt, das kann ich

Die s-Laute unterscheiden und richtig schreiben ▶ S. 358 ff.

1 Beantworte die folgenden Fragen und schreibe die richtigen Lösungen in dein Heft. Gib jeweils Beispiele an.

a) Welche Möglichkeiten gibt es, den gezischten s-Laut zu schreiben?
b) Welche Regeln kennst du für die Schreibweise der gezischten s-Laute?
c) Welche Techniken kannst du anwenden, wenn du dir bei der Schreibweise eines Wortes mit einem s-Laut unsicher bist?

2 Bestimme bei den folgenden Beispielen, ob es sich um einen gesummten oder gezischten s-Laut handelt. Sprich deutlich! Schreibe die Wörter in dein Heft.

Ra■en	Nie■anfall	Rei■e
bi■chen	Gra■	genie■en
kra■	lei■e	Wie■e

3 Finde zu den Wörtern ein Reimwort. Schreibe jeweils beide auf.
Beispiel: gießen – sprießen

Fliesen – …	Tasse – …	Laus – …
Hase – …	Schluss – …	passen – …

4 Setze in die Wörter die fehlenden Buchstaben ein: **s**, **ss** oder **ß**. Schreibe die Wörter in dein Heft und erkläre in einem Satz jeweils die Wortbedeutung.

Ma■e – Ma■e	ich ra■e – die Ra■e
wei■e – wei■e	rei■en – rei■en

5 Schreibe den folgenden Text in dein Heft und setze **s**, **ss** oder **ß** ein.

Gut gegen Bö■e – ein Erfolgsrezept

Wer gewinnt am Ende und wer wird be■iegt? Hat der kleine, aber wei■e Igel überhaupt eine Chance gegen den gro■en Ha■en? Und wie lä■t sich die Prinze■in aus dem Turm retten, obwohl davor ein grau■iger Drache in seiner Höhle hau■t? Bereits seit Jahrhunderten faszinieren uns Geschichten, in denen der auf den ersten Blick unterlegene Au■en■eiter zum bewunderswerten Helden wird und den Bö■ewicht in seine Schranken wei■t. Wir begrü■en den Sieg des jungen Mädchens über die schöne Stiefmutter mit hä■lichem Charakter und fühlen uns nach dem Le■en einer solchen Geschichte be■er und gelö■t. Die■en Umstand wi■en auch Filmemacherinnen und Filmemacher un■erer Zeit zu nutzen und begeistern uns mit modernen Märchen. Verzauberte Schlö■er und garstige Zwerge la■en uns in eine andere Welt eintauchen, in der wir die Sorgen des Alltags verge■en und stattde■en mit einem freundlichen Wa■ermann durch den Flu■ schwimmen. Am Ende wird das flei■ige und mutige Handeln gro■zügig belohnt und wir können be■eelt nach Hau■e gehen.

Du kannst dich selbst überprüfen. ▦ **Lösungen**

Das mache ich gerne! – Wir stellen unsere Hobbys vor

Sich selbst und andere informieren

- Ihr habt euch sicher gegenseitig vorgestellt, als ihr in die neue Klasse gekommen seid. Vielleicht habt ihr dabei auch eure Hobbys genannt? In diesem Kapitel geht ihr dem Thema noch näher auf den Grund. Das Ziel ist es, Informationen zu euren Hobbys zu suchen und einen mündlichen Vortrag für die Klasse vorzubereiten.
- Ihr lernt, Material für euren Vortrag in der Bibliothek und im Internet zu suchen und eine Auswahl an geeigneten Texten zu treffen.
- Außerdem erfahrt ihr, wie man einen Vortrag aufbaut, die recherchierten Informationen sinnvoll ordnet und, z. B. mithilfe eines Plakats, gestaltet.

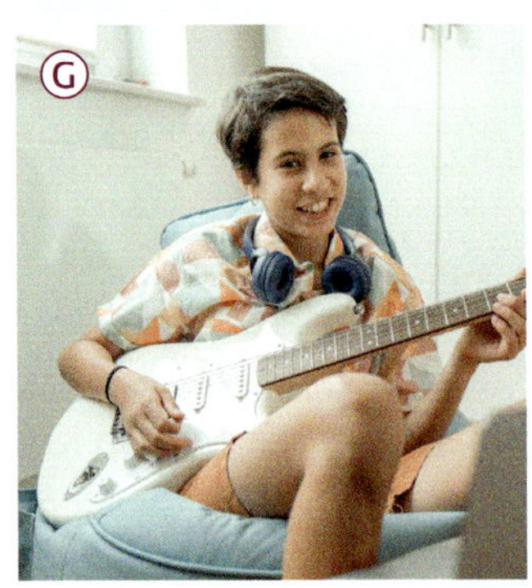

1 Auf den Fotos A bis G auf der linken Seite sind einige Hobbys dargestellt. Was tun die einzelnen Schülerinnen und Schüler? Beschreibt die Bilder genau.

2 Welches der auf den Fotos A bis G abgebildeten Hobbys findet ihr am interessantesten? Begründet eure Meinung.

3 Welche Hobbys übt ihr selbst aus? Und welche interessieren euch für die Zukunft? Tauscht euch darüber aus.

4 Wie würdet ihr vorgehen, wenn ihr über euer Lieblingshobby informieren und eure Klasse dafür interessieren sollt?

5 Beschreibt, was die Schülerinnen und Schüler auf den Fotos 1 bis 5 auf der rechten Seite tun, und bringt die Tätigkeiten in eine sinnvolle Reihenfolge. Es gibt unterschiedliche Möglichkeiten.

1 Manche Entscheidungen fallen schwer – Welches Hobby stelle ich vor?

In dem Online-Kinderwörterbuch „Klexikon“ findet ihr folgende Definition des Begriffs „Hobby“:

Ein Hobby ist etwas, was man in seiner freien Zeit besonders gerne macht. Man macht es freiwillig und regelmäßig. Anders als bei einem Beruf verdient man bei einem Hobby kein Geld. Man macht es zum Spaß oder zur Entspannung. Das Wort dafür kommt vom englischen Wort „hobby horse“. Das bedeutet übersetzt Steckenpferd. Das ist ein Holzstab mit einem Pferdekopf aus Stoff daran. Kinder spielen damit Pferdereiten. Auch im Deutschen sagen manche Leute deshalb auch Steckenpferd anstatt Hobby.

1 Warum habt ihr euer Hobby gewählt? Findet Gründe dafür, warum ein Hobby wichtig ist.

2 In welchen Zusammenhängen ist euch der Begriff „Steckenpferd“ schon einmal begegnet? Sprecht darüber.

3 „Hobby Horsing“ ist ein ausgefallenes Hobby. Lest den folgenden Text und formuliert Fragen zu diesem ungewöhnlichen Hobby. Beantwortet eure Fragen anschließend gegenseitig mithilfe des Textes.

Hobby Horsing

Die Trendsportart „Hobby Horsing“ kommt aus Finnland und ist dort eine anerkannte Sportart, bei der auch Turniere und Meisterschaften ausgetragen werden. Auch in Deutschland wird diese Sportart immer bekannter.

Zum Hobby Horsing benötigst du kein Pferd, sondern ein „Steckenpferd“, das ist ein Holzstab mit einem Pferdekopf aus Stoff. Oft werden diese Steckenpferde liebevoll selbst genäht und mit Zügeln, Zaumzeug und Ohrenkappen versehen. Auf dieses Steckenpferd „setzt“ sich die Reiterin bzw. der Reiter und stellt Bewegungen aus dem Sprung- oder Dressurreiten nach. Mit dem Oberkörper wird die Bewegung des Reiters bzw. der Reiterin, mit dem Unterkörper die Bewegung des Pferdes nachgeahmt.

Beim Dressurreiten wird in den drei Grundgangarten geritten: Schritt ist die langsamste Gangart, beim Trab wird es ein bisschen schneller und der Galopp ist die schnellste Gangart. Die Bewegung soll kräftig, aber trotzdem elegant sein. Neben den Gangarten werden auch die Hufschlagfiguren einstudiert. Das sind Übungen für Pferd und Reiter, die auf genau festgelegten geraden, gebogenen, kreis- oder schlangenförmigen Linien geritten werden.

Springreiten ist die zweite Hauptdisziplin beim Hobby Horsing. Dabei müssen die Hobby Horse-Reiterinnen und -Reiter mit dem Steckenpferd möglichst fehlerfrei über verschiedene Hindernisse springen.
Das Hobby Horsing bietet im Vergleich zum „normalen" Reiten einige Vorteile: Jeder und jede kann es sich leisten und es ist auch nicht so zeitaufwendig, weil man kein echtes Pferd pflegen muss. Außerdem kann man mit dem Steckenpferd zu jeder Zeit und überall reiten.

4 Es gibt viele ausgefallene Hobbys, z. B. Sumpffußball, Strick-Grafitti, Luftgitarre, Mermaiding. Recherchiert im Internet nach weiteren ausgefallenen Hobbys. Wählt eines davon aus und informiert die Klasse, worum es dabei geht.

5 Welches deiner Hobbys möchtest du der Klasse vorstellen? Folgende Fragen können dir bei der Entscheidung helfen:

- Welches Hobby machst du zurzeit am liebsten?
- Welche deiner Freizeitbeschäftigungen könnte deine Mitschülerinnen und Mitschüler interessieren?
- Welches deiner Hobbys kennt vielleicht nicht jeder?
- Zu welchem Hobby kannst du Material oder Gegenstände mitbringen?

Euch fällt kein Hobby ein? Denkt z. B. auch an Hobbys im Zusammenhang mit Haustieren, Arbeitsgemeinschaften in der Schule, Büchern, dem Sammeln, einem Ehrenamt usw.

6 Schreibt eure Wahl und euren Namen gut leserlich auf eine Karteikarte oder einen Zettel. Heftet die beschriebenen Karten an eine Pinnwand oder an die Tafel und stellt eure Entscheidung kurz der Klasse vor.

7 Welche der vorgestellten Hobbys weisen Gemeinsamkeiten auf? Ordnet die Karten an der Tafel thematisch. Findet Oberbegriffe, die ihr abschließend zu den „Hobbygruppen" an die Tafel schreibt (z. B. Sport, Haustiere ...).

8 Auch Mia und Till aus der 5e haben nach längerem Überlegen ihre Wahl getroffen. Welche Hobbys werden die beiden vorstellen? Beschreibt hierfür die Fotos A und B genau.

9 Was interessiert euch an den beiden Hobbys? Formuliert Fragen an Till und Mia.

Till erzählt in der Klasse von seinem Hobby:

TILL: Ich spiele seit drei Jahren Schlagzeug.
MIA: Ich finde, das ist ein cooles Instrument.
TILL: Eigentlich sind das sogar viele Instrumente, denn ich spiele auf Trommeln und Becken gleichzeitig.
ALEYNA: Wie geht das denn?
TILL: Ich spiele mit den Füßen und mit den Händen. Dafür nutze ich Pedale und meine Drumsticks!
ALEYNA: So viele unterschiedliche Teile! Das klingt ziemlich kompliziert.
TILL: Ja, ich spiele eigentlich fünf bis sieben Instrumente.
FELIX: Wie kannst du dir das alles merken? Das würde mich total durcheinanderbringen.
TILL: Man muss seine Fuß- und Handbewegungen gut aufeinander abstimmen können. Ich muss mich dafür sehr stark konzentrieren und auf den Takt hören.

ALEYNA: Seit wann gibt es überhaupt das Schlagzeug?
TILL: Das weiß ich gar nicht so genau. Trommeln gibt es auf jeden Fall schon sehr lange.
MIA: Spielst du auch in einer Band?
TILL: Ja. Da muss ich den Rhythmus vorgeben und die Band leiten.
FELIX: Mir wäre das viel zu laut!
TILL: Deshalb übe ich zu Hause mit einem elektronischen Schlagzeug. Damit höre ich die Töne nur auf meinen Kopfhörern.
MIA: Ich habe noch nie verstanden, wie genau das mit den Trommeln funktioniert – also wie der Klang erzeugt wird.
TILL: So richtig kann ich das auch nicht sagen. Da müsste ich mich nochmal informieren.
ALEYNA: Was magst du denn besonders an dem Instrument?
TILL: Ich liebe es, den Beat in meinem Körper zu spüren. Ich höre nicht nur die Musik, ich fühle sie auch wirklich. Außerdem kann ich mit dem Schlagzeug alle möglichen Musikstile spielen: z. B. Rock, Swing, Jazz oder Samba.

10 Till kann zwei Fragen zu seinem Hobby nicht beantworten. Welche sind das?

11 Tauscht euch zu zweit über eure Hobbys aus und stellt euch gegenseitig Fragen. Notiert euch die Fragen, die ihr zu eurem Hobby nicht beantworten könnt.

2 Wie finde ich Informationen zu meinem Hobby? – Unterwegs in der Bibliothek und im Internet

Wir lernen eine Stadtbibliothek kennen

Till hat festgestellt, dass er nicht alle Fragen zu seinem Hobby direkt beantworten kann. Er macht sich deshalb mit seiner Klasse auf den Weg in die Bibliothek, um Antworten auf seine Fragen zu finden und um die Stadtbibliothek besser kennenzulernen.

1 Beschreibt anhand des Bildes auf S. 377, wie eine Bibliothek aufgebaut ist. Nutzt hierfür den Wortspeicher.

Anmeldung ▪ Infotheke ▪ Musikabteilung ▪ Lesebereich ▪ Romane ▪ Comics ▪ Mangas ▪ CDs ▪ Computer zur Suche ▪ Zeitungen ▪ Zeitschriften ▪ Hörbücher

2 Berichtet über eure eigenen Erfahrungen in der Bibliothek, indem ihr folgende Fragen beantwortet:

a) Wo befindet sich die nächstgelegene Bibliothek bei euch?
b) Habt ihr schon einmal etwas in einer Stadtbibliothek oder in eurer Schulbibliothek ausgeliehen?
c) Wie habt ihr die Bücher gefunden, die ihr lesen wolltet?

Eine Bibliothek bietet noch viel mehr als Bücher. Vor dem Besuch informiert sich Till im Internet über die Stadtbibliothek und stellt fest, dass die Bibliothek auch viele Veranstaltungen anbietet. Nutzt das Arbeitsblatt, um mehr darüber zu erfahren.
Arbeitsblatt

Till hat am Bibliothekscomputer die Suchmaske geöffnet, um geeignetes Material zu seinem Hobby zu finden.

3 Wenn Till in der Suchmaske des Bibliothekscomputers das Stichwort „Schlagzeug" eingibt, erhält er zu viele Ergebnisse. Um die Ergebnisse einzuschränken, kann er aus einer Liste bestimmte Kategorien von Medien (Mediengruppe) auswählen. Welche der folgenden Medien sollte Till wählen, um geeignete Texte zu finden? Welche sind eher nicht hilfreich?

Jugend-CD ▪ Jugendroman ▪ Jugendsachbuch ▪ DVD ▪ Karten und Pläne ▪ Sachbuch ▪ Konsolenspiel ▪ Literatur-CD ▪ Medienbox ▪ Romane ▪ Kinderbuch ▪ Zeitschriften ▪ Kinder-CD

4 Till erhält eine Liste mit seinen Suchergebnissen. Woran könnt ihr erkennen, welche Ergebnisse sich für Tills Vortrag über das Schlagzeugspielen eher eignen und welche nicht?

Bruhn, David
Lessons in groove
Level 1-5 : Schritt für Schritt Schlagzeug lernen!
Freiburg im Breisgau : LeuWa-Verlag , 2017 - 1. Auflage - 70 Seiten : 19,90 EUR ISBN 978-3-940533-50-0

Lessons in Groove ist ein für Kinder wie auch für Erwachsene geeignetes Lehrbuch für EinsteigerInnen am Instrument. Spielfreude, Abwechslung und schnelle Erfolgserlebnisse stehen bei diesem Lehrkon...
[mehr]

1. OG / Sachbücher Musik Instrumente
Wegweiser
Sachbuch
101605610
verfügbar

Kraus, Herb
Modern E-Drum
[Rudiments, Übungen & Fill ins ; Drumrhythmen und Solos ...]
Bonn : Voggenreiter , 2013 - 95 S. : 19,95 EUR ISBN 978-3-8024-0989-9

Anfängerschule für das E Drum Spiel mit zahlreichen Übungen und über 250 Klangbeispielen auf 2 CDs.
[mehr]

1. OG / Sachbücher Musik Songbook
Wegweiser
Sachbuch
101357355
verfügbar

Bardola, Nicola
Ringo Starr
die Biographie
Oetwil am See : Edition Olms , [2020] - 240 Seiten, 32 ungezählte Seiten : 25,00 EUR ISBN 978-3-283-01295-3

Die Biografie des Beatles-Schlagzeugers R. Starr beschreibt die Zeit der Beatles-Ära und die lange Solokarriere als Musiker, Schauspieler und Fotograf.
[mehr]

1. OG / Sachbücher Musik Biographie
Wegweiser
Sachbuch
101827162
verfügbar

Pinksterboer, Hugo
Schott Praxis-Guide Drums
Das komplette Know-how für dein Instrument
Mainz : Schott , 2009 - XII, 228 S. : 14,95 EUR ISBN 978-3-7957-0654-8

Der Autor informiert über Geschichte, Entwicklung und Charakteristika des Instruments, das Erlernen, den Kauf sowie über Marken, Qualitätsmerkmale u.a.
[mehr]

1. OG / Sachbücher Musik Instrumente
Wegweiser
Sachbuch
101037060
verfügbar

5 Till wählt ein Buch aus der Suchergebnisliste aus und erhält ausführlichere Angaben dazu. Ordnet die Begriffe aus dem Wortspeicher den einzelnen Angaben zum Buch rechts zu. Ihr könnt eine Hilfestellung nutzen. **Hilfestellung**

1) Standort
2) Internationale Standardbuchnummer (ISBN)
3) Titel
4) Seitenzahl
5) Verfügbarkeit
6) Autorenname
7) Schlagwort
8) Kurzbeschreibung
9) Erscheinungsort
10) Signatur
11) Erscheinungsjahr

A) Pinksterboer, Hugo
B) Schott Praxis-Guide Drums: Das komplette Knowhow für dein Instrument
C) Mainz
D) 2009
E) 228 S.
F) Der Autor informiert über Geschichte, Entwicklung und Charakteristika des Instruments, das Erlernen, den Kauf sowie über Marken, Qualitätsmerkmale u. a.
G) 978-3-7957-0654-8
H) Schlagzeugspiel; Anleitung; Instrumentalschule; Schlagzeug; Instrumentenkunde
I) Sachbücher (1. Obergeschoss)
J) Im Regal
K) Sbh 64 - Pink

6 Sprecht darüber, wofür die einzelnen Angaben nützlich sind.

Ihr könnt ein Kreuzworträtsel mit Begriffen rund um die Bibliothek lösen.
Arbeitsblatt

Jetzt habt ihr das nötige Wissen, um euch allein oder mit einem Freund oder einer Freundin auf die Suche in der Bibliothek zu machen. Vielleicht fragt ihr eure Deutschlehrerin oder euren Deutschlehrer, ob nicht die ganze Klasse einen Vormittag in der Bibliothek verbringen kann. Löst dabei die Aufgaben auf dem Arbeitsblatt. **Arbeitsblatt**

Im Internet recherchieren

Till sucht nicht nur in der Bibliothek, sondern auch im Internet nach Informationen für seinen Vortrag.

1 Berichtet von euren eigenen Erfahrungen bei der Informationsrecherche im Internet.

- Wie seid ihr vorgegangen?
- Welche Webseiten oder Suchmaschinen habt ihr benutzt?
- Welche Probleme bzw. Schwierigkeiten hattet ihr bei der Suche?

2 Kennt ihr die Webseiten „fragFINN“ und „Klexikon“? Beschreibt den Aufbau dieser Webseiten anhand der Screenshots auf S. 381. Ihr könnt dafür den Wortspeicher benutzen.

Suchfeld ▪ Artikel/Blog ▪ Navigationsleiste ▪ Logo ▪ Links ▪ Erklärvideo

3 Worüber könnt ihr euch auf den Webseiten informieren? Welche Unterschiede gibt es zwischen ihnen?

4 Tauscht euch darüber aus, welche Vorteile Suchmaschinen und Online-Kinderlexika für Kinder und Jugendliche in eurem Alter haben. Probiert, wenn möglich, beide Webseiten aus. Schaut euch an, was man dort über das Hobby, das ihr euch ausgesucht habt, findet.

5 Formuliert zu zweit Suchbegriffe, die Till und Mia eingeben können, um Informationen zu ihren Vorträgen über das Schlagzeug und Judo zu erhalten, und schreibt diese auf. Nehmt dazu auch die **Methodenbox** auf S. 382 zu Hilfe.

(A)

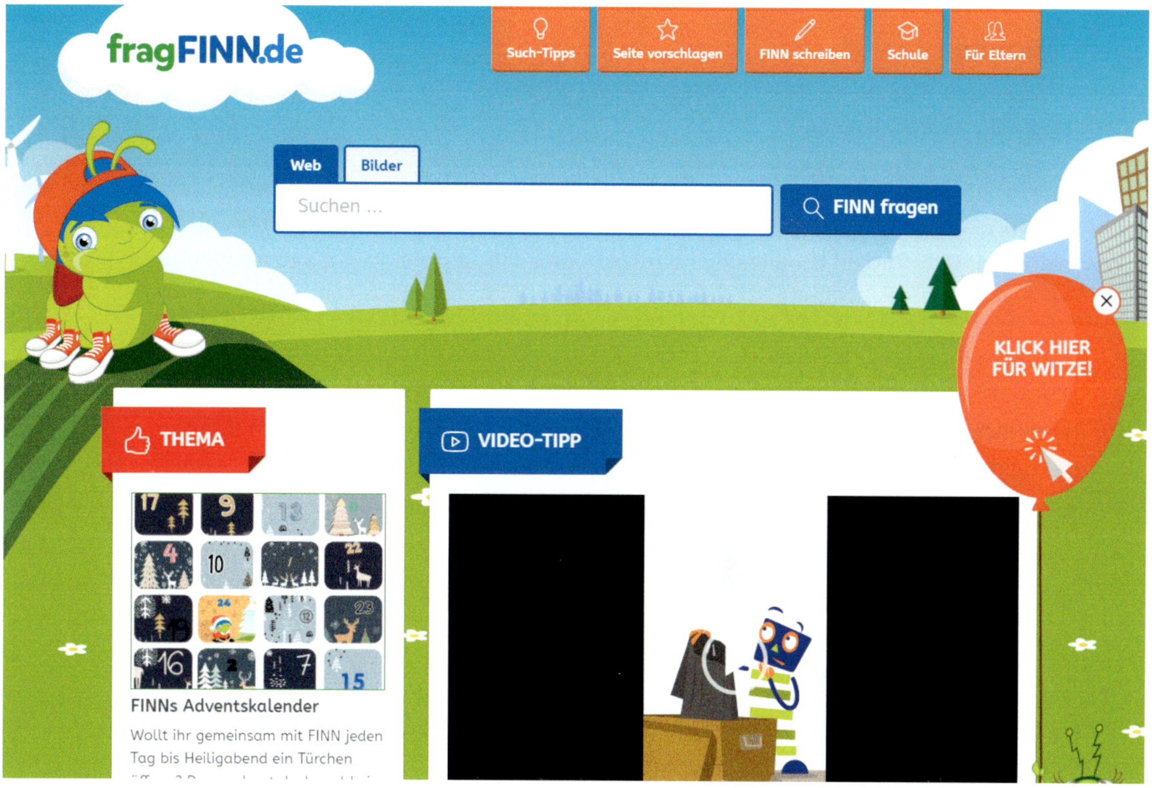
fragFINN.de
Such-Tipps
Seite vorschlagen
FINN schreiben
Schule
Für Eltern
Web
Bilder
Suchen ...
FINN fragen
KLICK HIER FÜR WITZE!
THEMA
VIDEO-TIPP
FINNs Adventskalender
Wollt ihr gemeinsam mit FINN jeden Tag bis Heiligabend ein Türchen

(B)

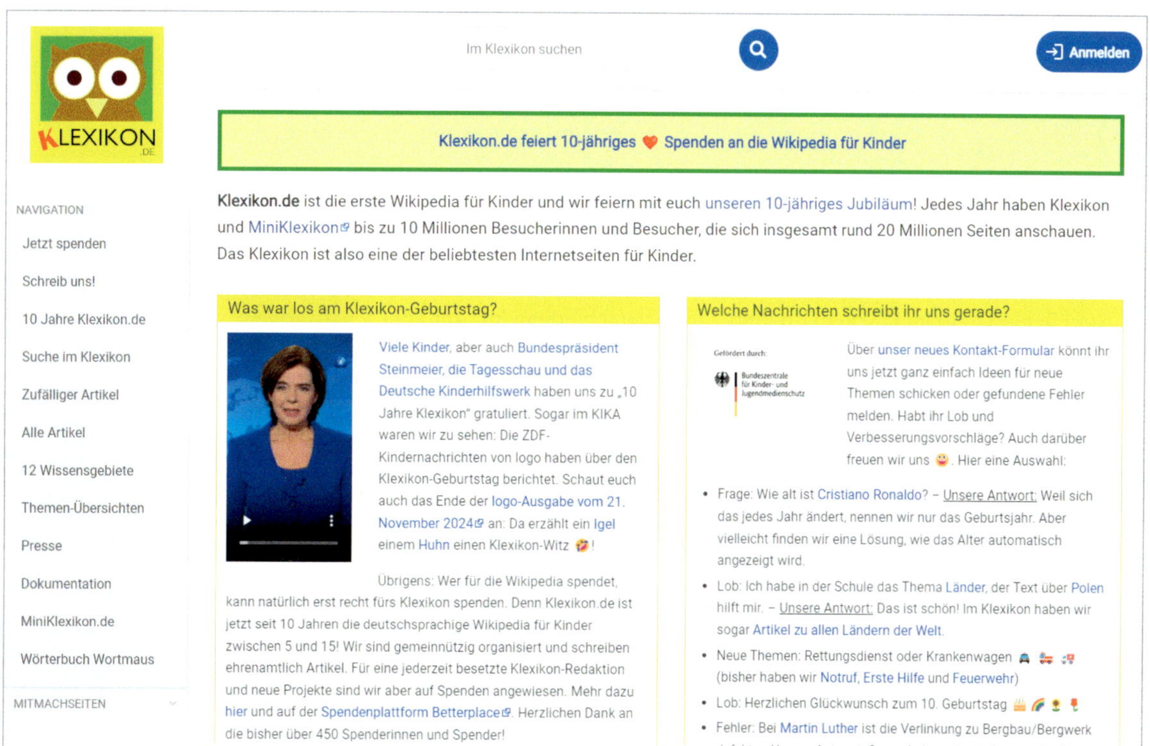
KLEXIKON.DE
Im Klexikon suchen
Anmelden
Klexikon.de feiert 10-jähriges ❤ Spenden an die Wikipedia für Kinder
NAVIGATION
Jetzt spenden
Schreib uns!
10 Jahre Klexikon.de
Suche im Klexikon
Zufälliger Artikel
Alle Artikel
12 Wissensgebiete
Themen-Übersichten
Presse
Dokumentation
MiniKlexikon.de
Wörterbuch Wortmaus
MITMACHSEITEN
Klexikon.de ist die erste Wikipedia für Kinder und wir feiern mit euch unseren 10-jähriges Jubiläum! Jedes Jahr haben Klexikon und MiniKlexikon bis zu 10 Millionen Besucherinnen und Besucher, die sich insgesamt rund 20 Millionen Seiten anschauen. Das Klexikon ist also eine der beliebtesten Internetseiten für Kinder.
Was war los am Klexikon-Geburtstag?
Viele Kinder, aber auch Bundespräsident Steinmeier, die Tagesschau und das Deutsche Kinderhilfswerk haben uns zu „10 Jahre Klexikon" gratuliert. Sogar im KIKA waren wir zu sehen: Die ZDF-Kindernachrichten von logo haben über den Klexikon-Geburtstag berichtet. Schaut euch auch das Ende der logo-Ausgabe vom 21. November 2024 an: Da erzählt ein Igel einem Huhn einen Klexikon-Witz!
Übrigens: Wer für die Wikipedia spendet, kann natürlich erst recht fürs Klexikon spenden. Denn Klexikon.de ist jetzt seit 10 Jahren die deutschsprachige Wikipedia für Kinder zwischen 5 und 15! Wir sind gemeinnützig organisiert und schreiben ehrenamtlich Artikel. Für eine jederzeit besetzte Klexikon-Redaktion und neue Projekte sind wir aber auf Spenden angewiesen. Mehr dazu hier und auf der Spendenplattform Betterplace. Herzlichen Dank an die bisher über 450 Spenderinnen und Spender!
Welche Nachrichten schreibt ihr uns gerade?
Gefördert durch:
Bundeszentrale für Kinder- und Jugendmedienschutz
Über unser neues Kontakt-Formular könnt ihr uns jetzt ganz einfach Ideen für neue Themen schicken oder gefundene Fehler melden. Habt ihr Lob und Verbesserungsvorschläge? Auch darüber freuen wir uns. Hier eine Auswahl:
Frage: Wie alt ist Cristiano Ronaldo? – Unsere Antwort: Weil sich das jedes Jahr ändert, nennen wir nur das Geburtsjahr. Aber vielleicht finden wir eine Lösung, wie das Alter automatisch angezeigt wird.
Lob: Ich habe in der Schule das Thema Länder, der Text über Polen hilft mir. – Unsere Antwort: Das ist schön! Im Klexikon haben wir sogar Artikel zu allen Ländern der Welt.
Neue Themen: Rettungsdienst oder Krankenwagen (bisher haben wir Notruf, Erste Hilfe und Feuerwehr)
Lob: Herzlichen Glückwunsch zum 10. Geburtstag
Fehler: Bei Martin Luther ist die Verlinkung zu Bergbau/Bergwerk

Methode

Im Internet recherchieren

Mit Suchmaschinen, die speziell für Kinder geeignet sind, wie „fragFINN“ oder „Helles Köpfchen“, kannst du gezielt nach Informationen suchen. Auf den Webseiten, auf die du hier gelangst, findest du dich leicht zurecht und die Texte sind gut verständlich.

Um auf die richtigen Webseiten zu gelangen, solltest du folgende Hinweise beachten:
- Überlege dir zunächst, welche Suchbegriffe du eingibst. Wenn du zum Beispiel „Fußball“ eingibst, erhältst du alle Internetseiten, die dieses Wort enthalten. Gibst du mehrere Begriffe ein, z. B. „Geschichte Fußball“, erhältst du alle Internetseiten, die beide Begriffe enthalten.
- Trenne die Suchbegriffe durch ein Leerzeichen voneinander.

Wenn du eine Suchergebnisliste bekommst, solltest du
- die Titel und die Beschreibungen genau lesen und
- dir auch Treffer weiter hinten in der Liste ansehen.

Neben Suchmaschinen für Kinder und Jugendliche gibt es auch Online-Lexika wie „Klexikon“ oder das leicht verständliche Lexikon „Grundschulwiki“, an dem Kinder und Jugendliche auch selbst mitschreiben können.

6 Till hat in der Suchmaschine „fragFINN“ für seinen Vortrag recherchiert. Entscheidet, welche Ergebnisse Till für seinen Vortrag gebrauchen könnte. Begründet.

1001 Schlagzeug – planet schule
https://www.planet-schule.de/schwerpunkt/alle-mal-herhoeren/1001-schlagzeug-film-100.html
Zum **Schlagzeug** im Orchester gehören viele verschiedene Instrumente.

Schlagzeug- und Percussion-Unterricht TonARTe Musikschule
https://tonarte.de/musikinstrumente-mannheim/schlagzeug-mannheim
Schlagzeug und Percussion Schlagzeug, Percussion, Drumming, Trommelkurse in Mannheim! Rhythmus macht Spaß!

Schlagzeug – Klexikon – das Kinderklexikon
https://klexikon.zum.de/wiki/Schlagzeug
Ein Schlagzeug ist ein Musikinstrument. Es besteht aus mehreren, mit Kunststofffellen bespannten Trommelkesseln sowie Scheiben aus Metall, die man Becken nennt ...

Schlagzeug – kostenloses Unterrichtsmaterial, Arbeitsblätter und Übungen – ELIXIER
https://www.bildungsserver.de/elixier/elixier2_list.php?feldinhalt1=Schlagzeug&bool1=and
Schlagzeug: Kostenloses Unterrichtsmaterial, Arbeitsblätter und Übungen ➤ ausgesuchte und geprüfte Unterrichtsmateralien

7 Überlegt, welche Suchbegriffe ihr für euren Vortrag eingeben könnt, und sucht nach geeigneten Informationen für eure Vorträge mithilfe einer Suchmaschine. Haltet euch dabei an die Hinweise in der **Methodenbox** auf S. 382.

Videos für einen Vortrag nutzen

Till hat ein Video mit einer vertrauenswürdigen Quelle gefunden. Was man darunter versteht, könnt ihr in der **Methodenbox** auf dieser Seite nachlesen.
Till fragt sich nun, wie er die Informationen aus dem Video für seinen Vortrag nutzen kann.

1 Überlegt, wie er vorgehen kann, um das Video sinnvoll auszuwerten.

2 Schaut euch das Video an und notiert die Fragen zum Hobby „Schlagzeug", die in dem Video beantwortet werden. **Video**

3 Sucht mindestens ein Video für euren eigenen Vortrag.

Methode

Ein Video auswerten

Auch audiovisuelle Beiträge wie z. B. Videos können eine Quelle für deinen Vortrag sein. Überprüfe dafür aber zuerst, ob die Quelle vertrauenswürdig ist. Stelle dazu folgende Fragen:

- Wer hat das Video veröffentlicht? Steht dahinter eine reale Person, vielleicht sogar eine Expertin oder ein Experte, oder wurde es auf einer bekannten Lernplattform veröffentlicht?
- Was wird in dem Video über das Thema (z. B. Schlagzeugspielen) gesagt? Passen die Informationen zu denen, die auch in anderen Quellen stehen, bzw. zu dem, was du selbst schon gelernt hast?
- Wie werden die Informationen präsentiert? Wird das Thema hier anschaulich und sachlich richtig erschlossen?

Wenn du ein passendes Video für deinen Vortrag gefunden hast, dann schaue es dir mehrmals an und überlege dir, auf welche Fragen das Video Antworten gibt. Halte das Video an den entsprechenden Stellen an und schreibe die Fragen auf. Schaue dir das Video noch einmal an und notiere dir das Wichtigste.

3 Vom Sammeln zum Sortieren – Was mache ich mit den Informationen zu meinem Hobby?

Eine Auswahl an Sachtexten treffen

In der Bibliothek gibt es zu den beiden Hobbys „Schlagzeug“ und „Judo“ jede Menge Medien, darunter vor allem Sachtexte. Aber welche helfen Till und Mia eigentlich wirklich weiter?

1 Vor welchen Problemen stehen Till und Mia? Welche Tipps geben sie einander?

2 Wie hat Till sein Problem gelöst, mit den gefundenen Materialien umzugehen? Erklärt seine Vorgehensweise.

Thema: Schlagzeug

- Wie entstand das Schlagzeug?
- Woraus besteht ein Schlagzeug?
- Wie findest du einen Schlagzeug-Lehrer bzw. eine -Lehrerin?
- Wie wird der Klang einer Trommel erzeugt?
- Wie spielt man ein Schlagzeug?
- Spielt man in einer Band oder in einem Orchester?
- Worauf musst du beim Kauf eines Schlagzeugs achten?

3 Welche Fragen sind für den Vortrag vielleicht weniger wichtig und sollten eher weggelassen werden? Begründet eure Wahl.

4 Formuliert zum Thema „Judo" vier Fragen, die Mia in ihrem Vortrag beantworten sollte.

5 Formuliert zu eurem Thema mindestens vier Fragen, die ihr in eurem Vortrag beantworten wollt.

Methode

Sachtexte auswählen

- Oft findet man bei seiner Suche nach Materialien so viele Texte, dass man sie gar nicht alle lesen kann. Um eine Entscheidung treffen zu können, welche Sachtexte für dein Thema lohnend sind und welche nicht, solltest du dir zunächst genau überlegen, worüber du deine Mitschülerinnen und Mitschüler informieren willst. So kannst du dein Thema eingrenzen und passende Fragen formulieren, die du in deinem Vortrag oder deiner schriftlichen Ausarbeitung beantworten willst.
- In einem nächsten Schritt kannst du nun entscheiden, welche Texte deine Fragen beantworten, und eine Auswahl treffen. Dabei helfen dir die Buchtitel, Inhaltsangaben der Sachbücher, Textüberschriften und eventuell die Anfänge der informierenden Texte.

6 Mia hat eine andere Herangehensweise als Till gewählt und eine Mindmap zu ihrem Thema erstellt. Erklärt, wie die Mindmap aufgebaut ist.

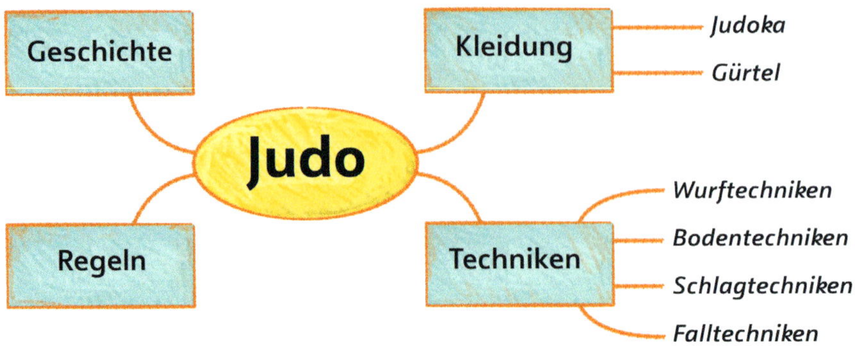

7 Legt in eurem Heft eine Mindmap an und vervollständigt sie zum Thema „Schlagzeug“, indem ihr die „Hauptäste“ festlegt. Die Fragen, die Till formuliert hat, helfen euch dabei. Eine Vorlage findet ihr auf dem Arbeitsblatt.
Arbeitsblatt

8 Informationen als Mindmap oder als Notizzettel in Form einer Liste? Erklärt die Vor- und Nachteile beider Methoden.

9 Erstellt eine Mindmap für das Hobby, das ihr der Klasse vorstellen wollt.

Methode

Eine Mindmap anfertigen

Um deinem Vortrag eine sinnvolle Gliederung zu geben, kannst du eine Mindmap (Gedächtniskarte) erstellen.

- Dazu schreibst du zunächst in die Mitte eines leeren Blattes das Thema (des Vortrages) oder du malst ein passendes Bild.
- Die wichtigsten Unterthemen oder Fragen werden nun rings um das Zentrum notiert. Sie stellen Teilbereiche des Themas dar. Dabei solltest du eine bestimmte Ordnung einhalten: Man arbeitet mit Haupt- und Nebenästen (Zweigen), d. h., besonders wichtige, übergeordnete Begriffe bilden dicke Hauptstränge, die jeweils mit dem Zentrum verbunden sind. Daraus erwachsen passende Nebeninformationen wie kleine Zweige.

Deine Mindmap erhält so eine Gliederung, die das Thema übersichtlicher macht. Hast du eine Mindmap erstellt, kannst du sie auch für einen mündlichen Vortrag nutzen.

Sachtexte lesen

Till hat in der Bibliothek einen Text entdeckt, der ihm zur Vorbereitung auf seinen Vortrag über das Schlagzeug geeignet erscheint.

Jeff Strong

Die Trommeln verstehen

Trommeln gehören zur Familie der membraphonen Musikinstrumente, man nimmt an, dass sie zu den ältesten Instrumenten der Welt gehören und schon Tausende von Jahren existieren. Um es auf den Punkt zu bringen: Eine Trommel ist ein Musikinstrument, das einen Ton erzeugt, wenn man darauf schlägt. Was sie von einem, sagen wir Kochtopf, unterscheidet, ist die Membran (von hier an Schlagfell genannt), die über einen Hohlraum gespannt wird (Trommelkessel genannt). [...]

Eine gut konstruierte und perfekt gestimmte Trommel kann [...] viele schöne Klänge produzieren, während ein Kochtopf im Vergleich dazu nur scheppert, wenn man auf ihn schlägt. Wenn du von Töpfen, Pfannen und Mülleimern auf richtige Trommeln umsteigst, musst du nicht auf die gewohnte Vielfalt verzichten. Auch hier gibt es viele verschiedene Arten: flache, tiefe, schüssel- oder zylinderförmige, wie Kelche oder Eieruhren geformte Trommeln. Einige schlägt man mit Stöcken, andere mit Händen oder Fingern. Aber unabhängig von ihrer Form und Größe haben sie drei Komponenten gemeinsam: Das Schlagfell (die Membran, die über den Trommelkessel gespannt ist), den Trommelkessel (der Trommelkörper), die Hardware (der Rest, der Schlagfell und Trommelkessel zusammenhält).

Wenn du auf eine Trommel schlägst, vibriert das Schlagfell auf eine ähnliche Weise wie eine Gitarrensaite, wenn sie angeschlagen wird. Und wie bei einer E-Gitarre kommt aus dem Schlagfell allein kaum Klang. Deswegen gibt es den Trommelkessel. Er wirkt wie ein Verstärker – allerdings ohne Strom. Also: Du schlägst die Trommel, das Schlagfell vibriert und der Klang wird innerhalb des Kessels hin und her reflektiert. Diese Bewegung versetzt auch den Kessel in Schwingung. Der Gesamtklang kommt nun aus der Öffnung des Kessels heraus und das Ergebnis ist Musik.

1 Lest den Text und erklärt, warum er für die Vorbereitung auf den Vortrag geeignet sein könnte.

2 Schlagt in einem Wörterbuch die Bedeutung der folgenden Begriffe nach.

membraphon (vgl. Z. 1 f.), konstruieren (vgl. Z. 12), Kelch (vgl. Z. 20), Komponente (vgl. Z. 24), vibrieren (vgl. Z. 29), Verstärker (vgl. Z. 34)

3 Beschreibt die Formen der Trommeln auf der Abbildung auf S. 387. Nutzt hierfür die Begriffe aus dem Text (flach, tief, schüsselförmig, zylinderförmig, kelchförmig und eierförmig) sowie weitere Adjektive (z. B. rund, breit, eckig, gewölbt, halbrund, kantig, länglich etc.).

4 Zeichnet eine Trommel in euer Heft. Ordnet die Begriffe „Schlagfell", „Trommelkessel" und „Hardware" der Zeichnung zu.

Methode

Sachtexte lesen und verstehen –
Schwierige und unbekannte Wörter klären

Wenn dir im Text ein Wort begegnet, das du nicht verstehst, ist es hilfreich, dieses zu markieren. Du musst nicht jedes einzelne Wort des Textes kennen, um den Text zu verstehen. Unbekannte Wörter werden häufig auch aus dem Zusammenhang des Textes verständlich. Du solltest also zunächst den ganzen Text lesen, um nach Erklärungen und Hinweisen zu suchen, die vielleicht folgen. Du kannst das Wort aber auch in einem Wörterbuch nachschlagen.

Tipps:
- Manchmal ist es hilfreich, das Wort in seine Bestandteile zu zerlegen.
  Beispiel: zylinderförmig → Zylinder (geometrische Figur, „Hut") + förmig (Form)
  → Form eines Zylinders
- Damit du dir neue Wörter besser merken kannst, hilft es, ein eigenes kleines Wörterbuch anzulegen.

5 Der Text ist in drei Abschnitte gegliedert. Welche der folgenden Überschriften passt am besten zu welchem Abschnitt? Ordnet zu.

Kochtöpfe und Trommeln ▪ Aufbau einer Trommel ▪ Verschiedene Trommelarten ▪ Das Schlagfell ▪ Was ist eine Trommel? ▪ Der Trommelkörper ▪ Wie entsteht der Klang?

6 Formuliert drei bis vier Fragen, die in dem Text beantwortet werden, und schreibt stichwortartig die Antworten dazu.

7 Till hat den Anfang des Textes bearbeitet. Beschreibt, wie er vorgegangen ist.

Jeff Strong

Die Trommeln verstehen

Trommeln gehören zur Familie der membraphonen Musikinstrumente, man nimmt an, dass sie zu den ältesten Instrumenten der Welt gehören und schon Tausende von Jahren existieren. Um es auf den Punkt zu bringen: Eine Trommel ist ein Musikinstrument, das einen Ton erzeugt, wenn man darauf schlägt. Was sie von einem, sagen wir Kochtopf, unterscheidet, ist die Membran (von hier an Schlagfell genannt), die über einen Hohlraum gespannt wird (Trommelkessel genannt). [...]

Was ist die Trommel für ein Instrument und seit wann gibt es sie?
- *membraphones Musikinstrument*
- *eines der ältesten Instrumente*

Wie ist der Aufbau einer Trommel?
- *Membran bzw. Schlagfell*
- *Hohlraum bzw. Trommelkessel*

8 Bearbeitet den Rest des Textes auf diese Weise. Nutzt dafür eure Fragen aus Aufgabe 6. Verwendet für die Bearbeitung des Textes das Arbeitsblatt.
Arbeitsblatt

Methode

Sachtexte lesen und verstehen –
Schlüsselwörter markieren und wichtige Informationen an den Rand schreiben

Um dir die Inhalte eines Textes zu merken, solltest du wichtige Informationen und zentrale Begriffe (sogenannte „Schlüsselwörter“) markieren und am Rand stichwortartig zusammenfassen. Dabei gehst du so vor:

- Lies den Text ein erstes Mal und markiere Wörter, die du nicht verstehst. Kläre diese im Anschluss an das Lesen.
- Lies den Text ein zweites Mal und schreibe jeweils eine Frage an den Rand, auf die in den Absätzen des Textes eine Antwort gegeben wird.
- Unterstreiche die wichtigen Informationen im Text. Achte darauf, nicht zu viel zu unterstreichen.
- Sieh dir die Fragen an, die du formuliert hast. Schreibe die Antworten, die der Text gibt, darunter.

In dem Online-Kinderlexikon „Klexikon“ hat Till einen Lexikonartikel zum Schlagzeug gefunden, den er für seinen Vortrag nutzen möchte. Daran könnt ihr den Umgang mit einem Sachtext noch einmal üben. **Arbeitsblatt**

4 Wie kann ich einen Vortrag gut aufbauen? – Informationen geordnet zusammenfassen

Till möchte sein Hobby, das Schlagzeugspielen, der Klasse vorstellen. In seinem Vortrag möchte er zum einen über die Herkunft des Schlagzeugs informieren, zum anderen erklären, wie ein Schlagzeug aufgebaut ist und wie man es spielt. Er möchte außerdem die Frage beantworten, welche Bedeutung das Schlagzeug in einer Band hat.

1 Bereitet Tills Vortrag vor. Lest hierfür die Texte über das Schlagzeug (Texte 1 – 3). Geht anschließend wie folgt vor:

- Erarbeitet die wichtigsten Informationen in den Texten. Beachtet dabei, worüber Till berichten möchte.
- Erstellt einen Notizzettel oder eine Mindmap zum Hobby „Schlagzeugspielen". Die folgenden Oberbegriffe können euch dabei eine Hilfe sein: Entstehung, Bestandteile, Klang, Ausübung, Rolle des Instruments in der Gruppe. Ihr könnt auch Karteikarten anfertigen.

Auf dem Arbeitsblatt findet ihr die Texte zum Markieren und Bearbeiten.
Arbeitsblatt

Text 1

Jeff Strong

Aufbau eines Schlagzeugs

Heute besteht ein modernes Drumset (Schlagzeug) aus folgenden Teilen:

- Bass Drum (auf Deutsch Basstrommel oder Große Trommel). Die Bass Drum steht üblicherweise seitlich auf dem Boden und wird gespielt, indem man mit dem rechten Fuß auf ein Pedal tritt. […] Ihr Klang ist das Fundament des Bandrhythmus und macht den Puls der Musik aus. (1)
- Tom-Tom. Die Tom-Toms sind Trommeln. Normalerweise hat ein Schlagzeug zwei oder drei dieser Trommeln. Die kleineren Tom-Toms (auch Hängetoms genannt) sind an einer Halterung auf der Bass Drum befestigt oder an einem Ständer neben ihr. (2)
- Floortom. Die größte Tom-Tom steht normalerweise auf dem Boden und hat drei verstellbare, am Kessel befestigte Beine. (3)
- Hi-Hat-Becken. Die Hi-Hats werden auf einem Ständer befestigt. Der Ständer hat ein Pedal, das die Hi-Hats zusammendrückt oder auseinanderzieht. Der linke Fuß kontrolliert das Öffnen und Schließen der Hi-Hats, während man sie mit dem Stock schlägt. (4)

- Ridebecken. Das Ridebecken ist ein großes Becken und eine Alternative zu den Hi-Hats. Es wird dafür genutzt, einen lauteren, volleren Klang als die Hi-Hats zu erzeugen. (5)
- Snare Drum (auf Deutsch Marschtrommel oder Kleine Trommel). Die Snare Drum ist eine flachere Trommel und hat eine Reihe von Metallspiralen (die man Snares, auf Deutsch Schnarren, nennt). Diese sind gegen das untere Fell der Trommel gespannt. Schlägt man die Trommel, vibriert das untere Fell gegen die Metallspiralen, was einen schnarrenden Klang ergibt. (6)

Text 2

Hugo Pinksterboer

Geschichte des Schlagzeugs

Die Menschheit stellte schnell fest, dass es gut klingt, wenn man auf Dinge schlägt. Und noch besser, wenn diese Dinge hohl sind. Hohle Baumstämme zum Beispiel. An dem Tag, an dem jemand ein Tierfell über einen hohlen Stamm gezogen und draufgeschlagen hat, war die Trommel geboren. Seit dem Tag wurden Hunderte von Trommel- und Percussion[1]-Instrumente erfunden.

Die ersten Blues- und Jazzbands hatten zwei Drummer. Einer spielte die Snaredrum, der andere spielte mit einer Hand die Bassdrum und mit der anderen den Vorläufer der heutigen Hi-Hat. [...]

Etwa um 1909 präsentierte William F. Ludwig das erste moderne Bassdrum-Pedal, das einem Drummer erlaubte, beide Trommeln zu spielen. [...]

Eine der wenigen großen Veränderungen fand in den späten Fünfzigern[2] statt, als die traditionellen Kalbsfelle langsam durch Plastikfelle ersetzt wurden. Kalbsfelle klingen hervorragend, aber Plastikfelle sind haltbarer, zuverlässiger und nicht anfällig gegenüber Feuchtigkeit.

[1] **Percussion:** Oberbegriff für das Spiel aller Schlaginstrumente

[2] **späte Fünfziger:** gegen Ende der 1950er-Jahre

Till greift auch auf sein eigenes Vorwissen zurück, um über sein Hobby zu berichten. Im folgenden Text erfahrt ihr, wie er zu dem Hobby gekommen ist und welche Erfahrungen er damit gesammelt hat.

Text 3

Meine eigenen Erfahrungen mit dem Schlagzeug

Ich habe vor drei Jahren mit dem Schlagzeugunterricht begonnen. Meine Eltern und ich waren auf der Suche nach einem geeigneten Instrument, und weil ich schon immer ein gutes Rhythmusgefühl hatte, sind wir auf das Schlagzeug gekommen. Dann habe ich mir einige Videos angesehen und an einer Probestunde in der Musikschule teilgenommen. Das Schlagzeug gefiel mir sofort. Bevor wir mein Schlagzeug kauften, fragten wir erst einmal bei unseren Nachbarn nach, damit ich sie mit dem Spielen nicht störe. Ein Schlagzeug ist ja ziemlich laut. Wir einigten uns auf ein Zeitfenster, in dem ich jetzt täglich übe. Ich habe aber auch ein elektronisches Schlagzeug, auf dem ich auch zu späteren Zeiten spielen kann. Einmal in der Woche gehe ich zum Unterricht in die Musikschule und in meiner Freizeit spiele ich auch in einer Schulband. Da gebe ich den Takt vor – das mache ich vor allem mit der Bass Drum, mit den Snares und der Hi-Hat. Deshalb übernehme ich auch eine so wichtige Rolle in meiner Band – an mir orientieren sich die anderen Instrumente.
Ich sitze mit meinem Schlagzeug auf der Bühne eher im Hintergrund, aber manchmal kann ich mit einem Solo auf den Trommeln auch im Mittelpunkt stehen. Gerade beim Trommeln kann ich meine Energie rauslassen – das ist ganz schön anstrengend für die Arme.
Ein Schlagzeug kann man schon nach relativ kurzer Zeit ganz gut spielen. Erst spielt man einen einzigen Rhythmus, also einen Grundtakt, zum Beispiel die Bass Drum mit dem rechten Fuß und die Snare mit der linken Hand. Dann kommen immer mehr Rhythmen hinzu, bis man Dreierrhythmen spielen kann. Dabei ist die Koordination eine Herausforderung, denn man muss gleichzeitig mit Füßen und Händen zusammenspielen.

Einen Vortrag zu einem Hobby vorbereiten

1 Wie bin ich zum Schlagzeug gekommen?

– schon immer ein gutes Rhythmusgefühl gehabt
– Probestunde in Musikschule

2 Wie ist das Schlagzeug aufgebaut?

→ mehrere Instrumente:
Ridebecken = großes Becken, voller Sound
Floortom = größte Trommel, auf dem Boden
Tom-Tom = zwei oder drei Trommeln

1 Till steht jetzt vor der Aufgabe, die Ergebnisse seiner Arbeit zu einem mündlichen Vortrag zusammenzuführen. Sprecht darüber, wie man einen Vortrag über ein Hobby aufbauen und welche Mittel man einsetzen kann, damit er möglichst anschaulich wird. Ihr könnt dazu auch in der Methodenbox nachsehen.

2 Till hat sich entschieden, Karteikarten zu verwenden. Wie ist er dabei vorgegangen?

3 Erklärt, warum es sinnvoll ist, anhand der Informationen in der Mindmap oder auf dem Notizzettel zusätzlich noch Karteikarten anzulegen.

4 Erklärt, worauf man beim Erstellen von Karteikarten für einen Vortrag achten muss.

Methode

Ein Hobby vorstellen

- Beginnen kannst du deinen Vortrag mit dem **Thema** und einer kurzen Erklärung, **wie du zu deinem Hobby gekommen bist**.
- Anschließend solltest du dein **Hobby kurz beschreiben**. Wenn es einen zum Hobby gehörigen Gegenstand gibt (wie z. B. ein Instrument), solltest du das Aussehen und den Aufbau des Gegenstands beschreiben und die Funktionen der einzelnen Teile erklären.
- Anschließend kannst du Antworten auf Fragen zu verschiedenen Bereichen geben. Du kannst darüber berichten, **wann und wie das Hobby entstanden ist** und wie sich das Hobby mit der Zeit verändert hat.
- Erkläre als Nächstes, **wie genau dein Hobby ausgeübt wird**. Evtl. gibt es bestimmte Regeln. Bei einem Instrument solltest du erläutern, wie es gespielt wird und was genau man mit den Händen (und Füßen) macht.
- Zum Schluss solltest du **die wichtigsten Informationen** noch einmal **zusammenfassen**.
- Abschließend kannst du erklären, **was dir an dem Hobby gefällt**. Möglicherweise kannst du auch sagen, welche Eigenschaften und Voraussetzungen man für das Hobby mitbringen sollte.

5 Wie präsentiere ich mein Hobby? – Einen Kurzvortrag halten

1 Mia und Till versuchen, ihre Vorträge interessant zu gestalten. Wie gehen sie im Einzelnen vor? Schaut euch die Abbildungen genau an.

2 Mia hat zusätzlich auch ein Plakat zu ihrem Hobby angefertigt. Beschreibt den Aufbau ihres Plakats und überlegt, was sie damit zeigen möchte.

3 Besprecht, was ihr an dem Plakat gelungen findet und was ihr noch verbessern würdet.

4 Überlegt euch, wie ein Plakat zu eurem Hobby aussehen sollte. Macht euch eine Skizze zum Aufbau.

Methode

Ein Plakat anfertigen

Das Plakat sollte das Thema deines Vortrags veranschaulichen und die wichtigsten Informationen zusammenfassen. Um das Plakat informativ zu gestalten, solltest du so vorgehen:

- Überlege dir, welche Materialien deinen Vortrag sinnvoll unterstützen können. Das können Bilder, Fotos, Grafiken oder auch kurze Texte sein.
- Suche im Internet oder in Büchern nach geeigneten Materialien. Du kannst auch selbst Bilder malen oder eigene Fotos auswählen.
- Überlege dir genau, wie du die Materialien auf dem Plakat anordnen willst, bevor du sie aufklebst. Achte auf eine übersichtliche Gestaltung.
- Gib deinem Plakat einen Titel. Formuliere ihn so, dass er möglichst viel Aufmerksamkeit erregt.

5 Sammelt weitere Ideen, wie ihr euren Vortrag interessant gestalten könnt.

Methode

Einen Vortrag halten

- Da du hauptsächlich informieren möchtest, sollte deine Sprache **sachlich** sein. **Fachbegriffe** helfen dir dabei, dein Hobby genau zu beschreiben. Denk dabei aber daran, welche Hörerschaft du hast und dass du diese Begriffe **erläutern** musst.
- Du solltest deinen **Vortrag** mindestens einmal **üben**, am besten vor mehreren Personen.
- Versuche, möglichst **frei** zu **sprechen**. Lies deinen Text nicht ab.

6 Um herauszufinden, ob die Mitschülerinnen und Mitschüler euch gut zugehört haben, könnt ihr ein kleines Quiz erstellen, das ihr im Anschluss an den Vortrag mit der Klasse durchführt. Zum Beispiel könnt ihr fragen:

- Wo und wann ist die Sportart Judo erfunden worden?
- Aus wie vielen Instrumenten besteht ein Schlagzeug?

Natürlich müsst ihr die Informationen, die ihr erfragen wollt, auch vorher in eurem Vortrag genannt haben.

7 Till hat zu seinem Hobby „Schlagzeug" ein Quiz erstellt. Löst das Quiz mithilfe eures Wissens aus diesem Kapitel. **interaktive Aufgabe**

6 Das habe ich gelernt, das kann ich

Sachtexte auswählen ▶ S. 384 ff.

1 Mia hat zu ihrem Thema „Judo“ folgende Kurzeinträge im Bibliothekskatalog gefunden. Sie möchte nur zwei Bücher ausleihen.
Schreibe die Namen der Verfasserinnen und Verfasser auf, deren Bücher du nicht ausleihen würdest, und begründe deine Entscheidung kurz.

- Sander, Hedda: Judo. Jahr: 2000. Kinder- und Jugendbuch
- Schreiner, Hannelore: Judo verständlich gemacht. Jahr: 2012. Buch/Druckschrift
- Velte, Herbert: Judo-Gürtelprüfung für Senioren. Jahr: 2005. Buch/Druckschrift
- Weinmann, Wolfgang: Das Judo-Brevier. Jahr: 1969. Wissenschaftliche Druckschrift
- Wolf, Horst: Judokampfsport in Polen und Litauen. Jahr: 1994. Buch/Druckschrift

Mit einer Suchmaschine arbeiten ▶ S. 380 ff.

2 Finde zu den folgenden Fragen Antworten im Internet, indem du Suchmaschinen benutzt und passende Suchbegriffe eingibst.

a) Seit wann gibt es die Sportart Judo?
b) Was bedeutet der Begriff „Judo“ übersetzt?
c) Wann fand die erste Weltmeisterschaft im Judo statt?
d) Wie heißt der bekannte Drummer der „Beatles“?

Einen Sachtext auswerten ▶ S. 387 ff.

3 Lies den folgenden Text. Notiere zu jedem Absatz passende Fragen in dein Heft, die in dem Absatz beantwortet werden.

Judo

Das Ziel des Zweikampfes beim Judo ist es, den Partner mit einer Wurftechnik zu Boden zu bringen. Davon gibt es mehr als 40 Stück. Damit das funktioniert, greifen sich die Judoka[1] gegenseitig in die Jacken und versuchen, sich aus dem Gleichgewicht zu bringen, denn nur wer aus dem Gleichgewicht geraten ist, kann auch zu Fall gebracht werden. Der Kampf – egal, ob Übungskampf oder im Wettkampf – soll

[1] **Judoka:** eine Person, die Judo als Sport betreibt

ohne Verletzung enden. Deshalb sind Schlagen, Beißen, Stoßen, Treten oder Kratzen verboten.

Ist der Wurf gelungen, so hat der oder die Werfende gesiegt. Es kann auch sein, dass der Partner zwar zu Boden geht, aber der Kampf noch nicht gewonnen ist. Dann geht es am Boden weiter. Hier muss versucht werden, die Schultern des Partners auf den Boden zu drücken und sie dort zu halten. [...] Ein Sieg ist errungen, wenn die Schultern des Partners 25 Sekunden den Boden berühren oder wenn er durch Klopfzeichen aufgibt. [...]

Gekämpft wird beim Judo auf mittelharten Matten. Dadurch haben die beiden Gegner einen sicheren Stand und schlagen trotzdem nicht so hart auf, wenn sie geworfen werden. Die Kampffläche ist unterschiedlich groß – je nach Altersklasse. Bei den Erwachsenen beträgt sie höchstens 10 x 10 Meter. Außen um die Kampffläche gibt es die sogenannte Sicherheitsfläche, die eine andere Farbe hat. Diese hat eine Breite von 2 bis 3 Metern.

Die Dauer eines Kampfes beträgt je nach Altersklasse zwischen 2 und 4 Minuten. Steht es nach Ablauf dieser Zeit unentschieden, so wird bis zum sogenannten Goldenen Punkt weitergekämpft. Diese „Verlängerung" beträgt in der Regel die Hälfte der regulären Kampfzeit.

4 Die folgenden Aussagen zum Judo sind falsch. Schreibe die Sätze richtig in dein Heft.

a) Es gibt im Judo mehr als 30 Wurftechniken.
b) Es geht darum, den Partner aus dem Gleichgewicht zu bringen. Alles ist erlaubt, um dieses Ziel zu erreichen.
c) Wenn der Kampf auf dem Boden weitergeht, muss versucht werden, die Hände des Partners auf den Boden zu drücken.
d) Die Matte, auf der gekämpft wird, ist besonders weich, damit man sich nicht verletzt.
e) Ein Kampf dauert immer fünf Minuten.

Informationen mündlich präsentieren ▶ S. 394 f.

5 Erstelle vier Karteikarten zum Hobby „Judo", indem du die Informationen aus dem Sachtext zusammenfasst. Die Fragen aus Aufgabe 3 können dir dabei helfen.

Was ist das Ziel beim Judo?

– den Partner/die Partnerin durch einen Wurf ...

Du kannst dich selbst überprüfen. **Lösungen**

Anhang

Originalfassungen der Gedichte

James Krüss (1926 – 1997)

Das Räuber-ABC

Als
Räuber
Christoph
Düwels
Eck
Fünf
Gulden
Hatte
Im
Jackett,
Kam
Leider
Mit
'Ner
Ollen
Pistol'
Quintillus
Räuberrabenstätt,
Stahl
Taler
Und
Verschied'nes
Weg,
X
Y
Z!

(Seite 170)

Josef Guggenmos (1922 – 2003)

Schneekristall

Ein Schneekristall lag
mir auf der Hand, ewig schön
eine Sekunde.

(Seite 304)

Christian Morgenstern (1871 – 1914)

Die drei Spatzen

In einem leeren Haselstrauch
da sitzen drei Spatzen, Bauch an Bauch.

Der Erich rechts und links der Franz
und mitten drin der freche Hans.

Sie haben die Augen zu, ganz zu,
und obendrüber, da schneit es, hu!

Sie rücken zusammen dicht an dicht.
So warm wie der Hans hat's niemand nicht.

Sie hören alle drei ihrer Herzlein Gepoch.
Und wenn sie nicht weg sind, so sitzen sie noch.

(Seite 305)

Heinz Erhardt (1909 – 1979)

Der Spatz

Es war einmal ein grauer Spatz,
der saß ganz oben auf dem Dache,
und unten hielt die Mietzekatz
schon seit geraumer Weile Wache –
Da sagte sich das Spätzlein keck:
„Mich kann das Biest nicht überlisten!“
Bums, kam ein Habicht um die Eck
und holte sich den Optimisten. –
So kann es allen denen gehn,
die glauben, nur sie wärn die Schlauen.
Man darf nicht nur nach unten sehn,
man muss auch mal nach oben schauen!

(Seite 305)

Mascha Kaléko (1907 – 1975)

Es regnet

Es regnet Blümchen auf die Felder,
Es regnet Frösche in den Bach.
Es regnet Pilze in die Wälder,
Es regnet alle Beeren wach!

Der Regen singt vor deiner Türe,
Komm an das Fenster rasch und sieh:
Der Himmel schüttet Perlenschnüre
Aus seinem wolkigen Etui.

Vom Regen duften selbst die Föhren
Nach Flieder und nach Ananas.
Und wer fein zuhört, kann das Gras
Im Garten leise wachsen hören.

(Seite 307)

Verzeichnis der Textarten

Gedicht

Hörspiel

Inhaltsangabe

Kommentar

Interview

Klappentext

Lexikonartikel

Märchen – modern oder neu erzählt

Märchen – traditionell

Plakat

Rätsel

Romanauszug/Jugendbuchauszug

Stichwortverzeichnis

Textquellenverzeichnis

... Am Abend saß der Köhler ... (Märchen aus den Pyrenäen). 346
Nach: Französische Märchen, Diederichs, Köln 1992

Auf den Wegen, in den Wiesen ... 301
Aus: Erich Kästner: Der Oktober. In: ders.: Die dreizehn Monate, Droemer-Knaur, München, 1979

Auf ins Land der Gegensätze! 235
Aus: Debbie: Reise nach Indien – wer kommt mit? logo!/ZDF, Mainz, 20.04.2024, https://www.zdf.de/kinder/logo/indien-100.html [Aufruf: 05.08.2024]

Bach, Tamara: Wörter mit L (Auszug). 262
Carlsen, Hamburg 2019, S. 65 – 71

Bauer, Michael Gerard: Nennt mich nicht Ismael! (Auszug) 41
Übersetzt von Ute Mihr, Carl Hanser Verlag GmbH & Co. KG, München 2008, S. 42 – 52

Becker, Anne: Luftmaschentage (Auszug). 254
© 2023 Beltz & Gelberg in der Verlagsgruppe Beltz, Weinheim Basel, S. 95

Brüder Grimm: Der Froschkönig. 109
Nach: Goethe-Institut e. V., München, https://www.goethe.de/lrn/prj/mlg/mad/gri/de9114036.htm [Aufruf: 18.09.2024] (verändert)

Brüder Grimm: Der süße Brei. 354
Aus: Kinder- und Hausmärchen, gesammelt durch die Brüder Grimm, Heinrich Ellermann Verlag, München 1974

Brüder Grimm: Die Bienenkönigin. 336
Aus: dies.: Kinder- und Hausmärchen, Reclam, Ditzingen 2001

Brüder Grimm: Jorinde und Joringel. 334
Aus: Kinder- und Hausmärchen, gesammelt durch die Brüder Grimm, Aufbau Verlag, Berlin/Weimar 1989, S. 315 – 317

Brüder Grimm: Prinzessin Mäusehaut. 355
Aus: Kinder- und Hausmärchen von Jacob und Wilhelm Grimm, Denkimpulse Verlag, München 2010

Busta, Christine: Die Frühlingssonne. 316
Aus: dies.: Die Zauberin Frau Zappelzeh, Otto Müller Verlag, Salzburg 1979

Das Jahr ist klein und liegt noch in der Wiege ... 301
Aus: Erich Kästner: Der Januar. In: ders.: Die dreizehn Monate, Droemer-Knaur, München, 1979

Das nette Gespenst. 284
Aus: https://witze.net/schloss-witze [Aufruf: 16.12.2024] (verändert)

Der Kuckuck und der Fink. 212
Verändert nacherzählt nach: Christian Fürchtegott Gellert: Der Kuckuck und der Star. Aus: https://www.deutschland-lese.de/streifzuege/fabeln/christian-f-gellert/der-kuckuck-und-der-star/ [Aufruf: 29.07.2024]

Der Lehrer für Zoologie legte großen Wert ... 75
Kurt Kusenberg: Eine Schulstunde. Aus: ders.: Gesammelte Erzählungen, Rowohlt Verlag, Reinbek 1969

Der schüchterne himmelblaue Drache. 289
Elke Bräunling: Das Märchen vom schüchternen himmelblauen Drachen. Aus: Elkes Kindergeschichten/Elke Bräunling, Wald-Michelbach, 24.05.2020, https://www.elkeskindergeschichten.de/2020/05/24/das-maerchen-vom-kleinen-himmelblauen-drachen/ [Aufruf: 10.12.2024] (verändert)

Diekhans, Johannes: Die Leseratte zum Bücherwurm. 362
(Originalbeitrag)

„Drei Wünsche“, sagte der Mann ... 75
Sabine Dillner: Kein ganz normaler Schultag. Aus: Luitgard Distel u. a. (Hg.): Von Strebern und Pausenclowns – Schräge Schulgeschichten, Verlag Carl Ueberreuter, Wien 2002

Eichendorff, Joseph von: Winternacht. 325
Aus: ders.: Werke in einem Band. Hanser, München 1977, S. 276 f.

Ein Hobby ist etwas, was man ... (Hobby). 374
Aus: Klexikon, Zentrale für Unterrichtsmedien im Internet e. V. (ZUM.de), Merzhausen, https://klexikon.zum.de/wiki/Hobby [Aufruf: 26.07.2024]

Elfchen über die Natur. 302
(Originalbeiträge)

Erhardt, Heinz: Der Spatz. 305, 399
Aus: Joachim Fuhrmann (Hg.): Poesiekiste. Sprüche fürs Poesiealbum, Rowohlt Verlag, Reinbek 1981, S. 63

„Es war einmal ...“ 358
(Originalbeitrag)

Goldhamster. 176
Aus: Löwenzahn Kinder Lexikon, Terzio Möllers und Bellinghausen Verlag, München 2000, S. 94 f.

Großer Ameisenbär. 207
Zoo-Plakette aus dem Allwetterzoo Münster, Westfälischer Zoologischer Garten Münster GmbH (verändert)

Guggenmos, Josef: Ich male mir den Winter. 324
Aus: ders.: Ich will dir was verraten, © 1992 Beltz & Gelberg in der Verlagsgruppe Beltz • Weinheim Basel

Guggenmos, Josef: Schneekristall. 304, 398
Aus: Hans-Joachim Gelberg (Hg.): Überall und neben dir. Gedichte für Kinder, Beltz & Gelberg Verlag, Weinheim/Basel 1986, S. 32

Guggenmos, Josef: Wenn Riesen niesen. 220
Aus: Hans-Joachim Gelberg (Hg.): Das achte Weltwunder. Fünftes Jahrbuch der Kinderliteratur, Beltz Verlag, Weinheim/Basel 1981, S. 121

Gut zuhören können ist das beste Mittel gegen Einsamkeit. 53
Peter E. Schumacher, zitiert nach: Aphorismen.de/Thomas Schefter, Forst, 18.12.1998, https://www.aphorismen.de/zitat/35913 [Aufruf: 29.07.2024]

Haben böse Märchenfiguren ... 154
Aus: Jan Sinning: Märchentherapie, KinderundJugendmedien.de, Hamburg, 27.10.2017, https://www.kinderundjugendmedien.de/kritik/hoerspiele-und-buecher/2186-urlacher-max-maerchentherapie-hoerspiel [Aufruf: 10.10.2024] (verändert)

Hacks, Peter: Der Herbst steht auf der Leiter. 321
Aus: ders.: Der Flohmarkt. Gedichte für Kinder, Eulenspiegel Verlag, Berlin 2001, S. 11

Haikus über die Natur. 302
(Originalbeiträge)

Handyfrei in Frankreichs Schulen. 242
Aus: Gesellschaft für Bildung und Wissen e. V., Frankfurt a. M., 09.08.2018, https://bildunq-wissen.eu/fachbeitraege/handyfrei-in-frankreichs-schulen.html, [Aufruf: 05.08.2024]

Hobby Horsing. 374
(Originalbeitrag)

Höfler, Stefanie: Feuerwanzen lügen nicht (Auszug). 38
Beltz & Gelberg, Weinheim/Basel 2022, S. 10ff.

Hölty, Ludwig Christoph Heinrich: Frühlingslied. 330
Aus: ders.: Gesammelte Werke und Briefe, Wallstein Verlag, Göttingen 2008

Holz, Arno: Mählich durchbrechende Sonne. 319
Aus: ders.: Werke, hg. von Wilhelm Emrich/Anita Holz, Luchterhand Verlag, Berlin/Neuwied 1961, S. 262

im jahr 1913 wird ein neugeborenes mädchen ... 93
Aus: Lisa Reim-Benke: „Eine Insel zwischen Himmel und Meer“ – Zusammenfassung. Jugendbuch-Couch/Literatur-Couch Medien GmbH & Co. KG, Münster, Februar 2018, https://www.jugendbuch-couch.de/titel/1666-eine-insel-zwischen-himmel-und-meer/ [Aufruf: 18.09.2024] (verändert)

Indischer Lippenbär. 188
Zoo-Plakette aus dem Allwetterzoo Münster, Westfälischer Zoologischer Garten Münster GmbH (verändert)

Jandl, Ernst: auf dem land. 153
Aus: ders.: für alle, Luchterhand, Frankfurt a. M. 1984, S. 203

Jandl, Ernst: ottos mops. 149
Aus: Klaus Siblewski (Hg.): ernst jandl. poetische Werke. 4. der künstliche Baum & flöda und der schwan, Luchterhand, München 1997, S. 60

Johansen, Hanna: Ein Baum. 312
Aus: Anton G. Leitner Verlag, Weßling, https://dasgedichtblog.de/gedichte-fuer-kinder-folge-22-acht-kindergedichte-von-hanna-johansen/2016/12/10/ [Aufruf: 04.09.2024]

Judo. 396
Aus: KiwiThek, Wiener Bildungsserver – Verein zur Förderung von Medienaktivitäten im schulischen und außerschulischen Bereich, Wien, https://kiwithek.kidsweb.at/index.php/Judo [Aufruf: 26.07.2024]

Kahlert, Elke: Jetzt rede ich. Endlich die Wahrheit über die sieben Geißlein. 350
Aus: Witzekiste, Rowohlt Verlag, Reinbek 1980, S. 183

Kaléko, Mascha: Der Winter. 325
Aus: Sabina Berchtold (Hg.): Weihnachtsgedichte und Weihnachtslieder für Kinder. Insel Taschenbuch Verlag, Frankfurt a. M./Leipzig 2009, S. 11

Kaléko, Mascha: Es regnet. 307, 399
Aus: dies.: Sämtliche Werke und Briefe, Bd. 1 Werke, © dtv Verlagsgesellschaft, München 2012, S. 334

Kinney, Jeff: Gregs Tagebuch – Von Idioten umzingelt! 108
Übersetzt von Collin McMahon, Baumhaus Verlag, Köln 2011, S. 1 – 2

Klappentext zu „Die Schule der magischen Tiere“. 294
Margit Auer: Die Schule der magischen Tiere, Carlsen, Hamburg 2013, https://www.carlsen.de/hardcover/die-schule-der-magischen-tiere-1-die-schule-der-magischen-tiere/978-3-551-65271-3 [Aufruf: 10.12.2024]

Kleberger, Ilse: Sommer. 329
Aus: Hans-Joachim Gelberg (Hg.): Die Stadt der Kinder. Bitter Verlag, Recklinghausen 1969, S. 175

Kommentar zu einem Artikel „Pro/Kontra Handy“ auf einer Kinderwebsite. 242
Kommentar von Lena zum Artikel „Pro/Contra Handy“, aus: Münchner Kinderzeitung, Kultur & Spielraum e. V. München, 07.02.2022, https://www.muek.info/pro-contra-handy/ [Aufruf: 05.08.2024] (verändert)

Kono, Karoline: Septembermorgen. 322
Aus: Konrad Notzen (Hg.): Verstehen und Gestalten, E5, Oldenbourg Verlag, München 1995, S. 102

Kraus, Hans-Peter: Im Märzen die Flocken. 303
Aus: Hans-Peter Kraus, Essen, https://www.das-poetische-stacheltier.de/stachel-78.php#194 [Aufruf: 04.09.2024]

Kreller, Susan: Hannas Regen (Auszüge). 248, 249
Carlsen, Hamburg 2022, S. 10 – 12, 40 – 44

Krolow, Karl: Schlaflied im Sommer. 318
Aus: Uwe Wandrey (Hg.): Der Traumschrank. Geschichten und Gedichte, Rowohlt Verlag, Reinbek 1980, S. 30

Krüss, James: Das Räuber-ABC. 170, 398
Aus: ders.: Mein Urgroßvater und ich, Oetinger Verlag, Hamburg 1959

Krüss, James: Gewitterlied. 307
Aus: ders.: James' Tierliebe, Beltz, München 1965

Lindgren, Astrid: Ferien auf Saltkrokan. 88
Übersetzt von Thyra Dohrenburg, Oetinger Verlag, Hamburg 2007, S. 8f.

Lindgren, Astrid: Ronja Räubertochter (Auszug). 269
Übersetzt von Anna-Liese Kornitzky, Oetinger Verlag, Hamburg 1982

Linvers, Edith: Frühlingsahnung. 315
Aus: dies.: Nicht nur Erlebtes, Rudolf Winkelmann Verlag, Recklinghausen 1984

Loris – die Papageien mit der Pinselzunge. 196
Zoo-Plakette aus dem Allwetterzoo Münster, Westfälischer Zoologischer Garten Münster GmbH (verändert)

Maar, Paul: Die Geschichte vom bösen Hänsel, der bösen Gretel und der Hexe. 348
Aus: ders.: Der tätowierte Hund, Oetinger Verlag, Hamburg 2007

„Mani" – Ein Märchen aus Südamerika. 342
Zitiert nach: Deutschunterricht 4/2015, S. 26

Manz, Hans: Tierrätsel. 197
Aus: Die Welt der Wörter. Sprachbuch für Kinder und Neugierige, Beltz Verlag, Weinheim/Basel 1991, S. 296

Meerschweinchen. 219
Aus: Löwenzahn Kinder Lexikon, Terzio Möllers und Bellinghausen Verlag, München 2000, S. 94f.

Morgenstern, Christian: Die drei Spatzen. 305, 398
Aus: Heinz-Jürgen Kliewer (Hg.): Die Wundertüte. Alte und neue Gedichte für Kinder, Reclam Verlag, Stuttgart 1989, S. 90

Morgenstern, Christian: Gruselett. 104
Aus: ders.: Alle Galgenlieder, Diogenes Verlag, Zürich 1987

Mörike, Eduard: Er ist's. 331
Aus: Eckart Kleßmann (Hg.): Die vier Jahreszeiten. Gedichte, Reclam Verlag, Stuttgart 1991, S. 54

Mörike, Eduard: Septembermorgen. 322
Aus: Eckart Kleßmann (Hg.): Die vier Jahreszeiten. Gedichte, Reclam Verlag, Stuttgart 1991, S. 179

Moser, Erwin: Gewitter. 309
Aus: Hans-Joachim Gelberg (Hg.): Überall und neben dir. Gedichte für Kinder, Beltz & Gelberg Verlag, Weinheim/Basel 1986, S. 260

Pinksterboer, Hugo: Geschichte des Schlagzeugs. 391
Aus: ders.: Schott Praxis-Guide Drums: Das komplette Know-how für dein Instrument, Schott Music GmbH, Mainz 2009

Reding, Josef: Mädchen, pfeif auf den Prinzen! 351
Aus: Wolfang Mieder (Hg.): Grimms Märchen modern. Prosa, Gedichte, Karikaturen. Arbeitstexte für den Unterricht, Reclam, Stuttgart 1979, S. 78

Riesengeschichte. 360
Aus: Annegret Fuchshuber: Riesengeschichten – Mäusemärchen, Thienemann, Stuttgart 1985

Ringelnatz, Joachim: Die Feder. 182
Aus: ders.: Sämtliche Gedichte, Diogenes Verlag, Zürich 2005

Rowling, Joanne K.: Harry Potter und der Stein der Weisen (Auszug). 256
Übersetzt von Klaus Fritz, Carlsen Verlag, Hamburg 2003

Spukt es hier? 284
Aus: 55PLUS Medien GmbH in Liqu., Wien, https://www.55plus-magazin.net/php/witz_schloss_in_schottland,17072,16975.html [Aufruf: 16.12.2024] (verändert)

Steenfatt, Margret: Post für dich, Anschi. 34
Aus: dies.: Anschi ist doch 'ne Hexe, Rowohlt Verlag, Reinbek 1985

Steinhöfel, Andreas: Rico, Oskar und die Tieferschatten (Auszüge). 266, 268
Carlsen Verlag, Hamburg 2008

Stiemert, Elisabeth: Robotertheater. 150
Aus: Vorhang auf! 8 kleine Geschichten zum Spielen, © dtv Verlagsgesellschaft, München 1980, S. 28ff.

Stockrosen stehen hinterm Zaun ... 301
Aus: Erich Kästner: Der August. In: ders.: Die dreizehn Monate, Droemer-Knaur, München, 1979

Strong, Jeff: Die Trommeln verstehen. 387, 389
Aus: ders.: Schlagzeug und Perkussion für Dummies. Übersetzt von Francis R. Holzapfel, Wiley-vch Verlag GmbH, Weinheim 2007, S. 29 – 31 (verändert)

Strong, Jeff: Aufbau eines Schlagzeugs. 390
Aus: ders.: Schlagzeug und Perkussion für Dummies. Übersetzt von Francis R. Holzapfel, Wiley-vch Verlag GmbH, Weinheim 2007, S. 35 – 36 (verändert)

Suchergebnisse von „fragFINN". 382
Aus: fragFINN e. V., Berlin, https://www.fragfinn.de/?stype&s=schlagzeug [Aufruf: 26.07.2024]

Thor, Annika: Einen Freund wie dich sollte jeder haben. 35
Aus: dies.: Ich hätte nein sagen können, übersetzt von Angelika Kutsch, Gulliver von Beltz & Gelberg, Weinheim 1997, S. 6 – 10

Und schon hoppeln die Hasen ... 301
Aus: Erich Kästner: Der April. In: ders.: Die dreizehn Monate, Droemer-Knaur, München, 1979

Urlacher, Max: Ankunft der Märchenfiguren in Köln. 155
Aus: Märchentherapie, Westdeutscher Rundfunk 2013, Teil 1, 19:07 – 21:27 Min.

Urlacher, Max: Der Wettbewerb – Liebeserklärung mit Blumenkohl. 160
Aus: Märchentherapie, Westdeutscher Rundfunk 2013, Teil 2, 32:17 – 34:12 Min.

Urlacher, Max: Gespräch zwischen der Königin und Micha. 158
Aus: Märchentherapie, Westdeutscher Rundfunk 2013, Teil 2, 00:25 – 06:33 Min.

Waalkes, Otto: Die verflixte Rechenaufgabe. 150
Aus: ders.: Das zweite Taschenbuch Otto, Heyne, München 1984, S. 151 – 153

Warum sprechen Menschen verschiedene Sprachen? 284
Frank Krieger, aus: WDR 2 Frag doch mal die Maus/Westdeutscher Rundfunk Köln, 14.06.2024, https://www1.wdr.de/radio/wdr2/themen/frag-doch-mal-die-maus/verschiedene-laender-verschiedene-sprachen-100.html [Aufruf: 16.12.2024] (verändert)

Was heißt „Medienkompetenz?“ 229
Aus: MEDIENKOMPETENZ – Tipps zum sicheren Umgang mit digitalen Medien. Hg. von Jugend und Medien, Nationales Programm zur Förderung von Medienkompetenzen, Bundesamt für Sozialversicherungen / Zürcher Hochschule für Angewandte Wissenschaften (ZHAW), 2013, S. 7, https://www.jugendundmedien.ch/fileadmin/user_upload/Brosch%C3%BCren_Flyer/Brosch%C3%BCre_Tipps_Medienkompetenz/Brosch%C3%BCre_Medienkompetenz_D_2015_5_Auflage.pdf [Aufruf: 05.08.2024]

Wie leben Kattas? 190
Aus: Barbara Kiesewetter: KATTA, SWR Kindernetz/Südwestrundfunk, Stuttgart, 26.10.2020, https://www kindernetz.de/wissen/tierlexikon/steckbrief-katta-100.html [Aufruf: 23.07.2024]

Wie sehen Kattas aus? 189
Aus: Barbara Kiesewetter: KATTA, SWR Kindernetz/Südwestrundfunk, Stuttgart, 26.10.2020, https://www.kindernetz.de/wissen/tierlexikon/steckbrief-katta-100.html [Aufruf: 23.07.2024]

Wir hoffen, zu verstehen … 203
Aus: Neues „Tier“ im Allwetterzoo. In: Antenne Münster/Lokalradio Münster, Beitrag vom 28.06.2022 (paraphrasiert durch Alexandra Wölke), https://www.antennemuenster.de/artikel/neues-tier-im-allwetterzoo-1352937.html [Aufruf: 23.07.2024] (verändert)

Wörterbuchauszug. 172
Aus: Duden – Die deutsche Rechtschreibung, 29. Auflage, Bibliographisches Institut, Mannheim 2024, S. 312

Yuki. 202
Zoo-Plakette aus dem Allwetterzoo Münster, Westfälischer Zoologischer Garten Münster GmbH (verändert)

Zuhören ist die erste Stufe der Zuneigung. 53
Aus: Alfred Rademacher: Begegnungen, MIRA, Künzelsau 1991

Bildquellenverzeichnis

|akg-images GmbH, Berlin: 317.1, 323.1, 340.1; Interfoto 224.1. |Alamy Stock Photo, Abingdon/Oxfordshire: AMM 314.2; Blue Jean Images 235.3; Design Pics 65.1; fStop Images GmbH 65.2; Jacobsen, Dennis 195.1; keith morris 372.4; Kneschke, Robert 65.3; Liquid Light 225.3; martin berry 60.1; Nature Picture Library 87.3; Nature Picture Library/Courteau, Christophe 206.1; Painters 323.2; Prosicky, Ondrej 110.1; Stock, Erickson 338.1; Zoonar GmbH 88.1. |Alamy Stock Photo (RMB), Abingdon/Oxfordshire: allOver images 121.1; Entertainment Pictures (Tangled - 2010, Studio: Walt Disney) 351.1; Quagga Media 109.1. |Art Explosion, Calabasas, CA: 166.2. |Bauer, Prof. Dr. Gernot/FH Münster, Münster: 202.1. |Baumhaus Verlag in der Bastei Lübbe AG, Köln: Kinney, Jeff/Übersetzt von McMahon, Collin: Gregs Tagebuch - Von Idioten umzingelt! Mit freundlicher Genehmigung von Baumhaus Verlag ein Imprint der Bastei Lübbe AG 108.1; © 2007 Bastei Lübbe GmbH & Co. KG, Köln; die Originalausgabe erschien 2007 unter dem Titel „Diary of a Wimpy Kid" bei Amulet Books, einem Imprint von Harry N. Abrams, Inc., New York. © 2007 Jeff Kinney DIARY OF A WIMPY KID®, WIMPY KID ™, and the Greg Heffley design™ are trademark of Wimpy Kid, Inc. 107.1. |Berghahn, Matthias, Bielefeld: 18.2, 19.1, 25.1, 25.2, 27.1, 32.1, 33.1, 45.1, 45.2, 45.3, 45.4, 57.1, 68.1, 73.1, 80.1, 80.2, 80.3, 86.1, 92.1, 93.1, 94.1, 97.1, 99.1, 99.2, 99.3, 99.4, 99.5, 105.1, 132.1, 137.1, 145.1, 145.2, 166.1, 170.3, 176.2, 181.1, 181.2, 183.1, 197.2, 210.2, 211.1, 213.1, 214.1, 216.1, 216.2, 216.3, 216.5, 216.6, 217.1, 217.2, 217.3, 218.1, 218.2, 218.3, 218.4, 220.3, 220.4, 220.5, 226.1, 259.1, 266.2, 266.3, 266.4, 278.1, 288.1, 288.2, 288.3, 288.4, 288.5, 299.1, 302.1, 305.1, 309.1, 309.2, 314.3, 360.1, 361.1, 362.1, 363.1, 364.1, 364.2, 364.3, 364.4, 364.5, 385.1, 386.1, 387.1, 394.3. |Carlsen Verlag GmbH, München: Andreas Steinhöfel: Rico, Oskar und die Tieferschatten. Mit Illustrationen von Peter Schössow. © Carlsen Verlag GmbH, Hamburg, 2008 246.3; Disney: Disney Villains: Von Hexen und Schurken - Geschichten berühmter Bösewichte © Nelson in der Carlsen Verlag GmbH, Hamburg, 2021 353.1; J.K.Rowling: Harry Potter und der Stein der Weisen. Übersetzt von Klaus Fritz © Carlsen Verlag GmbH, Hamburg, 2005 246.1; Margit Auer: Die Schule der magischen Tiere 1: Die Schule der magischen Tiere. Mit Illustrationen von Nina Dulleck © Carlsen Verlag GmbH, Hamburg, 2015 294.1; Susan Kreller: Hannas Regen. © Carlsen Verlag GmbH, Hamburg, 2022 246.2; Tamara Bach: Wörter mit L. © Carlsen Verlag GmbH, Hamburg, 2019 247.1. |Drescher, Heinrich, Münster: 9.1, 14.2, 52.1, 52.2, 61.1, 61.2, 138.1, 141.1, 141.2, 141.3, 141.4, 208.1, 210.1, 273.1, 377.1. |DuMont Buchverlag GmbH & Co. KG, Köln: Aus: Frank Flöthmann „Grimms Märchen ohne Worte" © 2013 DuMont Buchverlag, Köln, S.13 346.1. |fotolia.com, New York: kyslynskyy 223.4; Steinbichler, Nicole 116.1; Steiner, Carmen 176.1. |Fotostudio Henke, Paderborn: 148.1, 148.2, 148.3, 148.4, 162.1, 162.2, 162.3, 162.4, 162.5, 162.6, 394.1, 394.2. |fragFINN e.V., Berlin: Starky © Seitenstark.de 381.1. |Imago, Berlin: Friedel, Bernd 192.1. |Imago Editorial, Berlin: Avalon.red/JOHN GIUSTINA 186.2; CEPix/Einecke, Christian 180.1; CHROMORANGE/Raedlein, Martina 236.3; Funke Foto Services/MaurizioxGambarini 154.1; Funke Foto Services/Theobald, Juergen 180.2; imageBROKER/alimdi 236.1; ITAR-TASS 142.2; Lenthe, Andre 143.4; UIG 224.2; Yunck, Charles 179.1. |Internationales Zentralinstitut für das Jugend- und Bildungsfernsehen (IZI), München: Quelle: Bitkom / Rohleder: Kinder- & Jugendstudie 2022, S. 5 238.1; Quelle: Bitkom / Rohleder: Kinder- & Jugendstudie 2022, S. 7 240.1; Quelle: Guth: Kinderwelten 2023, S. 8 245.1. |iStockphoto.com, Calgary: -M-I-S-H-A- 375.2; ahavelaar 376.1; AlexLMX 388.1; Aliyeva, Gunay 231.2; aluxum 130.1; amadeusamse 223.1; amidala76 223.2; AndreyPopov 139.1; Aydin, Sait 127.5; Belova, Irina 373.2; bgblue 232.1; buzbuzzer 22.1; DieterMeyrl 87.1; DmitryMo 391.1; dolgachov 18.1; dosecreative 143.3; Ellende 177.1; FatCamera 373.3; fstop123 59.1; Garcia, Amparo 372.7; golero 372.3; gpointstudio 127.3; guenterguni 191.1; Hale, Courtney 22.2; Halfpoint 62.2, 329.1; Imgorthand 17.2, 169.1; IPGGutenbergUKLtd 62.3; izusek 65.4; Kovbasniuk, Ivan 300.2; Liderina 126.2; Lorado 372.5, 373.4; Marjanovic, Dejan 300.1; matimix 22.3; mdesigner125 307.2; miodrag ignjatovic 183.2; monkeybusinessimages 300.3; Nirukthi, Malavika 312.1; ollikainen 331.1; omgimages 300.4; portishead1 327.1; Prostock-Studio 146.1, 146.2; RapidEye 64.1; Red fox studio 146.3; Ridofranz 62.1; Sah, Ankit 16.3; SDI Productions 22.4; Sergei-Korolko 231.1; SergiyN 29.2; shironosov 144.1; Shykhovets, Denys 139.3; skynesher 139.2; StockPlanets 65.5; Tempura 20.1; TheDman 189.1; tulcarion 10.1, 242.1; WaffleBoo 142.3; Wavebreakmedia 62.4; Zinkevych 344.1; zoranm 197.1; Živkovic, Miljan 127.2. |Jakobs, Günther, Münster: 332.1, 350.1, 365.1. |juniors@wildlife Bildagentur GmbH, Hamburg: Schmidbauer, H. 191.2. |Kassing, Reinhild, Kassel: 3.1, 4.1, 4.2, 5.1, 6.1, 7.1, 8.1, 11.1, 11.2, 12.1, 13.1, 14.1, 14.1, 16.1, 17.1, 34.1, 39.1, 42.1, 48.1, 49.1, 50.1, 54.1, 70.1, 70.2, 70.3, 70.4, 70.5, 70.6, 74.1, 76.1, 79.1, 82.1, 85.1, 85.2, 85.3, 85.4, 85.5, 85.6, 90.1, 91.1, 95.1, 106.1, 117.1, 122.1, 124.1, 126.1, 127.1, 127.4, 129.1, 131.1, 135.1, 136.1, 149.1, 155.1, 159.1, 160.1, 164.1, 165.1, 174.1, 182.1, 188.1, 196.1, 202.2, 207.1, 214.2, 214.3, 220.1, 220.2, 237.1, 237.2, 239.1, 239.2, 239.3, 248.1, 249.1, 250.1, 255.1, 262.1, 264.1, 276.1, 277.1, 281.1, 282.1, 285.1, 290.1, 292.1, 295.1, 319.1, 321.1, 321.2, 334.1, 354.1, 356.1, 356.1, 367.1, 371.1. |KiKA Der Kinderkanal von ARD und ZDF, Erfurt: 228.2, 228.4, 228.5. |Klexikon.de, Berlin: aus: Klexikon.de, CC BY-SA 4.0, https://klexikon.zum.de/index.php?title=Klexikon:Willkommen_im_Klexikon&oldid=162005 381.2. |Norddeutscher Rundfunk, Hamburg: ARD/NDR 230.2. |Picture-Alliance GmbH, Frankfurt a.M.: akg-images 330.1; AP Photo/Mahesh Kumar A. 235.1; AP Photo/Singh, Rajesh Kumar 236.2; ASSOCIATED PRESS/Singh, Rajesh Kumar 234.6; ASSOCIATED PRESS/Solanki, Ajit 234.3; Bildagentur-online/Schoening 184.1; dpa/DB Häsler, Axel 143.2; dpa/Schmitt 269.1; dpa/Zoo Leipzig 8.2, 186.1; May, Frank 248.2. |PONS Langenscheidt GmbH, Stuttgart: 170.2. |S. Fischer Verlag GmbH, Frankfurt/Main: Chris Colfer: Land of Stories: Das magische Land 1 – Die Suche nach dem Wunschzauber, Illustrationen: Brandon Dorman, FISCHER Sauerländer; Auflage: 2 (13. März 2019), ISBN-13: 978-3737356329 353.2. |Schlottmann, Guenther, Paderborn: 375.1. |Schmiedeskamp, Katja, Hannover: 337.1. |Shutterstock.com, New York: 360b 225.1; allensima 64.2; Anest 316.1; Atamanenko, Evgeny 16.2; Azham, Muhammad 234.7; BearFotos 372.2; buenaventura 372.1;

Bures, Jan 205.1; Dan_Koleska 205.2; Deriabina, Natalia 314.1; Hoesel, Mario 314.4; HTWE 234.8, 235.2; ideadesign 224.3; Kneschke, Robert 372.6; marinat197 374.1; Mavidenis1970 307.1; Natali _ Mis 373.5; Parikh Mahendra N 235.4; PeopleImages.com - Yuri A 373.1; Romaniuk, Olha 384.1; Solodenko, Olha 314.5; tratong 185.3; Uryadnikov, Sergey 192.2; Veroja 185.1; Vetrana 87.2; ViDI Studio 142.1; Yusmanto, Yunan 225.2. |Shutterstock.com (RM), New York: Disney/Kobal (‚Frozen II' - 2019) 352.1; Dreamworks/Everett (How To Train Your Dragon - 2009) 228.3. |Sony Music Entertainment Germany GmbH, München: EUROPA, Sony Music Entertainment 143.1. |ST. PAULI THEATER, Hamburg: Schneewittchen und die sieben Zwerge, Weihnachtsmärchen 2016, Regie: Felix Bachmann © Oliver Fantitsch 162.7. |Stadtbibliothek Detmold, Detmold: 378.1, 379.1, 379.2. |stock.adobe.com, Dublin: eugenesergeev 29.1; lichtpinzel 223.3; Lukas 256.1; naturepics 216.4; Ruiz, Alexander 343.1; streptococcus 58.1, 58.2, 58.3, 58.4, 58.5, 58.6, 58.7, 58.8, 58.9; vadim_fl 304.1; YUN_1 185.2. |ullstein bild, Berlin: WELT/ Lengemann, Martin 266.1. |Verlag Friedrich Oetinger GmbH, Hamburg: Astrid Lindgren: Ronja Räubertochter 247.3; Mark Twain: Die Abenteuer des Tom Sawyer. Illustriert von Walter Trier 2018 © Dressler Verlag, Hamburg. 104.1; Paul Maar, Der tätowierte Hund © Verlag Friedrich Oetinger, Hamburg 348.1. |Verlagsgruppe Beltz, Weinheim: 247.2; Annika Thor: Ich hätte Nein sagen können, Gulliver von Beltz & Gelberg, 978-3-407-74104-2, Auflage 2024 35.1. |WDR mediagroup GmbH, Köln: 228.1. |ZDF, Mainz: 230.1, 231.3, 234.1, 234.2, 234.4, 234.5, 244.1. |© 2025 Cornelsen Verlag GmbH (Duden), Berlin: © 2024 170.1.